KB204238

하나님을 더 알고자 하나님이 저자이신 두 책, 곧 성경과 자연을 진지하게 읽어나가는 그리스도인이라면 언젠간 묻게 된다. 더욱이 과학 시대를 살아가며 하나님의 진리를 깨닫고 자유함을 얻은 모든 그리스도인이라면 두려워하지 말고 겸손하게 물을 필요가 있다. 아담은 오늘날 살아 있는 모든 사람의 생물학적 조상인가? 아담과 하와는 최초의 생물학적 부부인가? 모든 사람은 그 최초의 부부로부터 DNA를 물려받았는가? 그러나 창조 기사가 담긴 창세기 1-2장, 원죄 교리를 잉태한 창세기 3장, 그리고 바울의 치명적인 두 "한 사람" 대조가 등장하는 로마서 5장과 고린도전서 15장으로 이어지는 해석은 여전히 아담의 역사성 문제에서 자유롭지 못한 채 21세기 그리스도인의 발목을 잡는다. 거기에는 근본적인 두려움이 웅크리고 있다. 역사적 아담을 부인하는 것은 죄의 기원과 전달, 그리고 그 죄 문제를 해결하고 구원을 베푸신 예수의 복음까지 부정하는 것으로 여겨지기 때문이다. 또한 창조와 진화의 진부한 이분법에서 여전히 헤어 나오지 못하고 있기 때문이다. 이런 그리스도인들에게 이 책을 기쁘게 추천한다. 유전학자와 신약학자가 각자의 진정성 있는 간증과 함께 학문적으로 놀라운 콜라보를 선보인 이 책은 전반부에서 지금도 관찰 가능한 자연 현상인 진화의 과정을 전문 과학 지식이 없는 일반인도 쉽게 이해할 수 있는 비유를 들며 친절하게 설명한다. 그 설명을 따라가다 보면 성경과 과학 중 어느 하나를 택해야 할 것 같은 암묵적인 강압으로부터 해방받을 수 있을 것이다. 후반부에서 이 책은 역사적 아담을 묻는 사람들에게 익숙한 "역사적"이라는 단어의 의미가 바울을 포함한 성경의 저자들과 일차 독자들 (혹은 원청중들)에게는 다르게 받아들여졌을 것이라는 합리적인 결론으로 우리를 이끈다. 우리가 생각하는 아담과 원래 성경이 말하는 아담의 간극을 깨닫도록 도와준다. 나아가 애초의 질문 자체가 갖는 의미를 재고하고 질문의 속박으로부터 벗어나게 도와준다. 그토록 우려했던 복음 메시지가 전혀 훼손되지 않은 채로 말이다. 필독을 권장한다.

김영웅 기초과학연구원 유전체교정연구단 선임연구원, 『과학자의 신앙공부』 저자

기독교 신앙에 대한 비판이 매섭다. 도덕성의 부재와 사회적 책임의 상실에 대한 비판도 있지만, 지성적 측면에서 기독교 신앙이 설득력을 잃고 있다는 지적은 신학의 책무성에 대한 비판이기도 하다. 현생인류가 네안데르탈인과 데니소바인, 호모 에렉투스와 유전적으로 연관성을 갖는다는 현대 과학의 보고를 신실한 신앙인은 어떻게 수용해야 할까? 이 책에서 전개되는 아담에 대한 생물학적 이해와 신학적 해석을 배우지 못하면,

우리는 과학을 무시해 버리거나 신앙을 포기해 버리는 양자택일에 빠지게 될지도 모른다. 하지만 다행스럽게도 우리는 그럴 필요가 없다. 이 책은 지적 성실성을 통해 신앙을 더욱 견실하게 붙잡게 하며, 최신의 생물학적 지식과 함께 믿을만한 신학적 지혜를 제공해 주기 때문이다.

박영식 서울신학대학교 교수, 『창조의 신학』 저자

전통적 방식으로 성경을 읽어왔던 많은 그리스도인은 현대 과학의 지식 앞에서 어떻게 성경을 해석해야 할지 다양한 질문을 던져왔다. 특히 지난 수십 년간 빠르게 발전한 유전학은 인류의 기원에 관해 흥미로운 결과들을 제공하고 있으며, 그 결과 많은 그리스도인은 성경에 등장하는 아담에 관해 혼란스러워한다. 이런 상황에서 유전학의 결과와 아담에 대한 해석을 함께 담은 이 책은 많은 독자에게 훌륭한 지침서가 될 것이다. 책의 전반부는 정량적이고 엄밀한 방식으로 종의 분화 과정을 추적하는 집단유전학이 인류의 기원에 관해 밝힌 결과들을 언어의 유비를 사용하여 대중이 이해하기 쉽게 제공해 준다. 반면에 책의 후반부는 아담에 관한 주요 신학적 이슈들을 분석하고 고대 유대교와 바울의 이해를 중심으로 성서의 아담을 어떻게 읽고 해석해야 할지 상세한 설명을 제공한다. 게놈의 시대에 아담에 대한 궁금증을 갖는 모든 사람들에게 이 책을 추천한다.

우종학 서울대학교 물리천문학부 교수

"당신은 역사적 아담을 믿는가?"라는 질문은 대개 성경의 창세기에 대해 과연 "건전한" 신앙 고백을 하는지 가려보자는 의도로 사용된다. 그러나 현대 과학, 특히 진화생물학은 인류가 공유하는 공통조상으로서의 최초 인간인 아담과 하와가 존재했었는가라는 질문에 대해 그것은 명백히 불가능하다는 과학적 결론을 언명하고 있기에, 타락과 원죄 그리고 그로부터의 구속에 대한 기독교 교리를 기반으로 고백하는 기독교인에게 "신학과 과학의 조화"는 애초에 가능하지 않은 명제로 여겨진다. 과학이 더욱더 진화에 대해 많은 지식과 증거를 갖추어 갈수록, 창세기 1-3장의 문자적인 해석은 설 자리를 잃고 과학적 진리와 신앙적 고백 사이에서 갈등하는 영혼들은 더욱 많아질 것이며, 그 갈등에도 불구하고 기존의 교리적 세계관을 고수하는 교회는 더욱더 현실에 대한 인지 부조화의 길을 걷게 될 것이다. 이러한 상황 가운데, 이 책은 단순히 현대 과학으로 기존의

보수적 기독교 세계관에 대해 도전하는 데 그치지 않고, 따스한 마음으로 성숙한 성경 해석의 길이 무엇인지 진심 어린 안내를 시도하고 있다. 그리고 그 안내 가운데 독자를 존중하여 대중서로서는 충분한 깊이를 담아내려 하는 것도 느껴진다. 이 책을 통해 많은 사람이, 하나님이 우리에게 불어넣어 주신 지성을 존중하며, 과학의 도전을 두려워하지 않고 대면하여 성경적 신앙을 더욱 성숙하게 일구는 기회를 얻기를 기대한다.

장승순 미국 조지아 공과대학교 재료공학과 교수

이 책은 생물학자와 신학자가 아담에 대해 진정성 있게 다루고 있는 책이다. 생물학자인 데니스는 게놈을 분석하며 진화를 알기 쉽게 설명하고 있고, 신학자인 스캇은 현대 생물학에서 말하는 인간의 기원에 대한 부분을 진지하게 받아들이며 동시에 깊은 신학적 성찰을 보여주고 있다. 이 책은 과학신학 분야에서 가장 다루기 힘든 주제 중 하나인 인간의 기원과 아담의 역사성 문제를 어떻게 접근해야 할지를 잘 보여주는 책이다. 이 책을 통해 독자들은 인간의 기원에 대한 성경의 진술이 현대 생물학과 조화 가능함을 볼 수 있을 것이다. 무엇보다 성경에서 말하는 아담의 의미에 대한 본래의 의미에도 조금 더 다가갈 수 있을 것이다. 인간게놈프로젝트의 성과에 이어 고유전체학이 노벨상을 받는 시대에 신학은 더욱 적극적으로 생물학과 대화를 해야 하는데, 이 책은 하나의 모델이 될 만한 책이다.

장재호 감리교신학대학교 교수, 유튜브 "과학과신학연구소" 운영자

이 책에서 데니스 베네마와 스캇 맥나이트는 과학자들과 성경학자 및 신학자들 사이에 일어날 필요가 있는 대화에 개방적인 모델을 제공한다. 데니스는 복잡한 과학적 정보를 과학자가 아닌 사람들이 이해할 수 있도록 명확하게 설명하며, 스캇은 성경에 대한 존중과 과학적 발견에 대한 개방성 모두에 비추어 아담에 관해 성경이 뭐라 말하는지 이해하기 위해 씨름한다. 우리가 기독교 신앙에 관해 생각할 때 과학적 발견들을 무시할 수 없음을 깨닫는 사람은 누구나 데니스와 스캇의 협력에 고마워할 것이다.

로이 E. 치암파 니다 성서학 연구소

과학적 발견의 비교적 확실한 결과들에 대해 기독교가 반대해온 암울한 역사와 그것이 지성적이고 과학적으로 박식한 젊은이들에게 그리스도인들은 사실을 직시하지 못하는 것으로 보이게 만드는 결과에 비춰볼 때, 우리는 성경과 과학적 데이터 모두를 진지하게 대하는 신실한 그리스도인 과학자들과 성경학자들에게 고마워해야 한다. 데니스 베네마와 스캇 맥나이트는 수천 개체의 초기 호미닌 집단과 관련된, 인간의 발생 계보상의 압도적인 진화의 증거와 그것이 아담과 하와에 관한 성경의 기록에 대해 지니는 함의에 직면해서 그런 노력을 하는 좋은 모델을 제공한다. 혹자는 신학적으로 열정적으로 반대하거나 신다윈주의의 종합의 측면들에 대해 의문을 제기하면서도 이 야심적이고, 평화주의적이며, 매력적인 책을 통해 정보와 자극을 제공받을 수 있을 것이다.

마거리트 슈스터 풀러 신학교

데니스 베네마와 스캇 맥나이트는 생물학적 진화 배후의 과학의 힘과 모티프를 명확하고 설득력 있게 설명하는 데니스의 능력과 스캇의 매력 있고 설득력 있는 성경적, 역사적, 신학적 설명을 결합해서 우리의 주의를 끌 가치가 있는 드문 종류의 책을 제공한다. 그들의 정직한 평가들은 그들이 게놈 과학의 도전들과 기회들에 어떻게 대처했고 성경의 설명에 대한 충실한 헌신을 위한 길을 제시했는지를 우리가 볼 수 있도록 도와준다. 독자가 동의하지 않을 수 있는 몇몇 특정한 영역에서도 그들의 책은 우리에게 오랫동안 성장해온 전통들과 설명 체계들을 조사하도록 도전한다. 그러는 과정에서 베네마와 맥나이트는 과학적 발견과 충분히 대화하는 주해가 반드시 성경을 부정하는 것은 아니라는 점을 알도록 도와준다. 그들은 실용적인 방법을 제시하며 좀 더 많은 청중이 대화에 참여하도록 초대한다.

스탠리 P. 로젠버그 옥스퍼드 대학교

오늘날 복음주의 그리스도인들 사이에 성경에 기록된 창조 이야기의 문자적 정확성 문제보다 더 큰 열정을 일으키는 주제는 별로 없을 것이다. 과학의 발전으로 생명체의 기원에 관한 두 개의 설명을 지니게 되었는데—하나는 과학적 설명이고 다른 하나는 성경의 설명이다—그 설명들이 상호 배타적이라고 생각하는 사람이 많다. 우리는 과학이나 성경 중 하나를 선택해야 하고 둘 다 믿을 수는 없다는 말을 듣는다. 복음주의 진영에서 가장 명확하게 의사소통하는 두 명의 학자—한 명은 과학자이고 다른 한 명은 성경학자다—가 쓴 이 책은 그 주장이 옳은지를 주의 깊게 고려한다. 그 결과로 제시된 내용은 내가 읽은 책 중에서 그 주제에 관한 가장 명료하고 철저한 논의다. 데니스 베네마는 일상의 예시들을 사용해서 유전학의 개념들을 훌륭하게 설명한다. 스캇 맥나이트의 접근법은 목회적이다. 그는 경외감을 고취하는 태도로, 민감하게 우리를 신학적인 이슈들로 인도하여 성경의 이슈들이 얼마나 신학적으로 풍부하고 지적으로 만족스러울 수 있는지를 보여준다. 매우 명확하고 주의 깊게 쓰인 이 책은 복음주의 기독교의 역사에 분수령이 될 것이다. 저자들은 달라 보이는 각각의 입장이 다른 입장과 융합해서 하나의 조화로운 전체를 이루기 때문에 두 입장 사이의 과격한 구분이 사라져야 한다는 것을 보여준다.

데럴 포크 포인트 로마 나자린 대학교

이 책은 나올 법하지 않은 책이다. 누가 유전학자와 신약학자가 협력해서 아담과 하와에 관한 책을 쓰리라고 예상할 수 있었겠는가? 저자들이 그런 책을 쓴 것이 우리에게는 행운이다. 베네마와 맥나이트는 우리 중 많은 사람이 별로 이해하지 못하는 문제들을 박식하면서도 이해될 수 있는 방식으로 다룬다. 인간의 기원에 관해 과학적으로 정보를 갖추면서도 성경의 텍스트 및 초기 유대교 전통들과의 주의 깊은 상호작용에 토대를 둔 방식으로 생각할 수 있게 해주는 정보와 통찰을 준 데 대해 우리는 그들에게 빚을 졌다. 이런 종류의 학문 간 협력으로 교회는 큰 도움을 받는데, 이런 협력은 우리가 해석자들이 수 세기에 걸쳐 제공해 온 아담(과 하와)에 관한 내용을 적응시키고 채택하는 데 도움을 준다.

존 H. 월튼 휘튼 칼리지

이 책은 독특하고 귀중한 책이다. 유전학의 전문가와 선도적인 신약학자가 결합해서 아담과 하와의 문제를 다룬다. 베네마와 맥나이트는 독자로 하여금 인간의 진화에 관한 유전학적 증가와 고대 유대교 세계에 존재했던 아담에 관한 견해를 깊이 있게 바라보도록 안내한다. 이 두 그리스도인 학자들이 서로에게 귀를 기울이고 기원에 관한 그들의 개인적인 여정을 공유하며 복음주의자들의 질문들을 다룰 때 교회와 학생들을 향한 그들의 목회적 관심이 줄곧 빛을 발한다. 모든 독자가 그들의 결론들에 동의하지는 않겠지만 이 책은 성경과 하나님의 창조세계를 모두 존중하면서 인간의 기원을 이해하고자 하는 모든 사람의 필독서다.

데보라 하스마 바이오로고스 CEO

기독교 신앙과 진화 과학이 평화롭고 결실이 풍부한 관계를 맺을 수 있다는 것을 의심하는 사람은 이 놀라운 책을 읽어볼 필요가 있다. 이 책은 과학과 종교가 서로를 강화하고, 풍부하게 하고, 완전하게 하는 보완적인 접근법의 빛나는 예다. 데니스 베네마는 인간을 포함한 생물의 진화에 대한 논박할 수 없는 과학적 증거를 명확하고 알기 쉽게 제공한다. 스캇 맥나이트는 아담이 역사적 인물이었는지에 관한 도전적인 문제를 다룬다. 그는 고대 근동의 문헌과 특히 고대 유대교 문헌에 나타난 광범위한 창조 기사들에 의존해서 인간의 기원과 아담에 관한 성경의 구절들은 그 구절들의 고대 환경과 맥락 안에서 읽혀야 한다는 것을 보여준다. 이 책을 적극 추천한다.

데니스 O. 라무뤼 앨버타 대학교 세인트조세프 칼리지

ADAM AND THE GENOME

Reading Scripture after Genetic Science

DENNIS R. VENEMA and SCOT McKNIGHT

Originally published in English under the title
Adam and the Genome : Reading Scripture after Genetic Science by Brazos Press,
A division of Baker Publishing Group
P.O. Box 6287, Grand Rapids, MI 49516, U. S. A.

유전과학 시대의 성경 읽기

아담과 게놈

데니스 R. 베네마 / 스캇 맥나이트 지음

노동래 옮김

김영웅 감수

새물결플러스

목차

서문

2009년에 세계는 찰스 다윈 탄생 200주년과 그의 획기적인 저서 『종의 기원』(*On the Origin of Species*) 출간 150주년을 기념했다. 그 책이 나오고 나서 몇십 년 후에 복음주의 개신교인들은 자기들이 다시금 진화 이론과 격렬한 갈등에 처해 있음을 발견했다. 그 논쟁은 우리의 신학 외부의 인사들, 특히 리처드 도킨스 같은 "신무신론자들" 사이에서 여전히 맹위를 떨치고 있지만, 가장 열띤 논의들은 현재 복음주의 그리스도인들 사이에서—성경과 진화 사이에서 선택해야 한다고 믿는 사람들과 성경과 진화가 서로 긴장 관계에 있지 않다고 주장하는 사람들 사이에서—일어나고 있다.

2003년에 선도적인 생물학자이자 독실한 복음주의 그리스도인인 프랜시스 콜린스의 지도하에 인간 게놈 지도가 완성되자 복음주의 진영 내부에서 벌어지고 있는 이 논쟁에 대한 연료가 제공되었다. 점증하는 호미니드(사람과) 화석의 증거에 더하여 게놈을 통해 제공된 증거는 19세기 중반에 다윈이 제시한 이론이 설득력이 있음을 추가로 증언한다.

설상가상으로, 진화생물학자들의 연구 역시 많은 복음주의 그리스도인들을 심란하게 하는 또 다른 결론—인간은 한 쌍의 부부로 시작하지 않고 수천 명의 최초 인간 집단으로 시작했다는 결론—을 가리킨다. 이 증거는 지금은 많이 논의된 역사적 아담이라는 문제로 이끈다. 아담과 하와가 역사적 인물이 아니라면 성경은 옳은가? 인간들은 원래 무죄했는가? 타락이 존재했는가? 원죄 같은 것이 존재하는가? 원죄가 존재할 경우 그것이 오늘날 우리에게 어떻게 영향을 주는가?

이 질문들은 쉽게 답변할 수 없는 중요한 질문들이다. 이 질문들은 그것들을 다루기를 거절하거나 우리에게 익숙한 의견과 다른 의견을 지닌 사람들을 비방함으로써 무시될 수도 없다.

그런데 교회가 별 생각 없이 진화를 부정할 때 우리의 젊은이들은 확실히 교회의 신빙성에 문제가 있다고 생각한다. 진화나 성경 중에서 선택하라는 요구를 받으면 많은 사람이 진화를 선택한다. 성경을 선택하고 진화를 부정하는 사람들은 그들의 지성을 의심받는다. 우리가 이 책에서 살펴보겠지만 당신의 젊은이들에게(그 문제에 관해서는 누구에게든) 그런 선택을 강요하는 것은 성경을 잘못 나타내는 처사이며 그런 태도가 큰 피해를 끼쳐왔다.

이 문제들을 다루기 위해 우리는 우리의 최고의 신학적 사고와 과학적 사고를 동원할 필요가 있다. 데니스 베네마와 스캇 맥나이트는 바로 그런 사고를 할 수 있는 사람들이다.

나는 데니스를 약 5년 동안 알고 지내면서 그의 지성과 하나님께 대한 헌신을 인식하게 되었다. 그의 생물학 지식과 특히 게놈에 관한 지식은 인상적이며, 복잡한 연구를 나 같은 비전문가에게 설명하는 그의 능력도 탁월하다. 나는 데니스가 생물학을 이해하기 위한 엄청난 자원임을 알게 되었는데 당신도 그렇게 생각하리라고 믿는다.

나는 스캇을 동료 성경 연구자로서 및 친구로서 오랫동안 알고 있다. 그는 지난 30년 동안 대학과 신학교에서 신약성경을 가르쳐왔다. 그는 학계에서뿐만 아니라 교회에서도 입지를 확보했다. 스캇은 학문적인 자료들에 매우 박식할 뿐만 아니라, 중요한 내용을 폭넓은 청중에게 이해할 수 있고 매력 있게 전달할 수 있는 보기 드문 학자다. 그는 예수에 관해 열정적이며, 그리스도인들이 그들의 뇌를 포함한 온몸으로 하나님을 사랑하기를 원한다. 스캇은 성경이 하나님의 말씀이고 성경 안에서 우리가 하나님의 음성을 듣는다는 것을 알기 때문에 성경 연구에 그의 삶을 헌신해왔다.

나는 우리가 진화와 역사적 아담을 둘러싼 문제들이라는 어렵고 논란이 되는 대양을 항해하는 것을 도와줌에 있어서 이들보다 나은 사상가들의 조합을 상상할 수 없다. 데니스와 스캇은 우리의 주의를 끌 자격이 있으며 그들의 논증은 우리의 세심한 고려를 요구한다. 나는 그들이 우리를 위해 성경과 자연이라는 하나님의 "두 책"을 설명하는 연구에 평생을 바친 데 감사한다.

트렘퍼 롱맨 3세

웨스트몬트 칼리지 로버트 H. 건드리 성경 연구 교수

서론

많은 복음주의자와 마찬가지로 나(데니스)는 자연 과학 일반에 대해 의심하고 특히 진화에 대해 공개적으로 적대적인 환경에서 자랐다. 하지만 나는 어릴 때부터 과학자가 되는 것이 꿈이었다. 오랫동안 나는 진화를 거절함으로써 나의 두 세상을 조화시켰다. 결국 진화는 무신론자들에 의해 추구되고 아이들도 알 수 있는 취약한 "증거"를 통해 뒷받침되는 "이론"일 뿐이었다. 더욱이 예수가 길과 진리와 생명이었고 내게는 "성경이 창조에 관해 말하는 것"으로 충분했다.

나는 과학자가 되지 않을 뻔했다. 나의 어릴 적 꿈에도 불구하고 나는 의사가 되려고 했는데, 그것은 주로 내가 그 역할이 기독교 진영 안에서 설 자리가 있다고 생각했기 때문이었다. 나는 나의 마음과 기량을 하나님 나라를 위해 쓰기를 원했는데, 10대 때에는 의료직이 그 일에 가장 적합하다고 생각했다. 나는 생물학을 사용해서 의과대학원에 들어갈 준비를 하려고 했는데, 생물학을 공부하는 과정에서 하나님이 과학에 대한 나의 어릴 적 관심에 다시 불을 붙이셨다. 돌이켜보니 애초에 교회가 과학과 좀 더 나은 관계를 맺고 있었고 "과학자"가 그리스도인이 받아들일 수 있는 직업의 비공식적인 목록에 들어있었더라면 나의 경로가 덜 우회적이었으리라고 생각한다. 확실히 "진화생물학자"는 현재 그 목록에 들어있지 **않다**.

현재 나는 그 등식의 다른 쪽에서 학부생들에게 생물학을 가르치고 있다. 그들 중 많은 이들이 나처럼 복음주의적인 배경을 갖고 있다. 그들은 나처럼 진화는 악하고 자기들은 성경과 진화 사이에서 선택해야 한다고 들었다. 나는 그들의 친구 중에서 이미 그런 선택을 하고 내 수업을 듣지 않기로 한 학생이 얼마나 많을 것인지 궁금하다. 나는 그들 중 얼마나 많은 이들이 다음번의 프랜시스 콜린스가 될 수도 있었을지 궁금하다. 그리고 사랑과 목회적 민감성을 지니고 그들과 함께 그 길을 헤쳐나가려는 나의 최선의 노력에도 불구하고 생물학을 배우게 된 학생 중 자신이 어릴 때 배운 주일학교 칠판 신학이 그 일을 감당할 수 없음을 알게 되자마자 신앙을 버리는 이들이 얼마나 많을 것인가?

공동체로서 우리는 하나님 나라의 미래를 위해 더 잘할 필요가 있다.

우리가 더 잘하는 한 가지 방법은 배우는 것이다. 내가 단지 그리스도인이라는 사실로 말미암아 흡수한 서투른 지식이 아니라 현대 진화생물학이 실제로 어떤 것인지에 관해 배우는 것이다. 그 정보를 갖추고 나면, 성경을 주의 깊게 바라보고 성경이 우리의 문화적 인습이 없이 스스로 말하도록 허용하고, 우리가 젊은이들에게 가르치는 내용을 주의 깊게 고려해야 한다. 과학은 과거에 우리가 텍스트로 돌아가도록 요구했고 지금도 그렇게 요구하고 있다. 이 책은 바로 그 일에 관한 책이며 나는 오랫동안 이 책을 쓰기를 원했다.

그렇게 말은 했지만 나는 내가 이 일을 모두 할 수는 없음을 알았다. 내게는 신학과 주해 분야의 전문가가 필요했다. 신약성경 분야의 전문가라면 더 좋았다. 창세기가 핵심이었지만 나는 그 대화가 점점 더 창세기에서 바울로, 특히 바울이 아담에 관해 말하는 내용으로 옮겨가고 있는 것을 발견했기 때문이었다.

2012년 3월, 이 일들에 관해 생각하고 있었을 때 나는 뉴욕에서 열린 바이오로고스 회의에 참석했는데 스캇이 강사 중 한 명이었다. 그가 자신의 논문을 발표할 때 나는 그가 내 이름과 진화에 관한 나의 몇몇 논문, 특히 진화가 아담과 하와에게 주는 함의를 언급하는 것을 듣고 깜짝 놀랐다. 나는 신학자가 나의 논문을 읽고 있었으리라고는 생각하지 않았다. 그리고 그 논문의 이해하기 어렵고 기술적인 용어들을 고려할 때 그것은 그 논문에서 무엇이라도 얻어보겠다는 스캇의 끈기에 대한 증언이었다. 스캇은 나와 마찬가지로 이런 질문들과 신학적인 측면에서 씨름하고 있었고, 그 대화에 기꺼이 자신의 음성을 추가할 용의가 있었다.

나(스캇)는 그 회의에서 데니스를 만난 것을 기억하지만, 그보다 몇 달 전에 데니스의 논문을 처음 읽은 것을 더 잘 기억한다. 그 논문을 읽는 데 한 주가 족히 소요되었다. 그 논문은 나의 어휘와 사고 양상의 일부가 아닌 도표들과 정보들 및 용어들로 가득했다. 데니스의 비범한 논문과 더불어 나는 그 잡지에 실린 다른 논문들을 읽었고 블로그에 그 논문들에 관한 글을 올렸다. 나는 유전학에 관한 데니스의 말이 옳다면 내가 할 일이 있다고 확신했다. 이제 데니스와 다른 많은 이들이 제안하고 있던 것, 즉 아담과 하와를 현대 유전학에 비춰 새롭게 보기를 해야 할 때였다.

내가 속한 진영에서 누군가가 진화를 꺼내들 때—그것의 구조가 어떻게 짜이든(구식인 다윈의 진화, 급진적인 물질주의적 진화, 유신 진화, 진화적 창조, 또는 모종의 지적 설계)—문제는 결국 "내가 특정한 형태의 진화를 수용한다면 아담과 하와를 어떻게 믿는가?"로 귀착되었다. 진화를 수용할 때의 함의라고 생각되는 내용이 많은 사람을 따라다닌다. 진화가 사실이라면 성경은 사실일 수 없다, 진화가 사실이라면 역사적 아담과 하와는 결코 존재한 적이 없다, 그리고 진화가 사실이라면 모든 사람에게 복음을 전할 필요가 없다. 나는 이 신학적 구성개념들을 "역사적" 아담이라고 부르는데 그것이 무엇을 의미하는지를 5장의 끝부분에서 논의할 것이다.

데니스가 내게 게놈과 아담에 관한 바이오로고스 연구지원금 프로젝트에 동참할 의향이 있는지 물었을 때 나는 때가 무르익었음을 알았다. 이제 내가 그 문제를 추구하고 머릿속에 있는 지적 긴장을 해소할지, 아니면 성경 뒤의 도서관에 숨어서 그저 성경 연구나 할지 결정할 시간이었다. 나는 이 프로젝트에 참여하기로 동의하고 나서 게놈과 호미닌(사람족)에 관한 데니스의 논문을 내 컴퓨터 옆에 받쳐 놓고 그 논문 전체를 내가 이해할 수 있는 언어로 다시 썼다. 그것은 내게 어려운 일이었지만, 나는 오늘날 많은 유전학자의 결론을 좀 더 깊이 있게 이해할 수 있도록 유전과학을 이해하기를 원했다. 현생 인류에게 존재하는 DNA는 약 10,000명의 호미닌들보다 적은 풀(pool)에서 나왔을 수 없다(이후의 장들에서 이 용어들이 정의되고 데니스의 논문이 언급될 것이다). 나는 그 일을 마치고 나의 언어로 다시 쓴 글을 데니스에게 보냈는데 그는 내가 기본적으로 올바로 이해했다고 알려줬다. 그것은 내가 과학자가 아니라 신학자이지만 큰 그림을 이해했다고 말하는 그의 친절한 방식이었다.

따라서 이 책에 수록된 내용은 내가 이해하는 진화와 유전과학 그리고 그것이 많은 그리스도인의 기본적인 주장—당신과 나 그리고 모든 시대의 나머지 인간들이 아담과 하와라는 단 두 명에게서 나왔다는 주장—에 어떤 영향을 주는가에 관한 기본적인 개론이다. 하지만 유전학은 나를 성경 뒤로 숨거나 과학자들을 모욕하도록 이끈 것이 아니라, 나를 도서관의 책더미들로 보내서 자유롭게 과학을 조사하고 창세기 1-3장이 원래의 맥락에서 무엇에 관한 내용이었는지, 그리고 유대인들과 초기 그리스도인들이 그 이름을 말했을 때 "아담"을 어떻게 이해했을지를 다시 질문하게 했다. 나는 그들이 우리가 소위 "역사적" 아담과 하와에 관해 생각한 방식으로 생각했는지를 질문할 것이다. 그들은 자기들 시대의 "과학"을 벗어나 오늘날 우리가 알고 있는 내용에 합류해서 현대 과학에 일치하는 것들을 썼는가? 아니면 그들은 고대인들이 생각하는 방식으로 생각하고 그들의 세상에 자연과 이 세상에서 인간의 사명에 관한 뛰어난 관점을 제공했는데 그것이 "하나님의 형상"이라는 표현에 담겼는가? 나는 이 점에 관해 설명하려고 노력할 것이다. 그들은 심지어 많은 과학자 사이에서조차 널리 퍼진 서구 세계의 믿음이 된 대안적인 신학과 인류학으로 하나님과 인간에 관한 고대 세계의 관점을 논박하지 않았는가?

따라서 이 책은 과학과 성경이라는 두 부분으로 구성된다. 두 번째 부분(스캇이 쓴 5-8장)은 첫 번째 부분의 정확성을 가정하고서 고대 세계에서 이해되도록 의도된 아담과 하와를 설명하고자 한다. 첫 번째 부분(데니스가 쓴 1-4장)은 많은 그리스도인의 마음에 지적인 긴장을 조성해온 주요 주제들에 대해 이해할 수 있는 개론을 제공한다.

데니스 R. 베네마, 트리니티웨스턴 대학교

스캇 맥나이트, 노던 신학교

1장

과학 이론으로서의 진화*

adam and the genome - adam and the genome --
adam and the genome -- adam and the genome --
adam and the genome -- adam and the genome -
---adam and the genome adam and the genome
adam and the genome adam and the genome adam
- and the genome --- adam and the genome adam
-and the genome adam and the genome - adam -
and the genome ■ adam and the genome - adam
and the genome -- adam and the genome adam ---
and the genome adam and the genome adam - and
the -genome - adam - and the genome adam and
the genome adam and the genome adam--and the
genome adam and -- the genome ■■ adam and the
genome adam and -- the genome adam and- ■ ---
the genome adam and the genome adam -and the
genome - adam and the genome ---■adam and
the genome - adam and the genome - adam and
the genome -- adam and the genome -- adam and
the genome -- adam and the genome -- adam and
the genome - ---adam and the genome adam and
the genome adam and the genome adam and the
genome adam - and the genome --- adam and
the genome adam -and the genome adam and the
genome - adam - and the genome ■ adam and the
genome - adam and the genome -- adam and the
genome adam ---and the genome adam and the
genome adam - and the -genome - adam -- and
the genome adam and the genome adam and -
--the genome adam--and the genome adam and --

* 나는 이 책을 쓰는 동안 바이오로고스에서 일하는 동료들이 제공한 지원과 격려와 지혜의 공유에 감사한다. 그리고 나는 내가 쓴 장들의 초안들을 읽고 귀중한 제안을 해준 나의 친구이자 형제인 더그 캐피에게도 감사한다. 마지막으로 내가 여러 날을 밤늦게까지 글을 쓸 때 내 가족이 보여준 사랑과 지원에 대해 깊이 감사한다.

adam and the genome

나(데니스)는 캐나다 브리티시컬럼비아주 북쪽의 작은 마을에서 자랐다. 어릴 때 나는 숲에서 아버지와 형과 함께 사냥하고 낚시를 하면서 많은 시간을 보냈다. 나는 그곳에서 처음으로 자연 세상에 대한 경이감을 느꼈고 자연을 좀 더 잘 이해하고 싶어졌다. 우리는 잡은 물고기나 뇌조를 다듬을 때 위장을 살펴보며 그것들이 무엇을 먹었는지 보았다. 아버지가 연어 낚시를 하는 동안 나는 얕은 곳과 소용돌이치는 장소에서 그물로 피라미나 수생 곤충들을 잡으며 시간을 보냈다. 나는 집에서 발견할 수 있는 갖가지 화학 물질로 약과 술을 만들기도 했다. 다른 아이들은 경찰이나 소방관이 되기를 원했지만 나는 과학자가 되고 싶었다. 내가 사립 기독교 학교의 학습장에서 이해한 진정한 과학은 하나님이 그분의 말씀에서 창조세계에 관해 말씀하신 내용과 완벽하게 일치했다. 물론 "다윈"과 "진화"는 악한 것이었다. 그것들은 무신론을 지지하는 과학자들이 의도적으로 진리에 대해 스스로 눈을 감았기 때문에 엄청난 결함이 있음에도 불구하고 믿는 것들이었다. 나는 이 단어들이 큰 소리로 들릴 때면 마치 누군가가 격하게 저주라도 하는 것처럼 느꼈던 것을 뚜렷이 기억한다.

내가 지방의 공립 고등학교에 들어갔을 때도 과학에 대한 나의 관심은 계속되었지만, 역설적이게도 나는 생물학이 물리학이나 화학과 비교할 때 매우 따분하다는 걸 알았다. 물리학과 화학은 내가 맹목적으로 암기하기보다는 원리들을 배우고 그것들을 적용하도록 요구했다. 생물학은 그 배후에 체계적인 원리가 없는 반면에 물리학과 화학에는 그런 원리가 있는 것으로 보였다. 예컨대 원자를 이해하면 화학을 이해하게 되고 힘들과 물질이 어떻게 작용하는지를 이해하면 물리학을 이해하게 된다. 하지만 생물학에서는 어떤가? 그저 지루한 사실들의 목록을 외워야 한다. 나는 그러기를 사양한다.

나는 작은 마을에서 살았기 때문에 TV에서 본 과학자들 외에는 어떤 과학자도 알지 못했다. 따라서 나는 어릴 적의 포부에도 불구하고 직업으로서의 과학을 생각할 수 없었다. 내 친구들도 더 이상 경찰이나 소방관이 되기를 원하지 않았고 "과학자"도 그런 것들만큼이나 변덕스러운 것으로 보였다. 하지만 나는 두 차례의 여름 단기 선교 여행을 갔고 아마도 의사가 되는 것은 선교 현장에서 유용할 수 있는 직업으로서 좋은 선택이리라고 생각했다. 나는 성적이 좋았고 의과대학원에 진학하는 것이 현실적인 대안 같아 보였다. 생물학 학위가 의사가 되기 위한 좋은 방법으로 보였기 때문에 나는 대학교에서 생물학을 공부하기로 했다. 내 가족은 내가 기독교 대학교에 들어가기를 원했지만, 우리에게는 그럴 경제적 여유가 없었다. 그래서 나는 일반 대학교에 들어갔고, 그것이 나의 신앙에 대한 시험이 될 것을 각오해야 했다. 어느 주일에 우리 교회는 대학교나 신학 대학에 들어가는 고등학교 졸업생들을 위해 기도하고 "파송했다." 우리의 목사는 추가적인 기독교 교육의 안전한 울타리로 향하는 사람들에 대해 하나님께 감사했고, 세속적인 환경으로 가는 사람들에 대해서는 그들의 믿음을 잃지 않도록 기도했다.

나는 대학생 시절의 처음 2년은 좋아하지 않았다. 암기가 당시의 질서로 보였고 "진화와 관련된 것"이 너무 자주 등장하곤 했다. 감사하게도 진화는 간헐적으로만 언급되었고 쉽게 무시되었다. 그래도 내 성적은 좋지 않았고 생물학은 고등학교 시절에 그랬던 것처럼 지루하게 보였다. 내 성적이 경쟁이 치열한 의과대학원 지원 과정에 충분할지 의심스러웠다. 그러나 3학년 때 전환점이 찾아왔다. 기본 개론 과정을 힘겹게 마치고 난 뒤 나는 마침내 원리를 이해하는 것이 세부사항을 암기하는 것보다 중요한 좀 더 흥미로운 부분으로 들어가게 되었다. 세포 생물학과 유전학은 특히 재미가 있었다. 나는 우등으로 학사 학위를 따고 연구 논문을 쓰기로 결심했다. 그때까지의 초라한 성적에 비춰볼 때 왜 결심이 좋은 생각으로 여겨졌는지는 나도 모르겠다. 하지만 나는 나를 받아줄 교수를 발견했고 그녀의 연구실에서 열심히 연구하기 시작했다.

그것이 모든 것을 변화시켰다. 나는 미리 짜인 교과서적인 답변이 없는 열린 과학적 문제에 관해 연구했다. 그 질문을 다루기 위해서는 발달세포생물학, 유전학의 원리들과 유전자의 산물들이 분자 수준에서 어떻게 작용하는지를 이해할 필요가 있었다. 나는 가설들을 검증하기 위한 실험들을 설계하고 그것들이 적절하게 작동하도록 문제들을 찾아내 수정했다. 나는 처음으로 진정한 과학을 연구하게 되었고 그것에 완전히 빠져들었다.

내 성적이 극적으로 향상된 것은 놀라운 일이 아니었다. 마침내 나는 지루한 교과서를 반복하는 것이 아니라 과학자처럼 생각하는 내 능력에 기초해서 평가받게 되었다. 나는 학부에서의 내 평균 성적이 의과대학원에 지원하기에는 너무 낮지 않을까 걱정하고 있었지만, 마지막 2년의 성적이 처음 2년의 성적을 보충하고도 남았다. 이제 나는 의과대학원에 들어갈 성적을 갖췄지만, 그 욕구를 잃어버렸다. 나는 의과대학원에 지원조차 하지 않았고, 학사 학위를 취득한 후 곧바로 유전학과 세포생물학 분야의 Ph.D. 프로그램에 지원했다. 어릴 적의 내 꿈이 실현되고 있었고 나는 소방서에 현장 학습을 온 아이처럼 행복했다.

하나의 이론일 뿐

나는 훗날 생물학이 왜 연구실에서 갑자기 내게 살아 있는 존재로 다가왔는지, 그리고 그때까지는 생물학이 왜 그렇게 따분하게 보였는지 이해하게 되었다. 생물학에는 내가 고등학교 화학과 물리학에서 얼핏 보았던 것, 즉 일련의 사실들에 질서와 응집력을 주는 근저의 원리들이 빠져 있었다. 내게 그것은 유전과 발생의 생물학적 이론들을 탐구하고, 체계적인 이 구조들(이론들)에 비추어 세부 사항들(사실들)을 이해하는 것을 의미했다. 내가 이론들을 이해하게 되자 사실들은 더 이상 암기되어야 할, 서로 연결되지 않은 세부사항들이 아니었다. 사실들은 이제 앞뒤가 맞았다.

이 대목에서 우리가 몇몇 용어를 명확히 할 필요가 있다. 불행하게도 평범한 용례에서는 "이론"이라는 단어가 과학자들이 말하는 바의 거의 반대를 뜻한다. 일반적으로 이론은 "추측"이나 "짐작" 같은 것을 의미한다. 그러나 과학에서 사용되는 이론은 추측을 의미하지 않는다. 과학에서 이론은 사실들이 **왜** 그런 식인지를 설명하는 틀(framework)이다. 이론들은 하룻밤 사이에 개발되는 것이 아니라 관찰하고, 가설을 세우고, 실험을 통해 가설을 검증하는 오랜 과정의 산물이다.

아마도 다음과 같은 유비가 도움이 될 것이다. 내 아이들은 어렸을 때 "누구게?"(Guess Who?)라는 게임을 좋아했다. 이 게임을 하는 두 사람은 다양한 인물이 그려진 카드에서 한 장을 선택한다. 다른 사람이 가지고 있는 카드에 그려진 인물을 짐작하는 것이 그 게임의 목표다. 그 게임을 하는 사람은 교대로 "그 사람이 남자야, 여자야?"나 "그 사람이 안경을 썼니?" 같은 질문을 해서 선택지를 좁히려고 노력한다. 최초의 추측은 그저 추측일 뿐이다. 하지만 게임이 진행됨에 따라 몇몇 선택지들이 제거되었기 때문에 사람들은 좀 더 정보를 갖춘 추측을 하기 시작한다. 그리고 당신이 올바로 추측했다면 이후 당신이 묻는 모든 질문은 당신이 예상한 바대로 답변될 것이다.

과학 이론은 유사한 과정을 통해 형성된다. 그 과정은 추측—아마도 이전 관찰들에 기초한, 근거가 있는 추측(educated guess)—으로 시작한다. 그 과정은 가능한 사실들을 바라보고 사실들이 **왜** 그런 식인지를 질문한다. 그 결과물이 가설(hypothesis)—"근거가 있는 추측"을 가리키는 전문 용어다—이다. 과학자는 그 가설을 사용해서 이것이 사실들이 왜 그런 식인가에 관한 방식이라면 **이러이러할** 것들은 이래야 한다고 예측할 수 있다. 그러고 나서 그 예측을 검증하기 위한 실험이 구상될 수 있고 그 결과는 그 가설을 뒷받침하거나 뒷받침하지 못할 것이다. 만일 그 예측이 뒷받침되지 못하면 과학자는 그 가설을 기각할 것이다. 그 예측이 실험을 통해 뒷받침되면 과학자는 그 가설을 **기각하지 못할** 것이다. 여기서 기각하지 못하는 것은 "받아들이는 것"과 같지 않음에 주의하라. 이는 과학에서 중요한 구별이다. 가설을 **"받아들이는 것"**은 더 이상의 검증이 요구되지 않음을 의미할 것이다. 이것은 추측하기 게임에서 한두 개의 올바른 추측을 근거로 상대방이 선택한 인물이 누구인지 발견했다고 결정하는 것과 비슷할 것이다. 만약 그 추측이 틀렸다면 향후의 검증들은 우리의 가설이 완전히 정확하지는 않다는 사실을 보여줄 것이다. 확실히 그 인물은 모자와 안경을 낀 여성이지만 그녀가 보라색 스카프를 매지는 않았다는 식으로 말이다. 그렇다면 이제 새로운 증거에 비추어 그 가설을 재조정해야 한다.

과학에서 많은 예측과 검증을 통해 **기각되지 않은** 가설은 궁극적으로 반복된 실험을 견뎌냈고 자연 세상에 관해 정확한 예측을 하는 넓은 설명 틀, 즉 이론이 된다. 가설을 뜻하는 영어 단어 hypothesis에서 "hypo"는 "~보다 적은"을 뜻하는 그리스어에서 유래했고 "thesis"는 "이론"을 뜻하는 또 다른 단어다. 따라서 "가설"(hypothesis)은 단순히 "이론에 미치지 못하는"을 의미한다. 가설이 거듭된 실험들을 견뎌내면 그것은 궁극적으로 논제(thesis), 즉 이론이 된다.

따라서 좋은 이론들은 자연이 실제로 어떻게 작동하는가에 관한 근사치다. 과학자들은 결코 이론들을 "참"이나 "증명완료된" 것으로 "받아들이지" 않지만, 많은 과학이론들은 아주 견고하게 확립되어 있기 때문에 새로운 증거로 인해 대폭 수정될 가능성이 매우 낮은 경우가 많다. 유전의 염색체 이론과 질병의 세균 이론은 그런 이론들의 예다. 그 이론들을 지지하는 증거는 방대하며 과학자들이 이 이론들을 연구하기 위해 개발한 새로운 기술마다 그 이론들을 지지한다. 비록 그 과정에서 그 이론들이 수정되고 개선되어왔지만 말이다. 그렇다면 "그저 이론일 뿐"이라는 말은 과학적인 관점에서는 큰 칭찬인 셈이다. 과학에서 이론보다 나은 것은 없다. 좋은 이론은 실제로 참인 것에 대한 매우 가까운 근사치이기 때문에 자연 세계를 예측하는 데 매우 유용하다. 더욱이 좋은 이론은 현재의 데이터를 이해하기 위한 논리적인 틀—내 고등학교 시절 생물학 경험에서 부재했던 것—을 제공한다.

그릇되게 과학이라고 불리는 것들

과학자들은 자기들이 "이론"이라는 말로 무엇을 의미하는지 알지만, 과학자가 아닌 사람들은 이론이 "비교적 정보를 갖추지 않은 추측"이라고 생각하더라도 무리가 아니다. 우리 모두는 "이전의 이론들을 뒤엎고" "우리가 안다고 생각했던 모든 것을 변화시키는" 과학적 발견들에 관한 주요 기사들을 읽어본 적이 있다. 사실은 이런 기사들은 오도하고 있으며, 흔히 저널리스트들이 새로운 과학적 발견을 정확하게 나타내기보다는 눈길을 끄는 기사들을 찾는 결과인 경우가 많다. 종종 과학자 자신들이 자기의 연구를 새롭고 굉장한 것으로 묘사하고 싶어서 저널리스트들을 도와주고 부추긴다. 그러나 실상은 "거대한 기존 지식의 점진적인 발전"에 지나지 않는 것들이 신문에 그런 식으로 소개되지 않는다.

식이과학이라는 주제에도 종종 당황스러운 문제가 생긴다. 콜레스테롤은 한때는 나쁘다고 하더니 다음날에는 좋다고 한다. 한때는 토마토가 암과 관련이 있다고 하더니 다음날에는 암을 예방한다고 한다. (물론 내가 실제로 이렇게 주장하는 것은 아니다. 요점은 우리 모두 이런 기사들을 여러 번 보았다는 것이다.) 과학자들은 왜 결정을 내리지 못하는가? 마치 과학자들은 모든 면에서 사실상 그저 추측만 하고 있을 뿐인 것 같다. 이런 일들이 과학을 하찮게 보이게 만들고 많은 그리스도인으로 하여금 성경의 명백한 진리를 고수하는 편이 낫겠다고 생각하게 만든다. 이런 화제거리들이 빈번하게 나타나는 데는 충분한 이유가 있다. 보통 사람들은 과학의 여러 영역에 관심을 기울이기보다 이런 화제거리에 관심을 기울이기 때문이다. 새로운 발견에 관한 뭔가가 보통 사람들에게 흥미를 끌지 않는 한 유전학이나 입자물리학에 관한 뉴스들이 자주 등장하지 않는다. 우리 모두 체중을 줄이고 건강을 유지하는 방법을 알기를 원하기 때문에 모든 사람이 자연적으로 영양 연구에 관심을 보인다.

불행하게도 식이과학은 연구하기에는 가장 도전적인 유형의 과학이다. 많은 연구가 높은 수준으로 수행되지 않기 때문이다. 지나치게 열심이고 자기 홍보적인 연구자와 마감 시간에 쫓기는 저널리스트가 한패가 되면 우리가 페이스북에서나 볼 수 있는 식의 기사가 나오게 되는 것이 놀랄 일이 아니다. 이런 연구의 주요 도전 중 하나는 혼란을 일으킬 가능성이 있는 변수들을 제외하기가 어렵다는 것이다. 두 연구 대상 집단이 가급적 유사한가? 그렇지 않을 가능성이 크다. 그 연구 결과가 발표되기 전에 해당 분야의 전문가들에게 철저하게 조사되었는가? 아마도 그러지 않았을 것이다. 그 결과들이 충격적이고 따라서 뉴스로서의 가치가 있는가? 그렇다면 그 연구 결과가 발표된다!

이런 유형의 연구와 그에 따른 뉴스 기사로 인한 문제와 도전을 드러내는 연구가 최근에 발표되었다. 이 연구가 국제적인 관심을 받았다는 사실은 놀랍지 않다. 그 연구는 초콜릿을 먹는 것이 체중을 줄이는 방법임을 보여주었기 때문이다!

> "초콜릿으로 날씬해지라!" 표제는 이렇게 나팔을 불었다. 독일의 어느 연구팀은 탄수화물을 적게 섭취하는 사람들이 매일 초콜릿 바를 하나씩 먹으면 10퍼센트 빨리 체중이 감량된다는 것을 발견했다. 그 연구는 유럽 최대의 일간지인 「빌트」(*Bilt*) 1면의 저먼윙스기 추락 사고 기사 바로 아래에 실렸다. 그 연구는 인터넷을 통해 퍼져나갔고 스무 개가 넘는 국가에서 여섯 개 언어로

보도되었다. 그 기사는 TV 뉴스 쇼에서 논의되었다. 그 연구는 광택지로 만든 잡지에 등장했는데 가장 최근에는 「쉐이프」(*Shape*) 6월호("당신이 매일 초콜릿을 먹어야 하는 이유", 128쪽)에 게재되었다. 그 연구는 초콜릿이 체중 감소를 가속할 뿐만 아니라 좀 더 건강한 콜레스테롤 수치와 전반적인 웰빙 향상으로 이어지기도 한다는 것을 발견했다. 「빌트」의 기사는 그 연구의 주 저자이자 식사와 건강 연구소(Institute of Diet and Health) 소장인 요하네스 보해넌 박사의 말을 인용한다. "가장 좋은 점은 당신이 어디서나 초콜릿을 살 수 있다는 것이다."[1]

당신이 홀가분해진 마음으로 희망을 품고 초콜릿 가게로 달려가기 전에 몇 가지 나쁜 소식을 말해주겠다. 그 연구는 그런 내용에 대해 아무것도 보여주지 않는다는 것이다. 사실 의도된 진짜 실험은 명백한 흠이 있는 허접한 연구가 [저널에] 발표될 수 있는지, 대중의 관심을 끌 수 있는지 보는 것이었다. 즉 그 연구의 실제 목적은 그 연구의 주 저자가 나중에 폭로했듯이 "식이과학" 뉴스를 조작하기가 얼마나 쉬운지를 알아보는 것이었다.

나는 요하네스 보해넌 박사다. 사실 내 이름은 존이고 저널리스트다. 나는 실제로 Ph.D. 학위를 소지하고 있지만, 그것은 박테리아의 분자 생물학 분야 학위이고 인간에 관한 것이 아니다. 식사와 건강 연구소는 뭐냐고? 그것은 웹사이트에 지나지 않는다. 이 거짓말들을 제외하고 그 연구는 100퍼센트 진짜였

---

1 John Bohannon, "I Fooled Millions into Thinking Chocolate Helps Weight Loss. Here's How," *Gizmodo*, May 27, 2015, http://io9.gizmodo.com/i-fooled-millions-into-thinking-chocolate-helps-weight-1707251800.

다. 내 동료들과 나는 독일에서 실제 실험 대상자들을 모집했다. 우리는 실험 대상자들을 무작위로 다른 식사 방식에 배정하고 실제 임상 시험을 수행했다. 그리고 우리가 보고한, 초콜릿의 통계적으로 유의미한 유익은 실제 데이터에 기초했다. 사실 그것은 식이연구 분야의 상당히 전형적인 연구였다. 말하자면 그것은 끔찍한 과학이다. 그 결과들은 의미가 없으며 미디어가 전 세계의 수백만 명에게 나팔을 불어댄 주장들은 전혀 근거가 없다.[2]

이 "연구"에 대한 보해넌 박사의 완전한 설명은 이 수작을 부리기가 얼마나 쉬웠는지를 드러내기 때문에 그것을 읽어볼 가치가 있다. 이 경우 "성공"의 비밀은 소수를 대상으로 많은 속성(콜레스테롤 수준, 체중 증가, 일반적인 행복감 등)을 조사하는 것이었다. 실험을 이렇게 설계하면 두 집단(탄수화물이 낮은 식사를 하면서 소량의 다크 초콜릿을 먹는 집단과 먹지 않는 집단) 사이에 적어도 통계적으로 유의미한 몇몇 차이가 발견될 가능성이 매우 크다. 하지만 이 차이들은 순전히 우연에 의한 것이다. 모든 통계적 유의성 주장은 그것이 우연일 가능성을 기각하는 데 기반을 둔다. 하지만 소수의 대상자에게 충분히 많은 변수를 테스트하면 우연만으로 "유의성"을 보이는 몇 가지 변수가 발견될 것이다. 이 사례에서 의도한 결과를 내기에 적합한 집단에서의 체중과 콜레스테롤 수준의 작은 변동 가능성이 필요한 결과를 낳았고 이후의 열광적인 표제로 이어졌다. 수준이 높은 과학 저널의 동료 검토자들이라면 이런 흠들을 손쉽게 포착할 수 있었겠지만 보해넌 박사는 자신의 논문을 평판이 좋은 저널에 제출하지 않았다. 대신 그는 그 논문을 현업

2 Ibid.

과학자라면 누구나 형편없는 저널임을 즉시 알아차릴 저널, 심지어 순전히 이익을 위한 발행자, 즉 과학계의 자비 출판 전문 출판사에 상응하는 저널로 보냈다. 사실 그 논문은 동료의 검토를 받지도 않은 것으로 보인다. 그러나 그것은 문제가 되지 않았다. 아무튼 미디어는 그 논문에 홀딱 반했다. 보해넌 박사는 미디어가 그것을 얼마나 쉽게 그대로 받아들이는지 놀랐다. 그는 식이과학과 과장된 뉴스의 반복이 나쁜 과학을 무비판적으로 양산하고 있다고 이미 의심하고 있었지만, 그 과정이 그렇게 쉬울 줄은 몰랐다.

그러니 많은 사람이 과학을 하찮게 생각하는 것도 놀랄 일이 아니다. 그들이 신문에서 매일 보는 "과학"은 항상 변하고 끊임없이 스스로와 모순된다. 이 불행한 양상의 이유는 단순하다. 그것은 엄격한 과학이 아니기 때문이고, 팔랑귀에다 제대로 된 지식이 없는 저널리스트에 의해 보도되기 때문이다. 그렇다고 해서 식이과학 분야에서 주의 깊게 연구하고 이 중요한 분야에서 우리의 지식 기반을 서서히 넓혀가는 과학자들이 없다는 뜻은 아니다. 그들은 확실히 거짓 뉴스를 양산하는 나쁜 연구에 자신들의 머리털을 쥐어뜯을 것이다. 더욱이 보해넌 박사처럼 과학을 잘 다루는 저널리스트도 있다. 그들은 대개 비전문가를 대상으로 글을 쓰기 위한 재능이 있고 대학원 과정의 과학 교육을 받은 사람들이다.[3] 하지만 유감스럽게도 그런 사람은 극히 드물다.

그런 식이요법 뉴스거리에도 불구하고 좋은 과학 이론들이 있다. 그런 이론들은 여러 해에 걸친 주의 깊은 연구, 전문가들의 비판적 검토, 그리고

---

3 주목할 만한 또 다른 사람은 Carl Zimmer인데 그는 「뉴욕 타임즈」를 위해 글을 쓰고 「내셔널 지오그래픽」에 기고한다. Carl은 진화생물학에서 존중받는 교과서의 공동 저자이기도 하다.

뒷받침하는 많은 증거의 결과다. 그 이론들은 건조한 규칙성을 지니고 정확하게 예측하는데, 그리스도인들은 대개 그런 이론들을 재고하지도 않는다. 하지만 몇몇 이론들은 복음주의 기독교의 감시망에 나타나는데 진화는 확실히 그런 이론 중 하나다. 나는 어릴 때도 교회의 경험으로부터 진화는 나쁜 것임을 알고 있었다. 그것은 하나님을 배제하고 인간이 어디서 왔는지를 설명하기 위한 하나의 방법이었다. 적어도 이 경우 과학과 하나님의 행동들은 서로 반대쪽에 놓였다. 과학이 하나님이 기적적이고 즉각적으로 우리 조상들을 창조하신 데 의존하지 않고서 인간의 기원을 설명할 수 있다면, 과학은 하나님과 그분의 말씀에 완전히 반하는 것이었다. 과학이 우리의 기원들에 관해 설명한 모든 것은 하나님을 믿을 이유를 하나 줄이는 것이었고, 게다가 우리는 진화 과학에 결함이 가득하다는 것을 알고 있었다. 이런 추론이 어릴 적의 내게는 완전히 일리가 있었고 나는 그것을 무비판적으로 받아들였다.

한 권의 책인가, 두 권의 책인가?

훗날 나는 이 견해가 온건하게 말하자면 수 세기에 걸친 기독교 사상 및 실천과 강한 긴장 관계에 있다는 것을 알게 되었다. 기독교의 오랜 전통은 자연과 성경 모두를 하나님이 쓰신 "책들"로 보며, 적절하게 연구된 과학은 하나님이 창조된 질서 안에 심어 놓으신 근본 원리들을 이해하는 하나의 방법이라고 생각한다.[4] 하나님의 책 중 한 권은 성경인데, 우리는 성경을 해석(주해와 석의)하고 해석을 통해 성경의 진리를 적용한다. 두 번째 책은 자연세계인데, 우리는 과학적 방법을 통해 그것을 해석한다. 르네상스 때 기독교 세계인 유럽에서 과학이 번성한 이유는 많은 과학자가 그리스도인이었고 따라서 그들이 우주가 하나님이 설계하신 산물이므로 논리적이고 질서정연한 토대를 갖고 있으리라고 생각했기 때문이었다. 아이작 뉴턴이 다음과 같이 선언한 말은 유명하다.

> 태양, 행성, 혜성들이 이루는 이 매우 아름다운 시스템은 지성적이고 강력한 존재의 협의와 통치로부터만 나올 수 있었다.…이 존재는 세상의 영혼으로서가 아니라 만물의 주로서 만물을 다스린다. 그리고 그의 통치 때문에 그는 주 하나님이라고 불린다.[5]

따라서 과학은 그리스도인들에게 칭찬할 만한 활동으로 여겨졌다. 즉 과학 연구**와** 자연 연구는 하나님의 진리를 드러낸다고 여겨졌다. 더욱이 뉴턴은 운동 법칙들을 결정하고 그 법칙들이 행성에 어떻게 적용되는지를 묘사하느라 여념이 없었다. 그는 자기의 발견들이 그의 창조주의 마음과 그 창조주가 심어 놓은 법칙들을 이해하는 것이라고 보았다. 유감스럽게도 복음주

---

4 "두 책" 은유에 관한 뛰어난 논의에 관해 나는 Deborah B. Haarsma and Loren D. Haarsma, *Origins: Christian Perspectives on Creation, Evolution, and Intelligent Design*(Grand Rapids: Faith Alive Christian Resources, 2011)을 추천한다.

5 Isaac Newton, *The Mathematical Principles of Natural Philosophy*, trans. Andrew Motte, 2 vols. (London: Printed for Benjamin Motte at the Middle-Temple-Gate in Fleetstreet, 1729), 2:388-89. 온라인 주소 https://newtonprojectca.files.wordpress.com/2013/06/newton-general-scholium-1729-english-text-by-motte-letter-size.pdf.

의 기독교 단체들은 대체로 과학의 몇몇 영역들에서 이런 확신들을 대체로 상실한 것으로 보인다.

그리스도인들이 확언하듯이 참으로 자연과 성경의 저자가 같다면 궁극적으로 우리가 한 책에서 "읽는" 내용과 다른 책에서 "읽는" 내용 사이에 불일치가 있을 수 없다. 물론 문제는 어느 책에 대해서든 우리의 "읽기"가 완벽하지 않다는 것이다. 과학은 아직 자연세계의 많은 측면에 대한 완전한 그림을 갖고 있지 않다. 마찬가지로 우리의 주해와 석의에는 오류가 없지 않다. 그 결과 과학과 성경 사이에 갈등이 있는 것처럼 보일 수 있고, 우리가 과학과 신학의 향상을 기다리면서 외관상의 차이를 정리하는 데 오랜 기간이 소요될지도 모른다.

역사에서 배우기

물론 교회는 전에 외관상의 불일치를 해결해왔는데, 그중 가장 주목할 만한 사례는 지구가 알려진 우주의 중심인지(즉 지구중심설), 아니면 태양이 중심인지(태양중심설)에 관한 불일치였다. 오늘날 우리는 왜 그런 소란이 일어났는지 궁금해한다. 그러나 그 과정을 거친 사람들에게는 그 문제가 오늘날 진화 문제가 우리에게 어려운 것만큼이나 실제적이었다. 그들의 기본적인 의제는 오늘날 우리의 의제와 동일하다. 즉 그것은 새로운 과학의 진실성과 그것이 성경의 권위에 위협이 된다는 인식이었다. 지금과 마찬가지로 그 당시에도 새로운 과학이 틀렸고 성경은 지구 중심의 우주에 관한 명확한 보증이라고 옹호한 사람이 많았다. 예컨대 1600년대 말에 존 에드워즈가 쓴 유명한 변증 책에 실린 다음 인용문을 고려해보라. 그는 성경과 과학이 확고하게 자기편이라고 생각하고서 코페르니쿠스의 새로운 과학(즉 태양중심설)에 반하는 증거를 제시했다.

> 코페르니쿠스의 의견은 이성의 원리보다 높은 원리에 직면하는 것처럼 보인다. 우리가 종교가 있고 성경을 인정하는 사람처럼 말한다면 우리는 그들의 주장이 거룩한 책의 평범한 역사에 반한다는 것을 인정해야 한다. 우리는 성경에서 태양이 여호수아의 시대에 정지했고 히스기야의 시대에 뒤로 갔다는 기록을 읽기 때문이다. 그 관계는 참이거나 거짓일 것이다. 그 관계가 거짓이라면 영감을 받은 성경이 거짓이라는 얘기인데, 나는 그것이야말로 사람이 생각할 수 있는 가장 터무니없는 견해라고 믿는다. 만일 그 관계가 참으로 사실이라면 태양은 매일 지구 둘레를 도는 것이다. (성경에 나타난 것과 같이) 태양이 정지한 것은 그것의 일반적인 경로가…움직인 것이 아닌 한 이상하고 놀라운 일일 수 없다.
>
> 따라서 나는 지구의 움직임이 감지될 수 있거나 감지될 수 없다고 주장한다. 만일 그들이 지구의 움직임이 감지되지 않는다는 입장을 취한다면 그 주장은 지진을 통해 논박된다.…나는, 역사상 많은 사례가 있고 우리 자신이 그리 멀지 않은 과거에 경험했던, 지구의 좀 더 온건한 떨림을 의미한다. 따라서 우리는 진정한 실험을 통해 지구의 움직임이 느껴질 수 있다고 배웠다. 만일 이것이 자주 경험될 수 있는 일이 아니라면 나는 그들이 지구의 움직임이 인식되지 않는다고 말함으로써 우리를 논박하리라는 것을 고백한다. 그러나 그들은 이제 이것을 피할 수 없다. 그들은 지구의 움직임을 느낄 수 있음을 인정해야 한다. 그들이 이런 입장을 취한다면 나는 그들이 말하는 이 움직임이 왜

우리에게 인식되지 않느냐고 질문한다. 혹자가 지구의 가벼운 떨림은 인식될 수 있다고 말하면서도 그것의 급격한 회전은 느껴질 수 없다고 말한다면 그 말이 설득력이 있겠는가? 우리는 현재 지구가 우리 발밑에서 발생시키는 온건한 움직임을 인식하고 있지 않는가? 그러면서도 우리의 지구가 태양 주위를 맹렬한 속도로 움직이는 것을 전혀 인식하지 못할 수 있는가?[6]

영어는 1600년대 말 이후 다소 변했으므로 이 대목에서 어느 정도 번역할 필요가 있을 것이다(우리는 실제로 다음 장에서 특별히 진화에 대해 특히 적절한 유비로서 시간에 따른 언어의 변화를 탐구할 것이다). 우선 에드워즈는 성경이 과학의 원리("이성")보다 높은 원리이기 때문에 과학과 성경이 긴장 관계에 있을 때 과학이 양보해야 한다는 입장을 유지한다. 그는 이어서 여호수아 10장의 평범한 의미(여호수아서에 기록된 "긴 날")와 히스기야의 기적 내러티브에 비춰 볼 때 태양이 지구 주위를 움직이거나 성경이 틀렸다고 주장한다. 그 두 구절은 태양중심설에 반대하는 보편적인 성경의 시금석이라는 것이다.

에드워즈는 이어서 과학적 논쟁으로 이동한다. 지진은 느껴질 수 있다(즉 지진은 "감지될" 수 있다). 나는 최근에 이곳 밴쿠버 지역에서 작은 지진을 경험했는데 이것은 내게 이 논거의 힘을 새롭게 인식시켜주었다. 지구가 움직이면 당신은 그것을 느낄 수 있다. 그런 경험에 비춰볼 때, 지구가 움직인다면 우리가 태양 주위를 맹렬한 속도로 돌면서도 그것을 전혀 느끼지

---

6 John Edwards, *A Demonstration of the Existence and Providence of God from the Contemplation of the Visible Structure of the Greater and Lesser World* (London: Jonathan Robinson, 1696), 33-35. John Edwards는 식민지 시대 미국의 유명한 신학자인 Jonathan Edwards가 아님을 주의하라.

못한다고 참으로 믿을 수 있는가? 에드워즈는 그 점을 한층 확고하게 주장한다.

> 아니다. 지구가 (이 사람들이 주장하는 것처럼) 태양 주위를 돈다면 우리는 슬프게도 그것을 느낄 것이다. 우리는 지면에 서 있지 못하고 내동댕이쳐질 것이다. 그리고 바퀴가 굴러갈 때 수레에서 떨어져 나가면 수레 위에 있던 물건들이 튕겨 나가듯이, 모든 집과 건물들이 지구로부터 튕겨 나갈 것이다.[7]

적어도 1696년에는 게임이 대등했다.

1696년에도 태양 중심 우주를 지지하는 좋은 증거—갈릴레이의 관측, 케플러의 행성 운동 법칙, 그리고 중력에 관한 뉴턴의 연구 같은 증거—가 있었지만, 에드워즈가 당시 지구 중심 입장을 취한 데 대해 우리가 그를 비난할 수는 없다. 태양 중심 우주에 관한 핵심적인 증거가 빠져 있었고 에드워즈는 그것이 빠져 있음을 잘 알았다. 태양 중심 우주의 한 가지 핵심 예측은 "연주 시차"(stellar parallax)라 불리는 것이었다. 지구가 참으로 일 년에 한 번 태양 주위를 돈다면 우주에서 지구의 위치가 변함에 따라 우리는 별들이 서로에 대해 어떤 위치에 있는지를 관찰할 수 있어야 한다. 아마도 예시가 도움이 될 것이다. 두 손을 앞으로 내밀어 각 손에서 손가락 하나를 위로 향하게 하라. 두 손가락을 하나는 얼굴에서 30센티미터 거리에 두고 다른 하나는 60센티미터 거리에 두라. 한쪽 눈을 감고 당신의 머리를 한쪽에서 다른 쪽으로 움직이라. 그러면 당신의 손가락들은 다른 손가락에 대해 움

7 Ibid., 45–47.

직이는 것으로 보일 것이다. 바로 별들에 대해 이렇게 예상되었다. 당신의 머리가 한쪽에서 다른 쪽으로 움직이는 것이 지구가 태양 둘레를 도는 것을 나타냈다면 별들은 당신의 손가락들이 그랬던 것처럼 서로에 대해 움직이는 것으로 보이리라고 예상되었던 것이다.

하지만 1600년대에는 지구에서 별까지의 거리를 몰랐다. 별들은 너무 멀리 있어서 외관상의 위치 이동이 작았기 때문에 시차를 관찰하려면 고성능 망원경이 필요했는데 당시에는 그런 망원경이 없었다. 수백 미터 떨어진 곳에서 가까이 있는 손가락들의 시차를 탐지하려고 한다고 상상해보라. 그 결과 교회는 때를 기다리며 동의를 유보했다. 사실 1800년대가 되어서야 연주 시차를 탐지할 수 있는 기술을 활용할 수 있게 되었다. 그때쯤에는 설득력이 있는 다른 증거들이 나와 있었지만 말이다. 수 세기 동안 과학 분야에서 이런 발전이 이루어짐에 따라 교회는 이 문제에 관한 입장을 서서히 변화시켰다. 1600년대에는 거의 모든 그리스도인이 지구 중심주의자였고 예외는 극소수에 불과했다. 1900년대부터 현재까지는 상황이 역전되었다(극히 소수이기는 하지만 아직도 지구 중심주의자인 그리스도인들이 존재한다). 그 이동은 점진적이었고 그 과정에서 교회 내에서 점진적인 신학적 변화의 기회가 풍부했다. 그런데 태양중심설이 옳다면 성경이 틀렸다는 에드워즈의 단언은 어떻게 되는가? 오늘날 그런 식으로 생각하는 신자는 별로 없는 것으로 보인다.

교회는 태양 중심적인 태양계와 화해를 이루었지만, 진화생물학과는 여전히 많은 사람들이 그러지 못하고 있다. 내가 초등학생이었을 때의 교과서들은 태양계와 중력을 에드워즈를 질겁하게 할 만한 방식으로 묘사하는 데 어려움을 겪지 않았지만, 그 책들은(그리고 나는) 진화에 관해 단호한 태도를 유지했다. 그것은 킹 제임스 성경의 어구를 빌자면 "그릇되게 과학이라고 불리는 것들"일 뿐이었다.[8]

흥미롭게도 나는 Ph.D. 과정 때도 그랬고 교수가 되어서도 여전히 진화에 반대했었는데 지금은 내가 경제적인 이유로 입학할 수 없었던 바로 그 기독교 대학교에서 가르치고 있다.[9] 내가 다녔던 기독교 계열 초등학교 교과서들의 주장과 달리 진화는 과학적 의미에서 이론이라는 것이 젊은 교수이던 내게 충격으로 다가왔다. 현대의 종들은 공통 조상을 공유하며 자연 선택을 통해 형성되었다는 찰스 다윈의 원래의 가설은 150년 동안 활발한 과학적 검증을 견뎠고 현재에도 생산적인 설명 틀로 남아 있다. 실수하지 말라. 진화를 뒤집고 그것을 더 나은 이론으로 대체하기를 원하지 않는 생물학자는 없다. 그렇게 하는 것은 노벨상처럼 권위 있는 상을 받고 영속적인 과학적 명성을 얻는 확실한 길이 될 것이다. 생물학자들은 150년이 넘는 기간 동안 그 일을 하려고 노력해왔다. 하지만 우리가 다윈의 아이디어들을 상당히 개선했음에도 그의 핵심적인 아이디어들은 온전하게 보존되고 있다. 그의 원래의 가설은 오래전에 이론이 되었다. 따라서 우리는 150년도 넘게 쌓인 과학적 증거를 논의할 수 있는데 두꺼운 책조차도 겉만 긁을 수 있을 정도로 그 양이 방대하다. 우리는 이제 그중 몇 가지 증거를

---

8 문제의 구절은 딤전 6:20인데 킹 제임스 성경은 그 구절을 다음과 같이 번역한다. "오, 디모데야, 네게 맡겨진 것을 지키고, 불경스럽고 헛된 수다와 그릇되이 그렇게 불리는 과학을 피하라"(개역개정을 사용하지 아니함). 물론 이 구절은 진화생물학과 아무 관련이 없지만, 흔히 그것을 비방하기 위해 사용되었다.

9 나의 "진화로의 개종 경험"에 관해 관심이 있는 독자는 나의 이야기 및 다른 많은 사람의 이야기를 Kathryn Applegate and J. B. Stump, eds., *How I Changed My Mind about Evolution: Evangelicals Reflect on Faith and Science*(Downers Grove, IL: InterVarsity, 2016)에서 찾아볼 수 있다.

살피고 진화가 어떻게 시간의 검증을 거치고 지구상에 존재하는 생물의 다양성에 대한 우리의 최상의 설명으로 남아 있는지를 보여줄 것이다.

물 밖으로 나온 어류

내가 진화 이론을 좋아하게 된 요소 중 하나는 진화 이론은 종종 과학자들로 하여금 가능한 증거에 기초해서 직관에 반하는 예측을 하게 만든다는 것이었다. 예컨대 진화생물학은 척추와 사지(네 개의 다리)를 지닌 동물들(척추동물이자 사지동물. 사지동물은 척추동물의 부분 집합이다)이 어류의 자손이라고 예측한다. 이것은 확실히 진화 이론이 아니라면 누구도 직관적으로 예측할 만한 것이 아니다. 물고기는 물고기이고 사지동물은 사지동물이다. 이 집단들은 서로 비슷해 보이지 않는다. 어류는 확실히 수생 동물이고 아가미가 있으며 사지가 없다. 반대로 사지동물들은 공기로 숨을 쉬고 사지가 있으며 일반적으로 육지에서 산다. 형태와 생활 방식이 이렇게나 다른 두 동물 집단을 발견하기가 어려울 것이다.

하지만 이 경우 생물학자가 그렇게 판단하도록 강제하는 몇 가지 증거가 있다. 첫 번째 단서는 모든 사지동물은 어류와 마찬가지로 척추동물이라는 것이다. 왜 그런가? 왜 **무척추** 사지동물이 없는가? 둘째, 화석 기록에서 과거로 돌아가 보면 우리는 사지동물은 존재하지 않지만 어류는 풍부한 시기를 관찰한다. 화석 기록에서 최초의 양서류가 출현할 때 그것들은 전에 출현했던 특정한 집단의 어류인 폐어(lungfish)와 현저한 유사성을 보이는데, 그것의 몇몇 계통은 현재에도 존재한다. 폐어들은 이름이 암시하듯이 아가미와 기낭을 모두 가지고 있으며 그것들을 통해 공기 교환을 할 수 있다(즉 산소를 흡수하고 이산화탄소를 배출한다). 이 어류들은 허파를 사용해서 산소가 부족한 물—종종 낮은 물—에서 생존한다. 폐어들이 조기어류(ray-finned fish)가 아니라 육기어류(lobe-finned fish)라는 사실은 한층 더 흥미롭다. 일반적인 수족관의 금붕어들이 조기어류의 좋은 예다. 이런 어류는 지느러미에 뼈가 없고 대신 좀 더 두꺼운 척추 같은 "광선들"이 퍼진 피부로 이루어져 있다. 반면에 폐어는 지느러미 안에 살이 많은 다리들과 뼈들을 갖고 있다. 그것들은 "육기어류"로 알려진 집단의 일부다. 공교롭게도 초기 양서류들은 폐어를 강력하게 상기시키는 많은 특징을 갖고 있다. 신기하지 않은가?

이런 종류의 관찰들이 과학자들로 하여금 화석 기록에서 폐어와 초기 양서류들의 중간 형태를 찾도록 부추겼다.[10] 양서류의 선조는 양서류가 출현하기 전에 나타났어야 하기 때문에 최초의 양서류가 화석 기록에서 언제 최초로 출현했는지를 아는 것이 도움이 되었다. 우리가 화석 기록만 살펴봐서는 사실상 직접적인 조상을 결코 발견하지 못할 것이라는 점을 이해할 필요가 있다. 하지만 친척들은 발견될 수도 있을 것이다. 이 점은 최근의 인간 집단에게도 적용된다. 예컨대 나는 네덜란드의 배경을 지니고 있는데, 네덜란드에는 확실히 아마도 수백 년에서 심지어 수천 년 전의 나의 직접 조상들인 개인들이 묻혀 있을 것이다. 표시되지 않은 무덤을 파서 나의 조상 중 하나를 발견할 가능성은, 나의 조상이 살았을 법한 곳에 근접한 곳

10 "어류"와 "양서류"의 경계를 모호하게 하는 특징을 지닌 종의 유명한 예는 **틱타알릭 로제**(*Tiktaalik roseae*)다(http://tiktaalik.uchicago.edu). 유사한 종들이 알려져 있지만 말이다.

에서조차, 매우 작다. 반면에 그런 유해들은 거의 모두 어느 정도 나의 친척일 가능성이 있다. 그들이 나의 직접적인 조상은 아니라 해도 그들의 유해를 조사하면 나의 조상에 관해 일반적인 정보가 제공될지도 모른다. 동일한 원리가 화석 기록 속의 종들에게도 적용된다. 화석화는 매우 희귀한 사건이지만, 우리는 주의 깊은 연구를 통해 과거 특정한 시기에 어떤 종류의 종들이 살았는지 알 수 있다. 양서류가 참으로 육기어류의 후손이라면 아무리 가능성이 낮을지라도 화석 기록에서 그것들을 연결해주는 직접적인 계통이 발견될 가능성이 없지는 않다. 하지만 직접적인 계통의 몇몇 친척들이 보존되었을 가능성은 훨씬 크다. 그런 친척들이 이 변화가 일어나기 전에 살았든 후에 살았든 말이다. 따라서 우리가 화석 기록에서 관찰하는 유형의 종들은 양서류들이 어류에서 유래했다는 가설을 뒷받침할 수 있다. 직접적인 중간 계통은 여전히 파악하기 어렵지만 말이다.

흥미롭게도 이 시기의 고생물학 연구는 과거 몇 년 동안 "어류"와 "사지동물" 사이의 차이를 한층 더 흐리게 하는 몇몇 종을 발견했는데, 그 종 중 하나는 양서류 같은 특징과 어류 같은 특징이 혼합되어 있기 때문에 비공식적으로 (그리고 사랑스럽게) "피사포드"(fishapod)[11]라고 불린다. 이 종들은 현재까지 존재하는 종들 중 어느 것과도 비슷하지 않으며 그 종들 중 어느 것도 초기 양서류의 직접적인 조상일 가능성은 낮지만, 그것들의 특징은 중간 상태에 대해 많은 것을 암시한다. 따라서 오늘날에는 "폐어"와 "양서류"를 뚜렷이 구분하기가 훨씬 더 어렵다. 그런 증거가 진화적 변천을

---

11 **틱타알릭 로제**라는 이 종에 대한 탐구와 그것의 발견에 관한 매력적인 내러티브는 Neil Shubin, *Your Inner Fish: A Journey into the 3.5-Billion-Year History of the Human Body* (New York: Pantheon, 2008)를 보라.

"증명"하는 것은 아니지만—아무튼 과학적 가설은 입증되지 않는다는 점을 기억하라—그럼에도 이 증거는 그것을 뒷받침한다. 이 증거에 비춰볼 때 우리는 초기 양서류가 어류와 공통 조상들을 공유한다는 가설을 **기각하지 못한다**. 실로 이 가설은 이 성공적인 예측을 토대로 한층 더 조사할 가치가 있는 것으로 보인다.

물론 혹자는 창조주 하나님이 지구의 역사의 이 시기에 서로 관련이 없는 일련의 종들을 창조해서 우연히 진화상의 관계가 암시되게 하기를 기뻐하셨다고 주장할 수도 있을 것이다. 많은 그리스도인이 이 견해가 그럴법하다고 생각한다. 하지만 이런 유형의 주장은 추가적인 증거를 통해서도 결코 배제될 수 없음을 주의하라. 만약 그렇다면 우리가 화석 기록에서 발견하는 진화적으로 관련이 있어 보이는 어떤 종들도 단지 하나님이 이 시기에 창조하기로 선택하신 좀 더 개별적인 종들일 것이다. 이 설명 역시 과학자들이 추가적인 연구를 통해 가설을 검증할 수 없게 만든다. 화석 기록에서 관찰되는 종들이 하나님의 직접적이고 특별한 창조의 결과물이라면, 우리가 화석 기록에서 반드시 어떤 양상을 발견하지는 않을 것이다. 이런 설명에 직면한다면 과학자는 특정한 시기에 화석 기록에서 어떤 것이 발견되어야만 하는지를 예측할 수 없을 것이다.

다시 바다로 돌아가다?

직관에 반하는 진화 이론의 예측의 두 번째 예는 몇몇 사지동물이 육지 환경에 적응한 뒤 바다로 돌아갔다는 것이다. 사지동물들이 화석 기록에 등장한 후 우리는 어류-피사포드-사지류의 변천이 있었을 것이라고 생각되는 시기 전에는 발견되지 않던 사지동물 형태들—공룡, 조류, 포유동물 등—이 증식하는 것을 본다. 실로 그런 점진적 변화를 보이는 여러 형태들이 잘 알려져 있다. 우리가 예상할 수 있는 바와 같이 둘 중 어느 한 집단에도 포함될 수 있는 "포유동물 같은 파충류"나 "파충류 같은 포유동물"이 등장한다. 포유동물의 특징은 사지동물의 계통에서 발생한 것으로 보이기 때문에 포유동물들은 사지동물로 보일 것이다. 생명은 우리에게 "중첩된 집합들"(nested sets)로 출현하며 "포유동물"은 "사지동물"의 부분 집합이다. 달리 말하자면 포유동물은 모두 사지동물이지만 사지동물이 모두 포유동물인 것은 아니다. 포유동물의 특징(많은 골격 상의 특징뿐 아니라 털이 있고 새끼에게 젖을 먹이는 것 등)이 별개의 관련이 없는 계통에서 발생했을 확률은 매우 낮다. 따라서 진화는 모든 포유동물이 육지에서 사는 사지동물의 후손이라고 예측한다. 고래, 돌고래, 참돌고래처럼 사실상 털이 없고 앞 지느러미만 있으며 뒷다리라고 할 만한 것이 없고 완전히 물에서 사는 포유류조차도 말이다.

포유동물의 특징들이 관련이 없는 계통에서 두 번 조합될 개연성이 지극히 낮고 고래들은 확실히 포유동물이기 때문에 다윈 자신도 이렇게 예측했다. 다윈은 어떤 포유동물 계통이 고래가 되었는지 몰랐지만, 그는 그 계통이 있었다는 것을 확신했다. 그는 현대 고래의 조상이 곰 같은 육식 동물이었을 수도 있다고 추측했다.

> 헌은 북아메리카에서 흑곰들이 고래처럼 몇 시간씩 헤엄치면서 입을 크게 벌리고 물속의 벌레들을 잡는 것을 보았다. 이런 극단적인 경우에도 벌레들이

꾸준히 공급된다면, 그리고 좀 더 잘 적응된 경쟁자들이 이 나라에 이미 존재하지 않았다면 나는 곰의 종족이 자연 선택을 통해 구조와 습관에 있어서 점점 더 물속에서 생활하는 쪽으로 변해서 고래와 같은 괴상한 생물이 만들어질 때까지 입이 점점 더 커지는 것이 어렵지 않다고 생각한다.[12]

비판자들이 그 주장이 우습다고 생각한 것도 놀랄 일이 아니다. 예컨대 R. 실리는 이렇게 썼다.

이처럼 다윈은 다섯째 날 "하나님이 고래들을 창조하셨다"라는 모세의 평이한 말을 믿을 수 없다고 생각하면서도 곰의 한 종족이 헤엄치는 습관이 붙어서 점차 다리를 잃고 자기들보다 수백 배 큰 고래들로 "발전했다"고 믿는 것이 "어렵지 않다"고 생각한다! 그리고 이런 쓰레기가 "과학"이라고 불린다!… 잠시 이 고래나 곰 또는 곰-고래를 생각해보자. 지질학이 그것에 관해 뭐라 말하는가? 지질학은 지구의 지각에서 곰들을 많이 발견한다고 답변한다. 그리고 지질학은 고래들도 발견한다. 그러나 고래-곰, 또는 곰에서 고래로 발전하고 있는 생물은 결코 발견된 적이 없다. 그리고 그것을 발견하지 못한 지질학은 불사조나 아라비아 전설에 등장하는 큰 괴조를 믿지 않듯이 그것을 믿지 않는다. 한마디로 말하자면 진짜 과학인 지질학은 다윈의 곰-고래는 순전한 사기라고 선언한다.[13]

---

12 이 텍스트는 Charles Darwin의 *On the Origin of Species by Means of Natural Selection*(London: John Murray, 1859)의 1판 6장 184쪽에 등장한다. 이 텍스트는 이후의 판들에서 축소되었다. 아래의 내용을 보라.

13 Robert Benton Seeley, *Essays on the Bible* (London: Seeley, Jackson & Halliday, 1870), 231.

다윈이 이 점에 대해서 받았던 비판과 조롱은 실로 막대해서 그는 『종의 기원』 2판에서 이 부분을 축소했다.[14] 자연 선택을 통해 그렇게 큰 변화가 일어났다는 주장은 많은 사람에게 믿을 수 없다고 여겨졌기 때문에 그것은 놀랄 일도 아니었다. 오늘날 고래들(오늘날 집합적으로 "고래류"로 알려진 돌고래와 참돌고래 포함)은 육지 포유류 동물들에 비해 많은 차이가 있다. 우리가 앞서 언급한 바와 같이 한 가지 명백한 차이는 고래류는 사지를 갖고 있지 않다는 것이다. 그것들에게는 뒷다리가 없고 앞다리만 있다. 더욱이 다른 포유동물들은 얼굴의 앞에 콧구멍 두 개가 있다. 이와 대조적으로 고래류에는 머리의 위쪽에 분수공이 있다. 털은 포유동물의 결정적인 특징이지만 고래들에게는 털이 거의 없으며, 이 외에도 많은 차이가 있다. 다윈의 비판자들에게 설명될 수 없는 것으로 보였던 포유동물 집단이 있었다면, 고래류는 확실히 그런 집단으로서 자격이 있어 보였을 것이다. 그러나 다윈은 이 점에 있어서 시대를 앞선 사람이었다. 비록 그의 생전에 그가 궁극적으로 옳다는 것이 입증되지는 않았지만 말이다. 고래류는 현재 진화의 전형적인 동물로 여겨지는데 그럴 만한 충분한 이유가 있다. 다시 말하거니와 과학자들은 많은 노력을 기울였음에도 이 가설을 기각할 수 없었다.

고래류가 육상 생활에서 물속 생활로 옮겨갔음을 보여주는 화석들은 오랫동안 과학의 수수께끼였다. 우리가 화석 기록이 실제 계통은 아니더라도 적어도 친척들은 보존했으리라고 예상하지만, 그런 이동을 조금이라도 암시하는 화석들은 발견되지 않았다. 이미 고대의 고래가 발견되었었

---

14 다윈의 *Origin of Species*의 다양한 판들에 관한 뛰어난 논의는 "On the Origin of Species," Darwin Online, http://darwin-online.org.uk/EditorialIntroductions/Freeman_OntheOriginofSpecies.html을 보라.

다. 실리가 알았더라면 그는 그것을 단순히 고래라고 여겼을 테지만 말이다. 그것은 1830년대에 치아와 척추를 통해 처음 묘사되었고 거대한 파충류라고 생각되었다. 따라서 그것은 바실로사우루스 또는 "왕 도마뱀"으로 명명되었다.[15] 하지만 머지않아 이 분류는 도전을 받았고 **바실로사우루스**(*Basilosaurus*)는 고래류로 올바로 재분류되었다. 그것의 이름을 **조이글로돈**(*Zeuglodon*)으로 바꾸려는 노력은 궁극적으로 실패했지만 말이다.[16]

흥미롭게도 이 고대의 고래 집단(현재 몇 종의 **바실로사우루스**들이 알려져 있다)은 그것들의 거대한 몸집을 지탱할 수 없는 작은 뒷다리를 갖고 있었다. 하지만 이 종들에게 뒷다리가 있었다는 사실은 훨씬 뒤에 보존 상태가 양호한 화석들이 발견될 때까지는 알려지지 않았다. 그러나 이 고래들을 제외하면 오늘날의 고래들과 그것들의 가설상의 육지 사지동물 조상들 사이의 구분을 흐리게 하는 다른 종들은 알려지지 않았다. 진화에 반대하는 변증자들에게 반갑게도 이러한 증거의 결핍은 1980년대까지 지속되었다.[17]

문제는 바실로사우루스류들이, 부분적인 이유로는 완전한 물속 생활을 해서, 지구상에 널리 퍼져 있었음이 드러났다는 것이었다. 이로 말미암아 그것들은 자신의 먼 조상들이 할 수 없는 방식으로 바다를 통해 퍼졌고, 결과적으로 많은 장소에서 화석화 될 수 있었으며, 그것들의 발견이 촉진

15 Richard Harlan, "Notice of Fossil Bones Found in the Tertiary Formation of the State of Louisiana," *Transactions of the American Philosophical Society* 4 (1834): 397-403.

16 Richard Owen, "Observations on the Basilosaurus of Dr. Harlan (*Zeuglodon cetoides*, Owen)," *Transactions of the Geological Society of London* 6 (1841): 69-79.

17 우리가 4장에서 살펴보겠지만 지적 설계 옹호자인 Michael Behe는 한때 과도기적인 고래 화석이 없다는 점을 들어 진화 과학에서의 틈새를 예시했는데, 그는 덜 알려진 다른 영역에서 여전히 틈새들을 주장하고 있다.

되었다. 따라서 최초로 육지에서 물로 옮겨간 **장소**를 결정하는 것이 핵심이었는데 1980년대 초에 그 문제가 드디어 해결되었다. 화석을 탐색할 장소는 오늘날의 인도와 파키스탄이었다.

이 점이 이해되고 나자 곧이어 유의미한 많은 발견이 이뤄졌는데, 그것들이 오늘날 고래류의 직접적인 조상은 아니라 할지라도 이 종들은 "고래"와 "육지 포유동물" 사이에 명확한 구분 선을 긋는 것을 어렵게 만든다.[18]

현대 고래류 두개골의 한 가지 특징은 "골구"(involucrum)로 알려진 구조인데 그것은 중이(middle ear)를 덮는 독특하게 두꺼워진 부분이다. 이 특징은 소형 우제(발굽이 있는) 포유동물인 **인도히우스**(*Indohyus*)에게서도 발견될 때까지는 고래류에게서만 발생했다고 생각되었다. **인도히우스**는 약 4,800만 년 전에 인도에서 살았던 멸종 동물이다.[19] **인도히우스**는 "우제류"(artiodactyls)로 알려진 포유동물 집단에 속하는데, 이 집단은 "발가락이 평평한" 발굽이 있는 포유동물로서 오늘날 사슴, 소, 하마가 이 집단에 속한다. **인도히우스**가 고래류가 아님에도 그때까지 고래류에 독특하다고 여겨졌던 특징이 **인도히우스**에게서 발견되었다는 사실은 그것이 적어도 조상 고래 계통의 가까운 친척이었음을 강력하게 암시한다. 신기하게도 **인도히우스**는 반(半)수생 생활 스타일에 일치하는 특징도 지니고 있음이 발견

18 J. G. M. Thewissen, Lisa Noelle Cooper, John C. George, and Sunil Bajpai, "From Land to Water: The Origin of Whales, Dolphins, and Porpoises," *Evolution: Education and Outreach* 2 (2009): 272-88.

19 J. G. M. Thewissen, Lisa Noelle Cooper, Mark T. Clementz, Sunil Bajpai, and B. N. Tiwari, "Whales Originated from Aquatic Artiodactyls in the Eocene Epoch of India," *Nature* 450 (2007): 1190-94.

되었다. 그것의 뼈는 같은 크기의 다른 우제류에게서 기대되는 정도보다 두껍고 무겁다. 유사한 특징들이 하마 같은 다른 수생 우제류에게서도 발견된다. 두껍고 무거운 뼈는 동물이 물밑 바닥을 걸을 때 물주머니 역할을 하는데, **인도히우스**는 수생 식물을 먹거나 포식자들을 피하려고 물밑 바닥을 걸었을지도 모른다. 이런 종류의 행동은 비슷한 크기의 현대의 우제류인 아프리카 물쥐사슴에게서 관찰되며, 이러한 가설을 뒷받침한다.[20]

우제류의 한 가지 재미있는 특징은 다른 포유동물의 복사뼈와 쉽게 구분되는 복사뼈(발목뼈)를 갖고 있다는 것이다. 이 지역에서 나온 두 번째 고대 우제류 집단인 **파키케투스**(Pakicetids) 역시 골구 및 **인도히우스처럼** 두껍고 무거운 뼈들뿐만 아니라 이 독특한 복사뼈를 지녔다. **파키케투스** 뼈들의 방사성 원소 분석은 그것들이 반(半)수생 담수 포식자 집단이었음을 암시한다. 이 멸종한 종들의 "케티드"(cetid)라는 이름이 암시하듯이, 과학자들은 이 멸종한 종들이 오늘날의 고래들과 골격상의 많은 특징을 공유하기 때문에 그것들을 고래류(cetaceans)에 포함시킨다. 이 지역에서 **파키케투스**의 친척들인 좀 더 큰 **암불로케투스**(ambulocetids)도 나왔는데 이 멸종한 우제류는 반수생 해양 포식자였다. "암불로"는 "걷는"을 의미하며, 따라서 그것들의 이름은 문자적으로 "걷는 고래"를 의미한다. 그것들은 아마도 거대한 수달 같은 모습으로 보였을 것이다. 그것들 역시 고래류와 우제류 모두에게서 예상되는 골격의 특징들을 지닌다.

더 훗날 좀 더 완전한 수생 생활 스타일을 암시하는 골격상의 특징을

---

20 Thewissen et al., "From Land to Water." 유투브 비디오 "Eagle vs. Water Chevrotain"은 이 종의 놀라운 행동을 보여준다(https://www.youtube.com/watch?v=13GQbT2ljxs). 2016년 9월 현재 이 비디오를 볼 수 있다.

지닌 반수생 우제류 집단인 **프로토케투스**(Protocetids)가 나타난다. **프로토케투스**의 콧구멍들은 코의 끝에 달리지 않고 두개골을 따라 뒤로 이동해 있었고 뒷다리 골격은 이 포유동물들의 전 체중을 감당하기에 충분하지 않아 보인다. 과학자들은 이 종들이 현대의 바다사자와 비슷한 방식으로 행동했다고 믿는다. 즉 그것들은 바다에서 사냥하고 먹이를 먹었지만, 밖으로 나와 쉬고 짝짓고 새끼를 길렀다. **프로토케투스**는 **바실로사우루스**와 마찬가지로 지구 전체에 퍼졌지만 **바실로사우루스**만큼 일찍 발견되지 않았다. **바실로사우루스**는 우리가 이미 논의한 바와 같이 완전히 수생 생활을 했고 골격의 나머지와 연결되지 않은 작은 뒷다리만을 갖고 있는데 그것은 이동에 사용되었을 가능성이 없다. 흥미롭게도 이례적으로 잘 보존된 **바실로사우루스** 화석이 발견되었을 때 그것들은 이동 기능이 없음에도 불구하고 뚜렷한 우제류의 발목뼈들을 갖고 있었다. 우리가 이들 중 어느 종이 현대 고래류의 직접적인 조상이라고 말할 수는 없지만, 이 멸종한 종들은 오늘날의 고래류가 **인도히우스**, **파키데투스** 같은 종들과 **암블로케투스**와 **바실로사우루스** 같은 종들의 형태를 거쳤을지도 모른다는 가설을 지지한다. 즉 이 화석 증거에 비춰볼 때 우리는 고래, 돌고래, 참돌고래가 육상의 사지동물 조상에게서 유래했다는 가설을 **기각하지 못한다**.[21]

물론 이것은 일련의 우연의 일치에 지나지 않을 수도 있다. 그렇다면 참으로 놀라운 우연의 일치일 테지만 아무튼 우연의 일치다. 따라서 어떤 가설이 어느 정도의 검증을 견뎠더라도 과학자들은 확증하는 증거를 구한다. 어느 정도 성공적으로 예측한 가설을 계속 검증하는 한 가지 방법은 과

21 고래류 진화에 관한 뛰어난 검토는 Thewissen et al., "From Land to Water"를 보라.

학의 다른 분야를 살피는 것이다. 고생물학은 고래류가 고도로 변화된 육지 사지동물의 후손이라는 가설을 지지하지만, 다른 과학 분야의 판단은 어떠한가? 그 질문에 영향을 줄 수 있는 다른 갈래의 탐구가 있을 수 있는가? 현대 고래류의 경우 그것들의 발생학의 특정한 세부사항들, 즉 모태에서의 발생에 관한 연구가 유익하다. 현대의 고래류는 모든 포유동물의 배아처럼 배아 때 얼굴의 앞에 두 개의 콧구멍을 지니고 있다. 발생 과정에서 이 콧구멍들은 시작 위치에서 머리의 위로 옮겨 가서 분수공을 형성하는데 그 과정은 태어나기 전에 완성된다. 그리고 놀랍게도 현대의 고래류는 배아 시절에 짧은 기간 동안 진정한 사지동물이다. 고래류의 배아들은 모든 포유동물과 같은 단계에서 앞다리들과 뒷다리들이 발달하지만, 이후 과정에서 뒷다리들은 발생이 멈추고 체벽 안으로 퇴행한다. 연구 결과 뒷다리를 만드는 기본적인 생물학적 기관이 어린 고래류 배아들에서는 적절하게 활성화되지만, 이후 주어지는 일련의 두 번째 지시들이 그 과정을 중단시키고 퇴행시킨다는 것이 밝혀졌다.[22]

고래류 발생의 이런 특징들은 진화적 설명이 아니고서는 설명하기가 매우 어렵다. 그 특징들은 현대의 고래류가 참으로 뭍에서 사는 포유동물에게서 유래했음을 강력하게 암시한다. 세부사항은 아직 발견되지 않았지만 말이다. 고생물학에서 나온 증거와 결합하면 원래의 가설은 같은 결론으로 수렴하는 여러 증거들을 통해 지지된다. 그런 수렴은 그 가설이 적어도 진

22 J. G. M. Thewissen, M. J. Cohn, L. S. Stevens, S. Bajpai, J. Heyning, and W. E. Horton Jr., "Developmental Basis for Hind Limb Loss in Dolphins and the Origin of the Cetacean Body Plan," *Proceedings of the National Academy of Sciences of the United States of America* 103 (2006): 8414-18.

리에 가깝고 계속 정확한 예측을 할 것이라는 우리의 확신을 강화한다.

A 지점(암불로케투스)에서 B 지점(바실로사우루스)에 도달하기

그런 증거를 처음 본 사람들은 흔히 한 계통 안에서 그렇게 큰 변화가 반복적으로 일어날 개연성이 얼마나 낮은지를 숙고하기 시작한다. 돌연변이가 얼마나 크길래 한 동물이 한 형태에서 다른 형태로 변하면서도 죽지 않을 수 있었는가? 같은 세대에서 수컷과 암컷에게 희귀한 대규모의 돌연변이가 일어나지 않는 한 어떻게 한 동물이 다른 동물과 교배할 수 있겠는가? 이것은 모두 개연성이 매우 낮지 않은가?

맞는 말이다. 그런 과정은 개연성이 매우 낮을 것이다. 사실 그럴 개연성이 너무도 낮아서 어떤 과학자도 그런 일이 일어날 수 있었다고 생각하지 않는다. 하지만 진화는 그렇게 작동하지 않기 때문에 이것은 진화에 어떤 문제도 제기하지 않는다. 우리는 다음 장에서 진화가 어떻게 작동하는지를 살펴볼 것이다.

2장

언어로서의 게놈, 책으로서의 게놈

adam and the genome - adam and the genome --
adam and the genome -- adam and the genome --
adam and the genome -- adam and the genome -
---adam and the genome adam and the genome
adam and the genome adam and the genome adam
- and the genome --- adam and the genome adam
-and the genome adam and the genome - adam -
and the genome ■ adam and the genome - adam
and the genome -- adam and the genome adam ---
and the genome adam and the genome adam - and
the -genome - adam - and the genome adam and
the genome adam and the genome adam--and the
genome adam and -- the genome ■■ adam and the
genome adam and -- the genome adam and- ■ ---
the genome adam and the genome adam -and the
genome - adam and the genome ---■adam and
the genome - adam and the genome - adam and
the genome -- adam and the genome -- adam and
the genome -- adam and the genome -- adam and
the genome - ---adam and the genome adam and
the genome adam and the genome adam and the
genome adam - and the genome --- adam and
the genome adam -and the genome adam and the
genome - adam - and the genome ■ adam and the
genome - adam and the genome -- adam and the
genome adam ---and the genome adam and the
genome adam - and the -genome - adam -- and
the genome adam and the genome adam and -
--the genome adam--and the genome adam and --
the genome - adam and the genome adam and -the
genome adam and- --- the genome adam and the
-genome adam -and the genome - adam and the
genome --- adam and the genome ■ adam and ■
-the genome adam and the genome -- adam and
the genome -- adam and the genome - ---adam

adam and the genome

진화에 대한 설득력이 있는 증거에 직면하면 생물학자가 아닌 많은 사람은 변화가 장기간에 걸쳐 유전되려면 진화는 같은 세대에 다양한 기관에서 상당한 변화가 일어날 것을 요구한다고 추정한다. 따라서 그들은, 충분히 합리적이게도, 진화가 일어날 개연성이 너무 낮다고 결론짓는다.

진화가 참으로 그런 식으로 작동한다면 그들이 옳을 것이다. 그러나 사실 진화는 그런 식으로 작동하지 않는다. 진화는 한 집단 안에서의 점진적인 변화를 통해 일어나고 그 집단의 평균적인 특징을 장기간에 걸쳐 변화시킨다. 이를 좀 더 이해하기 위해 진화에 대한 뛰어난 유비인, 언어가 장기간에 걸쳐 어떻게 변화하는지를 살펴보자.

복음을 듣기: 생물학적 변화의 유비로서 언어의 진화

장기간에 걸친 언어의 변화는 집단 수준의 현상으로서 진화를 이해하는 데 유용한 유비다. 킹 제임스 성경의 영어를 읽어본 사람은 누구나 언어가 장기적으로 변한다는 것을 적어도 어느 정도는 인식한다. 한 언어 안에서의 변화는 장기간에 걸쳐서 그리고 말하는 사람들 집단 안에서 일어난다. 요한복음에서 익숙한 한 구절을 고려해보라.

> 예수께서 이르시되 "내가 곧 길이요 진리요 생명이니 나로 말미암지 않고는 아버지께로 올 자가 없느니라"(요 14:6).

우리가 현대의 번역에서 기대하는 바와 같이 이 구절은 우리에게 쉽게 읽힌다. 하지만 단지 1,000년 전 "영어"로 쓰인 이 구절은 우리에게 사실상 이해되지 않는다. 가장 이른 시기의 영어 복음서로 알려진 "다 하글 영어 복음서"(*Da Haglan Godspel on Englisc*)는 990년경에 앵글로색슨어로 쓰였다. 이 시기의 앵글로색슨어는 요한복음 14:6을 다음과 같이 번역한다.

> **Se Hælend cwæð to him: Ic eom weg,
> and soðfæstnys, and lıf: ne cymð nan
> to Fæder, buton þurh me.**

그림 2.1. 990년경 앵글로색슨어 *Da Haglan Godspel on Englisc*에 수록된 요 14:6

우리가 요한복음 14:6을 읽고 있다는 것을 안다는 이점에도 불구하고 우리는 그 단어들의 뜻을 거의 이해할 수 없다. 철자와 문법상의 현저한 차이 외에도 오늘날 영어에서 더 이상 쓰이지 않는 문자들도 있다. 앵글로색슨어와 현대 영어를 "같은 언어"로 여기는 것은 상당히 무리한 처사다. 그것은 기술적인 의미에서만 참일 것이다. 하지만 앵글로색슨어는 여러 세대에 걸쳐 연속적인 언어 사용자 집단 안에서 점진적으로 현대 영어가 되었다. 우리가 이 변천에 대한 "화석 기록"의 표본을 취하면 우리는 계속적인 진보라고 알 수 있는 내용의 스냅사진을 보여주는 많은 "중간 형태"를 적시할 수 있다. 중세부터 현재까지의 요한복음 14:6 번역의 표본을 취해보면 요점을 이해할 수 있을 것이다.

> Jhesus seith to hym, Y am weie, treuthe, and lijf; no man cometh to the fadir, but bi me(위클리프 성경, 1395).

> Iesus sayd vnto him: I am ye waye ye truthe and ye life. And no man cometh

vnto the father but by me(틴들 성경, 1525).

Iesus saith vnto him, I am the Way, the Trueth, and the Life: no man commeth vnto the Father but by mee(킹 제임스 성경, 1611).

Jesus saith unto him, I am the way, the truth, and the life: no man cometh unto the Father, but by me(킹 제임스 성경, 케임브리지판, 1769).

우리가 알듯이 이 다양한 번역들은 하나의 번역에서 다음 번역으로 즉각적으로 변한 것이 아니라 계속적인 과정으로부터 간격을 두고 취한 표본들이다. 그 모든 과정에서 각각의 세대가 그들의 부모(이전 버전)와 자손(다음 버전)을 쉽게 이해할 수 있었다는 의미에서 그것들은 "같은 언어"로 남았다. 그러나 장기적으로는 변화들이 누적되어서 점진적으로 언어를 변화시켰다. 단어의 철자, 문법, 발음들이 변했다. 충분한 시간이 주어지면 언어들이 같다고 말하기가 점점 더 억지스러워진다. 앵글로색슨어와 현대 영어처럼 말이다. 우리가 현재 보고 있는 현저한 차이에도 불구하고 그 차이들을 만들어낸 과정은 점진적이었다. 그리고 우리가 어느 대목에서 앵글로색슨어가 현대 영어가 "되었다"고 말할 수 있는 적당한 지점도 없다. 그 과정은 연속체였다.

마찬가지로 어느 종의 평균적인 특징들이 장기간에 걸쳐 변할 수 있다. 한 유기체를 구성하기 위한 총체적인 유전적 지시인 게놈을 보유하고 있는 집단을 상상해보라. 인간에게서 우리의 게놈은 46개의 염색체에 들어있다. 우리는 염색체 23개는 아버지에게서 물려받고 23개는 어머니에게서 물려받는다. 여성에게는 46개 염색체 중 2개의 X 염색체가 있고 남성에게는 X 염색체 하나와 Y 염색체 하나가 있다. 각각의 염색체는 DNA "문자들"의 긴 줄인데 그것들에는 4개의 "알파벳"만 존재한다. 물론 이 "문자들"은 유기 화합물이다. 그 화합물들은 "아데닌"(A), "사이토신"(C), "구아닌"(G), 그리고 "티미딘"(T)인데 그것들은 함께 연결되어 긴 줄을 형성한다. 인간의 게놈은 약 30억 개의 이런 문자들이 각각 23개 염색체를 이루고 있다(따라서 우리는 총 약 60억 개의 문자들을 갖고 있다). 우리의 유비에서 우리는 인간 게놈을 "언어 사용자" 집단이 공유하는 "언어"로 간주할 수 있다.

말하는 사람 두 명이 어떤 언어를 정확히 똑같은 방식으로 말하지 않듯이, 특정 집단 안의 두 개체는 유전적으로 동일하지 않다(심지어 일란성 쌍둥이조차 그들 사이에 미묘한 차이들이 있다). 이 차이들은 그 집단의 재생산이 가능한 한 그 개체가 특정한 종의 구성원이 되는 데 문제가 되지 않는다. 언어의 경우와 마찬가지로 획일적이어야 계속 이해될 수 있는 것은 아니고 약간의 차이가 있어도 무방하다. 위에 인용한 요한복음 14:6에 나오는 "진리"라는 영어 단어의 "truth"를 고려해보라. 이 단어는 1300년대부터 몇 번의 매우 유사한 형태 사이에서 점진적으로 변화를 보인다. 즉 "treuthe", "truthe", "trueth"를 거쳐 최종적으로 현대의 "truth"가 되었다. 이 변화들은 즉각적인 것이 아니라 장기간에 걸친 선호의 변화였을 것이다. 예컨대 1395년에서 1525년 사이의 어느 시점에 "treuthe"에서 "truthe"로 변화가 일어났다. 이 변화는 확실히 영어를 말하는 모든 사람이 특정한 날에 한 형태에서 다른 형태로 동시에 바꿨을 때 일어난 것이 아니다. 그 과정에서 "truthe"가 적절한 "treuthe"의 철자의 다소 드문 이형이 되었을 가능성이 훨씬 크다. 차츰 이 대안적인 철자가 점점 더 흔해져서 이것 역시 받아들일 수 있는 이형 철자가 되었다. 그러다가 시간이 경과함에 따라 "treuthe"는 "truthe"보다 덜 보편적으로 쓰이게 되었고 마침내 "truthe"는 "정확"하고 "treuthe"는 "부정확"하다고 여겨지게 되었다.

유기체의 집단에서 유전적 변화는 위에서 든 언어의 예와 매우 유사한 방식으로 일어난다. 우리가 유전자—유전의 한 단위로서 행동하는 염색체 위에 존재하는 DNA 문자들의 한 부분—를 단어와 유사하다고 생각하면, 돌연변이를 통해 발생하는 새로운 이형—"대립 유전자"로 불린다—은 최초의 틀린 철자와 같다. 대체로 철자가 잘못 쓰인 단어는 실수로서 제거된다. 이와 유사하게 대립 유전자들도 처음 생겨날 때에는 드물고 쉽게 상실될 수 있기 때문에 한 집단에서 발판을 확보하지 못하는 경우가 많다. 하지만 몇몇 대립 유전자들은 우연히 한 집단의 많은 개체에 의해 유전됨으로써 여러 세대에 걸쳐 수가 증가한다. 때때로 그 확산은 새로운 대립 유전자가 어떤 장점을 제공하기 때문에 선호되지만, 대체로 확산은 단순히 우연에 기초한다. 예컨대 그 돌연변이를 지닌 최초의 개체가 아마도 대가족을 가졌을 것이다. 어느 집단에서든 한 대립 유전자가 얼마나 흔한지는 세대마다 변할 수 있다. 영어 단어 "treuthe"가 "truthe"를 거쳐 " truth"로 변한 것과 마찬가지로 특정 집단에서 한 대립 유전자가 장기간에 걸쳐 드물었다가 흔해지고 유일하게 존재하는 유전자로 변할 수 있다.

한 단어에 일어나는 변화는 별로 중요하지 않지만, 여러 세대에 걸쳐 일어난 많은 단어의 변화가 누적되면 한 언어를 철저하게 변화시키기에 충분하다. 유기체들의 집단에 대해서도 마찬가지다. 한 유전자의 대립 유전자에서 다른 대립 유전자로의 변화는 큰 영향을 주지 않을 것이다. 그러나 여러 유전자에서 그런 변화가 많이 일어나게 되면 그 복합적인 효과는 여러 세대에 걸쳐 한 집단의 특징을 유의미하게 변화시킬 수 있다. 한 언어 안에서의 변화와 마찬가지로 한 집단 안에서의 변화들은 점진적이며 모든 세대는 그들의 부모 및 자손과 "같은 종"으로 남는다. 그러나 장기적으로는 유전적 변화가 누적되어 서로 멀리 떨어진 세대들이 같은 종으로 여겨지지 않게 될 수도 있다. 그 경우 앵글로색슨어와 현대 영어 사이의 관계는 **인도히우스**와 대왕고래 사이의 관계처럼 될 것이다.

언어의 진화와 분화

언어나 게놈의 특징이 장기간에 걸쳐 점진적으로 변화할 수 있다는 사실은 또한 하나의 (언어 사용자 또는 유기체의) 조상 집단이 장기간에 걸쳐 두 개 이상의 별개의 집단을 만들 수도 있음을 의미한다. 이 대목에서도 언어의 진화는 유용한 유비다. 내 성은 베네마(Venema)이므로 내 조상 중에 오늘날 네덜란드의 프리슬란트주에서 흔하게 발견되는 언어인 서부 프리지아어를 사용한 사람이 있었다는 것은 놀랄 일이 아니다. 내 조부모들은 제2차 세계대전 뒤 캐나다로 이주했고 그들의 모국어인 서부 프리지아어와 두 번째 언어인 네덜란드어를 보충하기 위해 세 번째 언어로서 영어를 배웠다. 나는 어렸을 때 조부모가 서로 말할 때 주로 서부 프리지아어로 말했지만 네덜란드어나 영어가 개념을 전달하기에 좀 더 적합할 경우 그 언어들을 사용하는 것을 들었던 기억이 난다. 그때 나는 서부 프리지아어의 많은 단어가 영어 단어와 비슷해서 놀랐었다. 우연의 일치라기에는 비슷한 단어가 너무 많았다. 나는 영어와 현대 서부 프리지아어가 기원후 400년경에 현재의 독일 북부와 덴마크 지역에서 살았던 언어의 공통 조상 집단을 공유한다는 사실을 몰랐었다. 이 집단에서 한 그룹이 영국 해협을 건너 영국에 정착했고, 그 집단의 나머지 그룹은 유럽 대륙에 존속했다. 이 두 집단이 분리되고 나서 그들이 (한때는 동일했던) 그들의 언어를 말하는 방식에 일어난 변화들이 누적되기 시작했다. 그 집단들은 지리적으로 분리되어 있었기 때문에 변화들이 서로 독립적이었다. 즉 한 그룹에서 일어난 변화가 다른 그룹에서 일어난 변화와 동일하지 않았다. 장기적으로 두 집단은 점점 더 달라졌다. 더욱이 언제 그 언어들이 "다른 언어들이 되었는지"에 관한 적당한 시점도 없다. 두 집단 안의 각각의 세대는 그들의 부모 및 자녀들과 "같은 언어"를 말했다. 언어가 달라진 과정은 점진적이었다. 물론 내가 조부모들이 말하는 것을 들은 현대 영어와 현대 서부 프리지아어는 서로에게 이해될 수 없기 때문에 "다른 언어들"이다. 그럼에도 그 언어들은 공통 조상을 반영하는 엄청난 유사성을 보유한다. 두 언어에서 본질적으로 동일하게 발음되는 잘 알려진 문장은 좋은 예가 될 것이다.

> Butter, bread, and green cheese is good English and good Frise.
>
> Bûter, brea, en griene tsiis is goed Ingelsk en goed Frysk.
>
> (버터, 빵, 녹색 치즈는 좋은 영어와 좋은 프리지아어다.)

생물학적인 종 분화에 대한 유비는 단순하다. 한 집단이 두 그룹으로 분리될 경우 장기간에 걸친 대립 유전자 변화의 점진적인 과정은 두 그룹에서 독립적이다. 따라서 두 집단의 평균적인 특징들이 이제 서로 달라지기 시작할 수도 있다. 충분한 시간이 주어지면 두 집단이 다시 서로 접촉해도 상대방을 같은 종의 일원으로 인식하지 않을 정도로 충분히 달라질 수도 있다. 두 집단에서 각각의 세대는 그 세대의 부모 및 자손과 아무리 "같은 종"일지라도 장기간에 걸친 점진적인 특징 변화가 다른 종들을 낳을 수도 있는 것이다. 그리고 우리가 언어에 대해 보았던 것처럼 우리는 종들의 "텍스트들"에서, 즉 유전의 용어로 말하자면 그것들의 게놈에 들어있는 공유된 DNA 문자들에서 공유된 유사성을 살펴봄으로써 연관 종들을 찾아낼 수 있다.

고대의 책으로서의 게놈

언어의 유비는 우리가 진화를 한 집단 안에서의 점진적인 변화로 생각하게 한다는 점에서 진화에 대한 좋은 유비이지만, 모든 유비에는 약점이 있다. 언어에서는 모든 단어가 의미를 갖고 있으며 단어는 비교적 짧은 경향이 있다. 이와 대조적으로 유전자들—유전 분야에서 언어 분야의 단어에 상응하는 요소—은 DNA 문자가 수백, 수천 또는 심지어 수만 개나 될 수도 있다. 또 다른 놀라운 차이는 동물 게놈들은 특정한 기능이 있다고 보이지 않는 많은 DNA 문자를 갖고 있다는 점이다. 그런 문자들은 참으로 "단어들"로 보이는 것이 아니라 단지 자리를 채우는 충전물로 보인다. 그것들과 관련된 기능이 있다고 하더라도 어떤 문자의 끈이라도 무방한 것처럼 보인다. 그리고 언어보다 게놈이 책과 좀 더 비슷하다. 책이 순서에 따라 특정한 단어, 단락 그리고 장들을 가지고 있듯이 게놈은 특정한 유전자들을 특정한 순서로 가지고 있다. 또 다른 현저한 차이는 게놈이 변화를 축적하는 데는 긴 시간이 필요하다는 것이다. 언어들은 게놈들보다 훨씬 빠르게 변한다. 염색체들이 복사될 때마다 그 과정은 오류를 최소화하기 위한 세심한 교정 단계를 포함한다. 그런 오류들—즉 돌연변이들—이 새로운 대립 유전자가 생기는 방식이기 때문에 이러한 교정은 집단들이 장기간에 걸쳐 변화하는 속도를 늦춘다. 우리는 1,000년에 걸친 언어의 분화를 쉽게 기록할 수 있지만 생물학적 분화는 일반적으로 훨씬 오랜 기간이 소요된다.

실무에서는, 게놈의 이런 특성들은 과학자들이 DNA 서열분석을 통해 연관 종들을 식별하기가 쉽다는 것을 의미한다. 게놈의 변화는 매우 느리게 일어나기 때문에 공통 조상 집단에서 나온 두 종이 물려받은 DNA 문자들은, 설사 이 문자들이 서열에 특수한 기능을 갖고 있지 않을지라도, 매우 오랫동안 동일하게 유지될 것이다. DNA 문자 서열의 변화가 유전자의 기능을 변경할 경우 그런 변화의 다수가 제거될 것이기 때문에 이 문자들이 유전자의 일부일 경우 변화는 훨씬 느릴 것이다. 이 대목에서 게놈의 길이도 한몫을 한다. 우리는 다른 게놈들과 비교할 수백만 개, 또는 인간의 경우 수십억 개의 DNA 문자들을 갖고 있다. 그리고 게놈들은 책들과 비슷하기 때문에 그것들을 비교할 때 유전자 수준에서의 DNA 문자들 외에 염색체 구조와 염색체상의 유전자 순서처럼 추가적인 특징들을 살펴볼 수 있다. 즉 우리는 두 종의 게놈들을 장, 단락, 그리고 단어 수준에서 두 책 속의 텍스트들과 비교할 수 있다. 특정한 개체의 게놈이 그 종의 다른 구성원의 게놈과 절대적으로 똑같지는 않지만 말이다. 언어 유비가 게놈들의 집단이 장기간에 걸쳐 어떻게 변하는지를 우리가 이해하도록 돕는다면, 책 유비는 어떻게 오늘날 존재하는 두 종의 게놈들이 비교되어서 그것들이 한 공통 조상 집단에서 유래했는지에 대한 가설을 검증할 수 있는지를 이해하는 데 유용하다.

유전학 개론

책 유비가 도움이 되기는 하지만, 유전학자들이 어떻게 두 게놈을 비교하는지를 좀 더 잘 이해하기 위해 우리는 책들과 DNA 서열들 사이의 몇 가지 차이를 조사해야 한다. 그것은 다소 전문적일 수 있지만, 우리가 게놈들을 비교할 준비가 되어 있다면 그것들을 이해할 가치가 있을 것이다. 앞서 언급된 바와 같이 각각의 염색체는 결합한 DNA 문자들의 긴 가닥이다. 각각의 DNA 문자에게는 짝을 짓는 파트너가 있다. 실제로 하나의 염색체는 긴 문자들의 가닥 두 개로 구성된다. 이 두 개의 보완적인 가닥들이 서로 꼬여서 DNA "이중 나선" 구조를 형성하는데, 1952년에 왓슨과 크릭이 그 구조를 규명했다. 이 두 가닥은 염색체 복제 과정에서 분리되며 각각 주형(template)으로 사용되어 새로운 보완적인 가닥을 만든다. 이런 식으로 DNA는 새로 만들어진 서열이 원형 가닥 위에 있는 문자들의 짝을 이루는 속성을 통해 특정되기 때문에 DNA는 이런 식으로 고도로 충실하게 복제될 수 있다.

내가 비전문가에게 DNA 복제를 설명하는 한 가지 방법은 아이들의 빌딩 블록이 옆으로 길게 놓인 더미를 상상하게 하는 것이다. DNA는 네 개의 문자들을 가지고 있기 그 더미에 있는 블록들의 색상이 네 가지라고 상상하라. 이제 각 색상의 블록들은 그 옆에 특정한 양상으로 배열되는 자석을 가지고 있다고 상상하라. 이를테면 흰색 블록들은 DNA의 "C"를 나타내고 그것들은 적당한 장소에 자석 세 개를 갖고 있어서 검정색 "G" 블록이 반대쪽을 향하고 있을때 "G"와 짝을 이룬다고 하자. 이와 유사하게 "A"와 "T"는 각각 두 개의 자석을 가지고 서로 짝을 이룬다고 하자(그림 2.2를 보라)

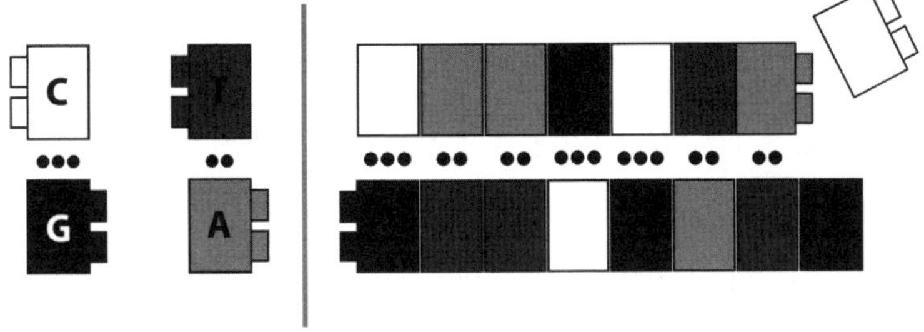

그림 2.2. DNA는 서로 짝을 이루는 네 개의 빌딩 블록으로 이루어진다. 사이토신(C)은 "수소 결합"이라는 세 개의 약한 결합을 통해 구아닌(G)과 짝을 이루며, 아데닌(A)과 티미딘(T)은 두 개의 수소 결합으로 짝을 이룬다. 하나의 가닥이 보완적인 가닥을 만들기 위한 주형 역할을 하기 때문에 이 화합물들의 결합 속성이 정확한 DNA 복제를 가능하게 만든다.

이 단순한 규칙 덕분에 블록 한 가닥을 주형으로 사용해서 보완적인 가닥을 쉽게 만들 수 있을 것이다. 블록들이 자신의 자석 파트너들을 찾아서 제자리에 들러붙기만 하면 된다. 위의 예에서 이 두 가닥은 서로 꼬여서 이중나선구조를 형성하지도 않고 수백만 개의 블록이 있는 가닥의 예를 보여주지도 않지만, 이 단순한 모델은 염색체들의 중요한 속성을 보여준다. 즉 그것들은 DNA 문자들이 결합한 두 개의 별도의 가닥들(우리의 예에서 블록들의 가닥들에 해당한다)이며, 각각은 분리되어서 문자들(블록들)의 물리적 속성을 통해 보완적인 가닥을 만들기 위한 주형으로 사용될 수 있다는 것이다. 문자들의 서열은 정보—생물학적 시스템들의 구조를 만들기 위한 유전적 지시—를 암호화하는 데 사용된다.

그렇다면 DNA와 책 사이의 한 가지 핵심적인 차이는 새로운 DNA는 주형의 물리적인 속성들을 사용해서 복제되는 반면에 책은 인쇄기 위에서 활자로 식자된다는 점이다. 한 번의 인쇄기 가동에서 만들어지는 책은 모두 똑같지만 게놈은 복제될 때마다 오류 가능성이 존재한다. DNA 복제는 매우 정확하지만, 염색체 안에는 수백만 개의 DNA 문자들이 있다. 99.9999퍼센트보다 정확한 과정이라고 할지라도 연속해서 10억 번을 완벽하게 수행하지는 않을 것이다. 복제 오류는 잘못 짝지어진 문자 쌍을 통해 발생한다. 그것들이 잘 들어맞지는 않아도 억지로 끼워 맞춰질 수 있기 때문이다. 그러나 그 염색체가 다음번에 복사될 때는 잘못 짝지어진 쌍 안에 들어있는 각각의 문자가 자신의 적절한 짝을 올바로 특정하게 된다. 이런 식으로 잘못된 짝—우리는 이것을 "돌연변이 사건"으로 부른다—은 복제된 염색체 중 하나에 대해 고착된다. 예컨대 "G" 블록 하나가 "C" 블록 대신 "T" 블록과 부적절하게 짝을 이루고 이 실수가 교정되지 않는다고 가정하라(그림 2.3). 이 이중 나선이 복제될 때 나선의 한 가닥은 올바른 흰색 "C" 블록을 가질 것이고, 그것은 다시 복제될 때 대체로 올바른 검정색 "G" 블록과 짝을 이룰 것이다(그림 왼쪽의 산물). 반면에 부정확한 어두운 회색 "T" 블록이 잘못 들어간 가닥은 복제될 때 밝은 회색 "A" 블록을 특정하고 짝을 이루게 되어 오류를 고착시킬 것이다(그림 오른쪽의 산물). 그 결과 그 집단에 새로운 변이가 생긴다.

부모들과 자손의 전체 게놈 서열 분석에 기반을 둔 인간의 돌연변이 비율에 관한 최근 연구는 30억 개 문자 쌍에서 한 세대에 평균적으로 약 100개의 돌연 변이가 나타난다고 밝혔다. 이 변이들은 언어의 은유를 상기해서 말하자면 한 집단 안에 들어온 미묘한 변화들이지만 시간이 흐르면서 차츰 좀 더 흔해질지도 모른다.

책과 게놈 사이의 핵심적인 또 다른 차이는 책에서는 모든 단어가 의미를 지니지만 모든 DNA 문자가 의미를 가지지는 않는다는 것이다(심지어 대다수 DNA 문자에는 의미가 없다). 생물학자가 아닌 사람들은 게놈의 대다

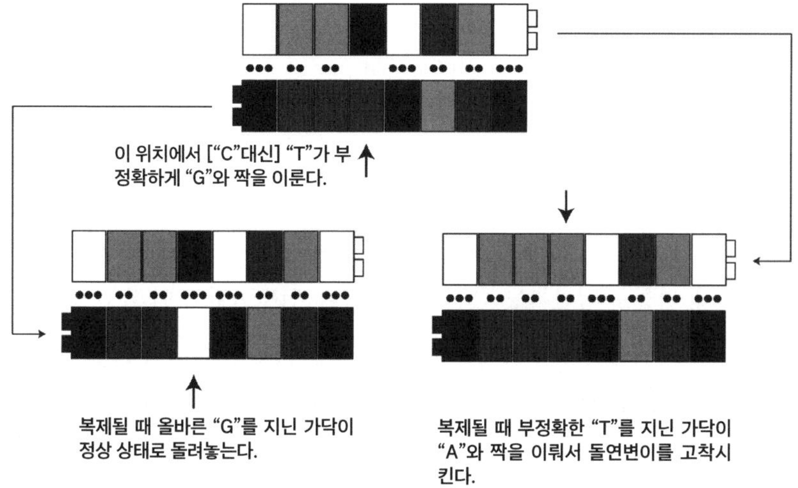

그림 2.3. 새로운 돌연변이가 일어나는 한 가지 기제는 염색체 복제 도중 드물게 일어나는 뉴클레오타이드 염기의 부정확한 짝짓기다. 부정확하게 짝지어진 염기들이 다음번 복제 전에 수정되지 않으면 새로운 염색체 복사물 중 하나가 그 오류를 고착시킬 것이다. 뉴클레오타이드 염기를 변경하고 그것의 짝과 결합할 능력에 간섭하는 화합물은 돌연변이를 증가시키며, 따라서 "돌연변이 유발 요인"(mutagen)으로 알려져 있다.

수가 유전자가 아니라는 사실을 알면 놀란다. 우리가 유전자를 염색체에서 기능적인 산물(RNA나 단백질. 이것에 관해서는 뒤에서 자세히 논의될 것이다)을 만들기 위한 정보를 보유하는 부분이라고 정의할 경우, 유전자들은 우리의 게놈의 5-6퍼센트만을 구성한다. 유전자들은 일반적으로 염색체들 위에 퍼져 있는데, 그것들 사이에 유전자가 아닌 많은 서열이 존재하는 것으로 밝혀졌다. 유전자가 아닌 서열의 대다수는 서열에 따른 특수한 기능을 하지 않는다는 강력한 증거가 있다. 달리 말하자면 문자들의 어떤 서열도 무방하며 그 서열들은 똑같은 일—유전자들 사이의 유전정보 간격을 띄우는 장치와 같은 종류의 일—을 한다. 물론 이 점은 책과는 상당히 다른 점이다. 책에서는 읽을 수 있는 짧은 텍스트 사이에 횡설수설하는 페이지들이 산재해 있으면 전혀 말이 되지 않기 때문이다.

우리의 논의에서 중요한 마지막 차이는 유전자 서열이 작동하는 방식에 집중된다. DNA의 속성으로 말미암아 DNA는 유전정보의 저장과 복제에는 능하지만 다른 일은 잘하지 못한다. DNA는 한 가지 모양—긴 이중나선—만 가지고 있는데, 생물들이 기능을 발휘하려면 다양한 형태를 지닌 많은 분자를 필요로 한다. 따라서 DNA에 담긴 정보를 많은 기능적 형태를 지닌 분자들로 전환하는 방법이 필요하다. 단백질들이 이 요건에 잘 들어맞는다. 단백질들은 염색체들보다 훨씬 짧기는 하지만 DNA와 마찬가지로 함께 연결된 빌딩 블록 가닥이다. 그러나 DNA에서와 달리 네 개만이 아니라 스무 개의 빌딩 블록 중에서 선택할 수 있다. "아미노산"으로 불리는 스무 개의 빌딩 블록들은 DNA의 빌딩 블록들보다 구조가 훨씬 다양하다. 이 구조적 다양성 때문에 단백질들은 현란한 3차원 형태 안으로 접히는데, 이 형태들은 효소, 세포 구조의 구성 요소 그리고 신호전달물질로 작용할 수 있고, 다른 많은 과제들도 수행할 수 있다. 단백질들은 생물학적 기능들을 잘 수행하지만, 단백질의 구조는 DNA처럼 자신을 복사하기 위한 주형으로 사용될 수 없기 때문에 정보 저장과 복제에는 취약하다.

따라서 생물들은 DNA와 단백질을 모두 사용해서 두 세계의 장점을 얻는다. 즉 DNA는 정보를 저장 및 전달하고 단백질은 세포가 필요로 하는 일상의 대부분의 일들을 수행한다. 여기서의 관건은 정보를 한 시스템에서 다른 시스템으로 전달하는 것이다. 세포들은 염색체상의 유전자 서열을 사용해서 단백질상의 아미노산의 서열을 특정할 필요가 있기 때문이다. 생물학자들은 DNA 서열과 단백질 서열이 다른 "언어들"이라는 점에 착안해서 하나의 정보에서 다른 정보로 전환하는 과정을 "번역"으로 부른다. 그러나 번역이 일어나기 전에 세포는 자신이 번역하기를 원하는 유전자의 "작

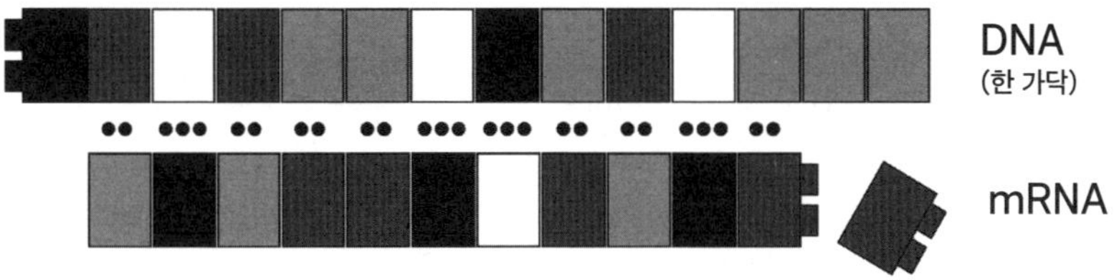

그림 2.4. DNA 염기의 속성들은 아미노산들의 서열로 번역되는 것을 준비하기 위한 한 가닥의 "복사본"을 만들 수 있게 해준다.

업 복사본"(working copy)을 만든다. "전령 RNA" 또는 "mRNA"로 불리는 이 작업 복사본은 DNA 빌딩 블록들과 매우 유사한 네 개의 빌딩 블록들로 이루어진다(사실 네 개 중 세 개는 같고 한 개의 빌딩 블록만 약간 다르다). DNA와 RNA의 주된 차이는 mRNA가 한 개의 가닥만 지닌다는 점이다. 유전자를 한 가닥의 mRNA 사본으로 복제하는 과정을 "전사"라 부른다. 유비를 사용하자면 이것은 텍스트를 같은 언어로 복사하는 것에 해당한다. 두 개의 염색체 가닥 중 하나는 유전자 하나에 걸치는 짧은 지역에서 mRNA를 만들기 위한 주형으로 사용된다(그림 2.4).

유전자가 전사되고 나면 다음 단계는 mRNA 언어를 단백질 언어—3차원 형태로 접혀서 일을 할 아미노산의 서열—로 **번역**하는 것이다. 세포가 정보를 한 "언어"(DNA 서열)에서 다른 "언어"(아미노산들의 서열)로 전환하기 때문에 생물학자들은 이 과정에 대해 번역의 유비를 사용한다. 그 번역 과정의 작동 방식은 DNA의 이중나선구조가 규명된 뒤 떠오른 핵심 질문 중 하나였다. "네 개의 '문자들'만을 가지고 있는 DNA 서열이 어떻게 선택할 수 있는 아미노산이 스무 개나 되는 아미노산들의 서열을 암호화하는가?"가 수수께끼 중 하나였다. 아미노산이 네 개만 있지 않는 한 DNA 문자 하나가 아미노산 한 개를 특정하는 것으로는 불충분할 것이다.

많은 노력을 통해 DNA 문자들의 **소그룹**들이 아미노산들을 특정한다는 사실이 규명되었다. 네 개의 DNA 문자들을 둘씩 짝으로 묶으면 열여섯 개의 다른 경우의 수가 생겨나고(네 개의 문자 각각에 네 개의 짝을 이루는 선택지들을 곱하면 열여섯 개의 조합이 된다), 그렇게 되면 스무 개의 아미노산 모두를 충분히 처리하지 못하게 된다. 반면에 DNA 문자들을 셋씩 묶으면 충분한 경우의 수(예순네 개의 조합)가 생겨날 것이다. 실제로 DNA 문자들은 세 개씩 세트로 "읽혀서" 아미노산들을 특정하는 것으로 밝혀졌는데 생물학자들은 가능한 예순네 개의 DNA 문자 조합을 "코돈"(codon)이라고 부른다. 그런데 예순네 개의 가능한 코돈들이 있지만 스무 개의 아미노산들만이 암호화된다. 몇몇 소수의 코돈들은 다른 기능들(가령 "이 시점부터는 mRNA 서열에 아미노산들을 추가하기 시작하라" 또는 "이 사슬에 아미노산을 추가하기를 중단하라. 이제 그 일이 끝났다" 등)을 담당하지만 그래도 여전히 아미노산의 수보다 코돈의 수가 훨씬 많을 것이다. 세포는 이 상황을 복수의 코돈이 대다수의 아미노산을 특정하게 함으로써 처리한다. 예컨대 아미노산 글라이신(스무 개 아미노산 중 하나다)은 코돈 GGA, GGC, GGG 그리고 GGT로 암호화될 수 있다. 위의 네 개의 코돈은 동등하게 같은 아미노산을 특정한다. 어떤 아미노산은 여섯 개까지의 서로 다른 코돈들로 암호화될 수 있다. 달리 말하자면 아미노산을 암호화하는 코돈은 중복되는 부분이 있다.

실제 세계의 예: 인슐린

유전자의 실제 예로서 인슐린 단백질을 암호화하는 DNA 서열을 살펴보

자. 인슐린은 동물의 혈당을 조절하는 짧은 단백질 호르몬이다. 인슐린에 대한 "단어"는 모든 포유동물에서 매우 유사하다. 가령 인간의 인슐린 유전자의 시작 부분을 개들(그리고 늑대들. 개와 늑대는 같은 종이다)에서 발견되는 유전자의 같은 부분과 비교해보면, DNA 수준에서 약간의 차이가 발견될 뿐 많은 부분이 일치한다는 사실을 알 수 있다. 이러한 DNA 차이들(검정색 음영 처리된 부분) 중 일부는 인슐린 단백질에서 다른 아미노산들을 만들어내고, 또 일부는 그러지 않는다(그림 2.5).

두 종에서 이 "단어들"은 같은 "의미"를 지닌다. 즉 인간의 유전자와 개의 유전자 모두 혈당을 조절하는 기능을 하는 인슐린 호르몬을 생산한다. 우리는 약간 다른 서열들이 같은 기능을 할 수 있다는 사실에 놀라지 않아야 한다. 그것은 여러모로 "treuthe", "truthe", "truth"라는 단어들과 비슷하다. 이 단어들은 미묘한 차이들에도 불구하고 모두 같은 의미를 지닌다. 단백질 호르몬들은 수용체(receptor)라 불리는 두 번째 단백질에 결합함으로써 그 호르몬이 존재한다는 것을 세포에 알리는 일을 한다. 호르몬과 수용체는 자물쇠와 열쇠처럼 협력할 필요가 있다. 두 단백질의 형태가 서로

인간 DNA:	atg gcc ctg tgg atg cgc ctc ctg ccc ctg ctg gcg ctg ctg gcc 45
개/늑대 DNA:	atg gcc ctc tgg atg cgc ctc ctg ccc ctg ctg gcc ctg ctg gcc
인간 단백질:	Met Ala Leu Trp Met Arg Leu Leu Pro Leu Leu Ala Leu Leu Ala 15
개/늑대 단백질:	Met Ala Leu Trp Met Arg Leu Leu Pro Leu Leu Ala Leu Leu Ala
인간 DNA:	ctc tgg gga cct gac cca gcc gca gcc ttt gtg aac caa cac ctg 90
개/늑대 DNA:	ctc tgg gcg ccc gcg ccc acc cga gcc ttc gtt aac cag cac ctg
인간 단백질:	Leu Trp Gly Pro Asp Pro Ala Ala Ala Phe Val Asn Gln His Leu 30
개/늑대 단백질:	Leu Trp Ala Pro Ala Pro Thr Arg Ala Phe Val Asn Gln His Leu

그림 2.5. 인간과 개/늑대 인슐린의 처음 90개 DNA 뉴클레오타이드(그리고 30개의 아미노산)의 배열. 두 서열 사이의 차이들은 개의 서열에 검정색으로 표시되었다. 오른쪽 끝의 숫자들은 이 서열에서 뉴클레오타이드 또는 아미노산의 숫자를 가리킨다.

잘 어울리는 한 협력하게 될 것이다. 단백질들은 또한 자물쇠와 열쇠처럼 엄격하지 않고 느슨하며 보충하는 짝으로서의 적합성을 잃지 않으면서도 형태가 미묘하게 변할 수도 있다. 따라서 이 유전자들은 이런 기능적 제약 안에서 차츰 자유롭게 변하며 하나의 유전자(예컨대 인슐린)에서의 변화들이 다른 유전자(예컨대 인슐린 수용체)의 일련의 새로운 변화의 가능성의 문을 열어준다.

위의 서열들을 볼 때 우리는 오늘날의 이 두 유전자가 "butter, bread, and green cheese"와 "bûter, brea, en griene tsiis"처럼 먼 과거의 공통 조상 집단에서 나왔다는 가설을 지지하는 좋은 증거가 있음을 알 수 있다. 원리는 동일하다. 그것들은 서로 기능상으로 요구되는 수준보다 훨씬 더 유사하다. 원칙적으로 영어나 서부 프리지아어에서 이떤 단어라도 이 개념들을 나타낼 수 있다. 마찬가지로 어떤 짝의 호르몬과 수용체의 조합이라도 인간과 개에게서 혈당 수준을 조절할 수 있다. 그럼에도 두 사례 모두에서 우리가 살펴본 내용은 오늘날의 서열은 한때 공통적인 서열이었던 것의 수정된 후손들임을 강력히 암시한다.

이제 우리는 코돈 암호화의 중복을 이해했기 때문에 유전자를 이해하기가 난해하다는 것을 알게 되었다. 인슐린 단백질을 이루는 많은 아미노산은 대안적인 코돈들을 통해 암호화될 수 있다. 예컨대 위의 그림에 나타나는 "Leu"는 아미노산 류신을 나타내는데, 여섯 개의 다른 코돈들이 그것을 나타낼 수 있다. 인슐린 유전자의 이 짧은 조각은 류신 아홉 개를 암호화하는데, 그중 여덟 개는 인간과 개에서 똑같은 코돈을 사용한다(그리고 아홉 번째는 한 글자만 다르다). 아홉 개의 이 코돈들이 아홉 개의 이 류신들을 정확하게 암호화할 수 있는 9^6(531,441)개의 조합이 존재한다. 인슐린에서 발견되는 다른 101개의 아미노산은 차치하고 말이다. 이 아미노산들 대다수는 여러 개의 코돈을 통해 암호화될 수 있다. 이 두 종에서 우리가 이 아홉 개의 코돈에 대해 문자 한 개의 차이만 발견할 수 있다는 사실이 그저 우연에 의한 것일까? 이 서열들이 공통 조상 집단에서 나와서 도중에 다소 수정되었다고 하는 것이 좀 더 단순하고 좀 더 합리적인 설명(과학자들은 좀 더 "단순한"[parsimonious] 설명이라고 부른다)일 것이다.

물론 과학자들이 다른 많은 종의 게놈 서열들을 분석했으므로 우리는 좀 더 큰 데이터 집합을 살펴봄으로써 이 가설을 검증할 수 있다. 인간은 오랫동안 개와 공통 조상 집단을 공유해오지 않았다고 생각된다. 반면 다른 종들은 해부학 구조 같은 특성들을 공유하기 때문에 우리의 훨씬 가까운 친척이라고 생각된다. 다윈 이전의 생물학자인 카를로스 린나이우스(1707-78)가 동물의 분류법(즉 생명체들을 체계적으로 범주화하는 시스템)을 만들었을 때, 인간과 대형 유인원들(great apes)을 "가장 중요한" 또는 "최초의"를 가리키는 라틴어에서 온 말인 "영장류"(primate)라는 범주에 위치시킨 일은 유명하다. 그는 확실히 공통 조상에 관해 생각하지 않았지만, 다른 동물들보다 이 종들(침팬지, 고릴라, 오랑우탄 등)이 인간과 해부학적으로 좀 더 가깝다는 것을 인지했다. 진화 이론은 그런 유사성에 비추어 이 종들이 유인원이 아닌 종들(예컨대 개)보다 인간과 좀 더 최근의 공통 조상 집단을 공유한다고 예측한다. 따라서 그 종들의 유전자 서열들은 우리가 개에게서 관측하는 수준보다 인간의 유전자 서열과 좀 더 많이 일치해야 한다. 바로 이것이 정확히 우리가 관측한 바와 같다는 것은 놀랄 일이 아니다. 인슐린 유전자의 예로 돌아가서 세 가지 대형 유인원을 포함해서 앞의 예와 동일한 DNA의 짧은 구간에 대해 비교를 확장해보자(그림 2.6).

```
인간      atg gcc ctg tgg atg cgc ctc ctg ccc ctg ctg gcg ctg ctg gcc 45
침팬지    atg gcc ctg tgg atg cgc ctc ctg ccc ctg ctg gtg ctg ctg gcc
고릴라    atg gcc ctg tgg atg cgc ctc ctg ccc ctg ctg gcg ctg ctg gcc
오랑우탄  atg gcc ctg tgg atg cgc ctc ctg ccc ctg ctg gcg ctg ctg gcc
개/늑대   atg gcc ctc tgg atg cgc ctc ctg ccc ctg ctg gcc ctg ctg gcc

인간      ctc tgg gga cct gac cca gcc gca gcc ttt gtg aac caa cac ctg 90
침팬지    ctc tgg gga cct gac cca gcc tcg gcc ttt gtg aac caa cac ctg
고릴라    ctc tgg gga cct gac cca gcc gcg gcc ttt gtg aac caa cac ctg
오랑우탄  ctc tgg gga cct gac ccg gcc cag gcc ttt gtg aac cag cac ctg
개/늑대   ctc tgg gcg ccc gcg ccc acc cga gcc ttc gtt aac cag cac ctg
```

그림 2.6. 인간, 침팬지, 고릴라, 오랑우탄, 개의 인슐린의 처음 90개 DNA 뉴클레오타이드(그리고 30개의 아미노산)의 배열. 두 서열 사이의 차이들은 검정색으로 표시되었다. 오른쪽 끝의 숫자들은 이 서열에서 뉴클레오타이드 또는 아미노산의 숫자를 가리킨다.

이 짧은 구간에서 우리는 고릴라의 서열은 인간의 서열과 문자 하나만 제외하고 같고, 침팬지의 서열은 문자 세 개를 제외하고 인간의 서열과 같으며, 오랑우탄은 다섯 개를 제외하고 같다는 것을 관찰한다. 앞의 예에서와 마찬가지로 이 수준의 동일성은 인슐린이 기능을 발휘하는 데 필요한 수준을 충족시키고도 남으며, 인간이 대형 유인원들과 공통 조상 집단을 공유한다는 가설을 강력하게 지지한다. 실로 이 서열들 사이의 유사성은 영어와 서부 프리지아어가 상대적으로 매우 먼 친척으로 보이게 만든다.

이의 있습니다!

이 데이터들을 숙고하던 기간에 나는 진화 과정과 별도로 인간의 직접 창조를 신봉하는 신자들로부터 많은 이의에 직면했다. 진화에 반대하는 보편적인 주장들은 뒤에서 자세히 다뤄지겠지만, 이 대목에서 우리가 진행을 잠시 멈추고 몇 가지 반대를 간략하게 고려해보는 것은 가치가 있다. 혹자는 "인간이 유인원으로부터 진화했다면 왜 여전히 유인원이 존재하는가?"처럼 잘못된 질문을 할 정도로 심각하게 단순하다(이것은 "영어가 다른 언어들로부터 발전했다면 왜 여전히 다른 언어들이 있는가?" 또는 "미국으로 이주해온 사람들이 유럽인들의 후손이라면 왜 여전히 유럽인들이 존재하는가?"에 맞먹는 질문이다. 또는 우리가 앞에서 사용한 예 중 하나에 비추어 보자면 "고래들이 육지 포유동물들로부터 진화했다면 왜 여전히 육지 포유동물들이 존재하는가?"와 다름없는 질문이다). 이 이의는 진화가 특정한 종에 이르는 사다리와 같다는 것을 전제한다. 하지만 진화는 연관 종들의 계통수(branching tree)와 같다.

다른 유기체들의 유전자 사이에 유사성이 존재하는 이유는 같은 설계자, 즉 하나님 때문이라는 주장 같은 다른 이의들은 처음에는 좀 더 설득력이 있어 보인다. 그 주장은 계속해서 우리는 공통 조상이 아니라 공통의 **설계**를 보고 있다고 말한다.

우리가 곧 살펴보겠지만 이 주장은 다른 갈래의 DNA 증거에 직면하면 지탱되지 못한다. 하지만 우리가 지금까지 논의한 내용만으로도 이 주장을 어느 정도 평가하기에 충분하다. 당신이 두 언어를 설계하기로 작정했다고 가정하라. 설계자로서 힘들이지 않고 원하는 대로 언어들을 설계할 수 있다면 당신은 그 언어들을 밀접한 관계가 있다고 보이는 방식으로 설계하겠는가? 더구나 설계자로서 당신은 단어, 문법, 구문 등을 설계할 수 있는 여러 방법이 있다는 것을 안다. 당신이 두 언어가 참으로 독립적으로 만들어진 별도의 언어라는 것을 다른 사람들에게 확신시키기를 원한다면 그 언어들이 서로 관련이 있는 것처럼 보이게 만들겠는가?

인슐린 유전자 서열에서 우리가 관찰한 양상은 이제 인간과 대형 유인원의 게놈으로 확대될 수 있다는 것이 확인되었다. 인간의 유전자와 침팬지의 유전자—우리는 25,000개 정도의 유전자를 갖고 있다—는 전체 DNA 수준에서 99퍼센트 이상 동일하다. 아미노산 서열 수준에서는 29퍼센트가 똑같고 전체 세트에 대한 평균적인 차이는 아미노산 두 개뿐이다.[1] 유전자 수준 외에, 게놈 수준에서는 우리의 게놈은 DNA의 작은 블록들의 삭제의 효과를 어떻게 계산하는가에 따라 약 95퍼센트 또는 약 98퍼센트 동일하다. 삭제된 모든 블록을 빠진 모든 문자에 대한 변화로 계산한다면(즉 문자 10개의 삭제가 10개의 변화에 해당한다고 계산한다. 비록 그 삭제가 한 번의 돌연변이 사건이었지만 말이다) 동일성 수치는 95퍼센트가 된다. 어떻게 계산하든 간에 인간의 게놈과 침팬지의 게놈은 거의 같다.

"책으로서의 게놈" 은유로 돌아오자면, 우리는 인간과 침팬지가 거의 동일한 게놈들을 갖고 있을 뿐만 아니라, 인간의 게놈들은 침팬지의 게놈들과 동일한 공간 양상에서 조직된다는 사실을 알게 된다. 문장, 단락, 장 수준에서 우리의 "두 책"들은 같은 방식으로 구성되어 있다는 말이다. 앞에서와 마찬가지로 이렇게 되어야 할 생물학적인 이유는 없다. 유전자들의 공간적 배열이 달라도 인간이나 침팬지나 별 상관이 없을 것이다. 그리고 유전자가 다르게 배열된다고 하더라도 하나님의 창조 능력 안에 위치할 것

---

1 침팬지 게놈 서열과 분석 컨소시움, "Initial Sequence of the Chimpanzee Genome and Comparison with the Human Genome," *Nature* 437 (2005): 69-87.

이다. 그러나 다시 한번 강조하지만 우리가 관찰하는 바는 오늘날의 인간과 침팬지 게놈은 한때 공유된 조상 종에서 약간 수정된 후손들이라는 가설과 일치한다.

이러한 광범위한 일치 외에 생물학자들이 궁금해하는 정보를 제공해 줄 뿐만 아니라 공통 조상 가설을 한층 더 뒷받침하는 세부사항은 많이 존재한다. 예컨대 과학계에서는 해부학에만 기초해서 침팬지나 고릴라 중 어느 것이 우리의 가장 가까운 친척인가에 관해 오랫동안 논쟁을 벌여 왔다. 우리가 고릴라와 침팬지 인슐린 서열을 통해서 살펴보았듯이 종들이 서로 매우 유사할 경우 비교할 차이가 적어서 관련된 양상을 결정하기가 어려워진다. 게놈 서열이 이 문제를 해결했는데, 그 문제의 해결 방식은 우리가 조상을 공유하고 있다는 설득력이 있는 추가 증거를 제공한다.

코는 안다(또는 적어도 과거에는 알았다)

개를 키우는 사람은 몇몇 포유동물이 인간보다 후각이 훨씬 예민하다는 것을 안다. 포유동물들은 "후각 수용체"라는 후각 관련 유전자를 평균적으로 약 1,000개 보유하고 있다. 포유동물들의 유전자는 약 25,000에 불과하기 때문에 이는 포유동물 게놈의 상당한 부분이 후각 기능에 할애됨을 의미한다. 이 유전자들은 부비강(nasal passages) 표면을 구성하는 세포들에서 **발현된다**(즉 전사되고 단백질로 번역된다). 후각 수용체는 공기가 흡입될 때 공기 중의 화합물과 결합해서 전기적 신호를 뇌로 보내고 그것이 냄새로 인식되는 것이다. (늑대처럼) 사냥하는 포유동물들은 후각이 매우 예민하다. 그런

동물들의 후각 수용체 유전자들은 수선 상태가 양호하다. 이 유전자들의 어떤 기능이라도 제거하는 돌연변이들은 선택을 통해 집단에서 제거되기 때문이다. 개들은 이 유전적 유산을 물려받았다. 비록 개의 대다수 혈통은 더 이상 사냥하거나 추적하지 않지만 말이다. 우리 집의 골든리트리버는 부엌에 떨어진 먹이를 발견할 때만 "사냥"을 하지만, 그 종은 최근에야 그런 응석받이 상태에 도달했고 돌연변이가 아직 그 종의 후각 수용체 유전자 안으로 들어가지 않았기 때문에 그것의 코는 여전히 예민하다. 반면에 인간의 후각은 개의 후각에 비해 줄어들었는데 인간 게놈의 서열이 밝혀진 뒤 그 이유가 명확해졌다. 우리의 많은 후각 수용체 유전자들은 손상되었다. 그 유전자들은 전사나 번역 능력을 방해하는 많은 돌연변이를 겪었다. 하지만 염색체 복사 오류율이 낮기 때문에 이 손상된 유전자들은 우리의 게놈에 잔존하고 있다. DNA를 복제하는 단백질 효소는 이 유전자들에 결함이 있다는 것을 모르기 때문에 다른 DNA 서열들과 마찬가지로 가급적 충실하게 그 유전자들을 복제한다. 그 결과 이 유전자들은 우리의 DNA에 유전적 "화석"으로 오랫동안 잔존한다. 손상된 유전자의 잔존물에 대한 역사적 명칭은 "위(僞)유전자"(pseudogenes 또는 false genes)다. 그런 유전자들은 유전자에게서 기대되는 많은 특징을 지녔지만, 유전자가 단백질을 생산하기 위해 반드시 수행되어야 할 전사와 번역을 거치지 못하기 때문에 그 이름을 얻었다.

흥미롭게도 인간만 후각이 감소된 것이 아니다. 다른 영장류도 인간과 마찬가지로 후각의 예민함이 줄어들었다. 영장류의 전체 게놈 서열을 조사해보면 이유가 드러나는데 그것들도 돌연변이 때문에 많은 후각 수용체 유전자를 상실했기 때문이다. 이 대목이 재미있고—당신이 인간과 다른 영장

유전자 이름	인간	침팬지	고릴라	오랑우탄
1 5AK4p	236-중단	236-중단	236-중단	236-중단
2 5H5p	212-삭제	212-삭제	212-삭제	+
3 7A8p	430-삭제	430-삭제	+	+
4 4L2p	249-삽입	+	+	+
5 1S1	+	+	96-삭제	+
6 10A3	+	824-중단	+	+
7 4A4	+	+	+	309개 삭제

그림 2.7. 대형 유인원들의 일곱 개 후각 수용체 유전자들에서의 공유된 돌연변이들. "+"는 기능을 수행하고 돌연변이가 일어나지 않은 유전자를 가리킨다. 숫자는 유전자 안에서 돌연변이가 일어난 뉴클레오타이드 위치를 나타낸다. "중단" = 코돈이 너무 빨리 중단되어 번역을 멈추고, 짧고 기능을 발휘하지 않는 단백질을 생산함 ; "삭제" = DNA 뉴클레오타이드 하나가 제거되어 단백질이 번역되지 못하게 됨; "삽입" = DNA 뉴클레오타이드 하나가 추가되어 단백질이 번역되지 못하게 됨.

류 사이의 관계에 관심이 있는 생물학자라면—유익한 정보를 제공하는 부분이다. 다른 영장류들은 후각 수용체 유전자에 돌연변이를 겪었을 뿐만 아니라, 인간에게서 상실된 유전자들이 다른 영장류에게서도 상실되었다. 그리고 복수의 종에서 종종 똑같은 돌연변이 사건이 DNA 문자까지 정확하게 변화시킨 사례도 발견된다.

대형 유인원의 후각 수용체 유전자를 조사한 논문[2]에 수록된 실제 데이터 표본은 우리가 관찰하는 돌연변이의 범주들을 보여준다(그림 2.7).

위 표의 사례 1과 같은 몇몇 돌연변이는 네 종 모두에서 공유된다. 5AK4p라는 이 유전자—게놈 안에서의 위치에 기초한 이름이다—는 인간, 침팬지, 고릴라, 오랑우탄의 DNA의 236번째 문자에 "중단" 돌연변이를 가지고 있다. "중단" 돌연변이는 아미노산을 암호화하도록 의도된 코돈을,

2 Yoav Gilad, Orna Man, Svante Pääbo, and Doron Lancet, "Human Specific Loss of Olfactory Receptor Genes," *Proceedings of the National Academy of Sciences of the United States of America* 100 (2003): 3324-27.

아미노산 추가를 중단하라고 번역 효소에게 지시하는 코돈으로 바꾸는 돌연변이다. 그 결과 너무 짧고 더 이상 해야 할 일을 하지 못할 가능성이 큰 단백질이 생성된다. 네 종 모두에게서 똑같은 돌연변이가 관찰되기 때문에 우리는 이 양상에 대해 설명할 필요가 있다. 이 대목에서도 단순성 원칙이 작동한다. 한 가지 선택지는 이 돌연변이가 각각의 종에서 독립적으로 네 번 일어났다는 것이다. 이 일이 일어날 확률은 매우 작지만 그것이 불가능하지는 않다. 두 번째 선택지는 이 돌연변이가 네 종 모두의 공통 조상 집단에서 한 번 일어났고 이후 네 종 모두에게 유전되었다는 것이다. 이 설명에서는 희귀한 사건(이 유전자에서의 특정한 돌연변이)이 한 번만 일어나면 되므로 이것이 훨씬 단순한 설명이다. 저자들은 이 논문에 사용된 데이터 세트에서 이 양상에 부합하는, 돌연변이된 유전자 몇 개를 관측했는데 이 점은 이러한 예가 우연이거나 일회성 사건이 아니라는 점을 강조한다. 유전자 하나가 우연히 이 양상을 지닐 수 있다고 하더라도 많은 유전자가 우연만으로 이런 동일한 양상을 지닐 가능성은 극히 낮다.

우리가 관찰하는 두 번째 양상은 유전자 2에서 나타난다. 이 경우에는 인간, 침팬지, 고릴라의 212번 위치에서 삭제 돌연변이가 발생했다(즉 DNA 문자 하나가 사라짐). 삭제(또는 삽입) 돌연변이는 문자 하나를 삭제(또는 삽입)한 후 코돈을 한 칸씩 밀거나 당김으로써 코돈 암호를 교란한다. 코돈들은 문자 세 개가 묶여서 번역된다는 것을 상기하라. 문자 하나가 삭제(삽입)되면 돌연변이가 일어난 후 모든 코돈이 잘못된 아미노산을 암호화해서 단백질의 기능을 망칠 것이다. 이 대목에서도 가장 단순한 설명은 이 돌연변이가 인간, 침팬지, 고릴라의 공통 조상 집단에서 한 번 발생했다는 것이다. 오랑우탄은 왜 ("+" 부호로 나타나듯이) 이 돌연변이를 물려받지 않았는가?

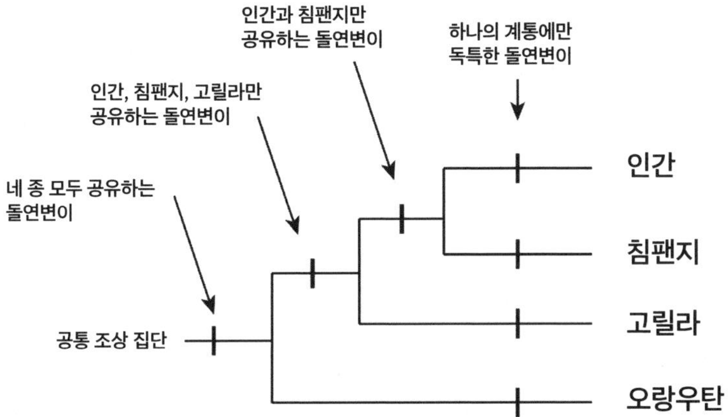

그림 2.8. 현재의 대형 유인원들의 계통 발생론(계통수)은 후각 수용체 위유전자들에서 발견되는 돌연변이들의 중첩 계층(nested hierarchy)을 설명한다. 분화 사건 전에 한 계통에서 일어나는 돌연변이들은 모든 후손 종에게 유전될 것이다. 모든 분화 사건 후에 일어나는 돌연변이들은 한 종에 독특할 것이다.

한 가지 설명은 이 시기에는 오랑우탄이 이미 인간, 침팬지, 고릴라의 조상 계통에서 분리되었다는 것이다. 연구자들은 이 양상에 부합하는 많은 예를 발견했다.

세 번째 양상(유전자 3)은 인간과 침팬지만 공유하는 돌연변이를 보여 준다(이 경우는 또 다른 삭제다). 다시 강조하지만 가장 가능성이 큰 설명은 이 돌연변이가 고릴라로 이어지는 계통이 분리된 뒤 인간과 침팬지의 공통 조상 집단에서 발생했다는 것이다. 연구자들은 이 양상에 부합하는 많은 예도 발견했다.

마지막으로, 우리는 한 종에만 독특한 돌연변이들을 볼 수 있다(예 4-7). 각각의 종은 그것의 계통이 다른 모든 종으로부터 분리된 후 자신의 독특한 역사를 가지고 있기 때문에 그런 돌연변이들이 예상된다.

드러나지 **않는** 것도 주의해야 한다. 예컨대 고릴라와 침팬지는 공유하지만 다른 종에게서는 발견되지 않는 돌연변이는 없다. 인간과 오랑우탄은 공유하지만 고릴라와 침팬지에게서는 발견되지 않는 돌연변이도 없다. 이런 범주는 왜 나타나지 않는가? 만약 이 종들이 우리가 관찰하는 양상을 통해 암시되는 방식으로 연관되어 있다면, 우리는 그런 양상을 기대하지 않을 것이다.[3] 그 데이터가 뒷받침하는 인간과 다른 대형 유인원들의 관련됨의 "계통수"(또는 "계통 발생론")를 살펴보자(그림 2.8).

여기서 우리는 데이터가 왜 "중첩된 계층"(nested hierarchy)을 형성하는지를 알게 된다. 인간과 오랑우탄 모두에게서 나타나는 돌연변이들은 이 두 계통이 분리되기 전에 존재했다는 것을 시사한다. 이 시기에는 고릴라와 침팬지의 계통들이 아직 인간에 이르는 계통에서 분리되지 않았기 때문에 그 돌연변이들은 고릴라와 침팬지에 이르는 계통에도 존재해야 하는 것이다. 침팬지와 고릴라가 공유하는 돌연변이들은 인간의 계통에도 존재해야 하므로 우리는 침팬지와 고릴라만 공유하고 인간에게서는 발견되지 않는 사례를 보지 못한다. 우리가 관찰하는 데이터와 우리가 관찰하지 못하는 범주들은 동일한 결론을 뒷받침한다. 즉 인간은 침팬지와 가장 최근의 공통 조상을 공유하고, 다음에는 고릴라와 공유하며, 그다음에는 오랑우탄과 공유한다. 이 점은 과거에 부분적인 게놈 서열을 통해 규명되었지만 이제 우리는 이 네 종 모두에 대해 완전한 게놈 서열을 갖고 있다. 예상하는 바와 같이 인간과 다른 유인원의 게놈의 전반적인 동일성은 같은 양상을 따른다. 인간은 침팬지와 가장 유사하고 그다음으로는 고릴라와 비슷하며

3 사실은, 우리가 그런 돌연변이를 기대하지만 그 이유는 3장에서 다뤄질 것이다. 3장에서 우리는 그런 "부정확한 양상"의 돌연변이가 어떻게 다른 목적—계통들이 분화 사건을 겪을 때의 집단의 크기 추정—에 유용한지를 논의할 것이다.

그다음으로는 오랑우탄과 가깝다. 이런 식의 게놈 증거는 영장류 사이의 연관성의 동일한 양상을 뒷받침한다. 따라서 "인간의 가장 가까운 친척이 어떤 종인가?"라는 오래된 질문이 드디어 풀렸고, 인간에게 다른 친척 종들도 있다는 사실이 압도적으로 뒷받침된다. 이 데이터는 작은 표본이지만 그것들은 전형적이다. 이 양상에 부합하는 수천 가지 사례가 제공될 수 있다.

수렴하는 또 다른 증거

이제 우리가 과학자들이 어떻게 중첩된 계층에 존재하는 돌연변이된 유전자들을 사용해서 종들 사이의 연관성을 결정하는지 이해하게 되었으니, 생물학자들이 이 기술을 고래류에도 적용해왔다는 것은 전혀 놀랄 일이 아니다. 고래류는 영장류와 마찬가지로 다른 포유동물에 비해 후각이 줄어들었다. 현대 고래의 한 계통—이빨고래—은 후각이 전혀 없고 후각 기관조차 없는 것처럼 보인다. 이것은 일리가 있다. 포유동물의 후각 수용체 유전자는 공기 중의 화합물에 결합하는데 이빨고래들은 그런 체계가 효과적이지 않은 물속에서 먹잇감을 사냥한다. 그럼에도 이빨고래를 포함한 고래류는 공기 기반의 후각 수용체 유전자의 상실된 잔존물을 갖고 있다. 사실 현대의 우제류(하마)와 현대의 고래류를 비교한 DNA 증거는, 핵심적인 특징인 화석 발목뼈들이 고대 고래들에서 발견되기 전에, 이 종들이 공통 조상 집단을 공유한다는 최초의 증거였다. 고생물학자들이 화석들을 발견하기 전에 그것을 예측한 새로운 DNA 과학을 의심한 것도 놀랄 일이 아니다.[4] DNA와 화석은 같은 이야기를 한다. 그리고 같은 결론으로 수렴한다.

오래된 요소와 새로운 요소

그러나 당신은 "진화가 필요로 하는 **새로운** 요소가 어디서 오는가?"라고 물을지도 모른다. 확실히 유기체들은 유전자나 사지를 쉽게 상실할 수 있다. 고래들은 어떻게 **새로운** 특징을 얻었는가? 진화가 상실은 설명할 수 있을지 모르지만 **획득**도 설명할 수 있을까?

진화가 예측하는 내용 중 하나는 진화의 계통에서 어떤 특징도 좀처럼 참으로 "새롭지" 않다는 것이다. 사지동물의 다리들이 "최초로 출현했을" 때 그것이 "새롭다"고 여겨졌겠는가? 그렇지 않다. "육기어류의 지느러미"와 "다리" 사이에 일련의 점진적 변화가 있었다는 증거가 있다. 따라서 다리는 그 점에서 "새로운 게 아니다." 그것은 전에 나타난 것의 수정된 형태일 뿐이다. 고래류의 독특한 특징들을 고려해보자. 분수공은 새롭지 않다. 그것을 표준적인 포유동물의 콧구멍 배치와 연결하는 점진적인 시리즈에 대한 증거가 있다. 지느러미들도 새롭지 않다. 우리가 논의했던 멸종된 종들에게서 그것들을 일반적인 포유동물의 앞다리들과 손들에 연결하는 점진적인 시리즈에 대한 증거가 있다. 지방층도 새롭지 않다. 다른 포유동물

4 Tom Mueller, "Valley of the Whales," *National Geographic*, August 2010, http://ngm.nationalgeographic.com/2010/08/whale-evolution/mueller-text(구독해야 함).

들도 지방을 저장한다. 그렇게 많은 양을 저장하지 않을 뿐이다. 수중생활 양식도 새롭지 않다. 다른 많은 포유동물도 정도는 다르지만 반(半) 수중생활을 한다. 달리 말하자면 고래류의 특징은 단지 일반적인 포유동물의 신체에서 활용될 수 있었던 것의 개조에 지나지 않았다. 물론 그것은 확실히 극적인 개조이지만, 그럼에도 아무튼 개조는 개조다.

예리한 독자는 음파탐지는 어떻게 된 것이냐고 이의를 제기할 수도 있을 것이다. 현대의 고래류는 정교한 수중음파탐지기에 상응하는 생물학적 기관을 사용해서 먹이를 사냥한다. 이것은 바로 새로운 요소가 아닌가? 그것은 바로 새로운 기능으로의 진화가 아닌가? 그런데 사실은 그렇지 않다. 그리고 세부내용은 매혹적이다. 이 점에 관해 살펴보기로 하자.

만일 당신이 깜깜한 방에서 더듬거리다가 벽이나 다른 물체에 부딪히기 직전에 몸을 멈춘 적이 있다면, 당신은 (매우 초보적인) 음파탐지 감각을 사용한 셈이다. 당신은 음파들이 당신의 앞에서 물체들에 반사되어 튀어나오는 것을 탐지했다(비록 당신이 의식적으로 그것을 인식하지는 않았더라도 말이다). 모든 포유동물은 이 일을 할 수 있지만, 대다수는 (우리와 마찬가지로) 그것에 서투르다. 우리는 물체에 아주 가깝게 있어야 반사된 소리를 알아차릴 수 있는데 대개 그것을 알아차리지 못하고 발부리를 채이거나 더 심한 일을 겪을 것이다.

사실 고래류의 음파탐지는 다른 포유동물들에게서 듣기에 사용되는 것과 동일한 유전자에 기반한, 특별히 조율된 청각이다. 모든 포유동물에서 듣기에 사용되는 핵심적인 유전자 하나는 "프레스틴" 유전자로 불린다. 이것은 음파에 반응하여 진동하는, 포유동물의 귀에서 특화된 구조와 관련이 있는 단백질이다. 고래들에서는 프레스틴 유전자가 음파탐지에 좀 더 적합한 초음파 주파수에 맞춰진다. 단백질 안에 존재하는 몇 가지 아미노산의 변화만으로 이 조율이 가능해졌는데, 이런 정도의 변화는 다양한 포유동물의 인슐린 유전자에서 일어나는 분자의 변화 범위에 들어간다. 음파탐지에 조율하기 위해 프레스틴 유전자 안에서 일어난 이 작은 변화는 생기기가 매우 쉬우며, 역시 초음파 주파수에 조율된 프레스틴 유전자를 사용해서 음파를 탐지하는 현대의 박쥐에 이른 계통에서도 거의 동일한 변화가 일어난 것으로 보인다.[5] 따라서 음파탐지마저도 새롭지 않다. 그것 역시 일반적인 포유동물의 청각에서 개조되었을 뿐이기 때문이다. 이런 방식으로 후각을 상실했지만 고래들은 그것을 물속에서 사냥하기에 훨씬 더 적합한 다른 감각으로 대체하는 쪽으로 진화했다.

동일하지 않은 노른자

우리가 포유동물들(특히 인간이나 고래처럼 후각의 예민성이 감소한 포유동물들)에게서 적어도 어느 정도의 후각 수용체 위유전자를 보기를 기대할 수도 있겠지만, 매우 오래전에 발생해서 해당 유기체에 더 이상 적실성이 없는 생활 방식에 대해 말해 줄 수 있는 위유전자 잔존물도 존재할 수 있다. 태반 포유류의 비텔로게닌 위유전자 조각의 존재는 매혹적인 한 가지 예다.

---

5 Dennis Venema, "Evolution Basics: Convergent Evolution and Deep Homology"(그리고 그 안의 참고 문헌), *Letters to the Duchess*(블로그), August 15, 2013, http://biologos.org/blogs/dennis-venema-letters-to-the-duchess/evolution-basics-convergent-evolution-and-deep-homology를 보라.

비텔로게닌은 알을 낳는 유기체가 알 껍질이 쌓이기 전에 모체로부터 난황으로 영양분을 전달하는 데 사용하는 단백질이다. 비텔로게닌은 매우 크며 따라서 많은 개별 아미노산들로 쪼개질 수 있는데, 발달 중인 배아는 이 아미노산들을 사용해서 자체의 단백질을 번역할 수 있다. 비텔로게닌들의 아미노산들은 또한 번역 후 다양한 당들로 덮여서 이 단백질들은 탄수화물의 좋은 원천이 된다. 그것이 충분하지 않으면 이 단백질들의 최종적인 3차원 형태는 지질의 운반 수단 역할도 한다. 따라서 이 단백질들은 알을 낳는 유기체들이 알껍질이 단단해지고 발달 중인 배아가 모체로부터 분리되기 전에 노른자에 영양분을 잘 저장하기 위한 훌륭한 방법이다. 반면에 태반 포유류는 잉태 기간 내내 태반을 통해 태아에 대한 연결을 유지한다. 그 결과 노른자에 저장된 큰 수송 단백질이 없이 혈류로부터 직접 영양분을 공급할 수 있다. 태반 포유류가 유대 포유류와 공통 조상 집단을 공유한다는 여러 종류의 증거가 있다. 그전에는 난생 포유류와 공통 조상 집단을 공유하고, 그전에는 파충류와 조류 같은 다른 난생 척추동물과 공통 조상 집단을 공유한다. 따라서 비텔로게닌 유전자가 태반 포유류에게 더 이상 유용하지 않아도 진화는 모든 태반 포유류가 한때 게놈에 그 유전자를 지니고 있었다고 예측한다. 이 유전자들의 조각이 오늘날 태반 포유류에게 존속할 것인가? 일군의 생물학자들은 2008년에 이 주제에 관해 연구하기로 결심했다.[6]

연구를 시작하기 위해 이들은 닭의 게놈에서 기능을 수행하는 비텔

6 David Brawand, Walter Wahli, and Henrik Kaessmann, "Loss of Egg Yolk Genes in Mammals and the Origin of Lactation and Placentation," *PLOS Biology* 6 (2008): 507-17.

로게닌 유전자들의 위치를 조사했다. 닭들은 세 개의 비텔로게닌 유전자(VIT1, VIT2, VIT3)를 지니고 있는데, 연구자들은 세 유전자 모두의 지역적 "이웃", 즉 다른 어떤 유전자들이 세 비텔로게닌 유전자 바로 옆에 위치하는지를 조사했다. 예컨대 그들은 VIT2와 VIT3가 닭의 게놈에서 나란히 위치하며 이것들의 바로 옆에 난황 생산과 관련이 없는 다른 두 유전자 SSX2IP와 CTBS가 위치한다는 것을 알아냈다. 이어서 그들은 태반 포유류—사실은 인간—에서 이 유전자들을 살펴보았다. 인간 게놈을 살펴본 이유는 현재까지 인간 게놈이 가장 연구가 잘 된 태반 포유류 게놈이기 때문이었다. 흥미롭게도 인간 게놈에서 SSX2IP와 CTBS가 모두 발견되었고 그것들은 닭의 게놈에서와 마찬가지로 서로 옆에 위치했다. 하지만 닭의 게놈에서와는 달리 인간 게놈에서는 SSX2IP와 CTBS 사이에 기능을 발휘하

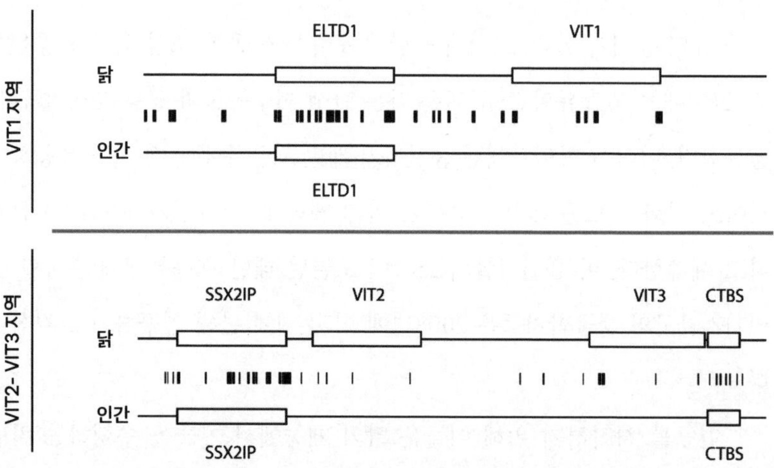

그림 2.9. 닭의 게놈과 인간의 게놈에서 VIT1 지역과 VIT2-VIT3 지역. 흰색 박스들은 기능을 하는 유전자들을 나타낸다. 검정색 박스들은 게놈들 사이의 서열 일치를 나타낸다. 인간의 게놈과 닭의 게놈에 들어있는 ELTD1, SSX2IP, CTBS 유전자들은 매우 유사하며 이 지역들을 비교할 때 같은 위치에 배열한다. 서열이 일치하는 작은 조각들은 닭의 VIT1, VIT2, VIT3 유전자들에 일치하는 부분들의 조각들을 포함하여 두 지역 모두에서 나타난다. 가장 광범위한 일치는 인간의 VIT1 지역의 위유전자 조각에서 나타나지만 말이다.

는 유전자가 없었다. 그러나 이 연구자들은 이 두 개의 인간 유전자들 사이의 DNA를 세심하게 분석해서 이 지역에 나타나는 닭의 비유전자(nongene) 서열에 일치하는 조각들뿐만 아니라 닭의 VIT2와 VIT3 유전자에 일치하는 서열의 작은 조각들도 발견했다(그림 2.9). 이 조각들은 매우 작지만 닭의 두 개의 유전자들과 올바른 순서로 배열된다. 이 발견에 고무된 그들은 닭의 게놈에 들어있는 VIT1 지역을 조사했다. 닭의 게놈에서 VIT1 유전자는 난황 생산에 관여하지 않는 또 다른 유전자(ELTD1)에 상당히 가깝게 위치한다. ELTD1 유전자는 인간 게놈에서도 발견되며, 닭의 게놈에서 가깝고 상대적으로 같은 위치에 닭의 게놈 중 이 지역에 존재하는 비유전자 서열에 일치하는 서열뿐만 아니라, VIT1 유전자에 일치하는 서열의 작은 조각들도 인간 게놈에 다수 존재한다. 이 작은 조각들도 인간 게놈에서 올바른 순서로 배열되었고 닭의 유전자와 상응하는 지역에 위치한다.

진화에 비춰보면 이 결과들은 완벽하게 일리가 있다. 태반 포유류와 조류는 먼 과거(현재의 추정에 따르면 약 3억 1천만 년 전)의 공통 조상 집단을 공유한다.[7] 조류는 알을 낳는 생활 방식을 유지했기 때문에 현대의 조류에 이르는 계통은 비텔로게닌 유전자들을 유지했다. 반면에 태반 포유류는 점차 알을 낳는 방식을 떠나 수정된 생식 형태로 옮겨갔다(비록 오리너구리 같은 난생 포유류 계통이 오늘날까지 존재하지만 말이다. 그것들이 기능하는 VIT 유전자를 유지한다는 것은 놀랄 일이 아니다). 이 경우 비텔로게닌이 상실되기 전에 모유 시스템이 생겨났다. 그리고 이 점은 몇몇 포유류 계통에서 난생 생활 방식에서 유대 생활 방식으로 그리고 훗날 태반 생활 방식으로 옮겨갈 수 있

7 Ibid.

게 해주었다.[8]

인간이 진화의 산물이라는 가설을 지지하는 여러 노선의 DNA 증거에 비춰볼 때 교육을 받은 (극소수의) 생물학자들이 공통 조상을 부정하는 것은 과학적 이유 때문이 아니라 사전의 종교적 헌신 때문이라고 말해도 전혀 과장이 아니다. 나의 친구이자 동료인 토드 우드가 이 범주에 속한다.[9] 그는 젊은 지구 창조론 관점을 유지하지만, 진화가 성공적인 과학 이론임을 인정한다.

> 나는 이것이 호언장담이 되지 않기를 원하지만 그렇게 될지도 모른다. 당신은 경고를 받아왔다.
>
> 진화는 위기에 처한 이론이 아니다. 그것은 붕괴하기 직전이 아니다. 그것은 과학적 설명으로서 실패하지 않았다. 진화의 증거는 널려 있다. 그것은 단순한 추측, 믿음의 선택, 가정 또는 종교가 아니다. 그것은 많은 생물학적 연구를 위한 생산적인 틀이며, 놀라운 설명력을 지녔다. 진화의 실패에 관한 진실을 감추기 위한 음모는 없다. 과학 이론으로서의 진화는 실패한 적이 없다. 그것은 매우 잘 작동한다.
>
> 내가 이렇게 말하는 이유는 내가 미쳤거나 진화로 "개종"했기 때문이 아니다. 나는 그것이 사실이기 때문에 이렇게 말한다. 나는 오늘 아침에 선의의 무지한 사람이 진화는 실패라고 거만하게 선언한 것을 읽고서 이 말을 할 동기를 부여받았다. 그렇게 말하는 사람은 과학의 내적 작동에 관해 모르거나

8 Ibid.
9 유전학자인 Todd는 비교 유전체학이 특별 창조에 부과하는 어려움을 솔직하게 인정한다.

진화의 증거에 관해 익숙하지 않다(기술적으로는 그들이 속았거나 거짓말을 할 수도 있지만, 그렇게 말하는 것은 무자비한 처사일 것이다).

창조론을 옹호하는 학자들은 내 말을 매우 조심해서 들으라. 진화의 증거가 있으며 진화는 매우 성공적인 과학 이론이다. 그렇다고 해서 진화가 궁극적으로 진리가 되는 것은 아니며, 가능한 대안이 있을 수 없는 것도 아니다. 나는 성경이 근본적으로 진화와 양립할 수 없는 지구의 역사에 관한 참된 정보를 계시한다고 믿기 때문에, 진화를 부정하는 것은 나의 믿음의 선택이다. 나는 성경적이고 창조론적인 관점이라고 믿는 것을 통해 하나님의 창조세계를 이해하려고 한다.[10]

토드가 곧 젊은 지구 창조론자인 체하는 "숨은 진화론자"라는 비난에 대해 자신을 옹호해야 했다는 것은 놀랄 일이 아니다. 그는 숨은 진화론자가 아니다. 그는 단지 다른 이유에 기초한 자신의 확신에도 불구하고 진화의 증거 상태에 관해 정직할 뿐이다. 나는 토드의 자세에 대해 그를 참으로 존경하지만, 진화에 반대하는 토드의 동료들 사이에서 그를 지지하는 사람이 많지 않다는 것은 말할 필요도 없다.[11]

다윈은 생물들이 자신의 유전 물질에 텍스트 같은 자신의 진화 기록을 유지하리라고는 꿈에도 생각하지 않았다. 다윈은 (독립적으로 연구하고 있었

10 Todd C. Wood, "The Truth about Evolution," *Todd's Blog*, September 30, 2009, http://toddcwood.blogspot.ca/2009/09/truth-about-evolution.html.

11 Todd의 접근법은 인간 게놈과 침팬지 게놈을 비교하는 그의 2006년 논문에서 예시되었다. 그것은 매우 정확하고 데이터를 잘못 나타내지 않는다는 점에서 젊은 지구 창조론 문헌 중에서 독특하다. Todd C. Wood, "The Chimpanzee Genome and the Problem of Biological Similarity," *Occasional Papers of the BSG* 7 (2006): 1-18.

고 본질적으로 알려지지 않았던 그레고어 멘델을 제외하고) 당시의 다른 모든 생물학자처럼 유전이 어떻게 작동하는가에 관해 혼란스러워 했다. 따라서 유전학, DNA 서열 분석, 그리고 종들 사이의 전체 게놈 비교는 진화 과학에 큰 도움이 되었지만 큰 위협이 될 가능성도 있었다. 이론으로서의 진화는 이런 과학적 진보를 통해 완전히 뒤집힐 수도 있었다. 하지만 실제로는 이러한 신기술들이 우리가 진화에 관해 현재 이해하고 있는 내용이 실제의 진실에 가깝다는 가장 자세하고 설득력이 있는 증거를 제공해왔다. 인간은 다른 유인원들과 공통 조상들을 공유한다. 유인원들은 다른 포유동물들과 공통 조상들을 공유한다. 포유동물들은 다른 사지 척추동물들과 공통 조상들을 공유한다. 사지 척추동물들은 우리가 살펴본 바와 같이 어류와 조상들을 공유한다. 그리고 궁극적으로 지상의 모든 생명은 30억 년 전 이상의 과거에 공통 조상들을 공유한다.

그러나 당신은 이렇게 말할 것이다. 인간이 진화의 산물이라면 아담과 하와는 어떻게 되는가? 그들은 그 이야기에 어떻게 들어맞는가? 그들이 진화의 과거를 가지고 있다고 할지라도 인간의 유일한 조상인가? 그들은 언제 살았는가? 그들은 우리처럼 **호모 사피엔스**였는가, 아니면 다른 종이었는가? 우리는 다음 장에서 이런 질문들을—적어도 생물학적 관점에서—다룰 것이다.

3장

아담의 마지막 저항?

adam and the genome - adam and the genome --
adam and the genome -- adam and the genome --
adam and the genome -- adam and the genome -
---adam and the genome adam and the genome
adam and the genome adam and the genome adam
- and the genome --- adam and the genome adam
-and the genome adam and the genome - adam -
and the genome ■ adam and the genome - adam
and the genome -- adam and the genome adam ---
and the genome adam and the genome adam - and
the -genome - adam - and the genome adam and
the genome adam and the genome adam--and the
genome adam and -- the genome ■■ adam and the
genome adam and -- the genome adam and- ■ ---
the genome adam and the genome adam -and the
genome - adam and the genome ---■adam and
the genome - adam and the genome - adam and
the genome -- adam and the genome -- adam and
the genome -- adam and the genome -- adam and
the genome - ---adam and the genome adam and
the genome adam and the genome adam and the
genome adam - and the genome --- adam and
the genome adam -and the genome adam and the
genome - adam - and the genome ■ adam and the
genome - adam and the genome -- adam and the
genome adam ---and the genome adam and the
genome adam - and the -genome - adam -- and
the genome adam and the genome adam and -
--the genome adam--and the genome adam and --
the genome - adam and the genome adam and -the
genome adam and- --- the genome adam and the
-genome adam -and the genome - adam and the
genome --- adam and the genome ■ adam and ■
-the genome adam and the genome -- adam and
the genome -- adam and the genome - ---adam

adam and the genome

2011년 여름에 나와 내 아내는 우리의 막내아들 입양 절차를 밟고 있었다. 그 과정의 일부로서 우리는 짐을 챙겨서 그 아이가 태어날 때부터 돌봐온 위탁 가정과 함께 우리 집에서 몇 시간 떨어진 도시에서 몇 주 동안 살게 되었다. 그것은 멋진 과정이었지만 스트레스가 쌓이는 과정이기도 했다. 네 명의 가족에서 다섯 명의 가족으로 이행하는 것이 잘 될 것인가? 우리의 새 아들이 우리를 자기의 부모로 받아들일 것인가? 그 아이가 우리의 친자녀들을 자기의 형제자매로 보게 되고 우리의 친자녀들이 그를 자기의 형제로 볼 것인가?[1]

이 와중에 복음주의 진영에 논쟁이 일어났고 내 사무원들의 전화에 불이 났다. 그해 여름에 「크리스채너티 투데이」(*Christianity Today*)는 "역사적 아담 탐구"라는 제목의 표지 기사를 실었는데, 이 기사에는 아담과 하와를 네안데르탈인 같은 모습으로 묘사하는 그림들이 많이 등장했다.[2] 이 기사는 "진화 논쟁의 중심은 우리가 이전의 동물들로부터 나왔는가에서 우리가 한 남성과 한 여성으로부터 나올 수 있었는가로 이동했다"고 요약했다.

내 사무원들의 전화가 빗발친 이유는 미국 과학자 협회(American Scientific Affiliatio; ASA)의 저널에 발표된 나의 학술 논문[3]과 바이오로고스 웹사이트에 발표한 학술 논문[4]이 「크리스채너티 투데이」 기사에서 비중있게

---

1 나는 5년이 지난 지금 이 질문들에 단호하게 그렇다고 답변할 수 있어서 기쁘다.

2 Richard N. Ostling, "The Search for the Historical Adam," *Christianity Today*, June 3, 2011, http://www.christianitytoday.com/ct/2011/june/historicaladam.html.

3 Dennis Venema, "Genesis and the Genome: Genomics Evidence for Human-Ape Common Ancestry and Ancestral Hominid Population Sizes," *Perspectives on Science and Christian Faith* 62 (2010): 166-78.

4 Dennis Venema and Darrel Falk, "Does Genetics Point to a Single Primal Couple?," *Letters to the Duchess*(블로그), April 5, 2010, http://biologos.org/blogs/dennis-venema-letters-to-

논의되었기 때문이었다. 게다가 나는 내셔널 퍼블릭 라디오(National Public Radio; NPR)가 「크리스채너티 투데이」 기사에 관한 소문을 들은 뒤 그 주제에 관해 그 방송과 방대한 인터뷰를 했었다. NPR은 그 인터뷰를 짧게 편집했는데 그 결과로 나온 "나의 견해"에 대한 논의는 다음과 같았다.

> 그러나 이제 몇몇 보수적인 학자들이 공개적으로 자신은 더 이상 창세기 기사를 믿을 수 없다고 말하고 있다. 우리 모두 아담과 하와의 자손일 가능성이 얼마나 되느냐는 질문에 트리니티웨스턴 대학교의 생물학자인 데니스 베네마는 "그것은 우리가 지난 20년 동안 수집한 모든 게놈 증거에 어긋날 것입니다. 따라서 전혀 가능성이 없습니다"라고 대답했다.[5]

내 사무원들에게 화난 전화가 빗발친 것도 놀랄 일이 아니었다. NPR에 따르면 나는 더 이상 창세기 기사를 믿지 않았다. 어휴.

NPR의 단편적인 언급과 대조적으로 「크리스채너티 투데이」 기사는 내 견해를 훨씬 더 자세하고 정확하게 제시했다. 저자는 내가 제시한 인간과 유인원의 공통 조상을 뒷받침하는 증거를 논의한 뒤, 그 기사의 요지로 넘어간다.

> 베네마가 다룬 두 번째—그리고 아마도 좀 더 골치 아픈—문제는 "집단 유전

---

the-duchess/does-genetics-point-to-a-single-primal-couple.

5 Barbara Bradley Hagerty, "Evangelicals Question the Existence of Adam and Eve," National Public Radio, August 9, 2011, http://www.npr.org/2011/08/09/138957812/evangelicals-question-the-existence-of-adam-and-eve.

학"과 관련이 있다. 지난 10년 동안 연구자들은 현생 인류 안의 유전적 다양성을 사용해서 원시 집단 규모를 추정하려고 했다. 그는 세 건의 독립적인 연구에서 도출된 합의에 따라 인간 조상의 역사는 약 15만 년 전의 "병목"을 포함하며 이 작은 호미니드(사람과) 집단으로부터 오늘날의 모든 사람이 나왔다고 진술한다. 그러나 그 집단은 한 쌍의 부부보다는 훨씬 컸다. 그 유전학자는 그 집단이 적어도 몇천 명의 개체들로 구성되었다고 말한다. ASA 논문은 인간이 단지 두 명의 개인으로 시작했더라면, 그리고 인간이 수백만 년 동안 발달하지 않았다면, 오늘날 우리가 관찰할 수 있는 유전적 다양성을 증가시키려면 하나님의 기적적인 개입이 필요했을 것이라고 말한다. 베네마와 포크가 쓴 바이오로고스 논문은 그것을 좀 더 노골적으로 선언한다. 그들은 다음과 같이 말한다. "인간의 인구는 결코 두 명이었던 적이 없다.…우리의 종은 집단으로서 분기되었다. 그 점에 관한 데이터는 절대적으로 명확하다."

나는 이 문제를 둘러싼 소동에 대해 다소 놀랐음을 인정한다. 그것은 보수적인 미국 복음주의자들이 NPR을 듣는다는 충격 때문만은 아니었다. 나는 순진하게 사람들이 진화는 집단 차원의 현상임을 이해할 것이라고 가정했다. 만일 인간이 진화했다면 우리는 집단으로 진화한 것이다. 모든 사람이 그것을 알지 않는가? 나는 우리가 한 쌍의 부부의 후손이 아니라 약 1만 명의 개체들로 이루어진 집단의 후손임을 가리키는 집단 유전학 데이터가 공통 조상을 뒷받침하는 데이터보다 사람들을 여러모로 더 격앙시킨다는 것을 알게 되었다. 내 옆에서 내 사무원들과 교구민들이 전화로 해명을 요구하는 것을 들은 우리 아들의 위탁 부모는 그 이유를 전혀 이해하지 못한 것 같았다. 우리는 얼마나 못 말리는 가족인가?

종 분화와 집단들

장기간에 걸친 언어 변화가 진화에 대한 매우 적절한 유비인 이유 중 하나는 그것이 두 집단이 분리된 후 평균적인 특징들의 변화를 통해 분화가 어떻게 일어나는지를 명확하게 보여주기 때문이다. 아무도 두 사람이 이전에 속했던 집단에서 분리된 후 갑자기 완전히 새로운 방식으로 말하기 시작한다고 해서 새로운 언어가 시작된다고 기대하지 않는다. 그런데 많은 사람이 분화가 이런 식으로 일어난다고 생각한다. 그들은 **모든** 종이 기존에 속해 있던 집단과 갑작스럽고 현저하게 달라진 한 쌍의 조상을 통해 창시된다고 추정한다. 그런 이유로 나는 인간과 다른 유인원들이 공통 조상을 공유한다는 증거를 이해하고 나서—그들이 생각하기로는 다른 모든 종과 마찬가지로—창시 부부가 동시에 유인원 같은 조상들로부터 동시에 "돌연변이로 떨어져 나와" 인간이 시작되었다고 추정하는 사람들을 많이 만났다. 이런 사람들은 창세기 내러티브가 이 급진적인 변화를 묘사하고 있고, 아마도 하나님이 개입하셔서 우리를 생물학적으로 뚜렷한 종으로 만드는 데 필요한 대규모의 돌연변이들을 창조하셨으리라고 생각한다.

나는 신학적인 질문들은 스캇에게 남겨두지만[6] 이런 생각은 분화가 작동하는 방식에 대한 정확한 이해에 기초한 것이 아니다. 종분화 과정은 집단들이 모종의 방식으로, (비록 다른 기제들도 알려졌지만), 대개 물리적 분리를 통해, 유전적으로 분리될 때 시작한다. 중요한 점은 전에는 연속적이

---

6 과학-신앙의 영역에서 생물학자가 될 때의 어려움 중 하나는 종종 우리가 만나는 질문들이 과학적 질문이 아니라 신학적 질문이라는 것이다. 나는 종종 진화생물학에 관해 길게 말하고 나서 신학적 질문을 받곤 했다. 내 신학자 친구들은 반대의 상황을 만난다고 말한다.

었던 두 하위 집단이 상호 교배를 멈춘다는 것이다. 이것은 한 집단에서 돌연변이가 일어날 때 그 변이가 분리된 집단들 사이에서 공유되지 않음을 의미한다. 이제 점진적인 변화 과정이 독립적으로 일어나게 되고 두 집단은 형태와 행동 면에서 멀어지기 시작할 수도 있다. 궁극적으로 충분한 변화가 일어나 그 간격을 영구화할 수도 있지만, 그 과정은 장기간에 걸쳐 점진적으로 일어난다. 생물학적 점진적 변화 과정에 선을 그어 구분하려는 시도는 고대 영어가 현대 영어가 된 날을 결정하려는 시도만큼이나 이치에 맞지 않는 처사다. 언어와 종의 형성 과정은 연속체이기 때문에 그런 구분선은 단순히 편의를 위한 것일 뿐이다.

그것을 상실하기(끄르기)

한 종 안에서 유전적 변이성이 어떻게 작동하는지를 좀 더 잘 이해하기 위해 진화에 대한 언어의 유비로 좀 더 자세하게 돌아가보자. 우리가 살펴본 바와 같이 언어는 장기간에 걸쳐 단어, 의미, 철자 등의 획득이나 상실을 통해 변한다. 중요한 것은 한 언어 안에서 그런 이형들(variants)이 얼마나 보편적인가이며 그것들의 "보편성"은 얼마나 많은 사람이 그것들을 사용하는가와 관계가 있다. 예컨대 나는 최근에 한 유전학 수업에서 이 유비를 논의하다가 학생들에게 영어 단어 "lose"(상실하다)를 어떻게 쓰는지 물었다. 몇몇 영리한 학생들은 내가 무슨 생각을 하고 있는지 알아서 즉시 미소를 지었고 곧 교실 전체에 웃음이 번졌다. "Lose"라는 단어를, 특히 소셜 미디어에서, "loose"(풀다)로 잘못 쓰는 일이 매우 흔하기 때문이었다. 이 현상은 비교적 최근에 일어난 "혁신"이다. 10년 전에는 그렇게 쓰는 일이 별로 흔하지 않았고, 지금부터 10년 후에는 그렇게 쓰는 일이 더 흔해질지도 모른다. 30년 후에는 그것이 받아들일 수 있는 이형 철자가 될지도 모르고, 50년 후에는 "lose"라고 쓰면 "car"(차)를 "automobile"(자동차)로 부르는 것에 견줄 만큼 늙다리 문법학자의 확실한 표시가 될지도 모른다. 좋아지든 나빠지든 언어는 변화한다. (말이 난 김에 말하자면 만일 "그들의"[their], "그곳에"[there], "그들은 ~이다"[they're]라는 단어들이 한 단어로 통합되어 맥락을 통해서만 무슨 뜻인지 알 수 있게 되는 날이 온다면, 나는 그 꼴을 볼 때까지 살지 않기를 기도한다. 진화생물학자에게도 한계가 있다.)

이 대목에서도 그 유비가 도움이 된다. 한 언어가 동시에 철자나 문법의 이형들을 "보유"할 수 있는 능력은 그 언어를 말하는 사람들의 수에 의존한다. 소멸하는 언어(예컨대 많은 북아메리카 토착 언어의 슬픈 사례)는 사용자들이 하도 적다 보니 이형이 거의 없다. 멸종의 위험에 처한 종들도 이와 마찬가지다. 반면에 사용자 집단이 매우 큰 언어들은 많은 이형을 보유한다. 현대 영어는 뛰어난 예다. 영어가 점차 세계적인 언어가 됨에 따라 영어 안에서 변화가 생길 기회가 증가한다. 종에서도 같은 일이 일어난다. 큰 집단에서는 한 종의 각각의 구성원이 게놈상 DNA 서열의 이형(대립 유전자) 두 개를 보유할 수 있기 때문에 그 집단이 많은 이형을 유지할 수 있다.[7] 따라서 집단 안에 존재하는 이형의 수와 집단의 크기 사이에 연결 관계가 있다.

---

7 이 말은 인간처럼 모든 서열에 두 사본을 가지는, 유성 생식을 하는 종을 가리킨다(즉 사본 하나는 부친에게서 물려받고 다른 하나는 모친에게서 물려받는다). 그런 종은 "배수체"로 불린다. DNA에 사본 하나만을 지니는 종은 "반수체"로 불리는데, 이런 종의 구성원은 각 서열의 이형 하나만을 보유할 수 있다.

과학자들은 이 연결 관계를 사용해서 한쪽으로부터 다른 한쪽을 추정할 수 있다. 그리고 변화가 서서히 진행되기 때문에 쉽사리 현재에서부터 과거로 추정할 수 있다.

따라서 인간이 진화 과정의 산물이라면 우리가 집단으로서 현재 상태에 도달했다는 것이 기본적인 기대**여야 한다**. 이론적으로는 두 명의 사용자로부터 새로운 언어가 만들어질 수 있듯이 기술적으로는 한 쌍의 조상으로부터 종이 창시될 수 있다. 그러나 우리는 일반적으로 그렇게 기대하지 않는다. 사실 그것은 매우 이례적일 것이다. 그런 사건을 통해서 종이 형성되었거나 한 종이 과거 어느 시점에 한 쌍으로 축소되었다면 그 종의 게놈에 수십만 년 동안 지속되는 표시—그 종 전체의 유전적 변이성의 심각한 축소—를 남길 것이다.

불쌍한 태즈메이니아 데빌

한때는 호주 전역에서 발견되었지만 지금은 오스트레일리아 대륙에서 떨어진 태즈메이니아섬에서만 발견되는 육식성 유대류 동물인 태즈메이니아 데빌은 유전적 변이성이 결핍된 종의 예다. 태즈메이니아 데빌은 지난 수백 년 동안 유전적 변이를 거의 보이지 않았다. 그것들 대다수는 똑같은 대립 유전자들을 지녔고 차이는 희귀하다. 이는 과거에 그 종이 심각한 집단 "병목"을 경험했음을 암시한다.[8] 이 용어는 한 집단을 병에 들어있는 구

8 Katrina Morris, Jeremy J. Austin, and Katherine Belov, "Low Major Histocompatibility

슬들로 상상하는 데서 나왔다. 다른 색의 구슬들은 그 집단 안에서의 유전적 이형을 나타낸다. 집단의 크기가 심하게 줄어들 때 병목 사건이 발생한다. 즉 병이 뒤집히고, 소수의 구슬만 병에서 빠져나온다. 그러면 새로운 집단의 유전적 이형은 어떤 이형이 병목을 빠져나왔는지에 달려있다. 태즈메이니아 데빌은 과거 어느 시점에 숫자가 크게 감소했고, 그 과정에서 유전적 변이성을 대폭 상실한 것으로 보인다. 이 점은 안면암이라는 치명적이고 이전될 수 있는 새로운 위협에 맞서 이 종을 보존하는 데 심각한 문제가 된다. 한 마리에게서 이 암이 시작될 경우 무는 것을 통해서 다른 개체에게 이전될 수 있다. 암에 걸린 개체가 다른 개체를 문 후 암세포 몇 개가 새로운 숙주에 자리 잡는다. 일반적으로 암세포를 받은 동물은 그것을 이질적이라고 인식할 것이기 때문에 암세포와 싸워서 그것을 물리칠 것이다. 그런데 이 동물들에게는 여기에 문제가 있다. 이 데빌들은 유전적으로 매우 유사해서 암세포가 면역 반응을 유발하지 않는다. 그 결과 이 암은 데빌 집단 전체를 위협하게 된다. 환경 보호주의자들은 암에 걸리지 않은 집단을 포획해서 남아 있는 데빌의 변이를 가급적 많이 유지하려고 한다. 그들은 야생 집단이 멸종할 경우 포획된 집단으로 그것을 대체하기를 희망한다.

반면에 인간에 있어서는 각 개인 사이에 이식된 조직들은 거의 언제나 강력한 면역 반응을 낳고 이어서 거부 반응을 일으키기 때문에, 장기 기증자와 수령자는 그들의 차이를 최소화하기 위해 신중하게 조사되고 맞춰져야 한다. 설사 잘 맞는 사람이 발견되더라도 일란성 쌍둥이가 아니라면 서

Complex Diversity in the Tasmanian Devil Predates European Settlement and May Explain Susceptibility to Disease Epidemics," *Biology Letters* 9 (2013), http://rsbl.royalsocietypublishing.org/content/roybiolett/9/1/20120900.full.pdf.

로 완벽하게 맞지 않기 때문에 면역 체계를 억제하는 약품이 사용되어야 한다. 이렇게 되는 이유는 인간이 유전적으로 매우 다양하기 때문이다. 이와 대조적으로 거의 모든 태즈메이니아 데빌은 그 집단의 다른 어떤 데빌에게도 약을 사용하지 않고 조직 기증자(또는 슬프게도 종양 기증자)가 될 수 있다. 이 예는 병목 사건이 발생한 후 한 집단이 유전적 변이성을 재건하는데 얼마나 오랜 시간이 소요되는지도 보여준다. 새로운 대립 유전자들은 돌연변이를 통해 공급되어야만 하는데 우리가 본 바와 같이 돌연변이는 아주 서서히 일어난다. 그 결과 어떤 종에 병목 사건이 발생하면 그 종은 향후 수천 세대 동안 유전적 다양성이 줄어들게 될 것이다. 이것의 함의는 명백하다. 태즈메이니아 데빌은 먼 과거에 극심한 병목을 경험했지만 인간은 그것을 경험하지 않았다.

가계도 안의 모든 구성원의 유전 정보 분석

인간 조상 집단의 규모 측정과 관련된 데이터를 논의할 때의 도전 중 하나는 그 데이터가 속성상 양적이라는 것이다. 인간의 비텔로게닌 위유전자의 잔존물을 묘사하는 것과 유전적 다양성으로부터 집단의 크기를 추정하는 수학적 방법을 논의하는 것은 별개의 문제다. 하지만 많은 그리스도인에게 있어서 이 문제의 중요성—그리고 과학이 완전히 틀렸다는 많은 변증가의 강력한 주장[9]—에 비추어 볼 때, 유전학자들이 사용하는 방법 몇 가지

9 예컨대 Vern S. Poythress, "Adam versus Claims from Genetics," *Westminster Theological*

를 적어도 개략적으로라도 설명할 가치가 있다. 그 방법은 인간이 결코 약 10,000명 아래로 감소한 적이 없는 집단에서 유래했다는 결론을 뒷받침한다.

딱한 처지에 직면한 태즈메이니아 데빌의 이야기는 인류가 실제로 단지 두 명의 개인들로 시작했다고 가정할 때 우리가 예상할 만한 종류의 일들을 "볼" 수 있는 훌륭한 방법을 제공하지만, 과학자들은 인간의 집단의 규모가 장기간에 걸쳐 얼마나 컸었는지를 측정하기 위해 사용할 수 있는 다른 방법을 다수 보유하고 있다. 몇 가지 유전자를 선택해서 현생 인류에 그 유전자의 대립 유전자가 얼마나 많은지를 측정하는 것도 간단한 한 가지 방법이다. 인간 게놈 프로젝트가 완료되었고 수천 명의 인간 DNA 서열이 분석되었기 때문에 이런 종류의 연구는 컴퓨터를 사용해서 간단하게 수행될 수 있다. 인간의 돌연변이율과 새로운 돌연변이들이 한 집단에서 퍼지거나 상실될 수학적 확률을 고려하는 이 방법들은 인간의 조상 집단의 규모가 약 10,000명임을 암시한다. 사실 단지 두 명에서 시작해서 현재 우리가 보는 대립 유전자 수를 만들어내기 위해서는 다른 모든 동물에게서 관찰되는 수준을 훨씬 상회하는 돌연변이율을 상정해야 할 것이다.

당신은 이런 종류의 연구에는 먼 과거로부터의 돌연변이 빈도 추정이 필요하다고 말할지도 모른다. 만약 돌연변이가 한때는 현재보다 훨씬 빈번하게 일어났다면 어떻게 되는가? 만약 그렇다면 우리가 현재 보고 있는

Journal 75 (2013): 65-82을 보라. 나는 Poythress(와 다른 사람들)에게 이 문제에 관해 Dennis Venema, "Adam, Eve, and Human Population Genetics"(블로그 시리즈), *Letters to the Duchess*(블로그), November 12, 2014-December 14, 2015, http://biologos.org/blogs/dennis-venema-letters-to-the-duchess/series/adam-eve-and-human-population-genetics에서 길게 답변했다.

데이터를 설명하면서도 최초의 창시 부부설을 여전히 지지할 수 있지 않을까?[10] 이런 식의 돌연변이율이 어떤 종에게든 제기할 문제들은 차치하고, 우리는 돌연변이 빈도에 의존하지 않고 조상 집단의 규모를 측정할 다른 방법들을 갖고 있다. 이 방법들은 대립 유전자 다양성만을 사용한 결과를 검증할 독립적인 방법을 제공한다. 이제 이 방법들 중 하나를 다뤄보기로 하자. 그것은 "연관 불평형"(linkage disequilibrium)으로 알려진 현상을 사용해서 조상 집단의 규모를 추정한다.

나는 학생들에게 어떤 과학자도 복잡한 이름이 잘 통할 때 단순한 이름을 선택하지 않을 것이라고 농담을 하곤 하는데, "연관 불평형"은 이런 습관의 한 예다. 이름과 달리 그것은 이해하기 어려운 개념이 아니다. 기본

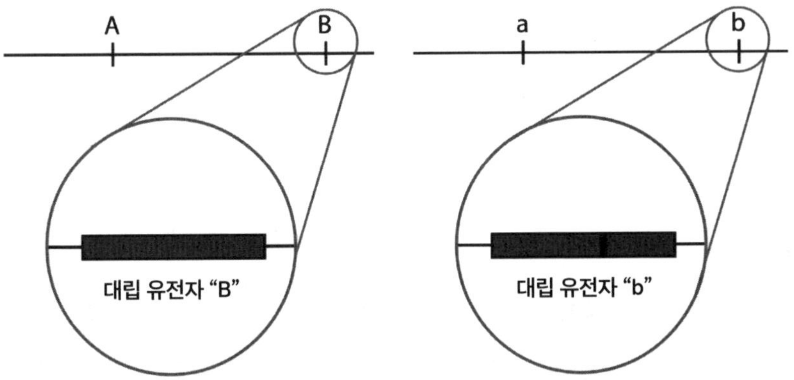

그림 3.1. 유전학자들은 선 다이어그램(line diagram)을 사용해서 같은 염색체상에 존재하는 유전자들과 대립 유전자들의 조합의 위치를 나타낸다.

---

10 젊은 지구 창조론 문헌에 익숙한 사람들은 이 대목에서 약 6,000-10,000년 전 창조 직후 가속된 방사성 붕괴나 빛의 속도가 무한대였다는 그들의 주장과 명백한 평행관계를 볼 것이다.

적인 아이디어는 두 유전자가 동일한 염색체상에서 서로 가까이 위치한다면, 두 위치에 존재하는 대립 유전자들이 함께 유전되는 경향이 있다는 것이다. 예컨대 가능한 대립 유전자 "A"와 "a"를 지닌 "유전자 aye"와 대립 유전자 "B"와 "b"를 지닌 "유전자 bee"가 서로 가까이 있다고 가정하자.

그림 3.1에서 긴 선은 염색체를 나타내고 그 위에 수직으로 표시된 짧은 선은 두 유전자가 위치하는 곳을 보여준다. 유전학자들은 심지어 "위치"(location)에 해당하는 라틴어(*locus*)를 "유전자"에 대한 동의어로 사용하기도 한다(나는 라틴어를 사용하면 똑똑해 보이기 때문이라고 추측한다). 그 그림을 확대하면 단백질들로 번역된 두 지역(두 유전자)을 지니는 긴 DNA 분자를 볼 수 있다. 어느 유전자 자리(좌위)에서든 다른 대립 유전자들은 약간의 서열 차이를 보이며 두 좌위에서 네 개의 조합이 가능할 것이다. 네 개의 가능한 조합은 "AB", "Ab", "aB", "ab"다.

생식세포(즉 난자나 정자)를 만드는 감수 분열 도중에 대립 유전자들이 섞이고 짝지어져 새로운 조합을 만드는 과정이 존재한다. 가령 한 개체

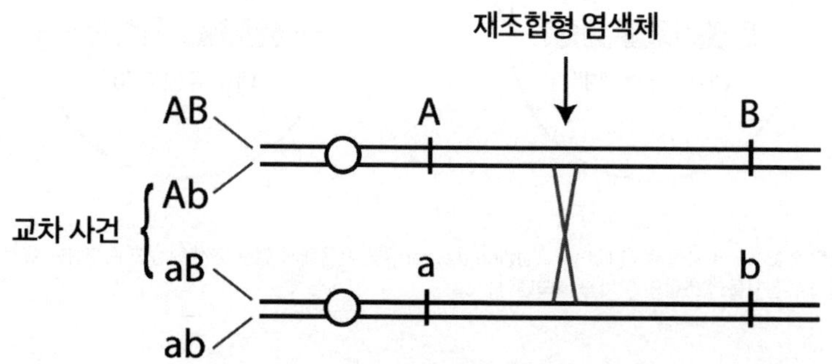

그림 3.2. 생식자들(난자 또는 정자)을 생산하는 세포 분열 중에 염색체들은 복제되어 "동원체"(centromere, 열린 원)라는 특수한 서열들에서 결합한다. 복제된 염색체들은 그것들의 파트너 염색체들과 짝을 짓는데 그것들의 길이를 따라 무작위로 물리적 절단과 재결합이 일어난다. 교차가 대안적인 대립 유전자들이 있는 좌위에서 일어나면 교차는 새로운 대립 유전자 조합을 지닌 염색체들을 만들어낼 것이다.

가 "A"와 "B"의 대립 유전자를 지니는 염색체와 "a"와 "b"의 대립 유전자를 지니는 다른 염색체를 갖고 있다고 가정하라. 감수 분열 도중에 "재조합"(recombinant)된 새로운 생식세포—이 경우 "Ab"나 "aB" 조합을 가지는 생식세포—가 만들어질 수 있다. 재조합은 "교차"(crossing over)로 불리는 정교한 염색체 절단과 재접합을 요구한다(그림 3.2).

우리가 이해할 핵심적인 요점은 염색체상의 두 좌위가 가까울수록 그 사이의 교차 가능성이 작아지고 두 좌위가 멀수록 교차 가능성이 커진다는 것이다. 이것이 의미하는 바는 가까운 좌위에 있는 대립 유전자들은 일괄적으로 유전되는 경향이 있다는 말이다.

이것이 실제로 어떻게 작동하는지 예를 들어 보자. **가계도**로 표시되는 확대가족(extended famiiy)을 생각해보라. 유전학자들은 이런 유형의 그림

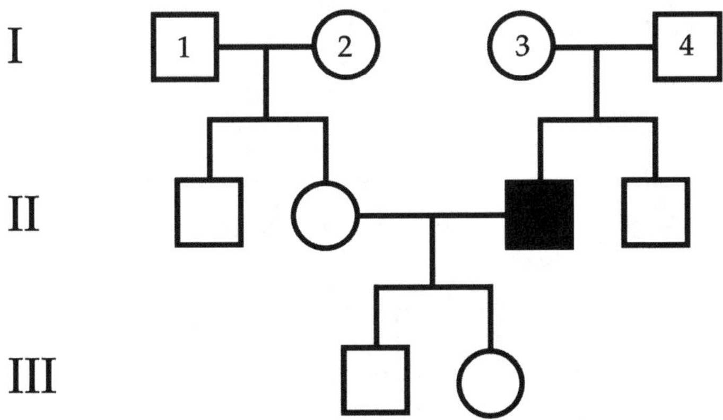

그림 3.3. 가계도는 가족 관계를 보여주는 그림이다. 남성은 정사각형으로 표시되고 여성은 원으로 표시된다. 개인들을 연결하는 선들은 가족 집단들을 가리킨다. 각각의 세대는 로마 숫자로 표시되고 각각의 개인은 아라비아 숫자로 표시된다. 유전적 조건으로 영향을 받은 개인들은 채워진 기호로 나타내질 수 있다. 이 예에서 개인 II-3 은 유전적 조건으로 영향을 받았다. 그의 아내(II-2)와 두 자녀(III-1과 III-2)는 영향을 받지 않았지만 말이다.

을 사용해서 대가족(large family)들의 대립 유전자들을 추적한다. 여성은 원으로 표시되고 남성은 정사각형으로 표시된다. 남성과 여성을 연결하는 수평선은 그들이 그들 아래에 놓인 자손(수직선으로 연결된다)의 부모임을 가리킨다. 각 세대는 로마 숫자(I, II, III 등)로 표시된다. 개인들은 아라비아 숫자(1, 2, 3 등)로 표시된다. 이런 식으로 우리는 가계도에서 어느 개인이라도 표시할 수 있다(그림 3.3).

이제 우리가 아는 모든 사람의 대립 유전자 조합이 표시된 좀 더 큰 가계도를 생각해보라(그림 3.4).

예컨대 개인 I-4는 "AB" 대립 유전자들이 연결된 염색체 하나와 "ab" 대립 유전자들이 연결된 염색체 하나를 세트로 가지고 있다. 따라서 우리는 이 여성의 염색체 세트를 "AB/ab"로 나타낼 수 있는데 이는 유전학자들

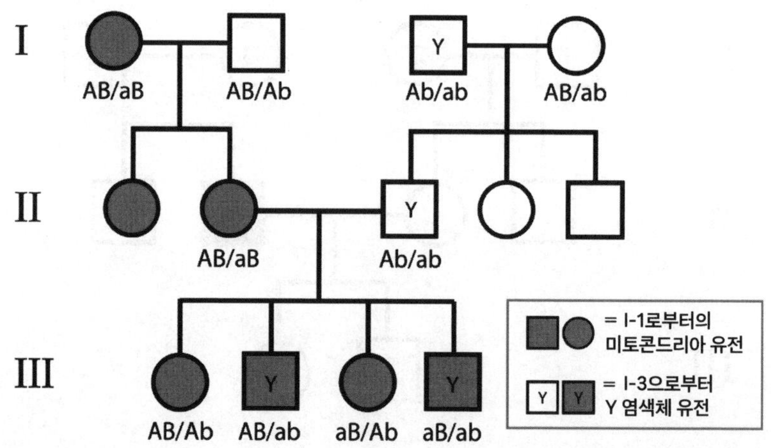

그림 3.4. 가깝게 연결된 두 좌위의 대립 유전자 집합들이 확대가족에서 어떻게 유전되는지를 보여주는 가계도. 각각의 대립 유전자 집합은 "단상형"(haplotype)으로 불린다. 가장 최근의 세대에서 우리는 네 개의 다른 단상형 AB, ab, aB, Ab를 발견한다. 이 좌위들은 서로 가깝게 연결되어 있기 때문에 그것들 사이의 재조합은 드물다.

이 사용하는 약칭이다. 우리는 이 규칙을 가계도 안에 들어있는 모든 개인에게 사용할 수 있다. 예컨대 I-1과 I-2의 딸은 "AB/aB" 조합을 지녔을 수도 있다. 두 좌위가 아주 가깝게 연결되었다면 교차가 일어날 가능성이 매우 작다. 따라서 이 여성은 "aB" 세트를 모친에게서 물려받고 "AB" 세트를 부친에게서 물려받았을 것이다. 마찬가지로 그녀의 남편 II-3은 "Ab" 세트를 부친에게서 물려받고 "ab" 세트를 모친에게서 물려받았을 것이다. 그들의 자녀들(III 세대) 역시 교차 없이 이 세트들을 물려받았을 것이다. 그렇다면 이 자녀들이 보유하고 있는 조합들을 살펴봄으로써 우리는 그들의 조상들에 관한 사항들을 추론할 수 있다. 이 두 좌위가 서로 매우 가깝다면 우리는 그것들이 수백 세대 이상 재조합하지 않을 것으로 예상할 것이다. 따라서 이 네 가지 조합은 [재조합된 것이 아니라] 그들의 먼 조상에게서 왔다고 추론하는 것이 합리적이다. 이것은 고도의 지능을 요하는 일이 아니다.

비결은 이제 우리가 이것을 인간 게놈 전체에 대해 수만 번을 수행할 수 있다는 것이다. 전 세계의 다양한 집단에 속한 개인들의 DNA 서열을 점점 더 많이 분석하면서 우리는 "이 집단에서 관찰되는 대립 유전자 조합 수에 기초할 때, 우리가 관찰 내용을 설명하기 위해 얼마나 많은 조상들을 언급할 필요가 있는가?"라는 질문을 해왔다. 이 경우에는 그 계산을 위해 돌연변이의 빈도를 추정하는 것이 아니라 두 좌위 사이의 교차가 얼마나 자주 일어나는가를 알 필요가 있다. 우리는 인간뿐 아니라 다른 동물들에서 이것을 직접 측정할 수 있는데, 두 좌위 사이의 염색체 거리와 교차 빈도 사이에 잘 알려진 관계가 있다. 우리는 이런 종류의 분석을 인간 게놈의 각각의 염색체 쌍(23개 쌍 모두) 위의 수백만 좌위들에 대해 실시했다. 그 모든 데이터를 샅샅이 살핀 후 우리 조상들은 몇 명으로 계산되었겠는가? 그 결과는 우리가 약 10,000명으로 이뤄진 조상 집단에서 나왔음을 암시했다. 이는 대립 유전자 다양성만을 사용해서 얻은 결과와 동일하다.[11]

이 접근법의 한 가지 재미있는 특징은 이 접근법은 우리가 조상 수가 몇 명인지 계산하기 위해 얼마나 먼 과거까지 거슬러 올라갈지를 조절할 수 있게 해준다는 것이다. 먼 조상들을 조사하기를 원한다면 우리가 아주 가까운 좌위 짝들을 고르면 된다. 이 좌위들에 있는 대립 유전자들은 평균적으로 수천 세대가 지나야 교차가 일어나고 재조합된다. 좀 더 최근의 조상들에 관심이 있다면 우리는 서로 좀 더 떨어진 좌위의 짝들을 고르면 된다. 이런 식으로 이 접근법은 우리의 선사(先史) 시대의 다양한 시기의 집단 "스냅 사진"을 제공한다. 한 연구는 이 접근법을 사용해서 현재부터 우리의 종이 화석 기록에 최초로 등장한 시기인 약 200,000년 전까지 시간을 거슬러 우리의 계통을 조사했다. 연구자들은 이 기간 동안 사하라사막 이남의 아프리카에서 살던 인간은 최소 약 7,000명의 개체들의 집단을 유지했다는 것과 다른 모든 지역의 인간 조상들은 최소 약 3,000명의 집단을 유지했다는 것을 발견했다. 이 수치들을 더하면 다른 방법들이 도달한 것과 동일한 값이 된다.[12]

최근에는 유사한 접근법을 사용하지만 돌연변이 빈도도 통합하는 좀 더 정교한 모델이 발표되었다. 이 논문은 한 개인만의 게놈을 사용해서 장기간에 걸친 조상 집단의 규모를 결정할 수 있게 해준다는 점에서 의미가

11 Albert Tenesa, Pau Navarro, Ben J. Hayes, David L. Duffy, Geraldine M. Clarke, Mike E. Goddard, and Peter M. Visscher, "Recent Human Effective Population Size Estimated from Linkage Disequilibrium," *Genome Research* 17, no. 4 (2007): 520-26.

12 Ibid.

있었다.[13] 비록 한 명의 개체일지라도 (우리의 가계도에 나오는 자녀들이 그랬던 것처럼) 그 사람의 게놈에 다른 조상들에게서 물려받은 대립 유전자 짝들이 존재하는 많은 부위가 있기 때문에 이 방법은 타당성이 있다. 이 방법은 많은 개체의 하나의 특정 좌위를 살피는 대신 한 개체의 많은 좌위 짝을 살핀다. 이것은 새로운 방법이었기 때문에, 저자들은 (그들이 실제 집단 역사가 데이터 안에 구현되도록 설계했기 때문에) 실제 역사가 알려진 시험용 데이터 세트를 임의로 만들고, 자기들의 수학적 모델이 그들이 이미 참이라고 알고 있는 것들을 얼마나 잘 예측하는지 살펴보면서 그 방법을 테스트했다. 그 모델의 성과가 좋아서 그들은 그것을 서열이 완전히 분석된 개별 인간 게놈의 실제 데이터에 적용했다. 사하라사막 이남의 아프리카에 대해서 그들은 50,000년 전에 최소 약 5,700명의 개체로 줄어든 집단 병목을 관찰했다. 사하라 사막 이남 아프리카 외의 지역에 대해서는 40,000년에서 20,000년 전 사이에 약 1,200명으로 줄어든 집단 병목을 관찰했다. 종합적으로 합계 약 6,900명의 개체를 추정하는 이 방법은 이전의 덜 강력한 방법들과 잘 일치한다. 그러나 우리가 두 집단 모두에서 점점 더 많은 개체의 서열을 분석하면 이 수치들이 상향 조정될지도 모른다. 저자들은 분석을 약 3백만 년 전까지 거슬러 올라갔고, 시간을 거슬러 올라갈수록 우리 계통의 인구 규모는 증가한다는 것과 그 전의 덜 심각한 병목 사건은 약 50만 년 전에 있었다는 것을 발견했다.

---

13 Heng Li and Richard Durbin, "Inference of Human Population History from Individual Whole-Genome Sequences," *Nature* 475 (2011): 493-96.

분류되다

우리가 논의할 조상의 집단 규모를 추정하기 위한 마지막 방법은 3백만 년 전보다 더 이전인, 우리가 약 4-6백만 년 전에 침팬지와 공통 조상 집단을 공유했던 시기와 다른 대형 유인원들과 다른 공통 조상 집단을 공유했던 시기까지도 살펴볼 수 있다.

이 방법은 연관 불평형 분석과 마찬가지로 다양한 돌연변이율 추정의 변화에 사실상 영향을 받지 않는다. 이 방법은 특정한 유전자들의 연관성 양상이 종의 연관성을 바탕으로 한 예측과 부합하지 않으리라고 예상된다는 사실을 이용한다. 인간과 침팬지는 종으로서 서로 가장 가까운 살아 있는 친척이지만, 우리는 인간의 일부 유전자가 침팬지의 유전자보다 고릴라

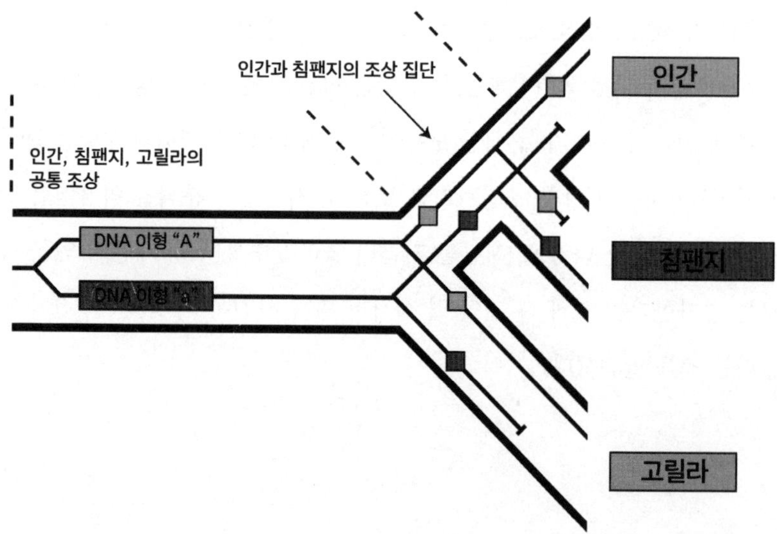

그림 3.5. 조상 집단에 들어있는 대립 유전자들이 모든 후손 종에 완전하게 전해져 내려가는 것은 아니다. 어떤 경우에는 분류 양상이 전반적인 "종 계통수"와 맞지 않는 "유전자 계통수"가 있을 수도 있다.

같은 다른 대형 유인원의 유전자와 더 가까이 일치하리라고 예상한다. 이런 일이 일어나는 이유는 "불완전한 계통 분류"(incomplete lineage sorting; ILS) 때문이다.

한 계통이 종분화 사건을 겪을 때 몇몇 유전자들이나 좌위들은 집단 전체 안에 두 개 이상의 대립 유전자들을 가지고 있을 것이다. 그 집단이 분리되면 두 집단은 모두 그 다양성을 물려받을 가능성이 있다. 우리는 두 대립 유전자들을 계통수에서 음영 처리된 박스들로 나타내고 이 두 대립 유전자들이 좀 더 큰 종들의 관련성 그림에서 어떻게 작동하는지를 보일 수 있다(그림 3.5).

이 계통수 또는 "종 나무"에서 고릴라, 침팬지, 인간의 공통 조상 집단은 그 집단 안에 한 유전자의 두 대립 유전자(DNA 이형 "A"와 "a")를 갖고 있다. 이 집단이 인간과 침팬지의 공통 조상 집단과 고릴라로 이어진 계통으로 분리될 때 두 집단 모두 두 대립 유전자를 물려받는다. 하지만 고릴라의 계통에서는 훗날 이형 "a"가 상실되고 오늘날의 고릴라 집단에는 이형 "A"만 남는다. 인간과 침팬지의 공통 조상 집단은 이 계통이 인간에 이르는 계통과 침팬지에 이르는 계통으로 분리되고 난 뒤까지 두 이형을 유지한다. 침팬지에 이르는 계통에서는 이형 "A"가 상실되고 이형 "a"만 남는다. 반대로 인간에 이르는 계통에서는 이형 "a"가 상실되고 이형 "A"만 남는다. 최종적인 양상은 다음과 같다. 인간과 고릴라는 이형 "A"를 지니고 침팬지는 이형 "a"를 지닌다. 그렇게 해서 고릴라와 인간은 고릴라와 침팬지 또는 인간과 침팬지와 비교해서 서로 좀 더 가까운 연관 대립 유전자를 갖게 된다. 이 "aye" 유전자에 대한 "유전자 나무"는 전반적인 "종 나무"와 충돌한다.

재미있는 부분은 다음과 같다. 이 양상은 우리에게 인간과 침팬지의 공통 조상 집단은 "A"와 "a"를 둘 다 지녔다는 것을 알려준다. 그것은 또한 우리에게 인간, 침팬지, 고릴라의 공통 조상 집단이 두 이형을 모두 지녔다는 것을 알려준다. 한 집단에서 어떤 유전적 이형들이 존재하는지를 추론할 수 있다면 우리는 그 집단의 규모를 추정할 수 있다. 이 대목에서의 데이터는 인간과 침팬지의 공통 조상 집단과 인간과 침팬지, 고릴라의 공통 조상 집단이 (유효집단) 약 5만 개체였다는 것을 보여준다. 사실 과학자들은 고릴라 게놈의 서열이 분석되기 전에 이전의 연구에 기초해서 우리가 고릴라 게놈에서 얼마나 많은 불완전한 계통 분류(ILS)를 관찰해야 하는지를 예측했다(그들은 약 25퍼센트로 추정했다). 실제 고릴라 게놈 서열에서 ILS는 약 30퍼센트인데, 이는 예측된 값에 잘 부합한다. 이후 우리는 훗날 오랑우탄 게놈의 ILS에 대해 유사한 예측을 했는데 예측치(1퍼센트)와 관측치(0.8퍼센트)가 매우 잘 부합했다. 이 결과들은 과거 수백만 년에 걸쳐 인간에 이른 조상 집단의 크기에 대한 우리의 추정이 정확하다는 좋은 증거를 제공한다. 지난 1,800만 년 동안 우리 조상 종의 유효집단 크기가 가장 작았던 시기는 우리의 조상들이 아프리카를 떠난 시기쯤인, 우리가 이미 인간이 되었을 때였던 것으로 보인다.[14]

향후 우리의 방법론이 좀 더 정교해지고 좀 더 많은 데이터가 조사되면 추정이 좀 더 다듬어질 가능성이 있다. 하지만 우리가 다른 동물들과 독

---

14 Dennis Venema, "Evolution Basics: Incomplete Lineage Sorting and Ancestral Population Sizes"(그리고 그 안의 참고 문헌), *Letters to the Duchess*(블로그), August 1, 2013, http://biologos.org/blogs/dennis-venema-letters-to-the-duchess/evolution-basics-incomplete-lineage-sorting-and-ancestral-population-sizes를 보라.

립적으로 창조되었다거나 단 두 사람의 후손이라는 증거를 발견하는 일은 일어날 가능성이 낮다고 확신할 수 있다. 과학에서 특정한 아이디어들은 잘 뒷받침되어서 새로운 증거가 그것들을 대규모로 수정할 가능성이 매우 낮은데, 태양이 우리 태양계의 중심이고, 인간은 진화했으며, 우리는 집단으로서 진화했다는 내용들이 바로 이런 아이디어에 해당한다.

가장 간단하게 말하자면, 종으로서의 우리는 오늘날 유전적으로 매우 다양해서 그러한 다양성을 우리에게 물려주기 위해서는 큰 조상 집단이 필요하기 때문에 DNA 증거는 인간이 큰 집단의 후손임을 암시한다. 현재까지 조상의 집단 크기를 추정하는 모든 유전적 분석은 우리가 한 쌍의 조상의 후손이 아니라 수천 명의 집단의 후손이라는 데 동의한다. 많은 방법이 서로 독립적이지만 현재까지 채택된 모든 방법이 인간의 계통은 3백만 년 이상—우리의 계통이 우리가 "인간"이라고 부르는 생물과 조금이라도 가까워지기 훨씬 전부터—수천 명 아래로 떨어진 적이 없다는 데 동의한다. 따라서 인간이 한 쌍의 조상에게서 유래했다는 가설은 아직 실험상의 지지를 발견하지 못했고 따라서 유전학자들은 이 가설이 증명될 가능성이 없다고 본다.[15]

---

15 몇몇 독자들은 약 18만 년 전에 아프리카에서 살았던 모든 인간의 가장 최근의 공통 여성 조상인 미토콘드리아 이브에게 익숙할지도 모른다. 살아 있는 모든 인간은 그녀를 공통 조상으로 두고 있다는 것**과** 우리가 큰 집단의 후손이라는 것은 사실이다. 진화에 반대하는 많은 기독교 기관들이 미토콘드리아 이브를 모든 인간이 한 쌍에게서 유래했다는 증거로 묘사하려고 노력하지만, 이것은 오해를 야기한다. 우리는 이 장의 뒤에서 관련 과학을 다룰 것이다.

뼈들과 논쟁

유전학은 "진화의 다양한 단계에 인간이 얼마나 많이 존재했는가?"라는 문제를 다루기 위한 훌륭한 방법이지만 "우리는 어떤 모습이었는가?"를 다루기에는 적합하지 않다. 신체적 형태와 행동에 관한 증거는 화석 기록을 살펴봐야 한다. 다시 한번 말하지만 화석 기록은 인간의 가까운 친척들의 흔적을 발견할 가능성이 있지만 누가 우리의 직접적인 조상인지를 결정적으로 밝혀줄 수는 없다.[16] 그러나 고래의 경우에서와 마찬가지로 화석 기록에서 인간의 친척들을 발견하면 우리는 과거 인간 진화의 일반적인 궤적에 대해 감을 잡을 수 있다.

찰스 다윈은 『종의 기원』(*On the Origin of Species*)에서 "인간의 기원과 그 역사에 빛이 비춰질 것이다"[17]라고 간단하게 말한 것 외에는 대체로 인간의 조상 문제를 피했지만 1859년에 『종의 기원』이 출간되고 나서 인간이 유인원 같은 조상들에게서 유래했다는 아이디어는 과학적 논쟁과 신학적 우려의 대상이었다. 다윈은 현대의 대형 유인원의 분포로부터 인간의 기원이 아프리카에서 발견될 것이라고 예측했다. 그러나 1860년대에는 현대의 유인원들과 인간 사이의 중간 형태로 보이는 화석들이 알려지지 않았다. 소수의 네안데르탈인 화석들이 알려졌지만, 수가 너무 적었고 아직 과학계에서 완전히 인정될 만큼 잘 연구되지도 않았다. 그것들은 또한 현대의 인

16 그렇게 말은 했지만 인간과 가까운 관련이 있는 종을 찾아내기 위해 많이 노력한 결과 우리가 인간의 직접 조상인 종들을 파악했을 가능성이 크다. 그러나 화석에서 DNA를 복구하지 못하면 직접적인 조상을 결정적으로 적시할 수 없다.

17 Charles Darwin, *On the Origin of Species by Means of Natural Selection* (London: John Murray, 1859), 488.

간과 매우 비슷해서 많은 사람이 그것들은 단지 고대 인간의 화석이라고 생각했다.[18]

이 시기에 과학계에서는 또한 진화의 계통은 한 종에서 다음 단계로 이어지는 사다리 같은 진보가 있을 것이고 오늘날의 종에서 절정을 이룰 것이라고 널리 예상했다. 마치 경찰의 피의자들을 줄지어 세운 듯한, 유명한 "유인원에서 사람으로"의 이미지는 바로 이 예상의 예다. 만일 우리가 그것으로부터 결론을 도출할 수 있는 완벽한 화석 기록이 있다면, 어떤 종에 대해서도 그 종에 이르는 사다리를 닮은 계통이 있어야만 할 것이다. 하지만 실제로는 화석화가 빈번한 과정이 아니어서 화석이 미묘한 변화를 모두 포착할 수는 없다. 화석 기록은 흔한 종, 즉 집단의 규모가 큰 종들을 포착한다. 따라서 우리는 화석 기록을 살필 때 집단 규모가 크고 널리 퍼진 종에 치우치게 된다. 이런 화석종 중에서 대다수는 현대의 종들의 직접적인 조상이 아니라 그것들의 친척일 것이다. 진화는 현대의 종들에 이르는 직선의 사다리를 오르는 것이라기보다는 관련된 종들이 가지를 뻗는 관목과 좀 더 유사하다는 이해는 고생물학적 증거의 토대에서 규명되어야 할 터였지만, 다윈의 시대에는 아직 그런 연구가 많이 이뤄지지 않았다. 과학자들과 대중은 다윈의 아이디어로부터 화석 기록에서 발견될 수 있는 인간과 유인원을 연결하는 일련의 "빠진 고리들"이 있을 것이고 그런 종들이 바로 인간의 직접적인 조상**일 것**이라고 예상했다. 현대의 대형 유인원(예컨대 침팬지와 고릴라)들과 인간의 가장 명백한 차이는 두뇌 용량과 인지 기능이기

---

18 Dennis Venema, "Evolution Basics: From Primate to Human, Part 2," *Letters to the Duchess*(블로그), January 23, 2014, http://biologos.org/blogs/dennis-venema-letters-to-the-duchess/evolution-basics-from-primate-to-human-part-2도 보라.

때문에, 그 "사다리"는 유인원에서 두뇌가 좀 더 큰 유인원을 거쳐 사람으로 진보하는 것을 보여주리라고 예상되었다. 달리 말하자면 초기에는 인간의 계통이 처음에는 턱 위로부터 진화되고 그러고 나서야 턱 아래로부터 진화되었으리라고 예상되었다.

유감스럽게도 이 예상이 몇십 년 동안 인간 진화에 관한 연구를 방해했다. 1880년대에 **호모 에렉투스**의 화석이 인도네시아에서 최초로 발견되었을 때 그것들은 인간 같은 골격과 유인원 같은 두개골을 보여주었다. 이것은 물론 예상과 정반대였고 따라서 많은 과학자가 그 발견물이 실제로 하나의 종인지 의심했다. 게다가 그들은 인간의 골격 유해가 고대 유인원의 두개골과 섞이지 않았는지 의심했다. 비록 발견자인 외젠 뒤부아가 자기가 발견한 것이 인간과 유인원을 연결하는 과도기 형태임을 옹호했지만—그 종에 대해 그가 붙인 원래의 이름은 "똑바로 서는 유인원-사람"이라는 뜻의 **피테칸트로푸스 에렉투스**였는데 그것은 무슨 뜻인지 애매하지 않은 표현이었다—그는 과학 분야의 광야에서 외치는 음성이었다.[19]

영국에서 놀라운 화석이 발견됨에 따라 뒤부아가 발견한 화석에 관한 관심은 곧바로 시들었다. 이 화석은 유인원과 인간 사이의 "빠진 고리"로 예상되었던 것에 정확하게 들어맞았다. 이 종은 유인원 같은 턱과 인간의 두개골 크기의 두개골을 지녀서 그것이 유인원 같은 골격과 인간 두뇌 크기의 두뇌가 결합한 것임을 암시했다. 직후의 두 번째 발견은 이 결과들이 유인원과 인간의 유골이 우연히 결합한 것이 아님을 확인했다. 수십 년 뒤, 지금은 불명예스러운 이름이 된 필트다운인으로 귀속된 이 발견은 사기였

---

19 Ibid.

음이 드러나게 된다. 그것들은 인간의 두개골과 오랑우탄의 턱을 사용해서 구성되었고, 예상된 과도기 종의 형태에 부합하는 치아들로 다듬어져 있었다. 사기를 저지른 사람이 누구인지 밝혀지지 않았지만, 그의 장난에 진저리가 난 과학자들은 오랫동안 이 분야에 돌아오지 않았다.

다행스럽게도 고생물학 연구가 계속되었고 데이터가 계속 축적되었다. 이런 데이터는 점차 필트다운인이 사실은 예상된 양상에 부합하지 않음을 보여주었다. 데이터는 인간의 계통이 턱 윗부분이 진화하기 전에 턱 아랫부분부터 진화했음을 암시했으며 뒤부아가 옳았음을 보여주었다. 필트다운인의 진정성에 관한 과학적 의심이 커졌고 궁극적으로 그 유해들이 조심스럽게 재조사되었다. 치아를 다듬은 증거가 발견되었고 장난은 끝났다.

우리가 고래류에 대해서 살펴본 바와 같이, 궁극적으로 인간이 침팬지에 이르는 계통과 갈라진 뒤 어떻게 변화했는가에 관해 좋은 정보를 주는 그림이 출현했다. 침팬지들이 **현생** 동물로서는 인간의 가장 가까운 친척이지만, 화석 기록에 존재하는 많은 종은 침팬지보다 더 가깝다. 이 종들은 집합적으로 "호미닌"(사람족)으로 알려졌으며, 우리는 이제 많은 호미닌 종이 있었음을 알게 되었다.[20] 예상할 수도 있는 바와 같이 화석 호미닌의 여러 분류가 있으며, 그것들 사이의 경계는 모호하다(그림 3.6). 통틀어 "개연성이 있는 호미닌"으로 분류된 가장 이른 시기의 호미닌 화석들은 약 4백만 년 전에 아프리카에서 살았던 **아르디피테쿠스 라미두스** 같은 종을 포함

20 Dennis Venema, "Evolution Basics: From Primate to Human, Part 4," *Letters to the Duchess*(블로그), February 27, 2014, http://biologos.org/blogs/dennis-venema-letters-to-the-duchess/evolution-basics-from-primate-to-human-part-4도 보라.

한다. 이 종은 직립보행(즉 두 발 보행)과 나무 타기 사이의 중간적인 골격상의 특징과[21] 300-350세제곱센티미터(cc), 또는 캔 음료 용량 정도의 두개용량을 지닌 반면에[22] 현생 인류는 약 1,300세제곱센티미터의 두개용량을 지니고 있다. 훗날 다양한 오스트랄로피테쿠스 계열의 종들의 화석이 발견되었는데, 그중에서 "루시"라고 불리는 유명한 화석이 가장 잘 알려졌다. 루시의 종인 **오스트랄로피테쿠스 아파렌시스**는 약 4백만 년에서 3백만 년 전의 화석 기록에서 발견되며 두 발 보행[23]과 좀 더 큰 두개골(400-550cc)[24] 쪽으로 진화하고 있음을 보여준다. 그후 "과도기 호미닌"이라는 이름이 붙여진 그룹에서 **호모**속의 가장 이른 시기 종들이 나타난다. 이 호미닌들은 500-700세제곱센티미터 범위의 두개용량을 지녔는데, 몇몇 고생물학자는 완전한 두 발 보행의 결여 같은 "과도기적" 특성을 강조하면서 그 종들이 **호모**속이 아니라 **오스트랄로피테쿠스**속이라고 생각한다.[25] 그후 "현대 이전의 **호모**속"에서 뒤부아가 개명한 **호모 에렉투스** 같은 종들이 등장하는데, 이 종들은 약 180만 년 전에 널리 퍼져 있었고 본질적으로 현생 인류

21 C. Owen Lovejoy, "Reexamining Human Origins in Light of Ardipithecus ramidus," *Science* 326 (2009): 87-94.

22 Gen Suwa, Berhane Asfaw, Reiko T. Kono, Daisuke Kubo, C. Owen Lovejoy, and Tim D. White, "The Ardipithecus ramidus Skull and Its Implications for Hominid Origins," *Science* 326 (2009): 45-51.

23 William L. Jungers, "Lucy's Limbs: Skeletal Allometry and Locomotion in *Australopithecus afarensis*," *Nature* 297 (1982): 676-78.

24 Dean Falk, John C. Redmond Jr., John Guyer, Glenn C. Conroy, Wolfgang Recheis, Gerhard W. Weber, and Horst Seidler, "Early Hominid Brain Evolution: A New Look at Old Endocasts," *Journal of Human Evolution* 38 (2000): 695-717.

25 Venema, "Evolution Basics: From Primate to Human, Part 4." Bernard Wood and Nicholas Lonergan, "The Hominin Fossil Record: Taxa, Grades and Clades," *Journal of Anatomy* 212 (2008): 354-76도 보라.

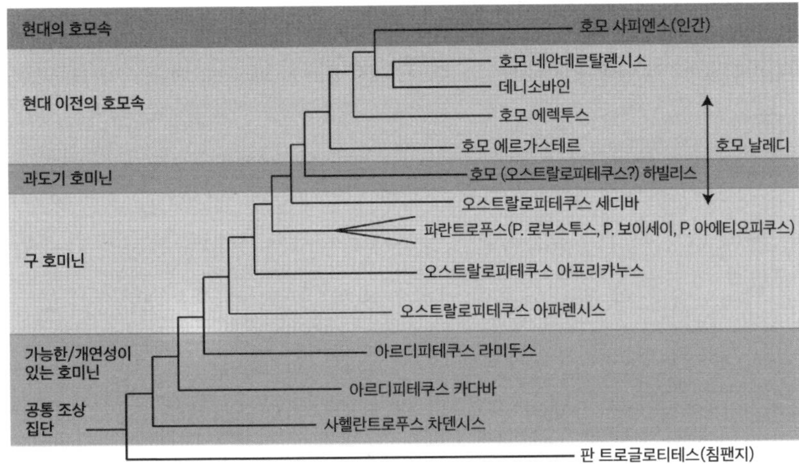

그림 3.6. 호미닌들의 계통수-침팬지들보다 인간과 좀 더 가까운 관계인 종들. 이 계통수는 형태 데이터로부터 구성되었고 몇몇 종의 경우 게놈 서열 데이터에 기초했다. 아르디피테쿠스 카다바와 사헬란트로푸스 차덴시스는 호미닌 종(그림의 아래쪽의 음영 부분을 통해 암시된다)이 아닐지도 모른다. 호모 날레디는 특성상 호모속에 속하지만, 아직 계통수에서 정확한 위치가 정해지지 않았다.

의 골격을 가졌지만 두개용량은 현생 인류의 용량에 비해 작았다. 가장 이른 시기의 현대 이전의 **호모**속의 두개용량은 약 700세제곱센티미터에서 시작해서 현생 인류의 용량 수준으로 늘어나다가 궁극적으로 약 1,400세제곱센티미터인 현생 인류의 용량에 도달했고, 네안데르탈인 계통에서는 심지어 현생 인류의 두개용량을 넘어섰다(1,600cc의 두개용량을 지닌 네안데르탈인의 두개골이 알려졌다). 이 그룹의 종들에서 완전한 두 발 보행을 암시하는 특징들도 관찰된다.[26] 최근에 발견된 화석인 **호모 날레디**는 **호모**속으로 분류되었지만 두개용량이 450-550세제곱센티미터로 **호모 에렉투스**와 **호모 하빌리스**의 용량보다 작다. 이 종과 다른 호미닌들 사이의 관계는 아직

26 Wood and Lonergan, "Hominin Fossil Record."

알려지지 않았지만, 이 종의 유해가 발견된 곳에서 이 종이 시신을 의도적으로 동굴에 두었음을 암시하는 증거가 존재하기 때문에 널리 주목을 받았다.[27]

우리가 고래에 관해 논의한 내용과 마찬가지로 우리는 이 종들 중 어느 것이 현생 인류의 직접적인 조상인지 확신하지 못한다. 하지만 이 종들은 적어도 인간의 조상 계통의 가까운 친척들이기 때문에 개연성이 있는 실제 계통의 경로를 제공해준다. 이처럼 증거는 인간의 계통이 4백만 년 동안 아르디피테쿠스계의 종에서 오스트랄로피테쿠스계의 종을 거쳐 현재 우리의 종이 20만 년 전의 화석 기록에 최초로 나타날 때까지 다양한 **호모**속의 종을 거쳤음을 암시한다. 그리고 우리가 언어에 대해서 본 바와 같이 그 과정은 장기간에 걸쳐 한 집단 안에서 일어난, 지속적인 평균 변화의 과정이었다. 화석 기록을 통해서 도달한 결론은 DNA를 통해서 도달한 결론과 일치한다. 인간과 침팬지가 DNA 수준에서 얼마나 가까운지를 상기해보라. 그렇다면 이 화석종들은 현생 침팬지들이 우리와 가까운 정도보다 우리와 훨씬 가까운 DNA를 지닐 것이다. 이런 의미에서 인간은 생물학적으로 말하자면 새롭지 않다. 우리는 과거에 살았던 유사한 종들로부터 수정된 후손들이다.

---

27 Lee R. Berger et al., "*Homo naledi*, a New Species of the Genus *Homo* from the Dinaledi hamber, South Africa," *eLife* 4 (2015), doi:10.7554/eLife.09560.

「내셔널 인콰이어러」, 고제3기판

과학에 관해 당혹스러운 점 하나는 과학이 어떤 문제에는 답하기에 적합한 반면에(그리고 심지어 애초에 질문을 제기하기에도 더 적합하다) 다른 질문들에는 그렇지 않다는 것이다. 예컨대 이 증거를 이해하게 된 그리스도인들이 자연스럽게 아담이 어디에 들어맞는지 궁금해하는 것은 흔한 일이다. 나는 때때로 이것이 "아담을 계통 발생론에 고정시키기"를 주제로 하는 아이들의 암시 놀이라고 생각한다. 그런 암시의 주된 요점은 말하자면 이 경우에서 우리와 마찬가지로 아이들이 눈이 가려진다는 것이다. 과학은 우리에게 몇 가지 사항—우리는 한 쌍의 후손이 아니라 집단의 후손이다, 우리 조상들은 이런 종류의 형태들을 거쳤을 가능성이 있다 등—을 말해주지만, 개인으로서의 아담과 하와의 역사성에 관해서는 말해주지 못한다. 하지만 우리는 설령 그들이 실제로 역사적 인물이었다고 하더라도 그들은 모든 인간의 유일한 조상이 아니라 좀 더 큰 집단의 일원이었다고 결론지을 수 있다. 과학은 이것 이상을 말해줄 수 없다.

많은 어려움에도 불구하고 진화에 반대하는 그리스도인 변증가들이 아담을 화석 기록에 집어넣을 필요를 느끼는 것은 놀랄 일이 아니다. 우리는 이런 시도들 중 몇 가지를 다음 장에서 살펴볼 것이다. 하지만 이 일은 최근에 **고유전체학**—멸종한 유기체의 DNA를 복구하고 서열을 분석할 수 있는 능력—의 도래로 한층 더 벅차졌다. 과학자들은 캐나다의 북극 지방에서 죽어서 영구동토층에 보존된 70만 년 된 말의 화석에서 DNA를 복구할 수 있었지만,[28] 우리는 아직 그렇게 먼 과거까지의 호미닌 DNA 서열을 갖고 있지 않다. 완전한 **호모 사피엔스**가 출현하고 나서야 호미닌이 극지방까지 진출한 것으로 보인다. 나는 향후 우리가 특히 모험심이 강했던 (그리고 잘 보존된) **호모 에렉투스**나 비슷한 종의 일원을 찾아내기를 바라지만 말이다. 그렇게 말은 했지만 우리는 이제 약 8만 년 전까지의 호미닌들의 DNA 서열을 분석할 수 있는데 그 결과는 매혹적이었다.

현생 인류가 아프리카에서 20만 년 전에 최초로 출현했을 때 지구상에 다른 호미닌 종들이 살아 있었고 그들 중 일부는 우리 종이 등장하기 전에 아프리카 밖으로 옮겨갔다. 예컨대 **호모 에렉투스**는 이미 아프리카 안팎에 널리 퍼져 있었다. 마찬가지로 네안데르탈인의 조상들은 우리 종이 나오기 적어도 10만 년 전에 아프리카를 떠나서 중동과 아시아 및 유럽의 일부에 거주했다. 유의미한 수의 인간이 약 5만 년 전에 아프리카를 떠났는데, 그 시점은 인구가 집단의 최소 규모로 감소한 시기와 대략적으로 일치했다. 일부는 아프리카에 남아서 오늘날 사하라사막 이남의 아프리카인이 되었고 인간의 나머지는 아프리카를 떠난 좀 더 작은 집단에서 유래했다. 우리가 살펴본 바와 같이 아프리카에 남은 집단의 최소 규모는 약 6,000명이었고 이동한 집단의 최소 규모는 약 1,200명이었다. 인간은 아프리카를 떠난 후 앞서 아프리카를 떠났던 다른 호미닌 종들과 조우했다.

과학자들은 오랫동안 이 조우의 특징이 어떠했을지 궁금해했다. 예컨대 몇몇 화석들은 오랫동안 네안데르탈인과 인간이 혼혈해서 그 화석들이

---

28 Craig D. Millar and David M. Lambert, "Ancient DNA: Towards a Million-Year-Old Genome," *Nature* 499 (2013): 34-35.

두 종 사이의 중간적인 특징을 지닌다고 암시하는 것으로 생각되어왔다. 고유전체학이 등장함에 따라 네안데르탈인의 DNA 서열을 분석함으로써 이 가설을 직접 검증할 기회가 생겼다. 네안데르탈인의 DNA는 우리 자신의 DNA와 거의 동일하지만 현생 인류의 이형의 범위를 (약간) 벗어나는데, 그것은 놀랄 일이 아니다.[29] 골격 형태학에 따르면 네안데르탈인은 우리의 가장 가까운 친척 종으로 알려졌기 때문에 그럴 것이라고 예상되었다. 하지만 일부 현생 인류가 게놈에 네안데르탈인의 DNA를 지니고 있다는 것이 주목할 가치가 있었다. 두 종이 조우했을 때 제한된 수준의 혼혈이 있었다. 이 결합으로 태어난 후손 중 일부는 인간으로 양육되었고, 이 개체들 중 몇몇은 그들의 DNA를 오늘날의 우리에게 전해주었다. 부분적으로는 아프리카를 떠난 인간 집단의 규모가 매우 작았기 때문에 오늘날 사하라사막 이남 아프리카인의 후손이 아닌 모든 인간에게 네안데르탈인의 DNA가 존재한다. 이들의 게놈 1-4퍼센트는 네안데르탈인 조상에게서 나왔다.

물론 이 점은 전체 "종 문제"를 다시 제기한다. 인간과 네안데르탈인이 혼혈했다면 우리는 단지 같은 종의 구성원들이 아닌가? 종들을 구분하려는 시도는 사실은 연속적인 변화인 것에 구분선을 그으려는 시도임을 기억하라. 따라서 우리는 실로 제한된 수준으로 혼혈했고 오늘날 우리 종의 몇몇 구성원은 부분적으로 네안데르탈인의 후손이기 때문에 우리는 "말하자면" 같은 종이라고 할 수 있다. 개와 코요테와 늑대는 같은 종인가, 다른 종인가? 사자와 호랑이는 어떤가?[30] 그것은 유사한 질문이다. 종으로서의

29 Richard E. Green et al., "A Draft Sequence of the Neandertal Genome," *Science* 328 (2010): 710-22.

30 모든 생물학자가 사자와 호랑이를 다른 종으로 생각하지만 그것들은 서로 교배할 수 있다.

네안데르탈인을 고려할 때는 문제가 "복잡"해진다. 하지만 멀지 않아 문제를 한층 더 복잡하게 만드는 두 번째 발견이 이뤄졌다.

러시아에서, 사랑을 담아

호미닌 화석에서 고대의 DNA가 복구되고 서열이 분석될 수 있다는 사실이 규명되고 난 후 연구자들은 분주하게 점점 더 많은 표본으로부터 DNA 서열을 분석했다. 그런 표본 중 하나는 DNA를 이례적으로 잘 보존했다. 전에는 그다지 주목을 받지 못했지만 말이다. 그런데 그 화석의 DNA 서열 분석 결과는 놀라웠다. 이것은 이전에 알려지지 않은 호미닌 종으로서, 인간도 아니고 네안데르탈인도 아니었다. 시베리아의 알타이산맥에 위치한 데니소바 동굴에서 발견된 이 화석은 데니소바 호미닌으로 불리고, 그 종 전체를 가리킬 때는 데니소바인으로 불리게 되었다.[31] 데니소바인들은 알려진 다른 종들보다 네안데르탈인과 좀 더 최근의 조상을 공유한다. 오늘날까지 그들의 손가락뼈들과 치아들만 발견되었기 때문에 우리는 그들의 골격 형태에 대해 아는 것이 거의 없다. 하지만 그것들은 그들의 완전한 게놈 서열을 분석하기에 충분했다. 더 놀라운 점은 우리가 이 종과도 혼혈했다는 것이었다. 오늘날 아시아와 오세아니아 혈통의 인간은 이 멸종한 종

"타이글론"(또는 타이곤. 수컷 호랑이와 암컷 사자의 자손)과 "라이거"(암컷 호랑이와 수컷 사자의 자손)가 존재하며, 인터넷을 검색하면 그것들의 사진들을 볼 수 있다.

31 Matthias Meyer et al., "A High-Coverage Genome Sequence from an Archaic Denisovan Individual," *Science* 338 (2012): 222-26.

으로부터 유래한 DNA를 3-5퍼센트 보유한다. 추가로 주목할 점은 데니소바인의 게놈이 또 다른 호미닌 종에서 유래한 DNA를 포함하는 것으로 보인다는 사실이다. **호모 에렉투스**는 데니소바인이나 그들의 조상이 아시아에 도착하기 전에 그곳에 널리 퍼져 있던 종이었기 때문에, 이 DNA가 **호모 에렉투스**에게서 유래했을 것이라고 추측할 유혹을 받기 쉽다. 아직 **호모 에렉투스** 화석에서는 DNA가 나오지 않았기 때문에 이 가설을 검증할 방법이 없다. 비록 화석 기록에 나타나는, 이 종이 존재했던 시기의 범위(**호모 에렉투스**는 약 10만 년 전까지 존속했다)는 올바른 조건이 주어지면 그런 발견이 가능할 수도 있음을 암시하지만 말이다.

그렇다면 호미닌의 진화는 가지를 뻗는 관목일 뿐만 아니라 일부 가지들 사이에 연결도 존재하는 그림으로 나타낼 수 있다(그림 3.7). 인간, 데니소바인, 네안데르탈인은 약 80만 년 전에 아프리카에서 공통 조상 집단을 공유한다.[32] 50만 년 전에서 30만 년 전 사이의 어느 시점에 네안데르탈인과 데니소바인의 공통 조상 집단이 아프리카를 떠나서 훗날 두 종으로 갈라졌다. 인간은 약 5만 년 전에 아프리카를 떠나 중동에서 네안데르탈인과 만나 그들과 혼혈한다. 이 인간 집단이 아시아로 뻗어 나갔을 때 그들은 데니소바인과 조우해서 추가로 그들과 혼혈했다. 그 결과 오늘날 사하라사막 이남의 아프리카인들은 네안데르탈인이나 데니소바인의 DNA를 가지고 있지 않고, 유럽인들은 네안데르탈인의 DNA는 가지고 있는 반면 데니소

---

32 Ibid. Dennis Venema, "Neanderthals, Humans and Interbreeding: Old Bones, New Evidence" (and references therein), *Letters to the Duchess*(블로그), July 3, 2015, http://biologos.org/blogs/dennis-venema-letters-to-the-duchess/neanderthals-humans-and-interbreeding-old-bones-new-evidence도 보라.

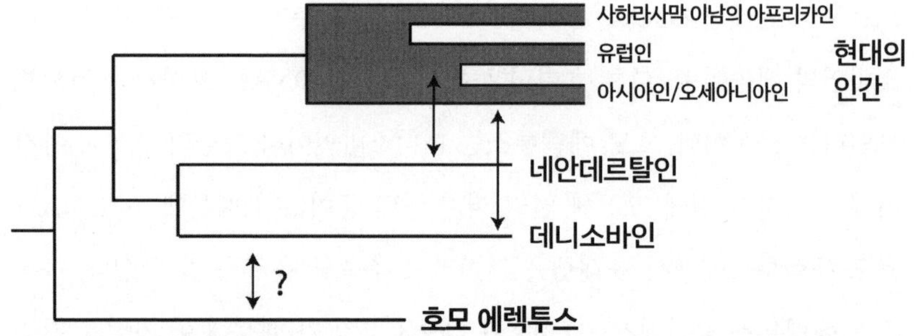

그림 3.7. 현대 인간들과 알려진 우리의 가장 가까운 친척들. 양방향 화살표들은 혼혈을 나타낸다. 현대 인간들은 우리가 전 세계로 확산할 때 서로 약간 다르게 갈라졌다(확대된 인간 가지에서 회색 음영). 인간이 약 5만 년 전에 많은 수가 아프리카를 떠났을 때 그들은 중동에서 네안데르탈인과 조우해서 그들과 혼혈했다. 이 집단에서 유래한 인간들이 아시아로 옮겨갔고 네안데르탈인과 관련이 있는 종인 데니소바인과 혼혈했다. 데니소바인에게서 나온 게놈 서열 데이터는 그들이 다른 호미닌 종, 아마도 **호모 에렉투스**와 혼혈했을지도 모른다는 것을 암시한다.

바인의 DNA는 가지고 있지 않다. 그리고 아시아인과 오세아니아인들은 두 종의 DNA를 모두 가지고 있다.[33] 따라서 이제 고려할 인간 조상이 더 많아졌다. 비록 그들은 우리 종의 일원이 아니지만 말이다.

미토콘드리아 이브의 신기한 경우

이런 데이터를 복음주의자인 청중에게 제시하면 나는 흔히 미토콘드리아 이브(그리고 간혹 남성판 그런 인물인 Y 염색체 아담)에 관한 질문을 받는다. 미토콘드리아 이브는 과학계에서 선택된 이름이기 때문에 살아 있는 모든 인간의 조상이다. 마찬가지로 Y 염색체 아담은 살아 있는 모든 남성의 조상이다.

33 Venema, "Neanderthals, Humans and Interbreeding."

당신은 다음과 같이 말할지도 모른다. 우리가 모두 한 남성과 한 여성의 자손이라면 과학자들은 어떻게 우리가 수천 명의 집단의 자손이라고 주장할 수 있는가? 둘다 사실이다. 그 이유를 이해하려면 약간의 노력이 필요하겠지만 말이다.[34] 그것은 미토콘드리아 DNA와 Y 염색체 DNA가 어떻게 유전되는지와 관련이 있다. 따라서 우리는 거기서 시작할 것이다.

사람들의 대다수는 Y 염색체가 아버지에게서 아들에게 어떻게 유전되는지를 잘 알고 있으므로 우리가 그것에 관해 이 대목에서 장황하게 검토할 필요는 없다. 반면에 미토콘드리아 DNA는 일반적으로 그다지 잘 이해되지 않는다. 미토콘드리아는 동물들의 에너지를 변환하는 세포 내 소기관이며 일반적인 염색체 세트와 구별되는 자체의 게놈들을 지니고 있다(염색체 게놈은 또 다른 세포 내 소기관인 세포핵에서 발견되기 때문에 세포핵 게놈으로 불린다). 그러므로 인간은 23개 염색체 쌍(따라서 총 46개)으로 구성된 세포핵 게놈과 미토콘드리아 게놈을 지닌다. 미토콘드리아 게놈은 세포핵 게놈에 비해 작고, 원형이다(반면에 세포핵 게놈들은 선형이다).[35] 정자는 난자와 융합할 때 자신의 미토콘드리아를 가져가지 않으므로 미토콘드리아는 난자를 통해서만 다음 세대로 전달된다. 그 결과 DNA의 이 작은 원형 부분은

---

34 Dennis Venema, "Mitochondrial Eve, Y-chromosome Adam, and Reasons to Believe," *Letters to the Duchess*(블로그), October 28, 2011, http://biologos.org/blogs/dennis-venema-letters-to-the-duchess/mitochondrial-eve-y-chromosome-adam-and-reasons-to-believe 도 보라.

35 흥미롭게도 미토콘드리아 게놈은 세포핵 게놈에 암호화된 리보솜들과는 약간 다른 자체의 리보솜들을 사용한다. 하지만 이 리보솜들은 세균의 리보솜들과 매우 유사하다. 다른 갈래의 DNA 증거도 미토콘드리아가 매우 먼 과거에 세균에게서 유래했음을 가리킨다(그리고 식물들의 엽록체도 광합성 세균에서 유래했다). 자체의 게놈을 지닌 이 세포 내 구획들은 한때 식물과 동물의 단세포 조상들에게 삼켜져 통합된, 독자적으로 살던 세균이었던 것으로 보인다.

부친으로부터가 아니라 모친으로부터 자녀에게 전달된다. 따라서 남성에게 존재하는 미토콘드리아는 [후대로 전달되지 못하고] 거기서 끝나게 된다.

이와 유사하게 Y 염색체는 자체의 독특한 유전 양상을 지닌다. Y 염색체를 물려받으면 그 후손은 남성이 되기 때문에 Y 염색체는 부친에게서 아들로, 그리고 아들에게만 유전된다. 따라서 이 두 형태의 DNA는 일반적인 염색체들과 달리 어머니나 아버지로부터 한 성별의 후손에게만 유전될 수 있는 유전 양상을 지닌다. 어떤 남성에게 여성 자손만 있다면 그 남성의 Y 염색체는 그에게서 끝나게 되고, 어떤 여성에게 남성 후손만 있다면 그 여성의 미토콘드리아는 그녀에게서 끝나게 된다. 이 두 유전 양상을 염두에 두고서 이 양상이 한 집단에서 장기간에 걸쳐 어떻게 작동하는지 살펴보자. 우리는 어떤 일이 일어나는지 알 수 있도록 우리를 도와줄 가계도를 사용할 것이다. 그것은 우리가 앞서 밀접하게 연결된 대립 유전자들의 유전을 살펴볼 때 사용한 것과 동일한 계통수이지만, 이제 미토콘드리아와 Y 염색체 변화도 염두에 둘 것이다(그림 3.8).

미토콘드리아 유전에 대한 지식을 갖춘 우리는 3세대의 네 명의 자녀들은 미토콘드리아 DNA를 그들의 모친에게서 물려받을 것이고, 그녀는 자신의 모친(개인 I-1)에게서 물려받았다는 것을 안다. 그렇다면 네 명의 자녀들은 그들의 미토콘드리아 DNA에 대해 한 명의 조상(외할머니)만을 지닌다. 그들의 외할아버지((I-2)나 할아버지(I-3) 또는 할머니(I-4)는 3세대의 미토콘드리아 DNA에 기여하지 않는다. 이와 유사하게 3세대의 두 명의 아들은 Y 염색체 DNA에 대해 한 명의 조상(친가 쪽 할아버지)만을 지닌다. 그들의 외할아버지(I-2)의 Y 염색체는 3세대에 전달되지 않았다(이 남

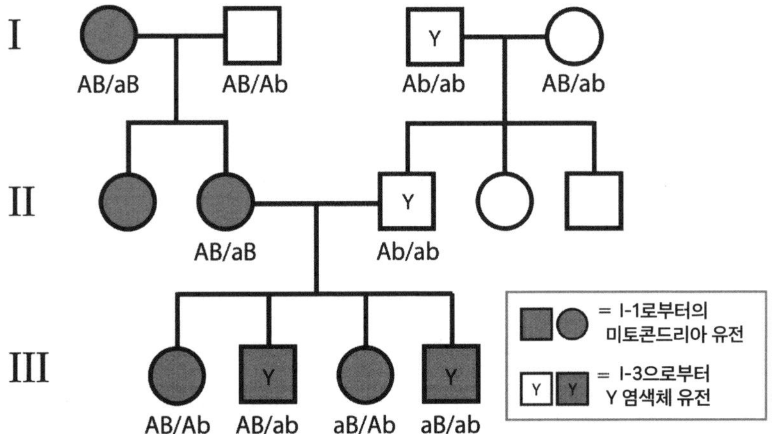

그림 3.8. 앞서 논의되었던 것과 동일한 확대 가족에서의 미토콘드리아 DNA와 Y 염색체의 유전. 3세대의 자녀들은 그들의 일반적인 염색체 DNA에 적어도 네 명의 조상을 지니지만, 그들은 미토콘드리아 DNA와 Y 염색체 DNA에 대해서는 각각 한 명의 조상만을 지닌다.

성에게는 딸들만 있었으므로 2세대에도 전달되지 않았다).

이와 대조적으로, 당신은 네 명의 조부모 모두 3세대의 일반적인 염색체 DNA에 기여했다는 것과 이 세대의 DNA 다양성은 우리가 그들에게 적어도 네 명의 조상이 있다고 추론하도록 요구한다는 것을 기억할 것이다. 이 자녀들은 독특하게 그들의 Y 염색체 DNA를 한 남성으로부터 물려받고 미토콘드리아 DNA는 한 여성으로부터 물려받지만, 일반적인 염색체 DNA는 적어도 네 명의 조상에게서 물려받는다. 이 가계도에서 살펴본 이 원리가 모든 인간이 미토콘드리아 DNA는 한 명의 미토콘드리아 이브에게서 물려받고 Y 염색체는 Y 염색체 아담에게서 물려받으며, 우리의 일반적인 염색체 DNA는 10,000명의 다른 조상들에게서 물려받은 이유다.[36]

36 나는 "미토콘드리아 이브"에서 훨씬 큰 계통수를 사용해서 장기간에 걸쳐 몇몇 Y 염색체

미토콘드리아 DNA와 Y 염색체 DNA는 성별에 특수한 유전 양상을 보이기 때문에 장기간에 걸친 계통에서 상실되기 쉽다. 종으로서 우리가 겪은 인구 병목들 역시 많은 미토콘드리아와 Y 염색체 계통의 상실에 기여했을 가능성이 있다. 반면에 일반적인 염색체 DNA는 모든 성의 조상에게서 모든 성의 후손에게 전달될 수 있기 때문에 상실되기가 훨씬 더 어렵다. Y 염색체는 남성 조상의 후손이 끊기지 않을 것을 필요로 하고, 미토콘드리아 DNA는 여성 조상의 후손이 끊기지 않을 것을 필요로 한다. 그러나 일반적인 염색체들은 성별에 관계없이 조상의 DNA가 후손에게 전달되기만 하면 된다.

미토콘드리아나 Y 염색체 계통의 상실은 하룻밤 사이에 일어나는 것이 아니라 장기간에 걸쳐 점진적으로 일어난다. 미토콘드리아 이형들과 Y 염색체 이형들은 그것들이 한 집단에서 장기간에 걸쳐 더 흔해지거나 덜 흔해질 수 있다는 점에서 다른 DNA 이형과 마찬가지다. 대개 상실된 이형들은 장기적으로 점점 덜 흔해지는 과정을 거쳐왔고, 그럼으로써 점점 더 상실될 가능성이 커진다. 하지만 이런 유형의 DNA가 가지고 있는 성별에 특수한 유전 양상으로 말미암아 그것들이 일단 충분히 희귀해지면 순전히 우연에 의해 상실될 가능성이 커진다.

유감스럽게도 반진화 단체들은 이런 문제를 설명하지 않고서 미토콘드리아 이브와 Y 염색체 아담을 홍보하기를 좋아한다. 대개 이 단체들은 미토콘드리아 이브가 모든 여성의 공통 여성 조상이며 Y 염색체 아담이 모든 남성의 공통 남성 조상이라고 진술하고, 이 데이터는 아담과 하와가 모

상실과 미토콘드리아 이형들을 보여주는 예를 살펴본다.

든 인간의 **유일한** 조상이라는 사실과 일치한다고 주장하며(또는 암시하기만 하며), 거기서 설명을 그친다.[37] 그들의 주장이 그럴듯하게 보이는 이유는 그들의 말을 듣는 사람들이 이런 유형의 DNA가 어떻게 유전되는지를 잘 이해하지 못하기 때문이다. 어쩌면 그들 자신도 그것을 이해하지 못하는지도 모른다.

증거에 답변하기

2011년 「크리스채너티 투데이」의 표지 기사가 실리고 나서 몇몇 기독교 변증가들은 인간이 한 쌍이 아니라 집단으로부터 유래했다는 과학적 증거를 반박하려고 시도했지만 성공하지 못했다.[38] 어떤 이들은 단순히 이 분야 전체를 지적 설계 운동의 어떤 갈래처럼 "사변적"이라고 묘사했다.[39]

지적 설계 운동의 디스커버리 인스티튜트(Discovery Institute) 지도자인 스티븐 메이어는 바이오로고스 지도자들이 "목회자들과 신학자들에게 인류가 한 명의 남성과 한 명의 여성으로부터 유래했다는 성경의 단순한 해석을 버리라는, 근거 없고 논란의 여지가 있는 주장"을 하고 있다고 주장한다. 메이어에 따르

37 예컨대 오래된 지구 창조론 기관인 믿을 이유(Reasons to Believe). Venema, "Mitochondrial Eve"를 보라.

38 주된 문제는 현재까지 이런 데이터에 관해 저술하는 창조론 진영의 누구도 이 증거를 신뢰할 만하게 논박할 능력을 갖추기는 고사하고 그것을 이해하지도 못하는 것처럼 보인다는 것이다. Todd C. Wood, "Poythress on the Adam Debate," *Todd's Blog*, May 28, 2013, http://toddcwood.blogspot.ca/2013/05/poythress-on-adam-debate.html을 보라.

39 우리는 다음 장에서 지적 설계 운동의 다른 주장들을 살펴볼 것이다.

> 면 "그들은 '과학'이 그런 재해석을 요구한다고 생각하지만, 많은 질문을 초래하는 가정을 하는 사변적인 모델들을 차치한다면, 과학은 그런식으로 작동하지 않는다."[40]

그 주장이 그리스도인들에게는 논란의 여지가 있을지 몰라도 결론을 뒷받침하는 복수의 독립적이고 수렴하는 증거들을 알고 있는 과학자들에게는 확실히 논란의 여지가 없다. 메이어의 확신에 찬 단언은 차치하고, 진화에 반대하는 학자들은 아직 집단 유전학 증거에 대한 설득력이 있는 답변을 제출하지 못했으며, 현재까지는 진화에 반대하는 진영에 증거를 논박하는 설득력 있는 논거를 제시할 능력은 고사하고 증거를 적절히 이해하는 데 필요한 훈련을 받은 사람조차 존재하지 않는 것으로 보이기 때문에 그들이 앞으로 그런 답변을 제출할 수 있을지는 확실하지 않다. 증거를 논박하려는 시도를 비판하면서 젊은 지구 창조론 학자인 토드 우드는 그 문제를 명확하게 진술한다.

> 집단 재구성은 복잡하며 현재 일반인에게 쉽게 이해되지 않는다. 따라서 창조론자의 반응은 현재의 과학에 뒤지며 창조론자가 할 수 있는 최선은 과학을 비방하는 것이다. 나는 우리가 현대의 이론 집단 유전학 분야에서 잘 훈련된 창조론자를 보유할 때까지는 계속 조상 집단의 재구성에 대해 만족스럽지 않

---

40 2014년 11월 29일자 「월드」(*World*)는 "Soft-Sell Slide"(부드러운 판매 방법 슬라이드)라는 제목과 교회 건물을 밧줄들로 묶어 비탈길 아래로 끄는 사람(실험복을 입은 사람)을 묘사하는 그림의 커버 스토리를 실었다. 이 인용문은 이 잡지에 실린 Daniel Levine의 기사 "Interpretive Dance"(창작 댄스)에서 발췌한 것이다. https://world.wng.org/2014/11/interpretive_dance를 보라.

은 답변만을 가질 것이라고 생각한다.[41]

하지만 몇몇 학자들이 진화 일반의 증거를 반박하기 위해 상당한 노력을 기울였고 그들의 주장들이 그리스도인들 사이에서 널리 받아들여지고 있다. 다음 장에서 우리는 진화가 특정한 복잡한 생화학 구조를 만들어낼 수 없으며, 우리가 DNA에서 관찰하는 높은 수준의 정보를 만들 수 없다는 그들의 핵심적인 주장 두 가지를 살펴볼 것이다.

---

41 Wood, "Poythress on the Adam Debate."

4장

지적 설계는 어떠한가?

adam and the genome - adam and the genome --
adam and the genome -- adam and the genome --
adam and the genome -- adam and the genome -
--adam and the genome adam and the genome
adam and the genome adam and the genome adam
- and the genome --- adam and the genome adam
-and the genome adam and the genome - adam -
and the genome ■ adam and the genome - adam
and the genome -- adam and the genome adam ---
and the genome adam and the genome adam - and
the -genome - adam - and the genome adam and
the genome adam and the genome adam--and the
genome adam and -- the genome ■■ adam and the
genome adam and -- the genome adam and- ■ ---
the genome adam and the genome adam -and the
genome - adam and the genome ---■adam and
the genome - adam and the genome - adam and
the genome -- adam and the genome -- adam and
the genome -- adam and the genome -- adam and
the genome - ---adam and the genome adam and
the genome adam and the genome adam and the
genome adam - and the genome --- adam and
the genome adam -and the genome adam and the
genome - adam - and the genome ■ adam and the
genome - adam and the genome -- adam and the
genome adam ---and the genome adam and the
genome adam - and the -genome - adam -- and
the genome adam and the genome adam and -
--the genome adam--and the genome adam and --
the genome - adam and the genome adam and -the
genome adam and- --- the genome adam and the
-genome adam -and the genome - adam and the
genome --- adam and the genome ■ adam and ■
-the genome adam and the genome -- adam and
the genome -- adam and the genome - ---adam

adam and the genome

나는 간략하게 제시된 이 책의 관점이 옳다고 확신하지만 오랫동안 내 관점과는 정반대인 관점에서 여러 사실을 쌓아온 노련한 자연주의자를 설득할 것이라고 기대하지 않는다. 우리는 "창조의 계획", "설계의 획일성" 같은 표현 하에 우리의 무지를 감추기 쉽고 사실을 다시 진술할 뿐이면서도 설명한다고 생각하기 쉽다. 몇 가지 사실들보다 설명되지 않은 어려움들에 더 큰 비중을 두는 경향이 있는 사람은 확실히 나의 이론을 부정할 것이다.

찰스 다윈[1]

바이츠재커의 책 『물리학의 세계관』은 아직도 나를 매우 분주하게 만든다. 그 책은 내게 하나님을 우리의 지식의 불완전함을 메우는 수단으로 사용하는 것이 얼마나 잘못된 것인지를 명확히 깨닫게 해주었다. 지식의 경계가 점점 더 확장된다면(그리고 그렇게 되기 마련이다) 그에 따라 하나님이 쪼그라들 것이고 따라서 계속 축소될 것이다. 우리는 하나님을 우리가 모르는 곳에서가 아니라 우리가 아는 곳에서 발견해야 한다. 하나님은 우리가 해결되지 않은 문제들에서가 아니라 해결된 문제들에서 그의 임재를 깨닫기를 원하신다.

디트리히 본회퍼[2]

1990년대 말에 나는 밴쿠버 소재 브리티시컬럼비아 대학교에서 유전학과 발생을 공부하는 Ph.D. 과정 학생이었다. 나는 신앙인으로서 진화에 반대

---

1 Charles Darwin, *On the Origin of Species by Means of Natural Selection* (London: John Murray, 1859), 481-82.

2 Dietrich Bonhoeffer, *Letters and Papers from Prison*, enlarged ed., trans. Reginald Fuller et al. (New York: Macmillan, 1972), 311.

하는 관점을 유지한 채 학사 학위를 취득했고, 나의 연구 분야는 나에게 진화에 관해 많이 생각할 것을 전혀 요구하지 않았다.[3] 그러나 내가 진화를 완전히 피할 수는 없었다. 내 연구실에서 복도를 따라가면 진화를 지지하는 교수의 연구실이 있었는데 그는 "미친 사람들의 코너"라는 게시판을 운영했다. 그곳에서는 진화에 반대하는 관점이 조롱의 대상이었다. 그 게시판에서 나는 지적 설계(intelligent-design; ID) 운동의 지도자인 생화학자 마이클 비히를 알게 되었다.[4] 조금 더 조사해보니 그는 최근에 『다윈의 블랙박스』(*Darwin's Black Box*)라는 책을 발간했었다. 내가 열심히 읽은 그 책에서 비히는 그가 "환원 불가능한 복잡성"(irreducible complexity)이라고 부른 것을 주장했다.

> 다윈은 자기의 자연 선택에 의한 점진적인 진화 이론에 큰 무리수가 있다는 것을 알았다. "미미하지만 연속적인 수많은 수정을 통해 형성될 수 없는 복잡한 기관이 존재한다는 것을 보여줄 수 있다면 나의 이론은 절대적으로 무너질 것이다."
>
> 지난 세기에 다윈에 관한 과학적 회의주의의 대부분은 이 요건에 집중되

3 나는 훗날 진화생물학을 이해했더라면 내가 연구하고 있던 것을 좀 더 깊이 이해했으리라는 것을 깨달았지만 말이다.

4 모든 그리스도인이 하나님이 존재하는 모든 것의 설계자(그리고 창조주)시라는 것과 하나님은 (확실히) 지적인 존재시라는 것을 믿지만, 이 일반적인 관점은 지적 설계 운동이 의도하는 바가 아니다. 지적 설계 진영의 주된 주장은 자연 세상에 나타난 특정한 특징들이 진화 같은 "자연적인" 기제들을 통해서는 설명될 수 없다는 의미에서 설계의 흔적을 보인다는 것이다. 이 의미에서 지적 설계는 기독교의 표준적인 반진화적 주장들과 매우 유사하다. 실제로 지적 설계 진영에 진화에 반대하는 기독교 집단에서 주장하지 않는 주장은 없다. 지적 설계 운동이 획일적으로 기독교적이지는 않지만, 많은 지도자가 그렇게 적시하며 하나님을 설계자로 거명한다.

었다고 해도 무방하다.…다윈의 비판자들은 그가 이제 실패하리라고 생각했다. 하지만 우리가 어떻게 확신할 수 있는가? 어떤 형태의 생물학적 체계가 "미미하지만 연속적인 수많은 수정을 통해서" 형성될 수 없는가?

우선, 환원 불가능한 복잡한 시스템이 그렇다. **환원 불가능하게 복잡하다**는 말은 기본적인 기능에 기여하는 몇 개의 잘 조화되고 상호작용하는 부분들로 구성된 하나의 시스템에서 어느 하나라도 제거되면 그 시스템이 효과적으로 작동하지 못하는 것을 의미한다. 환원 불가능하게 복잡한 시스템은 선행 시스템의 미미하고 연속적인 수정을 통해(즉 같은 기제에 의해서 계속 작동하는 최초의 기능을 계속 개선함으로써) 직접 만들어질 수 없다. 한 부분을 빠뜨린, 환원 불가능한 복잡한 시스템의 선행 시스템은 정의상 작동하지 못하기 때문이다. 환원 불가능한 복잡한 생물학적 시스템이 존재한다면 그것은 다윈의 진화에 대한 강력한 도전이 될 것이다.[5]

비히의 주장은 단순했지만 나는 그것이 설득력이 있다고 생각했다. 세포는 많은 생화학적 특성을 지니고 있는데, 이는 세포의 구성 요소들이 여러 기능을 수행하기 위해 서로 협력할 것을 요구한다. 만약 어떤 부분을 제거하면 그런 시스템은 더 이상 작동하지 못한다. 따라서 나는 비히와 마찬가지로 그런 특성들은 애초에 진화가 존재할 수 있는 범위를 넘어선다고 추론했다. 그것들은 틀림없이 직접 창조되었을 것이다. 그러나 비히는 한 가지 주의 사항을 포함시켰다.

5 Michael Behe, *Darwin's Black Box: The Biochemical Challenge to Evolution* (New York: Free Press, 1996), 39.

> 하지만 어떤 시스템이 환원 불가능하게 복잡하다(따라서 직접 만들어졌을 수 없다)고 하더라도 우리는 간접적이고 우회적인 경로를 결정적으로 배제할 수 없다. 그러나 상호작용하는 시스템의 복잡성이 커질수록 그러한 간접적인 경로는 급격히 감소한다. 그리고 설명되지 않은, 환원 불가능한 복잡한 생물학적 시스템들의 수가 증가할수록 다윈이 실패하리라는 우리의 확신은 과학이 허용하는 최대치로 올라간다.[6]

나는 여전히 비히의 주장이 설득력이 있다고 생각했다. 과학은 아직 세포의 여러 생화학적 특성의 기원에 대해 상세하게 설명하지 못한다. 이런 많은 시스템은 매우 복잡하고 상호의존하는 많은 부분으로 이루어진다. 나는 진화가 그런 것들을 만들 수 없다고 생각했다.

비히의 논증을 이해하는 한 가지 방법으로서 돌로 만든 아치를 상상해보라. 모든 돌이 적절히 배열되면 기능을 발휘할 것이다(비히는 이것을 "부분들의 의도적인 배열"이라고 부른다).[7] 돌 하나라도 제거되면 아치는 무너진다. 그렇다면 그 아치는 환원 불가능하게 복잡하다고 할 수 있다. 모든 부분이 필요하며 모든 부분이 제자리에 갖춰질 때까지는 기능이 존재하지 않는다. 인간은 아치가 완성될 때까지 지지대를 사용해서 그것을 지탱하는 "간접적이고 우회적인 경로"를 채택하기 때문에 아치들을 건설할 수 있다. 따라서 지지대가 제거될 때까지는 어떤 돌도 필수적이지 않다.

비히는 2007년에 『진화의 가장자리: 다윈주의의 한계를 찾아서』(*The*

---

6 Ibid., 40.

7 Ibid., 193. Behe는 생화학적 구조에서 설계(목적)를 탐지하려고 하기 때문에 "의도적인"이라는 단어는 다소 미결 문제를 논거로 이론을 세우는 측면이 있다.

Edge of Evolution: The Search for the Limits of Darwinism)라는 두 번째 책을 발간했다. 그 책에서 비히는 자신의 논거를 다듬고 진화 기제가 새로운 생화학적 복잡성의 구축에서 달성할 수 있는 한계를 정의했다. 첫째, 그는 환원 불가능한 새로운 생화학적 복잡성은 단백질들 사이에서 새로운 결합 장소 형성을 요구한다고 주장했는데, 그것은 맞는 말이다. 하지만 그는 단백질들 사이의 새로운 결합 장소 형성은 복수의 돌연변이가 동시에 일어날 것을 요구하는데 그것은 일어날 개연성이 매우 낮다고 주장한다. 그는 계속해서 환원 불가능한 복잡한 새로운 생화학적 구조는 단백질들 사이의 새로운 결합 장소를 요구하며 이 돌연변이들이 동시에 일어나야 할 것이기 때문에 환원 불가능한 복잡한 시스템들은 진화 기제가 도달할 수 있는 범위를 벗어난다고 우리가 확신해도 된다고 주장한다. 비히는 따라서 그것들은 미미하지만 "연속적인 작은 수정들"을 통해 만들어질 수 없는 구조의 예라고 주장한다. 그의 주장에 따르면 그것들은 하나의 단위로 생겨나야 하며 따라서 지적 설계, 즉 직접적인 제조 또는 특별한 창조의 표지다.

그렇다면 비히의 주장은 확률에 근거한다.[8] 생화학 화합물은 단백질 결합을 통해 형성된다. 새로운 단백질이 결합하려면 많은 돌연변이가 일어나야 하며, 그 돌연변이들은 동시에 일어나야 한다. 비히는 몇 가지 돌연변이가 동시에 일어날 확률은 매우 낮으므로 우리가 몇 가지 단백질로 구성된 단백질 화합물을 보게 되면 그것들이 진화의 산물이 아니라 설계의 산물이라고 추론할 수 있다고 주장한다.

---

8 Michael Behe, "Reply to My Critics: A Response to Reviews of *Darwin's Black Box: The Biochemical Challenge to Evolution*," *Biology and Philosophy* 16 (2001): 685-709.

비히는 그의 책에서 논의를 생화학으로만 제한하지만, 고생물학의 예를 사용해서 자신의 아이디어를 예시하기도 한다. 흥미롭게도 1990년대초에 나온 이 예시는 고래의 진화를 언급한다. 당시에 고래류는 우제류라는 사실이 알려지지 않았고, 당시에 입수할 수 있었던 증거는 고래류가 메소니키드라는 육식 동물의 후손이라고 암시했다. 비히가 생화학에 관한 자신의 아이디어를 논의하러 가곤 했던 학회 발표에서 그는 고래들과 그것들의 소위 육지 조상들을 연결하는 증거의 결핍을 진화적 설명의 전형적인 사례로 인용한다.

> 마지막으로 이 점은 아주 명백한데, 만일 무작위적인 진화가 사실이라면 메소니키드와 고대의 고래 사이에 많은 과도기적 형태들이 있었을 것이다. 그것들이 어디에 있는가? 메소니키드와 고래 사이에 존재했어야 했던 중간 종 중에서 최종 종과 매우 유사한 종들만 발견되었다는 것은 상당한 우연의 일치로 보인다.…조이글로돈 고래는 진화 논쟁의 전형적인 예이기 때문에 나는 이 심포지움에 발표한 나의 기고를 이 고래에 대한 논의로 시작했다. [진화론자들은] 기존의 구조에 일어난 작은 변화를 사용해서 완전히 새로운 구조나 기능과 관련된 커다란 변화를 주장한다. 그것은 인간이 1.5미터 넓이의 갈라진 틈을 건너뛸 수 있기 때문에 충분한 시간이 주어지면 그랜드캐니언을 건너뛸 수 있다고 주장하는 격이다. 이제 자연법칙의 가차 없는 규칙을 믿는 사람은 발판으로 사용할 수 있는 바위 턱들과 뷰트들(buttes, 평원의 고립된 언덕)이 있다면 인간이 그랜드캐니언을 건너뛸 수 있다고 주장할 것이다. 회의주의자는 발

판들을 보여달라고 요청할 것이다.[9]

우리는 생화학적 논증과 고생물학적 논증 사이의 유사성을 발견할 수 있다. 이는 비히가 의도한 바다. 비히는 진화가 작은 변화를 일으킬 수 있지만, 육지에서 사는 사족 동물을 고래로 바꾸는 데 필요한 변화를 일으킬 수는 없다고 주장한다. 마찬가지로 그는 새로운 생화학적 구조나 기능에 이르는 경로에 "발판들"이 존재한다는 것을 의심한다. 비록 비히는 명백한 이유로 더 이상 고래의 진화를 "전형적인 진화 논증"으로 사용하지 않지만, 그의 생화학적 논증들은 본질적으로 변하지 않았다. 과학 지식이 발전함에 따라 그의 논증은 설 자리를 잃고 있지만 말이다.

유전자 중복

그렇다면 생화학적 "발판"에 상응하는 것이 존재하는가? 유전자와 단백질 그리고 그것들이 만드는 생화학적 구조들은 화석이 되지 않기 때문에 그 질문은 고대 고래의 친척들을 찾는 것보다 다루기가 더 어렵다. 하지만 새로운 단백질 결합 장소와 구조 그리고 기능들의 형성은 기적에 호소하지 않고서도 진화에 쉽게 이용될 수 있는 과정들을 포함한다는 여러 갈래의 증거가 있다. 비록 많은 돌연변이가 필요하지만 말이다. 몇 가지 예를 알아보자.

---

9 Michael Behe, "Experimental Support for Regarding Functional Classes of Proteins to Be Highly Isolated from Each Other," in *Darwinism: Science or Philosophy*, Proceedings of a symposium entitled "Darwinism: Scientific Inference or Philosophical Preference?" ed. Jon Buell and Virginia Hearn (Southern Methodist University, Dallas, Texas, March 26-28, 1992). Online at http://www.leaderu.com/orgs/fte/darwinism/chapter6.html.

2장에서 우리는 인간과 다른 유인원들 사이에 공유된 돌연변이들의 양상이 어떻게 이 종들을 하나의 계통수, 즉 관련성 나무에 위치시킬 수 있게 만드는지를 살펴보았다. 같은 접근법이 많은 초파리 종들을 포함한 다른 많은 생물에 적용되었다. 과학자들은 초파리들을 100년 넘게 연구해오고 있다. 예컨대 염색체가 유전정보의 통로라는 최초의 증거가 초파리들에게서 규명되었다. 과학자들이 게놈 서열분석을 시작했을 때 표준적인 실험실 초파리(*Drosophila melanogaster*, **멜라노가스테르** 초파리)의 게놈이 최초로 분석된 게놈 중 하나였다. 과학자들은 이제 여러 초파리 종의 게놈들의 서열을 완전히 분석했고 그것들이 서로 어떻게 관련되는지가 잘 이해되고 있다. **멜라노가스테르** 초파리의 가장 가까운 현생 친척들은 **세켈리아** 초파리(*Drosophila sechellia*)와 **시뮬란스** 초파리(*Drosophila simulans*)다. 이 두 종 사이의 공통 조상은 이 종들 중의 어느 한쪽과 **멜라노가스테르** 초파리 사이의 공통 조상보다 좀 더 최근에 존재했다. 예상하는 바와 같이 이 세 종의 게놈들은 서로 매우 유사하다. 하지만 그것들의 게놈들 사이에 차이들도 있는데, 생물학자들이 관심을 가지는 한 가지 분야는 새로운 유전자들을 찾는 것이다. 연구된 한 가지는 **멜라노가스테르** 초파리의 p24-2 유전자로서 이 유전자는 초파리속의 다른 종들에게서는 발견되지 않는다(그림 4.1).[10] 그러나 이 유전자는 에클레르라고 불리는 유전자와 매우 유사하다. 이 유전자는 다른 종들에서도 발견되며 멜라노가스테르 초파리의 p24-2 유전자 바로

---

10 Sidi Chen, Yong E. Zhang, and Manyuan Long, "New Genes in *Drosophila* Quickly Become Essential," *Science* 330 (2010): 1682-85. Dennis Venema, "The Evolutionary Origins of Irreducible Complexity, Part 2," *Letters to the Duchess*(블로그), May 11, 2012, http://biologos.org/blogs/dennis-venema-letters-to-the-duchess/the-evolutionary-origins-of-irreducible-complexity-part-2도 보라.

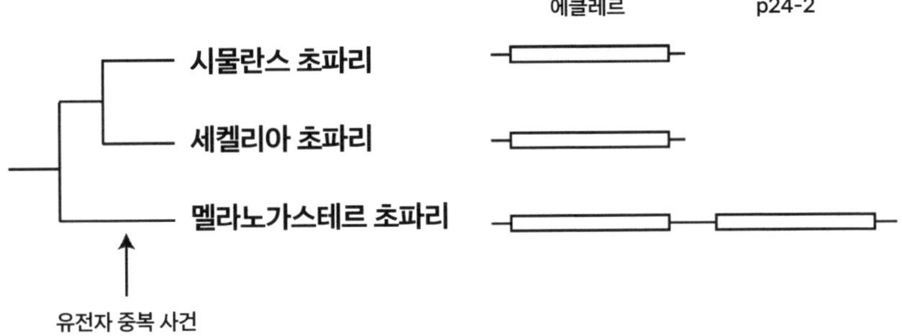

그림 4.1. 초파리 세 종의 계통수와 각각에 있는 에클레르 및 p24-2 좌위의 상태. **멜라노가스테르** 초파리로 이어지는 계통이 다른 종들에게서 분리된 후 중복 사건이 에클레르 유전자의 파라로그인 p24-2를 만들어낸다.

옆에 위치한다.

p24-2가 어디서 나왔는지는 신비가 아니다. 그것은 에클레르 유전자의 복제본이다. **멜라노가스테르** 초파리로 진화하는 어느 시점에 염색체를 복제하는 효소들이 에클레르를 복제한 후 우연히 뒤로 돌아가 그것을 다시 복제해서 거의 동일한 두 개의 유전자를 나란히 위치하게 만들었다. (새로운 사본이 우연히 이웃하는 또 다른 유전자의 몇몇 서열들과 융합해서 그 사본이 원래의 에클레르 유전자를 단백질로 번역하지 못하는 세포에서 단백질로 번역되게 만든다.) 새로운 이 "이중 에클레르" 이형이 점차 이 집단 안에서 좀 더 흔해졌고 마침내 원래 형태가 상실되었다. 이 과정을 통한 유전자 복제는 많은 유기체에서 잘 정리되어 있으며, 그 과정을 통해 생긴 유전자들은 "파라로그들"(paralogs)로 알려졌다. 이는 공통 조상의 유전자 서열을 공유하지만 한 유기체 내의 중복 사건들을 통해 발생한 유전자들을 가리킨다. 최근에 분기된 파라로그들은 서로 고도의 유사성을 유지하는 경향이 있지만 고대에 분기된 파라로그들은 훨씬 다른 경향이 있다.

멜라노가스테르 초파리의 파라로그 유전자 에클레르와 p24-2의 아미노산 분기

```
에클레르  MRDQFISLALILCVLHSACGLYFHISQTERKCFIEEVPDETTVIVNYKVELYDPRSNGFM  60
p24-2    MRDQFISLALILCVLHSACGLYFHISETERKCFIEEVPDETTVIVNYKVELYDPRSNGFM  60

에클레르  PSSPGIGMHVEVRDSDDKIVLSRVYSSQGRISFTSHTPGEHVICMFSNSTAWFSGAQLRV  120
p24-2    PSSPGIGMHVEVRDSDDKIVLSRVYSSQGRISFTSHTPGEHVICMFSNSTAWFSGAQLRV  120

에클레르  HLDIQVGEHAIDYAHVAQKEKLTELQLRIRQLLDQVEQITKEQNYQRYREERFRHTSEST  180
p24-2    HLDIQVGEHAIDYAHVAQKEKLTELQLRIRQLLDQVEQITKEQNYQRYREERFRHTSEST  180

에클레르  NSRVLWWSLAQTVVLVCMGFWHLFNL  206
p24-2    NSRVLWWSLAQTVVLVCMGFWQMRHL  206
```

그림 4.2. 멜라노가스테르 초파리에 들어있는 에클레르와 p24-2의 아미노산 서열. 다섯 개 아미노산의 차이가 있다(밑줄 표시됨). 이 중 네 개는 그 단백질의 끝에 밀집되어 있는데 그곳에서 그것들은 새로운 단백질 결합 장소를 형성할 가능성이 있다. 우측의 숫자들은 이 서열에서 뉴클레오타이드 또는 아미노산의 숫자를 가리킨다.

에클레르와 p24-2가 서로 최근에 갈라진 점에 비추어 볼 때 그것들의 아미노산 서열이 거의 같다는 것은 놀랄 일이 아니다. 그것들은 전체 206개 아미노산 중 다섯 개만 다르다. 아미노산들을 하나의 문자들로 나타내면 우리가 이 두 단백질을 좀 더 간결하게 비교할 수 있다(그림 4.2).

다섯 개의 차이 중 네 개는 그 단백질의 한쪽 끝에 밀집해 있다. 에클레르에 관한 연구는 세포 내에서 다른 단백질들을 이동시키는 데 에클레르가 필요하다는 것을 보여주었으며, 우리는 에클레르가 상실되었을 때 p24-2가 개입해서 에클레르의 기능을 수행하지 못한다는 것을 안다. 이와 유사하게 에클레르는 p24-2를 대체하지 못하며, 따라서 p24-2는 다른 유형의 세포에서 에클레르와 다른 뭔가를 운반하고 있음을 암시한다. 흥미롭게도 p24-2는 필수 유전자다. 그것이 제거되면 초파리는 죽는다.

그렇다면 우리가 가진 증거는 다음과 같은 시나리오를 뒷받침한다. 에클레르가 복제되어 에클레르/이웃하는 파라로그들의 에클레르 배열을 형성한다. 두 번째 사본은 복제 사건 전에는 존재하지 않았기 때문에 이 단계에서는 필수적일 수 없다. 차츰 두 사본이 서로에게서 분기한다. 이 분기가 일어날 때 사본들 중 하나는 다른 단백질 화물을 운반할 수 있게 되기 시작한다. 궁극적으로 다른 변화들을 거친 후 이 새로운 운반은 해당 유기체에 필수적으로 된다. 기존 시스템에 새로운 유전자와 새로운 기능이 추가되었고 그것은 이제 그 시스템에 필수적인 구성 부분이 되었다.

이것이 반드시 비히의 정의에 따른 완전히 새로운 환원 불가능한 복잡한 시스템이 형성되었음을 보여주는 것은 아닐 수도 있다. 하지만 그것은 진화 과정을 통해 새로운 단백질 결합 장소가 쉽게 형성될 수 있다는 증거를 제공하는데, 그것이 비히의 주장의 핵심적인 이슈다. p24-2 단백질은 필수적이기 때문에 **뭔가**를 하고 있는데, 그것은 다른 단백질들과 상호작용하지 않고서는 자신의 기능을 수행할 수 없다. 우리가 관찰한 아미노산 차이들은 그것이 모종의 새로운 화물을 결합한다는 것을 강력하게 암시한다.

물론 이 증거의 문제 중 하나는 그것이 일어나는 것을 관찰한 사람이 아무도 없으며 과거 3백만 년의 초파리 진화를 재창조하는 것은 가능하지 않다는 점이다. 따라서 에클레르와 p24-2 사이에서 우리가 관찰하는 다섯 개의 아미노산 변화들은 진화의 결과가 아니라 설계의 결과일 수도 있다. 사실 비히는 이 증거에 대응해서 이렇게 주장했다.

> 에클레르와 p24-2 사이에는 다섯 개의 특정한 아미노산 차이가 있다. 베네마 교수는 그것들이 무작위 돌연변이를 통해 발생하지 않았을 수도 있음을 이해하지 못하는 것으로 보인다. 한두 개의 무작위 돌연변이가 일어난 후에는 다

수의 추가적인 돌연변이가 우연히 일어났다고 가정할 수 없다. 달리 말하자면 우리가 아는 한 이 다섯 개의 점 돌연변이들은 그것들이 출현하기 위해 인도 또는 설계가 필요했을 수도 있다.[11]

다소 억지스럽기는 하지만 이것은 공식적으로 가능하다. 그리고 타임머신이 없이는 그 문제를 결정적으로 해결할 방법이 없다. 하지만 이 선택지는 관련된 설계자에 관한 흥미로운 질문들을 제기한다. 그 설계자가 왜 **멜라노가스테르** 초파리에서만 이 일을 했고 다른 초파리 종에서는 하지 않았는가? 설계자는 이 일을 도대체 왜 했는가? 다른 초파리 종들은 p24-2 없이 에클레르 사본 하나만으로 잘살고 있는데 왜 한 종은 중복되어 (약간) 변경된 사본이 필요한가? 새로운 기능이 필요했다면 왜 요구되는 유전자가 게놈에서 바로 옆에 있는 유전자의 약간 변경된 버전처럼 보이도록 설계하는가? 그것은 연구자들이 자연 과정의 결과를 관찰하고 있다고 생각하도록 유도할 가능성이 있지 않은가? 이런 질문들은 차치하고, 한두 개보다 많은 돌연변이는 설계가 고려되어야 함을 의미한다는 비히의 주장이 우리가 고려해야 할 요점이다. 그 기준에 따르면 설계자가 개별적인 종들에서 인슐린 단백질들을 여러 번 독립적으로 설계했을 수 있지만 이상하게도 유사한 서열로 설계했다. 비히의 설계자는 이상하게도 진화한 것으로 보이는 설계로 제약된 것처럼 보인다.[12]

---

11 Michael Behe, "At BioLogos, Confusion over the Meaning of 'Irreducibly Complex,'" *Evolution News*, July 9, 2012, http://www.evolutionnews.org/2012/07/at_biologos_con061851.html.

12 나는 설계자가 유기체들이 진화한 것처럼 보이는 **외관**을 지니도록 설계하기로 작정했다고 말하는 사람이 있을 수 있다고 생각하지만, 진화의 증거를 검증하는 외에 그 가설을 검증할 방법은 없다.

전체 게놈 중복 사건이 두 번 발생했는가?

그러나 혹자는 새로운 유전자들을 여기저기에 복제하는 것이 **몇 가지** 새로운 정보를 만들어낼 수는 있을지 몰라도 대규모의 진화적 변화가 요구하는 어려운 일을 감당하기에는 **충분치** 않다고 주장할 수도 있을 것이다. 흥미롭게도 유전학자들은 오랫동안 현재의 척추동물에 이르는 계통(즉 두개골과 척추가 있는 모든 동물)이 "전체 게놈 중복(whole-genome duplication; WGD) 사건"으로 알려진 것을 통해 대량의 유전자 중복을 경험했고 이 유형의 사건이 한 번이 아니라 두 번 일어났다고 생각해왔다. 전체 게놈 중복 사건들은 종종 생식 세포들이 감수 분열을 준비해서 자신의 염색체들을 복제한 후 분열되지 못할 때 발생한다. 가령 유성 생식을 하는 유기체들에서 생식자(즉 난자나 정자)를 만드는 감수 분열은 일반적으로 염색체 수를 반으로 줄여서 두 생식자가 결합한 후 새로운 배아가 정상적인 염색체 수를 가지게 한다. 때로는 난자를 만들어내는 세포 분열이 염색체 분리를 수행하지 않아서 모든 염색체가 난자 안에서 두 쌍이 된다. 그리고 이상하게 들릴지 모르겠지만 그 경우 난자에 항상 결함이 생기지는 않는다. 정상적인 정자가 그것과 수정하면 모든 염색체에서 일반적인 두 개의 사본이 아니라 세 개의 사본을 지니는 자손이 나온다. 이 유기체들은 적절한 한 쌍의 염색체나 두 쌍의 염색체를 지닌 생식자를 만들 수 있다. "두 쌍의" 생식자들끼리 융합하면 염색체가 두 개인 일반적인 유기체가 아니라 염색체가 네 개인 유기체가 나온다. 이러한 유기체들 사이의 교배는 이전의 새로운 "정상"으로서 두 세트의 염색체가 아니라 네 개의 염색체를 지닌 새로운 계통을 시작할 수 있는데 이는 전체 게놈이 두 배가 된 것이다. 억지처럼 들릴 수도 있

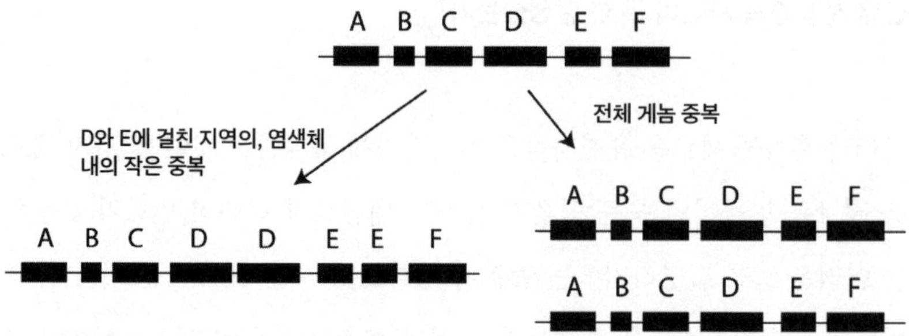

그림 4.3. 염색체 내의 작은 중복(왼쪽)은 하나의 염색체 내에서 몇 개의 파라로그들을 만든다. 전체 게놈 중복 사건(오른쪽)은 모든 염색체의 사본을 만들고 게놈에 들어있는 모든 유전자에 대해 완전한 세트의 파라로그들을 만든다(염색체 하나만 보여준다).

지만, 과학자들은 물고기와 개구리 같은 오늘날의 척추동물에서 이런 종류의 전체 게놈 중복 사건들을 문서로 정리했다.[13] 따라서 아주 먼 과거에 조상 척추동물 계통에 이 일이 일어났을지도 모른다는 것이 불가능한 아이디어는 아니다. 그리고 사건들 사이에 적당한 시간적 분리가 있다면 그것이 두 번 일어날 수 없다고 생각할 이유가 없다.

척추동물들에게서 몇 가지 핵심적인 유전자들이 매우 유사하지만 동일하지는 않은 네 사본 세트로 나타난다는 관찰이 척추동물의 계통에서 전체 게놈 중복 사건이 두 번 발생했다는 초기의 증거 중 하나였다. 이 네 사본 세트가 두 번의 전체 게놈 중복의 결과였을 수 있는가? 아니면 그것들이 단순히 소규모의, 염색체의 부분적인 중복의 결과였는가?

오늘날 척추동물 게놈들에서 파라로그들이 존재하는 장소의 양상을 조사하는 것이 이를 분별하는 한 가지 방법이다. 소규모 중복들은 하나의

---

13 Sarah P. Otto and Jeannette Whitton, "Polyploid Incidence and Evolution," *Annual Review of Genetics* 34 (2000): 401–37.

염색체상에서 소수의 파라로그들을 만들어내는 반면 전체 게놈 중복 사건은 모든 염색체의 완전한 사본들을 만들어낼 것이다(그림 4.3).

파라로그들이 최초로 출현했을 때에는 그것들이 필요하지 않았을 것이기 때문에 우리는 전체 게놈 중복 사건이 일어난 후 많은 파라로그들이 상실될 것으로 예상한다. 하지만 일부는 존속하고 그것들의 기능이 약간 바뀔 수도 있다(우리가 에클레르와 p24-2의 사례에서 보았듯이 말이다). 장기적으로는 그림 4.4 B에 묘사된 것과 유사한 양상이 나올 것으로 예상한다. 수천 세대 후에 두 번째 전체 유전자 중복 사건이 일어날 경우 그 사건 역시 모든 염색체의 사본을 만들 것이고, 파라로그들이 각각의 중복된 염색체상에 질서 있게 배열할 것이다(그림상의 C). 이 사건이 일어난 후 우리는 다시금 파라로그들의 일부는 상실되고 일부는 존속하며, 존속하는 파라로그들은 차츰 기능이 변화될 것으로 예상한다.

전체 게놈 서열분석 기법이 개발됨에 따라 이제 척추동물의 게놈들에 존재하는 파라로그들의 분포를 조사해서 그 데이터가 염색체 상에서의 소규모 복제를 지지하는지 전체 게놈 중복 사건을 지지하는지 알아볼 수 있게 되었다.[14] 인간 게놈은 현재까지 가장 많이 연구된 척추동물 게놈이므로 이 분석을 위한 대표적인 척추동물 게놈으로 인간 게놈이 선택되었다. 물론 이 작업을 위해 연구자들은 가설상의 최초의 전체 게놈 중복 사건이 일어나기 오래전에 존재해왔을 현재의 척추동물들에 들어있는 유전자들의 하위 집합을 식별할 필요가 있었다. 전체 게놈 중복이 두 번 일어났다면 이

14 Paramvir Dehal and Jeffrey L. Boore, "Two Rounds of Whole Genome Duplication in the Ancestral Vertebrate," *PLOS Biology* 3, no. 10 (2005), doi:10.1371/journal.pbio.0030314.

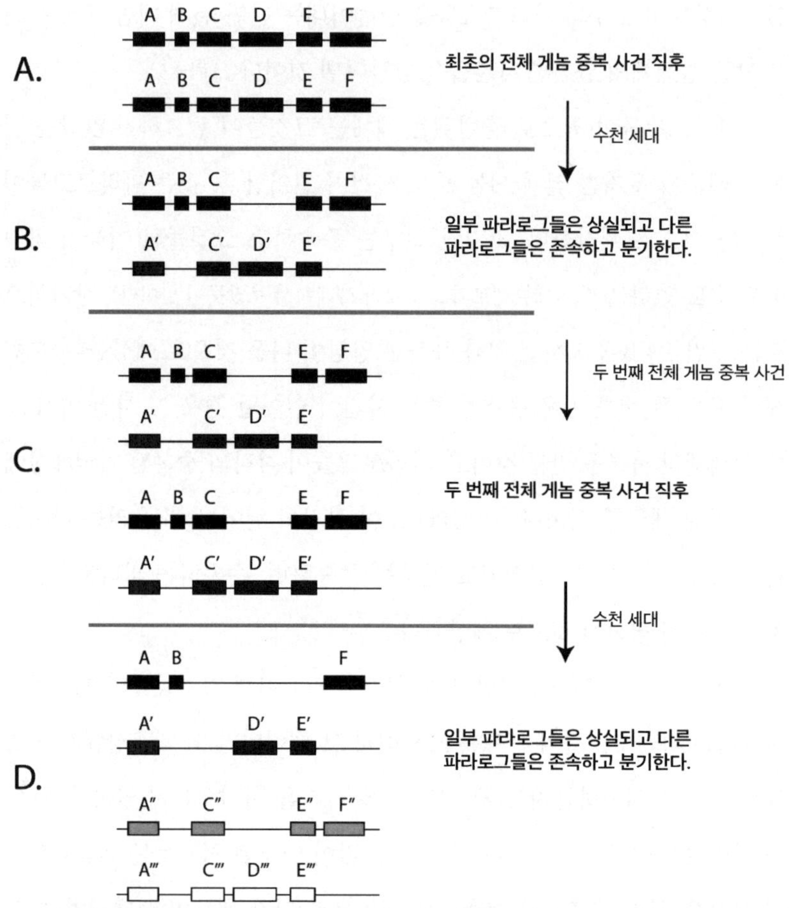

그림 4.4. 전체 게놈 중복 사건은 질서 정연한 파라로그들이 있는 염색체 사본들을 만든다(A). 시간이 지나면 일부 파라로그들은 상실되고 다른 파라로그들은 분기해서 새로운 기능을 지니게 될 것이다(B). 두 번째 전체 게놈 중복 과정이 반복되고(C), 파라로그들은 다시 한번 상실되거나 분기한다(D). 두 번의 전체 게놈 중복을 경험한 계통의 최종 파라로그 양상은 비슷할 것으로 예상될 것이다(D). 많은 파라로그들이 상실되었을지라도 존속하는 파라로그들은 전체 게놈 중복을 암시하는 공간상의 조직을 유지할 것이다.

런 유전자들만이 두 번의 전체 게놈 중복을 경험했을 것이다. 훗날 염색체 상의 소규모 중복들을 통해 발생했을 수도 있는 유전자들은 이 연구에서 배제될 필요가 있었다.

전체 게놈 중복 사건이 발생하기 전에 존재했을 고대 유전자들의 집합을 식별하기 위해 연구자들은 척추동물 및 관련 동물 집단 사이의 알려진 관계를 사용하는 간단한 접근법을 활용했다. 척추동물들은 척삭동물에 속한다. 달리 말하자면 척추동물은 모두 척삭동물이지만 척삭동물이 모두 척추동물인 것은 아니다. 현재 척추동물이 아닌 척삭동물(유령멍게 [*Ciona intestinalis*]라는 멍게)의 완전한 게놈 서열이 밝혀져 있으며 경골어(참복 [*Takifugu rubripes*]이라는 복어)의 완전한 게놈 서열도 알려져 있다. 인간, 복어, 그리고 멍게는 가설상의 전체 게놈 중복 사건이 일어나기 전의 먼 과거에 공통 조상 집단을 공유한다(그림 4.5). 따라서 이 마지막 공통 조상 집단에 존재하는 유전자들이 전체 게놈 중복 사건이 발생하기 전에 존재한 유전자들이었을 것이다.

(게놈 서열을 포함한 여러 갈래의 증거에 기초한) 이 알려진 관계 덕분에 연구자들은 척추동물이 멍게와 공유하는 마지막 공통 조상 집단에 존재했던

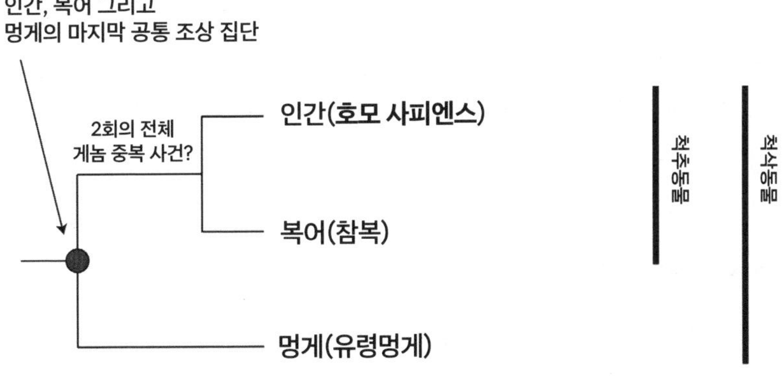

그림 4.5. 인간, 복어, 멍게의 계통수. 이 세 종의 마지막 공통 조상 집단(회색 원)에 존재한 유전자들은 오늘날 척추동물로 이어진 계통에서 전체 게놈 중복을 경험했을 것이다.

유전자들을 현재의 척추동물에서 식별할 수 있었다. 오늘날 척추동물과 멍게가 공유하는 유전자들은 그들의 공통 조상 집단으로부터 물려받았을 가능성이 크다. (독립적인 두 계통에서 수천 개의 유전자들이 새롭게 발생했는데 그것들이 우연히 매우 비슷하다는) 대립 가설은 가능성이 매우 작다. 따라서 연구자들은 인간과 멍게가 공유하는 유전자들만 분석했다.

이런 분석에서 극적인 연구 결과들이 나왔다. 인간 유전자들의 이 하위 집합은 두 번의 전체 게놈 복제 사건을 통해 예측된 양상으로 네 개의 그룹으로 정렬한다.[15] 이와 대조적으로 멍게와 공유되지 않지만 중복된 인간 유전자들을 살펴보았을 때, 연구자들은 이 파라로그들이 염색체상에서 서로 가까이 위치한다는 사실을 발견했는데, 이 점은 소규모 중복 가설과 일치한다. 따라서 그 증거는 인간의 많은 파라로그들은 먼 과거에 일어난 두 번의 전체 게놈 중복 사건의 결과이지만, 일부는 좀 더 최근에 염색체 상에서 일어난 소규모 중복의 결과라는 가설을 강력하게 지지한다.

그리고 이 점에 어려움이 있다. 우리는 이 파라로그들이 최근의 것이든 고대의 것이든 간에 서로로부터 크게 분기했고 새로운 기능들을 획득했다는 것을 안다. 더욱이 이런 기능 중 많은 것들이 척추동물들에게 절대적으로 필요하다. 만일 비히의 주장이 옳다면 이 가운데 어느 것도 가능하지 않았을 것이다.

내게 돌연변이들을 보여달라

이 증거에도 불구하고 지적 설계 진영의 학자들은 여전히 회의적이다. 물

15 Ibid.

론 수억 년에 걸친 척추동물의 진화를 재연하는 것은 수백만 년의 초파리의 진화를 재연하는 것만큼이나 불가능한 일이다. 이상적인 세계에서라면 과학자들이 장기간에 걸쳐 모든 세대의 DNA 변이에 대한 완전한 기록을 가지고 유기체들의 모집단을 추적해서 그 집단 안에서 일어난 변화를 식별할 수 있을 것이다. 실제로 비히의 주장들을 전적으로 반박하기 위해서는 그런 실험이 수행될 필요가 있을 것이다. 비히가 미국의 공립 교육 시스템에서 지적 설계를 가르치는 것의 합헌성을 검증했던 2005년 **키츠밀러 대 도버** 교육구 재판에서 증언했을 때,[16] 반대 신문에서 그는 무엇이 고대의 환원 불가능한 복잡한 시스템(이 경우 척추동물의 면역 체계)의 진화에 대한 적절한 증거라고 생각하겠느냐는 질문을 받았다.

질문. 척추동물의 면역 시스템이 어떻게 진화했는지 설명하려면 당신은 그것이 발생했는지 단계별로 묘사할 필요가 있지요?

답변. 단계별, 돌연변이별 분석이 필요할 뿐만 아니라 나는 이런 돌연변이가 발생하고 있을 때의 유기체의 집단이 얼마나 컸는지, 그 돌연변이를 선택할 때의 가치가 무엇인지, 그 돌연변이에 해로운 효과가 있는지 그리고 그런 많은 질문에 관한 적절한 정보를 알기 원할 것입니다.

질문. 그리고 당신은 그런 질문들을 알아보려고 시도하지 않았지요?

답변. 나는 면역 시스템이 다윈의 진화 과정을 통해 발생했는지 확신이 서질 않습니다. 그래서 그런 연구가 결실을 맺으리라고 생각하지 않습니다.[17]

---

16 키츠밀러 재판의 사본은 미국의 국립과학교육센터에 보관되어 있다. http://ncse.com/creationism/legal/kitzmiller-trial-transcripts.

17 The TalkOrigins Archive, http://www.talkorigins.org/faqs/dover/day12pm.html에서 그 재

관련된 사건들은 아주 먼 과거에 일어났기 때문에 이 시스템의 발생에 대해 비히가 요구하는 수준의 세부사항을 제공하는 것은 불가능하다. 비히의 기준은 현재 수행되는 실험들에 대해서조차 지나친 요구다. 그러나 이러한 도전에도 불구하고 소수의 야심적인 실험들은 비히가 요구한 세부사항을 제공했다. 그들이 매우 빠르게 생식해서 합리적인 시간 안에 여러 세대가 관찰될 수 있는 유기체들을 사용하는 것은 당연한 일이다.

그런 실험 중 하나는 바이러스 집단이 세균을 감염시키는 능력을 조사했다.[18] 그 바이러스는 "람다 파지"(lambda phage)로 불리는데, 그것은 인간의 보편적인 장내 세균인 대장균을 감염시킨다. 람다 파지는 숙주를 감염시키기 위해 자신의 단백질 중 하나인 "단백질 J"를 사용해서 대장균 숙주의 표면에 있는 수용체 단백질 중 하나에 결합한다. 이 결합이 일어난 후 다른 여러 단백질 결합들이 차례대로 일어나 그 바이러스가 자신의 DNA를 숙주 세포 안으로 주입하게 되고 이어서 많은 상호작용이 추가로 일어나 숙주 안에서 그 바이러스가 복제되어 숙주를 파괴하고 새로운 바이러스를 방출하며, 그 사이클이 반복되게 된다. 요점은 그 과정은 특정한 단백질 결합 사건이 정해진 순서대로 많이 일어나야 한다는 것이다. 만약 단백질들 가운데 하나라도 빠지면 바이러스 복제가 진행되지 못한다. 따라서 "부분들이 목적을 띠고 배열"되어 바이러스의 복제를 달성하며 각각의 부분이 그 과정에 필수적인데, 이는 비히의 정의에 따르면 환원 불가능한 복잡한

판의 발언 기록을 보라.

18 Justin R. Meyer, Devin T. Dobias, Joshua S. Weitz, Jeffrey E. Barrick, Ryan T. Quick, and Richard E. Lenski, "Repeatability and Contingency in the Evolution of a Key Innovation in Phage Lambda," *Science 335* (2012): 428-32. Justin Meyer는 지적 설계 옹호자인 Stephen Meyer가 아님을 주의하라.

시스템이다.

연구자들은 그 바이러스가 다른 숙주 단백질을 사용하여 대장균 안으로 들어가도록 진화할 수 있는지 궁금해했다. 람다 파지는 이 목적을 위해 대장균 위에 존재하는 람B(LamB)라 불리는 단백질을 이용한다. 연구자들은 일부 대장균 집단의 표면에 람B 단백질을 발현하는 시스템을 만들었다. 따라서 그들이 배양한 대다수 대장균은 람다 파지 바이러스에 대한 저항력이 있었지만, 바이러스에 감염될 수 있는 소수의 대장균은 람다 파지가 충분히 복제되어 소멸하지 않게 해 줄 수 있었다. 이 시스템에서 람B 단백질을 사용하지 않고 대장균을 감염시킬 수 있는 능력을 획득한 바이러스는 이전에 저항력이 있던 수백만 개의 숙주에 접근할 수 있을 것이다. 어떤 일이 일어났겠는가?

이 실험의 한 가지 핵심적인 특징은 연구자들이 자주 바이러스 집단 시료들을 냉동 저장했다는 것이었다. 따라서 후에 뭔가 재미있는 일이 일어난다면, 과학자들은 차후에 손쉽게 소생시켜 살펴볼 수 있는 바이러스 집단의 완벽한 "화석 기록"을 지니게 될 수 있었다.

흥미롭게도 그 바이러스는 실제로 옴프F(OmpF)라는 두 번째 숙주 단백질을 사용하여 진화했다. 이 일은 한번만 일어난 것이 아니라 실험에서 반복적으로 일어났다. 람B 대신 옴프F를 이용할 수 있는 바이러스들의 DNA 서열을 분석해보니 바이러스 단백질들 중 하나—일반적으로는 람B에 결합하는, "단백질 J"라는 단백질—에서 네 개의 아미노산 변화가 축적되었음이 드러났다. 보존된 시료들을 살펴봄으로써 연구자들은 새로운 결합은 네 가지 돌연변이가 모두 존재해야만 하는 것이라는 점을 입증했다. 그들은 이 돌연변이들이 동시에 발생한 것이 아니라 순차적으로 발생했다는 것도 밝혀냈다. 이 일련의 돌연변이들은 단백질 J가 람B에 좀 더 단단하게 결합할 수 있게 해 주었음이 밝혀졌는데, 그 실험에서 람B를 지닌 숙주가 매우 적었기 때문에 이 점은 상당한 장점이었다. 세 개의 돌연변이가 일어나고 난 뒤로는 하나의 돌연변이만 더 일어나면 그 결합을 하고 옴프F를 이용할 수 있는 능력을 획득하게 되었다. 흥미롭게도 옴프F를 이용할 수 있는 바이러스들은 람B에 결합할 수 있는 능력을 유지했다. 즉 그 바이러스는 두 가지 숙주 단백질을 모두 사용할 수 있었다.

이 실험의 두 가지 측면이 비히의 논지에 문제가 된다. 첫째, 이 실험은 환원 불가능한 복잡한 시스템에 단백질이 추가된 것을 문서로 보고한다는 것이다. 원래의 시스템은 바이러스 단백질 J가 람B 단백질에 결합한 것과 더불어 다른 많은 단백질 결합 사건들로 구성되었다. 수정된 시스템에는 람B가 없으며 대신 옴프F와 결합하는 수정된 바이러스 단백질 J를 지니고 있다. 중간의 시스템은 옴프F뿐만 아니라 수정된 단백질 J와 람B를 지니지만, 이제는 람B나 옴프F 가운데 한 가지만 요구된다. 하나의 환원 불가능한 복잡한 시스템으로부터 다른 복잡한 시스템으로의 이동은 그것들 사이에서 발판(scaffold) 또는 비히의 표현을 사용하자면 징검돌 역할을 하는 중간 상태를 지닌다.

비히의 주장에 대한 두 번째 중요한 문제는, 하나의 시스템에서 또 다른 시스템으로 옮겨가기 위해서는 적어도 네 개의 돌연변이 사건들이 필요했다는 것이다. 비히는 그의 논지 전체를 돌연변이들이 동시에 일어나야 한다는 가정에 의존한다. 바이러스 하나에서 이 네 개의 변화가 동시에 일어날 확률은 $1/10^{27}$으로서, 이는 가능성이 조금도 없는 수준이며 비히가 진화가 달성할 수 있는 "한계"로 설정한 수준보다 훨씬 낮은 수준이다. 비히가 말한 소위 한계를 바이러스가 계속 넘어갈 수 있었던 이유는 돌연변이들이 동시에 일어난 것이 아니라 **순차적으로** 일어났기 때문이었다. 그렇게 되면 네 개의 돌연변이 생성은 충분히 가능했을 뿐만 아니라 과학자들이 세심하게 지켜보는 가운데 반복해서 일어날 수 있을 정도로 충분히 개연성이 컸다.

따라서 비히는 이제 다수의 돌연변이를 통해 생겨난 새로운 단백질 결합 장소로 말미암아 새로운 결합 사건이 종전에 복잡한 시스템의 필수적인 부분을 대체하는 구체적인 사례에 직면해 있는데, 이 모든 것은 논박할 수 없이 구체적으로 정리되어 있다. 실제로 중간 형태들(한 번, 두 번 또는 세 번의 돌연변이를 지닌 이형들)을 보여주지 않으면 비히는 설계가 관여되어 있을 가능성이 있다고 결론지을 것이다. 그가 p24-2 유전자에 대해 그렇게 결론짓듯이 말이다. 에클레르와 p24-2에 대해 입증한 것은 아니지만, 우리는 이 대목에서 가장 완고한 비판자라도 논박할 수 없는 방식으로 입증했다. 따라서 수백만 년에 걸친 진화가 우리가 며칠 만에 실험실에서 직접 관찰할 수 있는 것에 상응하는 일을 할 수 없다고 주장하기 어렵다.

정보와 설계

지적 설계 운동이 제공한 두 번째 주요 주장은 새로운 생물학적 정보가 진화 기제를 통해 만들어질 수 없다는 것이다. 지적 설계 진영에서 이 견해의 선도적인 옹호자는 철학자이자 과학사가인 스티븐 메이어다. 정보로부터의 논증은 그의 두 권의 대표작의 중요한 부분을 구성한다.[19] 간략하게 말하자면 메이어는 진화는 우리가 생물계로부터 관찰하는 "특수하고 복잡한 정보"를 설명하지 못한다는 것과 지적 설계가 정보에 대해 알려진 유일한 원인이라는 것을 주장한다. 그는 따라서 지적 설계가 우리가 DNA에서 관찰하는 정보에 대한 최선의 설명이라고 주장한다. 메이어는 DNA 정보의 궁극적인 기원(즉 생명의 기원)과, 생명이 발생한 후 우리가 화석 기록에서 관찰하는 다양한 신체의 계획과 같이 새로운 특징들이 발달하는 데 필요한 정보 모두를 설명하기 위해서는 설계가 필요하다고 주장한다. 이 후자의 관찰에 대해 메이어는 새로운 기능들을 제공하는 단백질을 암호화하는 새로운 유전자가 필요하며, 새로운 단백질들에 대해서는 소위 "단백질 접힘"을 만들어낼 필요가 있다고 주장한다. 단백질들이 자기 일을 하려면 그것들이 안정적인 3차원 형태로 꼬이고 구부러질 필요가 있다. 생물학자들이 이 안정적인 구조를 "단백질 접힘"으로 부르는 것도 놀랄 일이 아니다. 안정적이고 기능을 수행하는 단백질 접힘은 매우 드물다는 것이 일반적으로 지적 설계, 특히 메이어의 저작들에서 중요한 주장 중 하나다. 그들은 더 나아가 단백질 접힘이 매우 드물어서 진화가 새로운 접힘을 만들 수 없다고 주장한다. 그 결과 메이어는 기능을 수행하는 새로운 단백질, 따라서 그런 단백질을 암호화하는 유전자들의 기원을 설명하기 위해서는 지적 설계가 필요하다고 주장한다. 메이어는 새로운 유전자나 심지어 새로운 단백질

---

19 현재까지 출간된 Meyer의 중요한 책들은 *Signature in the Cell: DNA and the Evidence for Intelligent Design* (New York: HarperOne, 2009[『세포 속의 시그니처』, 겨울나무 역간])과 *Darwin's Doubt: The Explosive Origin of Animal Life and the Case for Intelligent Design* (New York: HarperOne, 2013[『다윈의 의문』, 겨울나무 역간])이다.

접힘은 진화가 만들어낼 수 있는 범위를 벗어나기 때문에 우리가 관찰하는 생물학적 정보가 진화의 산물이 아니라 설계의 산물임을 확신할 수 있다고 주장한다.

메이어의 이의에도 불구하고 유전학자들은 새로운 유전자들과 새로운 기능들이 존재하게 되는 많은 기제를 규명해왔다. 우리가 에클레르와 p24-2의 사례에서 살펴본 바와 같이 유전자 중복과 돌연변이는 새로운 기능을 수행하는 새로운 유전자를 만들 수 있다. 그리고 우리는 이제 척추동물 계통의 밑바탕에는 두 번의 전체 게놈 중복 증거가 있다는 것을 안다. 이는 수정된 기능으로 전환될 수 있는 유전자 수를 크게 늘렸다. 내가 아는 한 메이어는 이 점을 인정하거나 이에 대해 답변하지 않았다. 혹자는 언제든지 그런 중복과 분기는 "새롭지 않다"고 주장할 수 있다. 그리고 메이어는 개별적인 유전자들에 대해 이 주장을 한다. 진화가 좀처럼 완전히 "새로운" 것을 만들지 않는다는 것을 기억하라. 진화는 모두 **변화를 수반한** 유전(descent with modification)에 관한 것이다.

메이어의 논지에 존재하는 이러한 명백한 흠결들 외에도 유전자 서열들이 중복되고 분기되어 새로운 조합으로 재결합해서, 어떤 유전자에도 존재하지 않는 기능을 지니는 키메라 유전자들(전에 별도로 존재했던 유전자들의 부분들이 함께 결합한 유전자들)을 만드는 다른 기제들이 알려져 있다. 전혀 유전자가 아니었던 서열이 "새로운" 유전자를 발생시키는 기제는 훨씬 더 인상적이다. 그러나 메이어는 이런 기제들 역시 적당하지 않다고 생각하며 다음과 같은 문제가 있다고 주장한다. (1) 그 기제들은 유전자나 유전자 조각에 포함된 특정 정보의 기원을 교묘히 회피한다. (2) 그 기제들은 전혀 설명되지 않은 새로운 도약에 호소하는데, 이것은 본질적으로 "무로부터의"

진화적 창조다.[20]

메이어는 계속해서 진화가 (중복 사건들을 통해) 몇 가지 새로운 유전자들을 설명할 수 있을지라도 이 유전자들은 동일한 단백질 접힘을 지닌다고 주장한다. 그는 따라서 그것들이 "완전히 새로운" 것은 아니라고 주장한다.

> [생물학자들은] 새로운 단백질 접힘의 기원이 아니라 경미한 유전자 변이들(그리고 그것들의 유사한 단백질들)의 진화를 설명하려는 시도와 같은 유형의 많은 시나리오를 인용한다. 이것은 중요한 구분이다. 왜냐하면…새로운 단백질 접힘은 선택 가능한 구조적 혁신의 가장 작은 단위를 대표하며, 생명의 역사에서 훨씬 큰 혁신들도 그것들에 의존하기 때문이다. 구조적 혁신의 기원을 설명하기 위해서는 동일한 유전자와 단백질의 기원이나 심지어 새로운 단백질 기능을 위해 암호화할 수 있는 새로운 유전자의 기원을 설명하는 것 이상이 필요하다. 새로운 단백질 접힘을 만들어내기 위해서는 충분한 유전 정보—참으로 새로운 유전자들을 만들어낼 필요가 있다.[21]

따라서 메이어는 진화가 새로운 단백질 접힘에 필요한 정보를 생성할 능력이 없으며 유전자 중복에 토대를 둔 기제들은 정보의 궁극적 기원(즉 생명의 기원)을 설명하지 못하기 때문에 문제를 교묘히 회피하는 것이라고 주장한다. 메이어의 주장들을 생물학적 증거에 비춰 평가하기 전에 그 주장들을

---

20 Meyer, *Darwin's Doubt*, 221.

21 Ibid., 223.

좀 더 자세히 살펴보자. 생명의 기원 문제를 다루기 전에 우리는 진화가 새로운 단백질 접힘을 지닌 새로운 유전자를 만들어내지 못한다는 그의 주장부터 살펴볼 것이다. 이 주장에 대한 과학적 지지는 논문 한 편—2004년에 지적 설계 옹호자인 더글러스 액스가 발표한 논문[22]—에만 기초하고 있기 때문에 그 실험이 어떻게 수행되었는지를 이해할 필요가 있다.

도끼로 나무를 잘라내기?

액스는 페니실린계 항생제를 파괴하는 세균 효소, 특히 "베타 락타마제"의 기능 연구에 관심이 있었다. 페니실린 계열 항생제에는 "베타 락탐 고리"라 불리는 화학 결합 구조가 있는데, 베타 락타마제는 이 고리를 잘라서 그 항생제를 파괴한다. 이 효소가 기능을 발휘할 경우 그것을 가진 세균은 항생제에 노출되어도 생존할 것이기 때문에 이 효소를 사용해서 쉽게 이런 종류의 실험을 할 수 있다. 액스는 베타 락타마제가 기능을 상실하지 않고서 그것의 접힘 구조가 얼마나 많이 변경될 수 있는지를 알아보는 데 관심이 있었다. 혹자는 이를 위해서는 정상적으로 기능을 수행하는 베타 락타마제의 아미노산을 한 번에 하나씩 변화시켜 돌연변이를 만들어서 그것들의 기능을 알아보면 된다고 생각할 수도 있을 것이다. 이론상으로는 이렇게 하면 될 것 같지만 그렇게 하면 거의 언제나 기능을 수행하는 단백질이

22 Douglas D. Axe, "Estimating the Prevalence of Protein Sequences Adopting Functional Enzyme Folds," *Journal of Molecular Biology* 341, no. 5 (2004): 1295-315.

나온다는 것이 잘 알려져 있다. 단백질 접힘은 대개 매우 안정적이며 절대적으로 중요한 아미노산이 변하지 않는 한 아미노산 하나의 돌연변이들은 좀처럼 단백질 형태나 기능에 별로 영향을 주지 않는다. 따라서 액스는 대신 수정된 베타 락타마제로 실험을 고안했다. 그는 거의 기능하지 않는 베타 락타마제를 만들었다. 이 미미한 기능의 효소(그것은 아미노산 약 150개 길이였다)로 실험을 시작한 그는 한 번에 열 개의 아미노산 그룹을 변화시켜 그 변화가 약간 남겨진 기능을 제거하는지 살펴보았다. 이 돌연변이들의 대다수는 그 효소에 남겨진 약간의 기능을 파괴했는데, 이는 놀랄 일이 아니었다. 이 실험 결과 및 다른 세균들에 들어있는 베타 락타마제의 서열 비교를 사용해서 액스는 10^{77}개의 서열들 가운데 한 개만이 자신이 조작한 베타 락타마제가 그 기능을 잃지 않을 것이라고 추정했다.

액스가 조작한 베타 락타마제에 대한 이 결과는 현재 논란이 되지 않는다. 하지만 이 결과가 단백질의 진화 일반에 적용된다는 메이어의 주장에 대해서는 논쟁이 벌어지고 있다. 메이어는 기능을 발휘하는 단백질 접힘이 매우 희귀하다면, 우리는 진화가 거대한 건초 더미(기능을 발휘하지 않는, 접히지 않은 단백질 서열들)에서 바늘(기능을 발휘하는, 접힌 단백질들)을 찾을 수 있으리라고 기대할 수 없다고 주장한다.

> 이 모든 것은 조합의 가능성이라는 거대한 건초더미에서 기능을 발휘하는 바늘을 찾을 것을 요구한다. 더글러스 액스가 길이가 크지 않은(아미노산 150개 길이) 서열들에서 건초 더미(기능을 발휘하지 않는 서열들)에 대한 바늘(기능을 발휘하는 서열)의 비율을 $1/10^{77}$로 추정했다는 것을 상기하라.

물론 자연적으로 발생하는 단백질에서 이차 구조의 단위들에 들어있는 결사슬들(side chains) 사이의 상호작용은 안정적인 접힘을 유지한다. 그러나 안정적인 3차원 구조로 접힌 구조를 지닌 이런 단백질들은 아미노산들의 지극히 희귀하고 정밀하게 배열된 서열들에 의존한다. 안정적인 단백질 접힘을 만드는 데 필요한 조합을 찾는 문제가 해결되었느냐가 아니라, 무작위 돌연변이들에 의존하는 신다윈주의 기제가…그것이 어떻게 해결될 수 있는지에 관한 그럴 법한 설명을 제공하느냐가 문제다.[23]

메이어에게 있어서 그 대답은 완전한 "아니오"다. 그는 알려진 어떤 돌연변이 기제도 이 문제를 극복할 수 없다고 주장한다. 그는 기능을 발휘하는 단백질 접힘이 매우 희귀하다면 진화가 그것들을 발견할 길이 없다고 주장한다. 기능을 발휘하지 않는 서열들과 기능을 발휘하는 사열들 사이에 거대한 간극이 존재하기 때문에, 하나의 접힘 유형을 다른 유형으로 전환하는 것조차 불가능하다. 따라서 우리가 유전자에서—그리고 심지어 유전자 안의 단백질 접힘들 안에서—보는 정보를 자연 과정이 만들어낼 개연성은 지극히 작다. 메이어의 주장을 실감 나게 표현해보자면 알려진 우주에는 약 10^{78}-10^{82}개의 원자들이 존재하는 것으로 생각된다. 10^{77}개의 단백질 중 하나만이 기능을 발휘한다면 진화가 그것을 발견할 개연성은 우리 은하 또는 심지어 많은 은하에 존재하는 모든 원자 가운데서 특정한 원자 하나를 발견할 개연성보다 훨씬 작다. 그 일은 일어나지 않을 것이고 그런 제약하에서는 진화가 진행될 수 없다. 따라서 메이어는 새로운 단백질 접힘과 그것을 포함하는 유전자들을 설명하기 위해서는 지적 설계가 필요하다고 주

23 Meyer, *Darwin's Doubt*, 226.

장한다. 우리는 지성은 이 일을, 심지어 가능성이 없더라도, 할 수 있다는 것을 안다. 따라서 메이어는 설계하는 지성이 최상의 설명이라고 주장한다.

액스의 연구를 사용해서 기능을 발휘하는 단백질의 형성을 추정하기 위해서는 몇 가지 주의가 요구된다.[24] 먼저 자연적인 단백질들은 기능을 상실하지 않으면서도 많은 돌연변이를 허용한다는 것이 잘 알려져 있기 때문에 액스의 실험은 돌연변이된, 기능을 별로 발휘하지 않는 단백질을 사용했음을 기억하라. 액스가 일반적이고 안정적인 단백질을 사용했더라면 그가 실험에서 "기능을 발휘하는" 단백질들을 훨씬 더 많이 발견했으리라는 점에 대해서는 논란이 없다. 그리고 액스가 그의 테스트에서 한 번에 여러 개의 아미노산들을 바꿨다는 것을 기억하라. 가능한 한 개나 두 개, 세 개 등의 모든 돌연변이를 시도하기에는 시간이 모자랐을 것이다. 이런 작은 돌연변이들이 조작된 단백질의 잔여 기능을 제거하리라고 예상되지도 않았을 것이다. 진화는 우리가 살펴본 바와 같이 대개 많은 돌연변이의 동시 발생을 통해 일어나는 것이 아니라 하나의 돌연변이를 통해 일어난다. 액스의 실험은 표본 수를 줄이기 위해 복수의 동시적인 돌연변이를 사용할 필요가 있었지만, 이 점은 그의 실험 설계는 진화가 어떻게 장기간에 걸쳐 새로운 단백질 구조를 만들 수도 있는가라는 문제에 대해 적실성이 떨어진다는 것을 의미한다. 사실 생물학자들은 처음부터 겨우 기능을 유지하고 있는 수준으로 돌연변이가 일어난 단백질에 복수의 아미노산에서 동시에

---

24 이 문제들에 관한 논의는 Arthur Hunt, "Axe (2004) and the Evolution of Enzyme Function," *The Panda's Thumb*(블로그), January 14, 2007, http://www.pandasthumb.org/archives/2007/01/92-second-st-fa.html도 보라.

돌연변이가 발생하면 반드시 그 단백질의 기능이 감소될 것으로 예상한다.

두 번째 문제는 액스의 실험은 특정한 효소로 기능하는 단백질, 즉 베타 락타마제를 발견하기 위해 고안되었다는 것이다. 설사 액스의 추정이 옳다고 하더라도 그것은 이 특정한 효소로 기능할 수 있는 단백질 접힘의 추정에 국한될 뿐이다. 또한 다른 기능을 할 수도 있지만 그의 실험 목적상으로는 "기능이 없는" 것으로 취급된, 안정적인 접힘을 지닌 많은 단백질이 있었을 것이다. 그 실험의 본질은 단 한 가지 기능만을 테스트하는 것이었다.

세 번째 문제는 액스의 실험은 정해진 하나의 단백질로 시작하고 그것을 변경시킨다는 것이다. 이 대목에서 문제가 되는 것은 액스가 그의 테스트 대상으로 선택한 것과 유사하지 않은 다른 베타 락타마제들이 존재한다는 것이다. 이 다른 단백질들은 액스가 사용한 효소와는 아주 다른 아미노산 서열을 지닌 베타 락타마제들로 기능한다. 따라서 그 실험에서 베타 락타마제로 기능했을 수도 있지만 액스가 선택한 베타 락타마제 구조의 일부로서 기능하지는 않았던 서열들이 있었다. 달리 말하자면 그의 실험은 그가 고려하는 기능을 수행하는 서열조차 빠뜨렸을지도 모른다.

과학자들은 이런 종류의 한계와 주의 사항을 알기 때문에 이런 이슈들이 액스의 논문에 문제가 되지 않는다. 그러나 메이어의 저작을 읽는 평균적인 일반인들은 기능적이고 잘 접힌 단백질들이 **일반적으로** 매우 드물다는 그의 결론을 곧이곧대로 받아들이고, 그것들이 자연적인 기제를 통해 만들어질 수 없다는 그의 평가에 동의할지도 모른다.

주의 사항은 차치하고, 그 문제를 참으로 해결할 수 있는 방법은 새로운 기능과 새로운 단백질 접힘을 지니는 "완전히 새로운" 유전자—이미 존재하고 있던 단백질 서열의 중복이 아닌 유전자—가 생길 수 있는지 살펴보는 것이다. 과학자들이 만약 그런 사건을 발견한다면 그것은 액스의 계산(그리고 메이어가 그 추정치를 사용한 것)은 기능적인 단백질 접힘이 존재하는 정도에 대해 믿을 만한 추정이 아니라는 말과 같다. 흥미롭게도 그런 사례가 많이 알려져 있다. 비록 메이어는 그런 사례들이나 그것들이 자신의 논지에 대해서 어떤 함의를 갖는지 알지 못하는 것으로 보이지만 말이다. 몇 가지를 자세하게 살펴보자.

새로운 나일로나제

1970년대 중반에 일본의 과학자들은 화학 폐기물 웅덩이에서 채집한 세균을 검사하다가 놀라운 발견을 했다. 그것은 탄소와 질소의 유일한 원천으로 나일론을 사용할 수 있는 세균이었다.[25] 나일론은 1930년대에 발명된 합성 화학 물질이기 때문에 이 발견은 이 세균들이 겨우 40년 만에 나일론을 자신의 먹잇감으로 사용하도록 적응했음을 말해주고 있었다. 40년은 진화의 시간 척도에서는 눈 깜짝할 시간보다 짧은 기간이다. 자연히 이 능력의 바탕을 이루는 원인이 큰 관심거리가 되었고 추가 연구 결과 그 세균은 나일론 사슬을 좀 더 작은 조각들로 잘라서 그것들을 대사하는 세 가지 효소를 지니고 있다고 밝혀졌다. 이 세 가지 효소들과 그것들을 암호화하

25 Seiji Negoro, Tomoyasu Taniguchi, Masaharu Kanaoka, Hiroyuki Kimura, and Hirosuke Okada, "Plasmid-Determined Enzymatic Degradation of Nylon Oligomers," *Journal of Bacteriology* 155 (1983): 22-31.

는 유전자들은 통칭 "나일로나제"(nylonases)로 알려지게 되었다.

이 나일로나제들이 어떻게 유래되었는지가 자연스러운 다음 질문이었다. 셋 중 하나는 놀랍게도 새로운 효소였다. 아미노산들의 이 기능적 서열은 다른 효소가 변화된 형태가 아니라 하나의 돌연변이를 통해 순식간에 존재하게 되었다.[26]

단백질 번역에 관한 우리의 이전 논의에서 DNA 암호는 코돈들, 즉 세 개의 DNA 문자 그룹으로 읽힌다고 했던 것을 기억하라. 이 사례에서는 DNA 문자 하나가 추가된 삽입 돌연변이가 기존의 유전자 서열에서 발생했다. 흥미롭게도 삽입 돌연변이는 동시에 두 가지 일을 했다. 어떤 한 유전자의 초기 아미노산 서열에 "종료" 코돈을 들여왔고 동시에 새로운 "시작" 코돈을 만들었다. 하지만 이 새로운 시작 코돈은 원래 유전자 서열의 코돈들과 제대로 정렬되지 않았다. 오히려 그것은 모든 코돈의 DNA 문자를 하나씩 옮겨서 완전히 새로운 아미노산들의 서열을 만들었다. 이 새로운 서열이 바로 약하게 기능하는 나일로나제였던 것이다. 나중에는 이 서열이 중복되고 두 사본의 서열들이 돌연변이로 인해 서로 갈라지게 된다. 중복된 사본은 원래의 서열보다 활동성이 200배 강한 매우 활동적인 나일로나제가 된다.[27]

---

26 Susumu Ohno, "Birth of a Unique Enzyme from an Alternative Reading Frame of the Preexisted, Internally Repetitious Coding Sequence," *Proceedings of the National Academy of Sciences of the United States of America* 81, no. 8 (1984): 2421-25. Dennis Venema, "Intelligent Design and Nylon-Eating Bacteria," *Letters to the Duchess*(블로그), April 7, 2016, http://biologos.org/blogs/dennis-venema-letters-to-the-duchess/intelligent-design-and-nylon-eating-bacteria도 보라.

27 Ohno, "Birth of a Unique Enzyme." Seiji Negoro, Taku Ohki, Naoki Shibata, Nobuhiro Mizuno, Yoshiaki Wakitani, Junya Tsurukame, Keiji Matsumoto, Ichitaro

새로운 단백질 서열이 효소로 기능할 수 있었다는 사실은 그것이 안정적인 단백질 접힘을 거쳤다는 가설을 강력히 지지하는 것이었다. 실제로 최근의 한 연구는 이 효소들의 정확한 구조를 파악했는데, 그것들은 예상한 바와 같이 실제로 다수의 안정적인 접힘들을 갖고 있었다. 아이러니하게도 그것들의 3차원 구조들은 베타 락타마제를 포함한 단백질들의 락타마제 그룹의 형태와 아주 유사했다.[28] 비록 그것의 아미노산 서열은 알려진 락타마제와 비슷한 점이 전혀 없었지만 그럼에도 그것들은 전반적으로 동일한 형태를 갖고 있었다. 따라서 그것들은 적절하게 접히는 동시에 기능을 발휘하는 단백질이 새롭게 발생할 수 있음을 보여줄 뿐만 아니라(단백질 접힘으로 가득하다), 아주 다른 서열들이 비슷한 형태로 접혀서 비슷한 기능을 수행할 수 있다는 예로도 작용하는데, 우리는 이 두 가지를 액스의 연구에서 주의해야 할 사항이라고 언급한 바 있다.

따라서 메이어가 절대적으로 불가능하다고 주장하는 것—가능한 단백질 서열들의 광대한 공간에서 기능을 발휘하고 접힌 단백질을 발견하는 것—을 진화가 간단하게 달성하는 것으로 보인다.[29] 더욱이 이것은 진화가 전혀 최적이지 않은 구조를 발견한 후 복제와 추가적인 돌연변이들을 통해

Kawamoto, Masahiro Takeo, and Yoshiki Higuchi, "X-ray Crystallographic Analysis of 6-Aminohexanoate Dimer Hydrolase: Molecular Basis for the Birth of a Nylon Oligomer-Degrading Enzyme," *Journal of Biological Chemistry* 47 (2005): 39644-52도 보라.

28 Negoro et al., "X-ray Crystallographic Analysis."

29 지적 설계 대화를 면밀하게 추적하는 독자들은 내가 2010년에 그의 저서 *Signature in the Cell*을 검토했을 때 이 예를 지적한 것을 기억할지도 모른다(Venema, "Seeking a Signature: Essay Book Review of Signature in the Cell: DNA and the Evidence for Intelligent Design by Stephen C. Meyer," *Perspectives on Science and Christian Faith* 62 [2010]: 276-83). 내가 알기로 Meyer는 이 증거를 다루지 않았다.

그것의 기능을 가다듬는 예다. 나일론이 개발된 지 겨우 40년 만에 우리는 그것을 충실히 활용하는 복잡하고 특화된 생물학적 정보를 관찰하고 있다. 더욱이 이 정보의 특징들로부터 그것이 잘 알려져 있고 개연성이 높은 일련의 돌연변이 사건들을 통해 쉽게 만들어질 수 있음을 알 수 있다.

거듭 새로 만들어짐

이것이 일회성 사례라면 그것을 믿을 수 없을 정도로 드물고 별난 사건이라며 무시할 수도 있을 것이다. 그리고 혹자는 이런 종류의 일은 급속하게 발생하고 수가 많은 세균에게서만 가능하다고 주장할 수도 있을 것이다. 흥미롭게도 사실은 그렇지 않은 것으로 보인다. 초파리, 효모, 영장류 그리고 심지어 사람과 같은 완전히 다른 유기체들에서도 완전히 새롭게 생성된 유전자들이 존재한다는 강력한 증거가 있다. 메이어는 "진화생물학자들은 대개 **설명되지 않은** 유전 정보 증가를 묘사하기 위해 '새로운 발생'이라는 용어를 사용"하며 그 용어는 "알려진 돌연변이 과정을 언급하지 않는다"고 주장하지만, 그 말은 사실이 아니다.[30] DNA 상 새로운 유전자들은 몇 번만 돌연변이가 일어나도 전사와 번역이 가능한 유전자가 될 수 있다. 예를 들어 원래 약하게 기능하는 나일로나제는 DNA 문자 하나만을 삽입함으로써 만들어졌다. 이 새로운 효소는 완전히 새로운 아미노산 서열을 지니

---

30 Meyer, *Darwin's Doubt*, 221. 나는 Meyer가 왜 "새로운 발생"이 "설명되지 않은"을 의미한다고 생각하는지 잘 알지 못한다. 우리가 앞으로 살펴보겠지만 "새로운" 유전자들은 갑자기 생겨나지 않는다. 그것들은 전사되고 번역되는 것과 매우 가까운 서열들로부터 나오며 소수의 작은 돌연변이 사건을 통해 그렇게 된다. Meyer는 이 점을 이해하지 못하거나(그 경우 우리는 그가 왜 그것에 관해 책을 쓰고 있는지 의아하다) 이해한다(그 경우 그는 독자들에게 증거를 잘못 제시하고 있다). Meyer가 새로운 발생을 "설명되지 않은 도약"이라고 지칭한다는 점도 그가 이해하지 못한다는 설명이 좀 더 그럴 법하다고 암시한다.

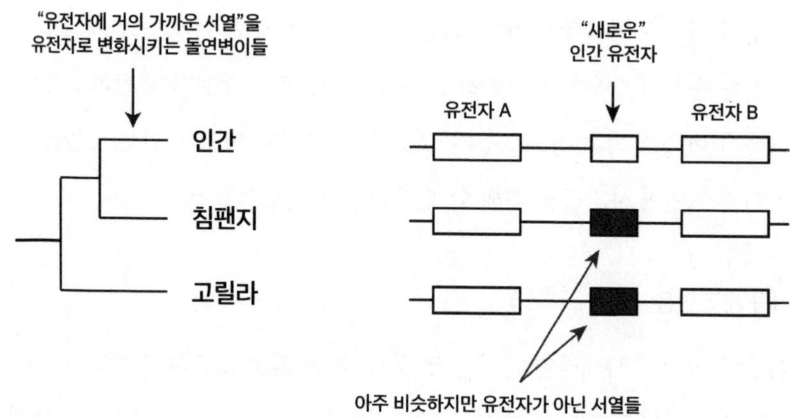

그림 4.6. 인간 게놈에 들어있는 새로운 유전자들은 인간에게 독특하지만 다른 유인원들에서는 매우 비슷한, 유전자가 아닌 서열들을 가지고 있는 유전자들을 식별함으로써 발견될 수 있다.

고 있지만, 그것은 기존의 유전자에서 유래했다. 하지만 유전자가 아닌 서열들로부터 새로운 많은 유전자가 나온 것으로 보인다. 이에 대한 증거를 살펴보자.

새롭게 생성된 유전자를 찾는 연구자들은 하나의 유기체에서만 발견되고 그것의 가까운 친척들에서는 발견되지 않는, 단백질을 암호화하는 유전자들을 살펴보는 것으로 시작한다. 인간에게서 새롭게 생성된 유전자를 예로 사용하기 위해 연구자들은 인간에게 고유하고 우리의 가장 가까운 친척인 침팬지와 고릴라에게서는 발견되지 않는 유전자들을 살펴본다(그림 4.6). 세 종 모두의 마지막 공통 조상 집단에 존재했던 유전자가 고릴라 계통과 침팬지 계통에서 독립적으로 삭제된 경우에도 이 양상이 생성될 수는 있다. 그런 유전자들은 새롭게 생성된 유전자가 아닐 것이기 때문에 연구자들은 제안된 유전자를 감싸고 있는 DNA 서열들을 살펴본다. 예를 들어 인간에게서 제안된 새롭게 생성된 유전자가 "유전자 A"와 "유전자 B"

사이에 있다면 연구자들은 침팬지와 고릴라에게서 동일한 그 유전자들을 살펴본다. 인간 게놈은 이 두 유인원 종의 게놈들과 거의 같기 때문에 대개 "유전자 A"와 "유전자 B"도 이 종들에게서 나란히 위치한다. 유전학자들은 이 유인원들에 존재하는 두 유전자 사이의 서열을 살펴볼 수 있다. 인간에게서 새롭게 생성된 유전자들은 유인원들에서 서열이 매우 유사하지만, 이 종들에서는 유전자가 아니라 그저 염색체 위치 상에 상응하는 DNA 유전자 서열이다. 대개 그런 서열들은 몇 개의 돌연변이만 일어나면 새로운 유전자가 된다. 따라서 우리는 이 증거를 통해서 유전자가 아닌 서열들로부터 새롭게 형성된 유전자들을 식별할 수 있다. 지금까지 인간에게서 그런 유전자 세 개가 파악되었다.[31] 초파리 종들에서는 새롭게 생성된 유전자들의 약 12퍼센트가 유전자 복제가 아닌 이 과정에 기인한 것으로 보인다.[32] 새롭게 생성된 유전자 가운데 다수가 획득된 직후에 상실된다는 증거도 있다. 그 유전자들은 최초로 형성되었을 때 필요한 유전자였을 수 없으므로 이것은 놀라운 일이 아니다. 그러나 그것들 가운데 일부는 존속하고, 또 그 중에서 일부는 우리가 p24-2에 대해 보았던 것처럼 필수적인 유전자가 된다(p24-2는 새롭게 생성된 유전자가 아니라 유전자 중복 사건의 결과이지만 말이다). 이처럼 게놈들은 계속 그리고 서서히 변하고 있다. 장기간에 걸쳐 유전자들을 획득하고, 상실하고, 그것들 사이의 생화학적 관계를 변화시키면서

---

31 Jorge Ruiz-Orera, Jessica Hernandez-Rodriguez, Cristina Chiva, Eduard Sabidó, Ivanela Kondova, Ronald Bontrop, Tomàs Marqués-Bonet, and M. Mar Albà, "Origins of *De Novo* Genes in Human and Chimpanzee," *PLOS Genetics* 11, no. 2 (2015), doi:10.1371/journal.pgen.1005721.

32 Qi Zhou, Guojie Zhang, Yue Zhang, Shiyu Xu, Ruoping Zhao, Zubing Zhan, Xin Li, Yun Ding, Shuang Yang, and Wen Wang, "On the Origin of New Genes in Drosophila," *Genome Research* 18 (2008): 1446-55.

말이다. 다시 말하거니와 이러한 증거들은 유전적 혁신을 위해 필요한 새로운 유전자, 새로운 기능, 그리고 새로운 단백질 접힘이 알려진 진화 기제의 범위 밖이라는 메이어의 주장을 지지하지 않는다. 이 변화가 오늘날의 유기체들에서 단기간에 걸쳐 관찰된다면, 과거에 수천만 년에 걸쳐 일어났던, 유사한 혁신이—"캄브리아기 대폭발" 같은 사건들을 위한 혁신조차—우리가 살펴본 바와 같이 전체 게놈 중복 사건들을 통해 강화되었을 가능성이 있다는 좋은 증거가 되는 셈이다.[33] 새롭게 생성된 유전자들이 게놈에 새로운 단백질 접힘과 기능들을 추가할 수도 있지만 유전자 중복, 다른 유전자들의 부분들을 꿰매 새로운 유전자를 만들기, 다른 돌연변이들과 같은 좀 더 "평범한" 과정들도 한 몫을 담당한다. 그리고 이 과정들은 기존의 복잡한 생화학적 체계들에 추가될 새로운 요소들을 위한 자양분을 제공해서 장기간에 걸쳐 그 체계들의 상태와 기능을 변화시킨다. 이 점은 비히의 주장이 근거가 없음을 한층 더 암시한다.

태초로 돌아가기

따라서 "복잡하고 특수한 정보"가 생명의 다양성을 설명할 수 있을 만큼 충분히 많이 발생할 수 있고 "환원 불가능하게 복잡한" 생화학 시스템이 실제로 장기간에 걸쳐 만들어질 수 있다면, 지적 설계 진영에서 주장할 요

33 실제로 Meyer의 *Darwin's Doubt*에 등장하는 "새로운 유전자/접힘은 없다"는 주장의 주요 요점은 캄브리아기 화석 기록에서 관찰되는 혁신은 신적 입력(input)을 필요로 한다는 점을 그의 독자들에게 설득시키는 것이다.

소가 아직 남아 있는가? 메이어가 이미 분명하게 주장한 바와 같이 실제로 그런 요소가 있다. 하지만 아무리 새로운 유전자, 기능, 접힘의 기원들이 입증될 수 있다고 하더라도 이 과정들은 사전에 많은 양의 생물학적 정보가 이미 존재한다고 가정하기 때문에 입증되지 않은 것을 기정 사실로 논하게 되는 셈이다.[34] 그 정보 시스템이 어떻게 존재하게 되었는지를 설명할 필요가 있는데, 메이어는 자연적인 기제는 이 정보를 만들어내는 데 부적절하기 때문에 생명의 역사에서 이 지점이 지적 설계가 필요한 또 다른 지점이라고 주장한다.

이 분야에서 메이어의 주된 주장은 DNA 암호를 단백질들로 번역하는 데 필요한 생화학적 기구의 기원은 화학적 상호작용의 관점에서 설명될 수 없다는 것이다. 우리가 살펴본 바와 같이 각각의 DNA 코돈은 "운반 RNA"(tRNA)라는 상보적인 RNA 분자가 적절한 아미노산을 리보솜으로 데려와 그것의 안티코돈 서열을 통해 코돈에 결합할 때 번역된다. 메이어의 요점은 현재의 시스템에서 특정한 어떤 코돈이 특정한 아미노산과 짝을 이룰 물리적 이유가 없다는 것이다. 그는 코돈과 아미노산 사이에 직접적인 상호작용이 없기 때문에, 원칙상으로는 어떤 코돈이든 모든 아미노산에 할당될 수 있었다고 주장한다.

---

34 실제로 Meyer는 내가 2010년에 그의 *Signature in the Cell*을 검토했을 때 내가 분명히 이 점을 놓쳤다고 비판했다. 그 논문에서 나는 그가 진화 과정이 어떻게 게놈들에 정보를 추가하는지를 다루지 않았다고 비판했다(Venema, "Seeking a Signature"). Meyer의 반박은 Meyer, "Of Molecules and (Straw) Men: A Response to Dennis Venema's Review of *Signature in the Cell*," *Perspectives on Science and Christian Faith* 63 (2011): 171-82을 보라. 그의 반박에 대한 나의 답변은 Venema, "Intelligent Design, Abiogenesis, and Learning from History: A Reply to Meyer," *Perspectives on Science and Christian Faith* 63 (2011): 183-92을 보라.

따라서 뉴클레오타이드 코돈들과 아미노산들 사이의 화학적 친화성은 유전 암호를 정의하는 코돈들과 아미노산들 사이의 대응을 결정하지 않는다. 유전 암호를 구성하는 요소들의 속성 관점에서 볼 때 그 암호는 물리적으로 및 화학적으로 임의적이다. 모든 가능한 암호의 발생 가능성이 동일하다. 화학적으로 어느 것도 선호되지 않는다.…결정론적인 화학적 친화성이 이 시스템의 기원을 불가피하게 만들었다는 주장에는 경험적 토대가 없다.[35]

메이어는 자신의 요점을 강조하기 위해 "직접적인 화학적 상호작용이 없다!"라는 제목의 그림을 사용하기도 하는데 그 그림은 아미노산, 아미노산을 암호화하는 코돈, 그 둘을 연결하는 중간의 운반 RNA 분자를 표시한다.[36] 이 점은 메이어의 핵심 주장이다. 화학적 상호작용이 오늘날 암호가 어떻게 번역되는지를 설명하지 않는다면, 화학적 상호작용이 좀 더 단순한 체계로부터 현재의 암호를 구축할 수 있었으리라는 증거가 없다는 것이다. 대신 그는 그것은 "유전 암호"가 사실은 설계자가 아무것도 없는 상태에서 창조해낸 것과 같은 **진정한 임의의 암호**임을 의미한다고 주장한다.

이런 식의 논증이 야기하는 문제는 유전 암호가 화학적 토대를 지닌다는 증거가 존재한다는 것이다. 몇 가지 아미노산은 실제로 운반 RNA 분자가 없을 경우 그것들의 코돈들에 직접 결합한다.[37] 지금은 운반 RNA 때문에 그것들이 직접 결합하지 않지만, 그럼에도 화학적 친화성은 존재한다.

---

35 Meyer, *Signature in the Cell*, 248.

36 Ibid., 247.

37 Michael Yarus, Jeremy Joseph Widmann, and Rob Knight, "RNA-Amino Acid Binding: A Stereochemical Era for the Genetic Code," *Journal of Molecular Evolution* 69 (2009): 406-29.

이 점은 유전 암호의 적어도 일부는 아미노산이 운반 RNA 분자들의 도움을 통해서가 아니라 직접 자신의 코돈에 결합한 단계를 통과했음을 암시한다. 확실히 이 관찰이 유전 암호가 어떻게 발생했는지에 대한 완전한 그림을 제공해주지는 않지만, 그런 관찰은 지적 설계 관점에서는 설명하기가 어렵다. 왜 임의로 설계된 암호에서 그런 친화성이 발견되는가? 친화성이 현재의 암호에서 기능에 공헌하지 않기 때문에, 설계자가 그런 친화성이 없이 암호를 설계하는 것이 손쉬운 일이었을 텐데 왜 그런 친화성을 넣어 두었는가? 비히의 설계자와 마찬가지로 메이어의 설계자는 진화된 것 같은 외관을 지니는 디자인을 선택한 것으로 보인다.[38]

---

38 Meyer는 몇 가지 아미노산들과 그것들의 코돈들이나 안티코돈들 사이에 관찰된 결합 친화성은 단지 Yarus의 실험 설계의 인위적인 산물일 뿐이라고 주장함으로써 Yarus와 그의 동료들의 연구를 반박하려고 했다. Meyer는 이 주장을 2011년에 지적 설계 온라인 내부 저널인 *BIO-Complexity*에 발표했다. Stephen Meyer and Paul Nelson, "Can the Origin of the Genetic Code Be Explained by Direct DNA Templating?," *BIO-Complexity* 2 (2011): 1-10, doi:10.5048/BIO-C.2011을 보라. 하지만 이 주장은 Yarus와 그의 동료들이 여러 출판물에서 제시하는 증거로 말미암아 지지되지 않는다. 더욱이 2009년 이후 독립적인 다른 연구 그룹이 Yarus와 그의 동료들의 연구를 토대로 연구를 수행하여 관측된 결합 친화성이 참으로 실제적이며 가짜가 아님을 확인했다. RNA와 단백질들의 복합체인 리보솜 내에서 단백질 부분에 들어있는 아미노산들이 RNA 부분에 있는 아미노산들의 안티코돈들에 가까이 위치하기를 선호한다는 발견은 주목할 만한 한 가지 사례다. 이 관찰은 리보솜 복합체가 생물학 역사에서 그런 결합 친화성이 중요했던 시기에 출현했다는 가설을 뒷받침한다. David Johnson and Lei Wang, "Imprints of the Genetic Code in the Ribosome," *Proceedings of the National Academy of Sciences of the United States of America* 107 (2013): 8298-303을 보라. Meyer와 Nelson은 그들이 시도한 반박에서 이 연구를 다루거나 언급하지 않는다.

진화 대 설계가 아니라 진화는 설계다

많은 그리스도인이 **진화**와 **설계**를 반대의 것으로 보지만 이 문제를 생각하는 다른 방법이 있다. 간단히 말하자면 진화와 설계가 반드시 서로 배타적인 범주인 것은 아니다. 오히려 진화는 하나님이 지구상에 생물 다양성을 가져오기 위해 선택하신 설계일지도 모른다. 내 친구이자 동료인 아르트 루이스는 생물물리학자로서의 자신의 연구에서 유래한 유비를 사용해서 이 점을 잘 나타냈다.

> 내가 레고 블록들을 가지고 그것들을 조립해서 당신에게 기차를 만들어 준다면 그것은 아주 근사할 것이다. 그러나 만일 내가 레고 블록들을 만들어 그것들을 상자 안에 넣고 상자를 잠시 흔든 뒤…그 상자를 열면 블록들이 즉각적으로 기차로 조립된다면—그 기차에 약간의 흠이 있을지라도—그것은 훨씬 더 근사할지도 모른다.[39]

실로 자체적으로 조립될 수 있는 물체를 만들기 위해서는 수작업 조립이 필요한 물체의 설계보다 훨씬 우수한 설계가 요구될 것이다. 스스로 조립되는 물체가 설계자가 필요하지 않았다는 증거라는 주장보다는, 그 배후에 강력한 지성이 있었다는 주장이 더 설득력이 있을 것이다. 기제로서의 진화는 집단들을 환경에 멋지게 적응시키고, 그것들이 말하자면 "자체 조립"

---

39 Ard Louis는 *Socrates in the City*와의 인터뷰에서 이 예를 사용했다(https://vimeo.com/153015977).

될 수 있게 해 준다. 많은 과학자들이 진화가 "아름다운 무수한 형태들"을 만들어낸다는 다윈의 평가에 동의했다.[40] 과연 하나님은 그분의 지혜 가운데 자신의 창조세계를 그 환경에 적응한 생물의 다양성으로 채우기 위하여 우리가 "자연적인" 기제라고 부르는 것을 사용하기로 작정하셨을까? 그리고 오랜 시간 환경의 조건이 변함에 따라 자신의 창조세계가 계속 적응하도록 하기 위해 진화를 사용하셨을까? 만약 그러셨다면 하나님은 과연 세상을 기적적으로 창조하신 경우에 비해 창조주가 덜 되는 것일까? 나는 그렇지 않다고 생각한다. 그것은 과학이 확증할 수 있는 범위를 넘어서기 때문에 과학이 말할 수 있는 것은 아니지만, 나는 진화가 생명을 창조하기 위한 하나님의 장대한 설계라고 생각한다.

숙고하기

지적 설계에서 벗어나는 나의 개인적인 여정에서 나는 불편한 결론에 도달했다. 그것은 지적 설계는 적실성 있는 증거가 결여된 곳에서만 강력해 보인다는 것이다. 지적 설계 옹호자들은 그 비판을 극구 부인하지만, 나는 지적 설계를 틈새의 하나님 논증으로 보게 되었다. 화석 기록에 관해 잘 알지 못할수록 지적 설계가 설득력이 있어 보인다. 생화학 시스템에 관한 세부 내용들과 그것들이 장기적으로 어떻게 변하는지 잘 알지 못할수록 지적 설계가 설득력이 있어 보인다. 유전 암호에 관해 잘 알지 못할수록 지적 설계

40 Darwin, *Origin of Species*, 490.

가 강력해 보인다. 게놈들의 조직에 관해 잘 알지 못할수록 지적 설계가 설득력이 있어 보인다. 생명의 기원, 캄브리아기 생명의 대폭발, 대다수의 복잡한 생화학 구조들의 기원은 아주 먼 과거에 발생한 일이라서 그것들을 연구하기가 불가능하지는 않다고 하더라도 매우 어렵다. 그러나 이러한 탐구 영역에서 과학자들이 직면한 도전에도 불구하고 지적 설계의 관점을 약화시키고 진화를 지지하는 증거가 계속 조금씩 쌓이고 있다. 화학자들이 지구상에 어떻게 생명이 발생했는지를 밝혀냈는가? 전혀 그렇지 않을뿐 아니라 설사 가능하다고 하더라도 가까운 장래에는 밝혀내지 못할 것이다. 생물학자들은 진화 과정을 통해 모든 복잡한 생화학 구조가 어떻게 발생했는지에 대한 자세한 기제를 파악했는가? 전혀 그러지 못했고 앞으로도 그러지 못할 것이다. 이것이 진화는 실패했으며 하나님이 유전 정보나 복잡한 생화학 구조를 직접 창조하셨음이 틀림없다고 주장할 좋은 이유인가? 아니면 그런 주장들은 지구가 움직인다면 우리가 그것을 느낄 것이기 때문에 지구는 움직이지 않는다는 주장의 현대판에 상응하는가? 과거 20년 동안의 지적 설계 운동에 대해서조차 이런 식의 주장은 초라한 실적을 거두고 있다.[41]

더욱이 성경이 창조에 관해 뭐라 말하는지를 숙고한 나는 지적 설계가 성경의 증거에 반한다고 생각하게 되었다. 로마서 1장에서 바울은 창조세계에 대한 관찰은 창조주를 드러낸다고 선언한다. 이 점은 1세기의 개인이 유대인이든 이방인이든, 노예이든 자유인이든 관찰하고 추론할 수 있는 사

41 Venema, "Intelligent Design, Abiogenesis, and Learning from History"를 보라. 지적 설계 운동은 새로운 증거가 나옴에 따라 덜 알려진 영역으로 후퇴하게 되었다.

항이었다. 이 점이 중요한데, 바울은 창조된 질서의 설명되지 않은 특징들에 대해 말한 것이 아니라, 그것의 기능적 완전성과 영광에 대해 말했다. 혹자가 설명되지 않은 현상을 발견하고 그럼으로써 우주가 창조주의 작품이라고 선언하기 위해서는 DNA 서열이나 전자 현미경이 필요할 것이라는 아이디어는 바울이 말한 것과는 동떨어진 생각이다. 창조세계가 창조주를 드러내며 우리는 그것에 대해 변명할 수 없다. 그 창조세계가 어떻게 작동하는지를 더 알수록 우리의 경이가 더 깊어진다. 본회퍼의 말을 다른 말로 표현하자면, 바울은 우리에게 우리가 알지 못하는 것 안에서가 아니라 아는 것 안에서 하나님을 보라고 촉구한다. 그리고 과학이 창조세계에 관해 더 많이 드러낼수록 우리는 하나님이 자신의 창조세계를 어떻게 존재하게 하셨는지에 관해 점점 더 많이 알게 된다.

5장

아담과 하와 그리고 게놈:

인간 게놈 프로젝트 후 성경을 읽기 위한 네 가지 원칙*

adam and the genome - adam and the genome --
adam and the genome -- adam and the genome --
adam and the genome -- adam and the genome -
---adam and the genome adam and the genome
adam and the genome adam and the genome adam
- and the genome --- adam and the genome adam
-and the genome adam and the genome - adam -
and the genome adam and the genome - adam
and the genome -- adam and the genome adam ---
and the genome adam and the genome adam - and
the -genome - adam - and the genome adam and
the genome adam and the genome adam--and the
genome adam and -- the genome adam and the
genome adam and -- the genome adam and- ---
the genome adam and the genome adam -and the
genome - adam and the genome ---adam and
the genome - adam and the genome - adam and
the genome -- adam and the genome -- adam and
the genome -- adam and the genome -- adam and
the genome - ---adam and the genome adam and
the genome adam and the genome adam and the
genome adam - and the genome --- adam and
the genome adam -and the genome adam and the
genome - adam - and the genome adam and the

* 이번 장과 다음 장을 주의 깊게 읽어준 데 대해 내 동료이자 친구인 Dr. Claude Mariottini에게 감사한다. 그의 지혜 덕분에 나는 몇 가지 부적절한 내용을 제거했고 몇 가지 요점을 재고하고 수정했다. 또한 John Walton과 Tremper Longman과 Jason Gile은 친절하게도 유용한 많은 제안을 제공했다. 나의 블로그 공동 운영자인 Roseanne Sension에게 깊은 감사를 표한다. 그녀는 이 책에서 내가 쓴 여러 장에 대해 의견을 제공해 주었다. 나는 그녀로부터 과학에 관해 많이 배웠으며 그녀는 과학과 신앙의 대화 분야에서 일하는 우리에게 큰 도움이 되어왔다. 마지막으로 노던 신학교의 새 총장인 William Shiell—그는 리더, 목사, 신약학자다—이 내가 집필한 부분을 쓰도록 제안해 준 데 대해 깊이 감사한다.

adam and the genome

교회나, 나의 경우에는, 성경 교수가 이 책의 1부에서 발견되는 종류의 과학을 접하면 무슨 일이 일어나는가? 진화 이론과 인간 게놈 프로젝트가 성경의 창조 내러티브를 만나면 무슨 일이 발생하는가? 우리가 오늘날 최고의 과학은 현생 인류가 약 10,000명보다 적은 호미닌에게서 나왔을 수 없다고 가르친다는 말을 들으면 무슨 일이 벌어지는가? 우리가 아담 전의 인간이 있었다는 말을 들으면 무슨 일이 일어나는가?[1] 창세기 1-3장에 등장하는 두 명의 인간은 어떻게 된 것인가? 노아 홍수에서 살아남은 여덟 명은 어떻게 된 것인가? 혹자는 우리가 성경과 과학 가운데 어느 것을 믿어야 하느냐고 묻는다.

마지막 질문에 관해 종전 입장을 유지하는 사람도 있고 과학의 최근의 결론으로 이동하는 사람도 있다. 종전의 견해를 고수하는 대항문화 입장을 취하는 그룹이 있는가 하면, 두 번째 그룹은 때때로 자기들과 다른 입장을 취하는 사람들이 과거 또는 심지어 종교적 미신의 모래에 그들의 머리를 박는다고 말한다. 첫 번째 그룹은 성경에 대한 충실함을 중시하는 반면 두 번째 그룹은 그런 입장은 지적 태만이라고 생각한다. 비난은 양방향으로

1 이 만남의 역사, 즉 자주 그리고 많은 사람에 의해 말해졌고 너무도 자주 완고한 극단(우리는 하나님을 믿는다, 우리는 과학을 믿는다)과 많은 비방(이단자, 다윈주의자 등)으로 전락한 이야기에 대해 나는 Ronald Hendel, *The Book of "Genesis": A Biography*, Lives of Great Religious Books(Princeton: Princeton University Press, 2012)를 추천한다. 좀 더 광범위한 묘사에 대해서 나는 다음과 같은 학술 문헌들을 추천한다. David N. Livingstone, *Adam's Ancestors: Race, Religion, and the Politics of Human Origins* (Baltimore: Johns Hopkins University Press, 2011); Livingstone, *Dealing with Darwin: Place, Politics, and Rhetoric in Religious Engagements with Evolution, Medicine, Science, and Religion in Historical Context* (Baltimore: Johns Hopkins University Press, 2014); Bradley J. Gundlach, *Process and Providence: The Evolution Question at Princeton*, 1845-1929 (Grand Rapids: Eerdmans, 2013); Monte Harrell Hampton, *Storm of Words: Science, Religion, and Evolution in the Civil War Era* (Tuscaloosa: University of Alabama Press, 2014).

가해진다. 당신은 아마도 나만큼 자주 그 비난을 들었을 것이다. 예시 목적상 나는 과학에 반대하는 입장을 유지한 위대한 개신교 개혁자 마르틴 루터를, 루터 이후 세대에 과학이 자신의 사고를 재형성하도록 허용한 갈릴레이와 대조한다. 루터는 성경에 기록된 내용 가운데 외부의 실재들과 충돌하는 것처럼 보이는 내용에 대해 "그것이 모든 경험 및 이성과 충돌하는 것처럼 보일수록 그것에 더 세심하게 주의를 기울이고 더 확실하게 믿어야 한다"고 말했다. 루터는 하와가 갈빗대로 만들어진 것에 관해 다음과 같이 말한다. "만일 당신이 성경의 권위를 제쳐두고 이성의 판단을 따른다면 그것은 터무니없는 허구이고 가장 어리석은 허튼소리다." 그러나 아마도 다음 발언이 그의 완고한 입장을 가장 잘 보여줄 것이다. "비록 그것이 이성에게는 요정 이야기처럼 들리겠지만 그것은 가장 확실한 진리다."[2] 이 대목에서 루터는 "이성"(또는 과학적 사고)과 신앙 또는 성경을 대조한다. 루터가 성경을 증거보다 우선시하기 때문에—그는 자기가 이성에 반한다는 것을 인정한다—혹자는 루터의 접근법을 과학과 신앙에 대한 우선적 접근법(dominating approach)으로 부른다. 갈릴레이는 또 다른 종류의 우선으로 루터를 반향한다. "감각적 경험을 통해 우리의 눈앞에 놓였거나 필요한 입증을 통해 증명된 자연 현상은 다른 의미를 지니는 것처럼 보이는 성경 구절들 때문에, 정죄되는 것은 말할 것도 없고, 의문시되어서도 안 된다."[3]

---

2 세 인용문 모두 Hendel, *Book of "Genesis,"* 126에서 인용된 루터의 *Lectures on Genesis* (1.125, 123, 131)에서 따왔다. 성 아우구스티누스(루터 자신이 아우구스티누스회 수사였다)가 성경과 충돌하는 과학의 거친 바다를 항해할 때 정반대의 방향을 취했다는 것이 잘 알려져 있다. Augustine, *The Literal Meaning of Genesis*, 2 vols., trans. J. H. Taylor (New York: Paulist Press, 1982), 1:42–43을 보라.

3 Hendel, *Book of "Genesis,"* 162에 인용된 내용.

성경이나 과학을 우선시하는 선택이 흔하지만, 더 나은 방법이 있는데 그것은 각각의 분야가 자신의 언어로 말하도록 허용하면서도 양자가 서로 대화하도록 요구한다. 결국 성경이 과학자들에게 지평과 전망을 제공할 수 있듯이 과학 역시 성경의 해석자들에게 도움을 줄수 있다. 세 명의 구약학자들—존 월튼, 트렘퍼 롱맨, 피터 엔스—이 성경과 과학 사이의 이 대화들이 어떻게 유익할 수 있는지에 관한 모델을 만들고 있다. 그들의 의견이 항상 일치하지는 않으며 이 책의 뒤에서 내가 언제나 그들과 의견을 같이하는 것도 아니지만, 그들은 이런 종류의 대화가 일어날 수 있는 새로운 길을 개척했다.[4]

나의 간증

그러나 나는 먼저 내 얘기를 그리고 내 얘기만을 하고자 한다.[5] 나는 진화

---

4 접근법들을 수집한 멋진 책으로는 S. C. Barton and David Wilkinson, eds., *Reading Genesis after Darwin*(New York: Oxford University Press, 2009)을 보라.

5 과학자가 아닌 나는, 그것의 가치가 무엇이든, Gerald Rau가 "계획된 진화"(planned evolution)라고 부르는 견해에 가장 마음이 끌린다. Gerald Rau, *Mapping the Origins Debate: Six Models of the Beginning of Everything* (Downers Grove, IL: IVP Academic, 2013), 45-46을 보라. 『한눈에 보는 기원 논쟁』, 새물결플러스 역간. 과학자라면 다음 문헌들을 보라. Simon Conway Morris, *Life's Solution: Inevitable Humans in a Lonely Universe* (New York: Cambridge University Press, 2004); Francis S. Collins, *The Language of God: A Scientist Presents Evidence for Belief* (New York: Free Press, 2007); Denis Alexander, *Creation or Evolution: Do We Have to Choose?*, rev. ed. (Oxford: Monarch Books, 2014). Denis O. Lamoureux, "No Historical Adam: Evolutionary Creation View," in *Four Views on the Historical Adam*, ed. Matthew Barrett and Ardel Caneday (Grand Rapids: Zondervan, 2013), 37-65과 66-71에 수록된 John Walton의 답변도 보라. 『아담의 역사성 논쟁』, 새물결플러스 역간.

는 무신론자들을 위한 것이고 진화를 포용하는 사람은 성경을 포용할 수 없다는 말을 들으며 자랐다. 그러나 나는 차츰, 때로는 비공식적으로, 진화는 그 모든 것이 일어난 방식이며 "나는 하나님이 진화의 과정을 인도하셨다고 믿는다"고 말하는 그리스도인 과학자들을 만났다. 그들의 증언은 내게 과학이 어떻게 작동하는지에 대해 귀를 기울이고 증거를 기다릴 용기를 주었다. 나는 이런 그리스도인 과학자들이 제자도에 있어서 신실하고 그들의 과학 지식에 있어서 겸손하지만, 과학이 모든 것에 대한 답을 제공하지는 않는다 해도 주장되는 내용 중 많은 것을 믿을 충분한 이유가 있다고 생각한다는 것을 발견했다. 개인 차원에서의 그들의 신용은 그들의 과학을 선택지로서 좀 더 믿을 만하게 만들었는데, 나는 그 점에 대해 이번 장의 뒤에서 좀 더 언급할 것이다.

나는 과학과의 만남이 나로 하여금 때때로 내가 배운 것에 관해, 성경이 말하는 것에 관해, 성경이 틀렸는지 여부에 관해, 그리고—이것은 내게 있어서 지적으로 결정적인 순간이었다—**창세기 1-2장에 대한 전통적인 해석이 의도는 좋았지만 아마도 잘못 인도되었고 재고할 필요가 있는지 여부에 관해** 의문을 품게 만들었다는 것을 인정한다. 달리 말하자면 나는 신뢰할 만한 과학자들과 그들의 연구를 만난 덕분에 다른 질문들과 가능한 다른 해석들을 갖고서 성경으로 돌아가 창세기가 그것이 쓰인 세계에서 무엇을 의미했을지를 물어보았다. 나는 이 과정에서 진실을 알고 싶은 마음이 동기를 부여했다고 믿는다. 나는 성경으로 돌아가 창세기를 그것의 맥락에서 읽고, 많은 사람이 성경이 말하고 있다고 **생각하는** 내용(즉 성경의 해석된 의미)이 성경이 **실제로 말하는** 내용(즉 원래의 의미)과 부합하는지 질문했다. 하지만 더 많은 것이 있다. 내게 창세기를 새롭게 연구하도록 자극한 과학과의 만남은 또한 나로 하여금 과학의 몇 가지 가정들에 대해 도전하게 했다. 리처드 도킨스와 샘 해리스 같은 극단적인 "신무신론자" 형태로 표현된 현대성은 우리의 마음속에 경험할 수 있는 것만이 유일한 실재라는 생각을 주입한다. 경험적인 세계를 연구하는 과학만이 실재를 확증할 수 있다면, 과학만이 우리에게 실재에 관한 진실을 말해줄 것이다. 하지만 현대성에서 보편적인 이 가정은 이미 가정하고 있는 것을 결론짓는 처사다. 어째서 그러한가? 이 접근법은 연구 대상을 경험적으로 검증할 수 있는 실재들로 제한한다. 이 입장에 따르면 다른 어떤 것도 실제적이지 않다. 하지만 그 외에 다른 것이 존재한다면 어떻게 되는가? 경험적이지 않은 모종의 실재가 존재한다면 어떻게 되는가? 성경은 과학자들에게 이런 종류의 질문을 제기한다. 나는 경험 이상의 것이 존재한다고 확신하며, 그것을 초실재(hyperreality) 또는 초현실(suprareality)로 부를 것이다. 그렇다면 경험적인 과학적 연구 방법만을 통해서는 알 수 없는 실재가 존재한다. 모종의 방식으로 경험적이지 않은 그 실재를 조사하기 위해 고안된 신학은 우리가 과학을 그곳에 위치시킬 수 있고 과학에 도전할 수 있는 지도를 제공할 수 있다.

나 자신의 간증에서 과학과 성경, 특히 창세기 1-11장에 관한 나 자신의 지적 질문에 대해 안심시켜 준 데 대해 내가 하나님께 감사하는 결정적인 순간이 세 번 있었다.[6] 첫 번째는 거의 40년 전에 성경과 진화에 관해 "대" 진화와 "소" 진화를 논의한 책을 읽었을 때였다. 다윈의 자서전과 함

6 이 책에서 나는 앞으로 창 1-2장은 창조 이야기로 사용하고, 창 1-3장은 소위 타락을 통한 아담과 하와의 이야기로 사용하며, 창 1-11장은 그것이 놓인 좀 더 큰 내러티브인 창 12-50장에 대한 "서막"으로 사용할 것이다.

께 읽은 그 책은 내 마음을 부드럽지만 확고하게 열어 주었다.[7] 나의 여행에서 두 번째 순간은 지난 몇 년 동안 과학자인 로잔느 센시온과 함께 블로그를 운영해온 것(그녀는 나의 블로그에서는 그녀의 이름 머리글자인 "RJS"로 활동한다) 및 데니스 베네마의 논문 "창세기와 게놈"(Genesis and the Genome)과 그에 이은 대니얼 할로우의 해설[8] 그리고 마지막으로 존 월튼의 책 『창세기 1장의 잃어버린 세계』(*The Lost World of Genesis One*)를 읽은 것과 관련이 있다. 센시온의 블로그 포스팅들과 이 저작들이 결합하여 성경을 읽는 새로운 방법에 대해 나의 마음을 열어주었다. 나의 세 번째 순간은 어떤 대학생이 내가 창세기 1장을 고대 근동의 맥락에서 읽기에 관해 가르쳐주지 않았더라면 자기가 기독교 신앙을 버렸을 것이라고 울면서 말했던 날이었다. 그는 과학자가 되고 싶었는데 과학에는 협상할 수 없는 것들이 존재한다는 것을 알았고, 그것이 그에게는 완전히 설득력이 있었다. 그런 것들 가운데 하나는 모종의 진화였다. 창세기가 그가 배웠던 방식—젊은 지구 창조론—과 다르게 읽힐 수 있다는 사실을 깨달은 것은 그 학생과 내게 결정적인 순간이었다. 나는 모종의 진화—유신 진화, 진화적 창조론, 또는 계획된 창조—가 증거에 잘 들어맞으며 기독교 신앙이나 창세기를 공정하게 읽는 것에

7 L. Duane Thurman, *How to Think about Evolution and Other Bible-Science Controversies*, 2nd ed. (Downers Grove, IL: InterVarsity, 1978); Adrian Desmond and James Moore, *Darwin: The Life of a Tormented Evolutionist* (New York: W. W. Norton, 1994).

8 Dennis R. Venema, "Genesis and the Genome: Genomics Evidence for Human-Ape Common Ancestry and Ancestral Hominid Population Sizes," *Perspectives on Science and Christian Faith* 62, no. 3 (2010): 166-78; Daniel C. Harlow, "After Adam: Reading Genesis in an Age of Evolutionary Science," *Perspectives on Science and Christian Faith* 62 (2010): 179-95.

위협이 되지 않는다고 확신한다.[9]

창세기는 텍스트 자체가 매우 이례적인 몇 가지 특징을 갖고 있어서 정직한 독자라면 그것들이 엄격하게 역사적으로 읽힐 의도였는지에 관해 궁금해하도록 만들기 때문에, 우리로 하여금 텍스트를 새롭게 읽도록 일깨운다. 예컨대 지구는 위에 둥근 천장을 가지고 있고, 남자는 먼지로 만들어진 반면에 여자는 남자의 갈비 하나(또는 하나 이상)를 빼내서 만들었으며, 그들의 이름은 의미심장하다(인간과 모든 산 자의 어머니). 뱀이 말을 하고 죄인이 아닌 사람들을 속여서 죄를 짓게 하며, 입구에서 빙빙 도는 칼을 가진 천사들이 지키는 장엄한 에덴동산(또는 "공원")이 있다. 누이들 외에 다른 여자가 없다고 믿을 이유가 있는데도 가인이 아내를 발견하며, 가인에게는 그를 구분하고 보호하기 위한 표시가 주어지고, 가인("창")과 아벨("빠르게 지나가는 호흡")의 이름들은 알레고리적인 것으로 보이고,[10] 사람들은 믿을 수 없을 정도로 오래 산다. 홍수가 온 땅을 덮어서 여덟 명으로 세상을 다시 시작하는데 그들은 즉시 어리석은 짓을 하고, 이어서 한 무리의 사람들이 하늘에 닿는 탑을 쌓으려고 하자 하나님은 그들을 언어가 다른 민족으로 갈라놓으신다. 이런 특색으로 말미암아 당신이 이것이 어떤 종류의 문학인지 궁금해하지 않는다면 당신을 궁금하게 만들 수 있는 것은 아무것도 없을 것이다.[11]

---

9 나는 나처럼 과학자가 아닌 사람들에게 Edward J. Larson, *Evolution: The Remarkable History of a Scientific Theory* (New York: Modern Library, 2006를 추천한다. 『진화의 역사』, 을유문화사 역간.

10 가인과 아벨의 이름의 번역에 관해서는 Matthew Richard Schlimm, *This Strange and Sacred Scripture: Wrestling with the Old Testament and Its Oddities* (Grand Rapids: Baker Academic, 2015), 19을 보라.

11 창 1-11장의 장르는 모종의 "신학적 역사"인데 어떤 내용은 역사이고 또 다른 내용은 신학이며, 그 신학적 역사는 고대 근동의 다른 종류의 신학적 역사들과 직접적으로 관계가

다르게 생각하도록 훈련을 받은 사람만 다르게 생각할 것이다.

나로 하여금 다르게 생각하도록 만든 요인은 인간 게놈 프로젝트를 포함한 과학 및 과학자들과의 개인적인 만남이었다. 다르게 생각하는 것은 달리 말하자면 우리 각자에게 우리의 해석이 그릇된 해석이 아닐지 재고하도록 요청한다. 그의 멋진 창세기 해석사에서 로날드 헨델은 아이러니하게 우리에게 다음과 같이 상기시킨다. "창세기의 해석에 많은 오류가 있었다.…현대 성서학계 역시 창세기 해석사의 많은 부분이 오류의 역사라고 주장한다."[12] 그 상기는 창세기 전문가에게서 나온 것인데 그는 다음 페이지에서 이러한 잘못된 견해들을 "창의적인 환상들"이라고 부른다! 몇 페이지 뒤에 그는 다음과 같이 강하게 말한다. "사람들은 창세기를 가지고 영향을 주고 실재를 변화시키기 위한 일들을 한다."[13] 왜 그런가? 창세기는 심오한 힘과 권위를 지닌 신성한 책이기 때문이다. 이 점은 창세기가 매우 주의 깊게 그리고 존중하면서 해석될 가치가 있음을 의미하는데, 이는 성경 읽기와 모든 형태의 소통 이해하기에 대한 가장 중요한 접근법은 맥락상의 접근법임을 의미한다. 나는 이 점을 거듭 배웠다.

맥락을 벗어난 텍스트는 구실(pretext)이다

유대교 문헌과 신약성경에서 아담과 하와에 관한 모든 진술은 맥락에서 나

있다. 창세기 첫 장들의 장르에 대한 빼어난 소개는 ibid., 12-27을 보라. 창 1-11장의 장르에 대한 여러 견해를 다루는 최근의 책은 James K. Hoffmeier, Gordon John Wenham, and Kenton Sparks, *Genesis: History, Fiction, or Neither? Three Views on the Bible's Earliest Chapters*, ed. Charles Halton, Counterpoints (Grand Rapids: Zondervan, 2015)를 보라. 나는 이 논의에서 때로는 Wenham에게 동의하고 때로는 Sparks에게 동의한다.

12 Hendel, *Book of "Genesis,"* 6.

13 Ibid., 11.

오고 맥락 안으로 표현된다. 더욱이 이 모든 문헌에서 아담과 하와에 관한 진술의 일부는 맥락에 비추어 말하도록 고안되었다. 이런 진술들은 논증과 변증이다. 이런 맥락들과 논증들을 배우면 종종 성경의 의도가 무엇인지, 그리고 그에 따라 하나님이 자신의 백성이 무엇을 듣기 원하시는지에 대해 신선하게 이해할 수 있다. 이에 더하여 아담과 하와에 대한 맥락상의 접근법은 오늘날의 그리스도인들이 아담과 하와에 관해 신앙과 과학 논쟁의 맥락에서 어떻게 생각할 수 있는지에 대한 모델을 제공한다. 인간 게놈 프로젝트가 생명의 기원 및 인간이 오늘날 우리의 모습으로 발전한 것에 관해 멋진 발견들을 제공한다면, 우리 모두 그리스도인이 게놈에 관한 결론들을 확인하기도 하고 인간 게놈 프로젝트에서 도출한 몇 가지 결론들에 도전하기도 하는 맥락에서 아담과 하와에 관해 어떻게 말할지를 명확하게 배울 수 있을 것이다. 고대와 현대 모두의 맥락들은 우리가 보는 것과 배우는 것과 반응하는 방식을 형성한다.

따라서 우리는 앞으로 아담과 하와를 맥락에서 살펴볼 것이다. 이것은 우리가 창세기 1-3장을 「에누마 엘리시」(*Enuma Elish*), 「길가메시 서사시」(*Gilgamesh Epic*), 「아트라하시스」(*Atrahasis*) 같은 몇몇 고대 근동 텍스트들의 맥락에서 해석할 필요가 있음을 의미한다.[14] 앞으로 우리는 고대 히브리 텍

---

14 고대 근동의 증거에 대한 중요한 두 개의 자료는 다음과 같다. Richard J. Clifford, ed., *Creation Accounts in the Ancient Near East and in the Bible* (Washington, DC: Catholic Biblical Association of America, 1994); John H. Walton, *Genesis 1 as Ancient Cosmology* (Winona Lake, IN: Eisenbrauns, 2011) 『창세기 1장과 고대 근동 우주론』, 새물결플러스 역간. 고대 근동의 맥락에서 창 1장 및 창 2-3장에 대해 혁신적이고 목회적으로 접근한 문헌으로는 다음 책들을 추천한다. John H. Walton, *The Lost World of Genesis One: Ancient Cosmology and the Origins Debate* (Downers Grove, IL: InterVarsity, 2009. 『창세기 1장의 잃어버린 세계』, 그리심 역간; Walton, *The Lost World of Adam and Eve: Genesis 2-3 and the*

스트들이 특정한 문화—묵시, 지혜, 플라톤의 『향연』(*Symposium*) 같은 그리스 철학—와 계속 상호작용했다는 것과 바울이 로마서 5장과 고린도전서 15장에서 아담(과 하와)에 관해 쓸 때 그는 **유대인들이 아담과 하와에 관해 생각했던 상호작용 관계를 그 맥락에서 취해 다음 단계로 옮겨 갔다**는 것을 발견할 것이다. 앞으로 우리는 하나님이 자신의 백성이 그들의 문화와 상호작용해서 그 문화를 흡수하고, 이해하고, 그 문화와 의견을 달리하고, 그 문화와 싸우는 과정을 통해 교회에 말씀하신다는 것을 살펴볼 것이다. 이스라엘과 이스라엘의 주변 문화 사이의 그런 상호작용 관계는 이번 장과 우리 자신의 상호작용 관계를 위한 주형(template)을 제공한다. 사실 우리는 아담과 하와를 다양한 문화적 맥락에 제시하는 성경의 주형이 오늘날 과학과 상호작용하는 신선한 방법을 제공한다는 것을 보여줄 것이다. 사실 성경의 아담과 하와는 우리의 문화가 인간을 어떻게 생각해야 하는지에 대해 그리스도인들에게서 들을 필요가 있는 가장 절실한 내용일지도 모른다.[15]

성경을 맥락에서 읽어야 한다는 점을 뒷받침하기 위해 말하자면 나 자신이 과학자들 및 성경과 상호작용한 결과 최상의 성경 독자가 계속 이용하는 몇 가지 근본적인 원칙들이 명확해졌다. 나는 성경을 읽기 위한 이 네 가지 원칙, 곧 존중, 정직, 과학을 공부하는 학생들에 대한 민감성, 성경의 우선성에 초점을 맞추고자 한다.

Human Origins Debate (Downers Grove, IL: IVP Academic, 2015). 『아담과 하와의 잃어버린 세계』, 새물결플러스 역간.

15 창조주로서의 하나님에 관한 견고한 설명은 다음과 같은 최근의 문헌들을 보라. David Fergusson, *Creation* (Grand Rapids: Eerdmans, 2014); Ron Highfield, *The Faithful Creator: Affirming Creation and Providence in an Age of Anxiety* (Downers Grove, IL: IVP Academic, 2015).

첫 번째 원칙: 존중

우리가 다른 사람이 우리에게 말하는 내용을 이해하기 위해서는 그 사람을 사람으로서 존중하고, 그 사람의 말을 존중하며, 그 사람의 맥락에서 그 사람의 말을 이해하기 위해 최선을 다해야 한다.[16] 우리는 아마도 다른 문화 출신의 사람을 만났을 때 이 점을 처음 배웠을 것이다. 아마도 어렸을 때 아프리카나 남아메리카나 유럽에서 온 누군가를 만났을 때 말이다. 그들이 영어를 말하려고 할 때 우리는 때때로 특유의 억양뿐만 아니라 단어나 어구의 이상한 조합을 들었고 그들을 이해하기 위해서는 아주 잘 듣고 때때로 몇 가지 질문을 해야 한다는 것을 배웠다. 성경, 특히 창세기 1-11장처럼 아무리 공격에 시달린다고 할지라도 인생의 심오한 주제들로 가득 찬 부분을 읽는 데도 같은 존중 원칙이 필요하다. 저명한 구약학자인 테렌스 프레트하임은 창세기의 첫 장들에 관해 다음과 같은 큰 질문들을 던진다. "이스라엘이 좀 더 큰 고대 근동 문화에서 신학적 관점을 물려받았는가? 지구는 얼마나 오래되었는가? 진화는 어떠한가? 땅을 지배하라는 구절이 땅의 착취를 명령하는가? 이 텍스트들이 교회와 사회에서 여성의 적절한 역할에 해로운가?"[17]

우리는 이 멋진 텍스트를 주의 깊게 읽을 때 마음에 떠오르는 좀 더 많은 질문을 추가할 수 있다. 성(gender)과 정체성은 어떠한가? 결혼과 가족은

16 이 주제에 관해 내가 가장 좋아하는 책은 Alan Jacobs, *A Theology of Reading: The Hermeneutics of Love*(Boulder, CO: Westview, 2001)다.

17 Terence E. Fretheim, "The Book of Genesis: Introduction, Commentary, and Reflections," in *The New Interpreter's Bible*, ed. Leander E. Keck et al. (Nashville: Abingdon, 1994), 1:335.

어떠한가? 농경 생활은 신이 고안한 것인가? 여기서 직업과 일은 어떻게 이해되는가? 이것이 환경운동의 토대인가? 사회와 문화는 어떠한가? 그것들도 나타나는가? 원죄란 무엇인가? 그것은 물려받은 죄악된 본성인가 아니면 물려받은 죄에 대한 성향에 지나지 않는가? 인간은 아담의 죄 때문에 태어나면서부터 정죄되는가? 왜 악이 잔존하는가?[18] 왜 사람들은 자기가 하나님께 도달할 수 있다고 생각하는가? 엠파이어 빌딩의 긍지는 어떠한가? 그리고 그 모든 질문의 조상으로서, 존 밀턴의 『실낙원』(*Paradise Lost*)의 서두에서 한 줄을 인용하자면, 우리가 어떻게 "하나님이 인간에게 행하시는 방식을 정당화하는가?" 창세기 1-3장이 우리의 세상이 왜 선, 사랑, 정의, 평화의 장엄함과 동시에 부정의, 악, 죄로 덮여 있는지 설명하는가? 마지막으로 우리의 텍스트에서 죽음의 문제에 관한 질문이 떠오른다. 죽음은 무엇을 의미하는가? 아담과 하와 전에 죽음이 있었는가?[19]

이 텍스트는 고대 근동에서 나왔는데, 창세기 1-11장은 그 세계처럼 들리고 그 세계의 범주들과 용어들 및 아이디어들을 사용하며 특히 그 세계의 과학 "이전의" 가정들을 지닌다. 우리는 **고대 근동 문화를 위해 고안된** 것으로서의 그 텍스트를 존중해야 한다.[20] 우리는 고대의 근동 창조 이

---

18 이 주제에 관한 훌륭한 책은 Jon D. Levenson, *Creation and the Persistence of Evil* (Princeton: Princeton University Press, 1994)을 보라. 『하나님의 창조와 악의 잔존』, 새물결플러스 역간.

19 Ronald E. Osborn, *Death before the Fall: Biblical Literalism and the Problem of Animal Suffering*(Downers Grove, IL: IVP Academic, 2014)에서는 그 질문에 대해 단호하게 답변된다. 윤리적 문제들에 대한 민감한 조사는 Nicola Hoggard Creegan, *Animal Suffering and the Problem of Evil*(Oxford: Oxford University Press, 2013)을 보라.

20 수 세기에 걸쳐 창세기, 창 1-11장, 오경의 저자와 저작 연대에 관한 논쟁이 벌어지고 있다. 기록을 위해 말하자면 창 1-3장은 모세 시대(전통적 견해), 왕조 시대, 바빌로니아 포로 시대에 쓰인 것으로 주장되었다. 표준적인 비평의 견해는 창 2-3장은 왕조 시대에 쓰인 반면(야웨주의자 자료) 창 1장은 포로 시기에 제사장 자료에서 나온 것으로 본다. 대다

야기들의 전문가들로부터 이 이야기들이 이중의 역할을 했다는 것을 배웠다. 그 이야기들은 (대체로 신화적인) "과거"를 탐구했을 뿐만 아니라 현재와 연결되어 말하도록 고안되었다. 즉 그 이야기들은 모종의 역사와 모종의 신학이 혼합된 이야기다. 구약 전문가인 조셉 블렌킨솝은 이러한 고대 근동 텍스트들이 고안된 핵심 목적을 말해준다.

> 이 고대 이야기들은 오락 목적으로 쓰이지 않았다. 그 이야기들을 최초로 쓴 사람들은 태곳적 과거에 대해 궁금해했지만, 역사적 호기심이 그들이 글을 쓴 주된 목적도 아니었다. 오히려 태곳적 과거 속 인물들과 상황들이 등장하는 내러티브, 신들과 인간들의 적극적인 계보, 드라마들의 창조는 그 이야기들의 저자들에게 기본적인 이슈들에 대해 철저하게 생각하고, 현재의 삶과 그들의

수는 두 개의 기사들이 창세기의 최종 편집자에 의해 합쳐졌다고 생각한다. 그리고 창 1장을 창 2장과 어떻게 관련시킬지에 관한 논쟁이 있다. 어떤 학자들은 창 1장의 여섯째 날이 창 2장에서 좀 더 충분히 설명된다고 생각한다. John Walton은 창 2장은 여섯 째 날을 명확하게 설명하는 것이 아니라 원래 창 1장에서 창조된 큰 인간 집단에서 하나님이 두 사람을 선택한 것과 그 대표적인 인간들이 이제 하나님의 사명을 수행할 필요가 있음을 나타낸다고 주장한다. 따라서 창 2장은 창 1장에 대한 속편이다. Barrett and Caneday, *Four Views on the Historical Adam*, 109-13에 수록된 John Walton, "A Historical Adam: Archetypal Creation View"를 보라.

창 1-3장 해석사의 개요는 다음 문헌들을 보라. Peter C. Bouteneff, *Beginnings: Ancient Christian Readings of the Biblical Creation Narratives* (Grand Rapids: Baker Academic, 2008); Seth D. Postell, *Adam as Israel: Genesis 1-3 as the Introduction to the Torah and Tanakh* (Eugene, OR: Wipf & Stock, 2011), 5-42. Bouteneff는 특히 신약성경 이후 시대(교부들)가 삼위일체 렌즈와 기독론적 렌즈를 통해 성경을 어떻게 신학적으로 읽었는지를 조사한다. 아담이 최초의 죄인으로 묘사되지만 그런 신학자들은 비난의 일부를 뱀에게 옮기며, 창 4장에 서술된 가인의 죄는 때때로 아담의 죄보다 악하다고 이해된다. 이후 아우구스티누스는 아담의 타락을 매우 강조함으로써 이렇게 비난을 옮기는 것에 반대한다. 우리의 목적상으로는 창조 내러티브의 최초의 해석자들이 기꺼이 그 기사의 역사성을 축소하고 신학과 알레고리를 선호했다는 것을 관찰하는 것으로 충분하다.

사회의 삶 그리고 의심할 나위 없이 그들 개인의 삶에서의 확신과 이상을 표현하는 통로를 제공했다. 우리는 우주와 인간의 기원에 관한 성경의 역사에서 이와 비교될 만한 것을 발견하리라고 예상해야 한다.[21]

가장 존중하는 독법은 고대 근동의 창조 내러티브들의 이 두 가지 역할을 알고 있으며, 역시 이중의 역할을 하는 성경의 기사들에도 똑같은 존중을 보여준다.

코스타리카에서 물건을 사는 미국인이 코스타리카인들이 영어를 이해해야 한다고 생각하는 것은 그들을 존중하지 않는 태도이듯이 우리가 창세기 1-11장이 현대 과학, DNA, 인간 게놈 프로젝트나 그것이 쓰인 이후 어느 세대의 과학을 이해해야 한다고 생각하는 것은 창세기 1-11장을 존중하지 않는 처사다. 가발라의 세베리아누스가 기원후 5세기 초부터 창조 내러티브에 관해서 한 유명한 설교들에서 가정한 "과학"이 이에 대한 좋은 예다. 그는 그 설교들에서 당시에 지구가 공 모양이라고 생각했던, 좀 더 과학적인 마음을 지닌 사람들을 호통쳤다.[22] 세베리아누스는 자신이 이해한 성경을 자기 시대에 부과했는데, 이는 확실히 잘못된 처사다. 자기들

21 Joseph Blenkinsopp, *Creation, Un-Creation, Re-Creation: A Discursive Commentary on Genesis 1-11* (New York: Bloomsbury T&T Clark, 2011), 16.

22 Severian of Gabala and Venerable Bede, *Commentaries on Genesis 1-3*, ed. Michael Glerup, trans. Robert C. Hill and Carmen S. Hardin (Downers Grove, IL: IVP Academic, 2010), 44-45. 창조, 과학, 창세기 텍스트에 관한 초기의 많은 그리스도인의 사상을 나란히 서술한 선집은 Andrew Louth, ed., *Genesis 1-11*, Ancient Christian Commentary on Scripture 1 (Downers Grove, IL: IVP Academic, 2001)을 보라. 종교개혁 시대의 문헌으로는 John L. Thompson, ed., *Genesis 1-11*, Reformation Commentary on Scripture 1 (Downers Grove, IL: IVP Academic, 2012)을 보라.

이 이해한 성경을 우리 시대에 부과하는 오늘날의 "세베리아누스"들이 많이 존재한다. 교회의 각각의 시대는 과학의 각각의 시대를 반영하며, 각각의 시대는 유감스럽게도 텍스트 자체에 대한 심오한 무례를 드러낸다.[23] 우리가 창세기 1-11장이 그것 자체가 되도록 놔둘 때 진정한 존중이 시작되는데, 이는 창세기 1-11장을 현대 서구 과학이 아니라 고대 근동 문헌으로 이해하는 것을 의미한다. 창세기를 창세기가 되게 하는 것에 대한 예로서 이 점을 생각해보라. 창세기 1-11장은 다른 문화의 가장 중요한 최초의 중요 사건 목록처럼 들리는 이야기들을 기록한다. 즉 창세기 1-11장은 창조뿐만 아니라 최초의 죄, 최초의 살인, 최초의 다양한 기술들, 최초의 (그리고 우리는 마지막이기를 바란다) 네피림과 여성들의 혼혈, 최초의 제국 건설자, 세상에 대한 최초의 신적 징계 행위, 인간이 하나님이 거하시는 하늘에 닿는 성을 건설하려고 한 최초의 시도에 관한 기사이기도 하다.[24] 창세기를 고대 근동의 다른 최초의 중요 사건 목록에 대항하는 이스라엘의 최초의 중요 사건의 목록으로 인식하는 것은 창세기를 존중하지 않는 처사가 아니다. 나는 대학교에서 가르치던 시절에 수업 시간에 독일의 시인인 요한 폰 괴테의 시 한 줄을 반복해서 암기했다. 그는 독일어로 "Willst ein Dichter du versteh'n, mußt in Dichter's Lande geh'n"이라고 말했는데 그 말은 "당신이 어느 시인[또는 저자]를 이해하기 원한다면 반드시 그 시인의 땅에 가야 한다"는 뜻이다. 그렇다면 존중은 우리가 (우리의 세계가 아니라) 그것 자체의

---

23 이 주제에 관해서는 Kyle Greenwood, *Scripture and Cosmology: Reading the Bible between the Ancient World and Modern Science*(Downers Grove, IL: IVP Academic, 2015)를 보라.

24 광범위한 이슈, 문제, 해결에 관한 논의는 Blenkinsopp, *Creation, Un-Creation, Re-Creation*을 보라.

세계 안에 있는 창세기에 귀를 기울이는 법을 배운다는 것을 의미한다.

두 번째 원칙: 정직

이 책의 주제와 보조를 맞춤에 있어서 우리는 성경과 과학이라는 두 가지에 관해 정직할 필요가 있다. 교수로서 나는 학생들에게 **사실들에 직면**하고 **사실들을 두려워하지 말라**고 가르친다. 나는 이것은 우리가 성경이 가르치는 것과 과학이 가르치는 것 **모두**에 직면해야 함을 의미한다고 믿는다. 우리는 과학의 견해는 인간 DNA가 애초에 사람들이 두 명보다 많았다고 보는 반면에 성경은 명백히 최초에 두 사람 즉 아담과 하와가 있었다고 가르친다는 두 가지 사실에 직면한다. 성경은 참으로 우리가 아담과 하와의 자손인 것처럼 보이게 만든다. 그러나 과학자들은 노골적으로 아담과 하와 자신들에게 조상들이 있었다고 말하는데, 이 말은 내가 남아프리카 공화국의 요하네스버그 외곽에 소재한, "인류의 요람"이라고 불리는 오래된 동굴 안으로 걸어 들어갔던 일을 상기시킨다. 이곳에서 나는 과학자들이 200-400만 년 전의 호미닌 화석들을 발견한 장소와 사진들을 접했다. 다른 과학자들은 우리에게 오늘날 인간을 구성하는 DNA는 수천 개체의 호미닌들에게 소급한다는 것 등을 말할 것이다. 따라서 우리는 이 지점에 도달하는데, 내게는 그것이 목회자들이 과학자들과 함께 질문해야 할 필요가 있는 가장 중요한 목회적 질문이다. **당신은 사실들—성경의 사실들과 과학의 사실들—을 직면할 용의가 있는가?** 선한 의도를 가진 많은 사람이 이런 탐구와 이해에 대해 화를 낸다. 나는, 론 오스본과 마찬가지로, 때때로 이 논쟁의 좀 더 근본주의자 진영이나 소위 과학적 창조론자 또는 지적 설계 옹호자들에게서 나오는 신랄한 비판은 뭔가 더 깊은 것, 즉 두려움이 작용하고 있음을 암시한다고 확신한다. 그들은 자기들이 창세기를 어떻게 읽어야 할지에 대해 틀렸을 수도 있음을 두려워하며 그들 중 일부는 성경이 틀렸을지도 모르고 자기들의 신앙 전체가 무너질지도 모른다고 두려워한다. 이 두려움은 너무도 자주 성경을 옹호하는 것으로 표현된다. 나는 이 두려움과 충실한 옹호 자세를 경험했고 내가 사실이 함의하는 바, 즉 나 자신의 실재보다 "더 사실"일 수도 있다고 알고 있는 사실이 두려워 기독교 진화론자들과 열띤 토론을 몇 번 벌였기에(지금은 기억하기도 당황스럽다) 이 두려움과 충실한 옹호 자세를 안다. 나는 이에 관해 네 번째 원칙에서 살펴볼 것이다. 그러나 그 전에 나는 오스본이 잘 말한 것을 인용하려고 하는데 그가 말한 내용은 과거의 나에게 해당할 수도 있다.

> 내가 창세기에 관한 성경적 문자주의와 "과학적" 창조론의 중심에는 뭔가 심오하게 건강하지 않은 괴롭힘이 있다고 확신하게 된 이유 중 하나는 나 자신의 교파 안에서 그 운동의 가장 적극적인 옹호자 중 일부에게서 독살스러운 말투와 (고양된 종교적 수사로 포장된) 뻔뻔스러운 힘의 책략과 허위 진술과 죄를 덮어씌우기를 목격했기 때문이다. 나는 신앙과 과학이라는 문제와 씨름을 시작한 초기에 그런 무자비한 정신을 보이는 사람들은 아마도 신적으로 기름 부음을 받은 진리의 수호자가 아닐 것이라고 결론지었다.[25]

25 Osborn, *Death before the Fall*, 177.

혹자는 오스본의 갑판에는 나와 같은 종류의 근본주의자들에게 반대하는 것들로 가득 쌓여 있다고 말할지도 모르지만, 그는 다른 편에 존재하는 비슷한 문제들도 지적한다.

> 동시에 나는 창조와 진화 논쟁의 다른 쪽 입장을 지지하는 몇몇 개인들이 보이는 태도에 대해서도 똑같이 당황했다. 그들은 자기들의 지적·영적 여정에서 자기들과 입장이 다르지만 신실한 믿음의 사람들을 너무도 빨리 가치가 없다고 간주하고, 다른 사람들에게 마음을 산란하게 만드는 아이디어들을 소개할 때 목회적 민감성을 거의 보여주지 않으며, 과학은 확실하고 자신이 기술적 지식을 완전히 파악하고 있다는 그들의 생각은 너무도 자주 그것 자체의 유사 종교의 특성을 가정한다. 나는 이런 사람들 중 일부는, 문자적 교의의 긍정 여부 같은 손쉬운 이유로 그런 것은 아니지만, 그들의 기독교 공동체와 더불어 망가진 믿음을 갖고 있다고 결론지었다.[26]

양측 모두에 정직성이 필요하다. 텍스트들과 경험적 연구가 실제로 말하는 것에 관한 정직성, 그것들이 말하지 않는 것에 관한 정직성, 아마도 가장 중요한 요소로서, 그것들 각자가 사상가에게 결론을 내리도록 허용하는 것에 관한 정직성이 필요하다. 너무 멀리 나아가는 결론들은 증거를 무시하거나 왜곡하는 것만큼이나 정직하지 않은 처사다. 그 두려움의 양측 입장에 서 보았던 나는 좀 더 정직한 길을 발견했다고 생각한다.

---

26 Ibid., 177-78. 편견이 없는 연구의 문제를 평가하는 최근 책은 Alice Dreger, *Galileo's Middle Finger: Heretics, Activists, and the Search for Justice in Science*(New York: Penguin, 2015)를 보라.

정직에 관해 생각하다 보니 창세기에 관해 정직하기라는 주제를 떠올리지 않을 수 없다. 창세기 1-2장을 읽는 방법 중 하나는 그 텍스트를 분리할 수 있는 두 개의 창조 이야기(1:1-2:4a; 2:4b-25)로 보는 것이다. 창세기 2장이 창세기 1장에서 발견되지 않는 내용을 채운다고 생각하는 사람이 있는가 하면, 그것들이 이스라엘에서 원래는 두 개의 개별적인 창조 이야기였는데 합쳐져 서로를 보완하게 되었다고 생각하는 사람도 있다. 첫 번째는 우주의 역사이고 두 번째는 하나님이 사람을 어떻게 하나님의 세계에서 살도록 창조하셨는지에 관한 이야기다. 첫 번째 기사에서는 남자와 여자가 갑작스럽게 창조된 것처럼 보이는 반면, 두 번째 기사에서는 먼저 남자가 창조되고 나서 남자의 몸 일부로부터 여자가 창조된다. 두 번째 기사에서는 남자에게 다른 창조물들을 지배하는 좀 더 명확한 역할이 주어진다. 첫 번째 기사는 좀 더 목가적으로 보이는 반면에 두 번째 기사는 남자가 동료를 필요로 하는 다소 슬픈 장면을 만들어낸다. 첫 번째 기사는 남자와 여자를 만들었다는 사실만 기록하는 반면에 두 번째 기사는 생식할 준비가 되어 있는 결혼한 부부로 변한다. 첫 번째 기사에서는 하나님이 말씀으로 무에서 남자와 여자를 창조하시는 반면 두 번째 기사에서는 하나님이 흙으로 남자를 창조하시고 남자의 갈빗대로 여자를 창조하신다.

오늘날 대다수 학자는 설사 창세기 1장에서 3장까지를 끊인 데가 없이 매끄럽게 읽기 원하는 사람조차 창세기 1-2장에 분리할 수 있는 두 개의 창조 기사가 있다는 것을 인정한다. 정직하고 현명한 독자는 이 해석에 귀를 기울일 것이다. 그 기사들이 어떻게 다른지에 관한 좋은 예를 하나 살펴보자면 창세기 1장에서는 동물들이 인간보다 먼저 창조되는 반면에 창세기 2장에서는 사람이 먼저 창조되는 것처럼 보인다. NIV 번역본 같은 일부 번역본은 그 차이들을 얼버무리려고 한다. 예를 들어 창세기 2:19에서 NRSV 번역본은 "여호와 하나님이…지으셨다(formed)"라고 번역한 반면에 NIV 번역본은 "여호와 하나님이 흙으로 모든 들짐승…을 **지어놓으셨었다**(had formed)"라고 번역한다(강조는 덧붙인 것임). NIV 번역본은 우리가 창세기 1장에서 읽은 것처럼 동물들의 창조가 인간의 창조에 앞선다고 암시하지만, 창세기 2장은 그렇게 말하지 않는다. 사실 하나님을 옹기장이로 묘사하는 히브리어 동사 **야차르**(*yatsar*)는 과거완료("had formed")가 아니라 단순완료/과거("formed")다. NIV 번역본은 우리가 창세기 2:9이 창세기 1장의 원래의 창조를 가정한다고 생각하기를 원한다. 번역에서의 이 기이함은 창세기 1장과 창세기 2장 사이의 긴장을 보여주는데, 그것이 그 텍스트에 대한 가장 정직한 독법이기 때문에 이 긴장이 유지될 가치가 있다.[27]

우리가 창세기 1-2장을 정직하게 읽으면 그것은 고대 근동의 다른 창조 내러티브들처럼 들린다. 창세기가 고대 근동의 창조 내러티브처럼 들린다면 그것은 실제로 고대 근동의 창조 기사인 것이다. 우리는 유사성도 인정하고 차이점도 인정한다. 창세기 1-2장이 다른 고대 근동의 텍스트들과 완전히 달라야 우리가 창세기 1-2장이 참이라고 인정하는 것은 아니다. 예수의 가르침이 그 당시의 랍비들의 가르침과 완전히 달라야 우리가 예수의 가르침을 참이라고 받아들이는 것은 아니듯이 말이다. 우리가 고대 근동 텍스트들과 창세기 1-2장을 연구할 때 가장 필요한 요소는 진리가 어디서 발견되든 진리에 대한 열린 마음이다. 진리에 대해 열린 마음은 내가 아는

---

27 방금 개략적으로 설명한 견해에 대한 옹호는 Claude F. Mariottini, *Rereading the Biblical Text: Searching for Meaning and Understanding* (Eugene, OR: Wipf & Stock, 2013), 3-6을 보라. 거의 모든 보수적인 해석자와 자유주의적인 해석자가 Mariottini를 지지한다.

가장 기독교적인 원칙이다.

존중과 정직이라는 두 가지 원칙을 살펴보았으니 이제 세 번째 원칙을 살펴보자.

세 번째 원칙: 과학 학생들에 대한 민감성

창세기 1-11장에 관해 우리가 가르치는 모든 것은 현대의 과학자들의 견해에 비추어 조사되고, 숙고되고, 철저히 생각될 필요가 있다. 이 대목에서 "학생"은 그리스도인의 가정과 교회에서 자라 공립 학교에서 배운 학생들을 의미한다.[28] 이는 그들이 성경을 한 맥락에서 듣고 과학과 진화를 다른 (그리고 때때로 적대적인) 맥락에서 듣는다는 것과 그들이 월요일부터 금요일까지 그들의 성적을 매기고 지능을 평가할 교사들과 동료들 앞이라는 뜨거운 상자 안에 놓인다는 것을 의미한다. 학생들을 공교육 체계에서 끌어내면 그 긴장이 연기될지도 모르지만 궁극적으로 그 학생은 진화 이론이 과학적 실재를 설명할 수 있는 무시무시한 역량을 경험할 것이다.

서구세계의 참으로 위대한 사상가 중 한 사람의 이야기를 살펴보자. 알렉시 드 토크빌은 약 200년 전에 같은 긴장을 조우했다.

그는 도서관에서 볼테르와 뷔퐁 및 다른 철학자들의 저작들을 만났는데 그

28 학생들에게 민감하지만 모든 범위의 이론을 다루는 책은 Tim Stafford, *The Adam Quest: Eleven Scientists Who Held on to a Strong Faith while Wrestling with the Mystery of Human Origins*(Nashville: Thomas Nelson, 2014)를 보라.

작품들을 읽고서 의심이 그의 영혼 안으로 스며들어왔다. 그는 그 책들에서 읽은 내용에 충격을 받았다. 이 소년은 잘 양육되었고 교회에서 배운 신앙을 확신했으며 군주와 완벽한 장소에 적절하게 존재하는 그의 세상의 모든 것을 존경했는데, 그는 갑자기 자기가 믿었던 어느 것도 자기가 생각했던 것만큼 견고하지 않다는 것을 발견했다. 제도들은 신적인 것이 아니었고 전통이나 인간이 만든 것을 통해 거룩해지지도 않았으며 따라서 인간에 의해 쉽게 무너질 수 있었다. 종교는 인간의 또 다른 발명품에 지나지 않았고 이성에 대한 장애물이었으며 과학은 우주의 가장 중요한 비밀을 모두 보유하고 있었다.[29]

그 충격은 파괴적일 수 있는데 토크빌은 그것에 관해 화려한 은유로 묘사한다.

"갑자기" 51세의 토크빌은 스웨친 부인에게 편지를 쓴다. "나는 지진을 겪은 사람들이 말하는 기분을 경험합니다. 발밑에서 땅이 흔들리고, 주위의 벽이 흔들리고, 머리 위의 천정들이 흔들리고, 짚고 있는 손 아래의 가구들과 눈앞에 있는 모든 자연이 흔들립니다. 나는 가장 어두운 우울증에 사로잡혔고 이어서 삶에 대한 극단적인 혐오에 사로잡혔습니다."[30]

30년도 더 뒤에 그는 자신의 의심을 "슬프고 무서운 병"으로 불렀다. 토크빌에 관한 아름다운 책에서 유대인 수필가인 조셉 엡스타인은 토크빌이 이

---

29 Joseph Epstein, *Alexis de Tocqueville: Democracy's Guide, Eminent Lives* (New York: HarperCollins, 2006), 18.

30 Ibid.

전에 과학과 조우하고 나서 직면한 문제를 묘사한다.

> 이 병은 무엇이었는가? 하나님을 믿고 하나님의 복잡한 추론을 희미하게라도 이해한다고 느끼면서도 자신을 하나님께 맡길 수 없다는 것, 토크빌의 위기의 중심에 바로 이것이 놓여 있는 것처럼 보이는데 이것은 바로 신앙의 위기다. 그는 이 위기를 해결할 수 없어서 영적으로 비틀거렸다.[31]

200년 전의 경험과 똑같은 경험이 오늘날에도 일어난다. 내가 가르쳤던 노스파크 대학교에서 창세기 1장에 관한 과목이 끝났을 때, 그리고 내가 새롭게 공부해서 1년에 적어도 한 번은 가르쳤던 강의가 끝난 뒤, 내가 조금 전에 이름을 알게 된 학생이 내게 찾아왔는데 교수로서 나는 그의 눈에서 진지함을 발견할 수 있었다. 그는 내 눈을 바라보면서 "교수님, 감사합니다. 이 강의가 제 신앙을 구했습니다"라고 말했다. 그는 수업에서 한마디도 하지 않았고, 우리가 그 학생의 행동을 통해 그의 머릿속에서 지각변동이 일어나고 있음을 알 수 있게 해 주는 신호를 보내지도 않았었다. 나는 그저 그 학생을 바라보며 계속 얘기해보라는 암시를 주었다. 그는 말을 이어갔다. "제가 다니는 교회의 목사님은 제가 6일 창조론을 믿지 않으면 그리스도인이 될 수 없다고 말했습니다. 그분은 하나님이 우주를 약 1만 년 전에 창조하시지 않았다면 성경 전체가 무너져내린다고 말했습니다." 그는 잠시 멈췄다가 이렇게 말했다. "저는 과학을 사랑하며 생물학자가 되기를 원하는데, 지구는 1만 년보다 더 오래 전에 만들어졌습니다. 그래서 저는 더

31 Ibid., 193.

이상 성경과 기독교 신앙을 믿을 수 없겠다고 생각했습니다."

다시 말하거니와 우리가 정직해질 필요가 있다. 이 대목에서 우리가 관심을 보이는 학생의 마음속에서 하나님이 흙에서 직접 아담과 하와를 창조하셨다는 보편적인 신학이 작동하고 있다. 그 원시 부부가 죄를 지었고 죽음이 그들의 죄를 통해 최초로 세상에 들어왔다. 아담은 구약성경의 나머지에서 거의 등장하지 않으며, 따라서 (우리의 목적상) 참으로 중요한 다음 번 텍스트는 로마서 5:12-21이나 고린도전서 15:21-22이다. 뉘앙스들은 차치하고 바울은 한 사람 아담을 통해 죄와 죽음이 세상에 들어온 것처럼 의와 생명이 한 사람 그리스도를 통해 세상에 다시 들어왔다고 주장한다. 그렇다면 구원은 아담에 대한 한 가지 해석으로 포장된다. 우리는 여기서 한 걸음을 더 나아갈 수 있다. 누가는 예수로부터 아담까지 거슬러 올라가는 계보를 묘사한다. 이는 아담이 "역사적" 인물임을 암시하며 성경이 역사와 기원에 관한 참된 이야기를 들려준다는 것을 암시한다. 이 내용들은 성경의 과학적·신학적 사실들로 가정된다. 이것이 성경과 실재를 이해하기 위한 주형이 되고 그 주형에 대한 위협은 역습을 받는데, 그것은 논리적으로 그리스도가 실제 인물이라면 아담 역시 실제 인물이고, 아담이 실제 인물이 아니라면 모든 것이 무너진다는 모습으로 나타난다. 나를 찾아온 학생이 생물학을 배울 때 씨름했던 세계관에서 이런 논리가 작동하고 있었다. 토크빌에게 무서운 이빨을 들이댔던 계몽주의 시대에 그리고 20세기 초에 많은 사람이 똑같은 경험을 한다. 창세기 1-2장이 이끄는 성경이 과학과 마주치고, 많은 사람에게 있어서 성경이 패배한다. 그러면 성경을 옹호하는 사람들이 반격하고, 과학이 틀렸고 그것도 위험할 정도로 틀렸다며 과학을 비난한다. 그런 조우의 와중에서 그리고 그런 조우가 일어나는 전

과정을 통해 인도받을 필요가 가장 절실한 사람들은 학생들인데, 더 우수한 학생일수록 인도를 더 필요로 한다.

젊은 그리스도인들이 신앙을 떠나는 가장 큰 이유는 과학과 신앙 사이의 갈등인데, 그 갈등은 진화 이론과 창세기 1-2장에서 전통적으로 해석되었던 인간의 기원 사이의 갈등이다.[32] 그것은 다음과 같은 방식으로 작동한다. 많은 그리스도인이 성경은 오류가 없다는 견해를 갖고서 성장하는데 그것은 그들에게 있어서—나는 이 대목에서 대중적인 인상에 대해 말하고 있다—참일 뿐만 아니라, 다소 마법적으로 참이고, 시대를 뛰어넘어 참이며, 다른 모든 것이 뭔가 다른 것을 말하더라도 참임을 의미한다. 성경의 무오성에 관한 이런 견해가 건전한 기독교의 아이디어(성경의 메시지는 지성적인 성경 독자 모두에게 명확하다는 성경의 명료성)와 결합하고 이것이 한 걸음 더 나아가서 성경의 독자가 **자기가 성경에서 보는 것은 모두 성경이 말하고 있다**고 생각하게 만든다. 성경에는 모든 것이 모든 독자에게 명확하리라는 약속이 없는데도 말이다.[33] 인간의 성경 해석이 성경 자체만큼이나 오류가 없는 것으로 되고 모든 것이 얽혀 있기 때문에 조금이라도 포기하면 배교로 가는 첫걸음으로 생각된다. 그런 해석들 가운데 하나는 성경이 창세기 1-2장에서 과학을 가르치고 있다고 생각한다. 복음주의 교회에서 자란 학생이 대학생이 되어서 지성적이고 수사학의 기교가 있으며 무신론자/불가지론자인 교수에게서 생물학 수업을 듣는데, 그 교수가 지구의 나이는

---

32 나는 Scot McKnight and Hauna Ondrey, *Finding Faith, Losing Faith: Stories of Conversion and Apostasy* (Waco: Baylor University Press, 2008), 7-61에서 사람들이 신앙에서 떠나는 이유에 한 장을 할애했다.

33 우리는 벧후 3:16에서 볼 수 있듯이 사도 베드로가 사도 바울의 신학을 이해하기 위해 애를 썼다고 생각할 필요가 있을 것이다.

6,000-10,000살이 아니라 약 45억 살에 가깝다는 것을 확실히 하고, 「길가메시 서사시」나 「아트라하시스」 텍스트를 꺼내 들고서 지성적인 사람들은 그런 헛된 것들을 더 이상 믿지 않는다는 완전히 허망한 주장을 쏟아내면 그 학생의 신앙은 흔들리고도 남을 수 있다. 많은 사람이 신앙에서 떠나거나 아이러니한 신앙을 포용하는데 오늘날에는 이것이 좀 더 중요하다.

이것이 나의 세 번째 원칙이 당신이 다른 교과서에서 발견할 법한 원칙들과 다른 이유다. 이 책에서 내가 집필한 부분에서 말하는 모든 내용은 그 학생을 염두에 두고 쓰였다. 학생들에게 주의를 기울이는 것이 우리가 창세기를 읽을 때 우리를 인도해야 하는 원칙이다. 나는 공개석상에서나 글을 통해 신진 과학자들이 성경을 그것의 목적대로 믿지 못하게 할 가능성이 있는 어떤 말도 하지 않기로 다짐했는데 그것은 우리의 네 번째 원칙으로 이어진다.

네 번째 원칙: 성경의 우선성

그리스도인들은 성경을 하나님의 백성에 대한 하나님의 계시로 인정한다. 이것은 때때로 성경 원칙(Scripture Principle)으로 불리는데, 이를 종교개혁자들이 사용한 라틴어를 사용해서 **오직 성경**(*sola scriptura*)으로 부르는 사람도 있다. 경미하지만 중요한 수정 하나는 "오직"(*sola*)을 "**우선**"(*prima*)으로 바꿔서 우리가 **무엇보다도** 성경이 말하는 것을 긍정하게 만든다.

먼저 성경으로 간다는 것은 성경을 있는 그대로, 즉 발달 중인 내러티브로 존중함을 의미한다. 하나님은 우리에게 조직신학 교과서를 주시지 않왔고 우리에게 질의-응답 자료집을 주시지도 않는다. 오히려 성경은 지속적이고 계속 업데이트되는 내러티브로서 우리가 종종 "이야기"(story)라고 부르는 것이다. 이 책의 이 부분의 초점인 창세기 1-3장의 경우 우리는 그것을 창세기 1-11장에 비추어 읽고, 창세기 1-11장은 창세기 12-50장에 비추어 읽으며, 성경이 전개됨에 따라 창세기를 오경(창세기에서 신명기까지)과 성경의 나머지에 비추어 읽는다. 그리스도인으로서 나는 창세기 1-3장에 수록된 모든 것을 신약성경이 복음을 어떻게 드러내는지와 창세기 1-3장에 들어있는 것과 동일한 이슈들에 대한 답을 구성하는 방식에 비추어 해석한다.

그러나 이 성경 원칙을 긍정함에 있어서 나는 서둘러서 우리가 성경만 살펴보지는 않는다는 점을 덧붙인다. "성경 우선"에 대한 긍정은 우리가 위에서 이미 진술한 바와 같이 성경을 먼저 그것의 맥락에서 살펴본다는 것을 의미한다. 우리가 성경을 맥락에서 읽으면 성경이 그 맥락과 대화하는 내용을 알 수 있게 된다. 우리는 성경에서 성경과 성경이 쓰인 당시의 문화 사이에 상호작용이 작동하고 있음—문화에 도전하기도 하고 문화를 긍정하기도 한다—을 발견할 것이다. 가장 기본적인 차원에서는 성경이 셈족과 히브리 문화에서 나왔고, 예수는 갈릴리의 유대 문화 출신이며, 바울은 로마 세계에서 율법을 독실하게 준수하는 유대인으로 양육되었고 따라서 그가 이방인들에게 복음을 전했을 때 심원한 방식으로 두 세계에 속한 사람이 되었다. 맥락을 존중하지 않고서 이런 내용을 읽는 것은 그것을 곡해하는 처사다.

따라서 성경을 맥락에서 읽기 위한 네 가지 원칙은 존중, 정직, 학생에 대한 민감성, 성경 우선이다.

마지막 요소: 우리가 어느 아담과 하와에 관해 말하고 있는가?

때때로 우리는 **보수적인** 그리스도인이 **진보적인** 그리스도인과 비교되거나 **복음주의적인** 그리스도인이 **자유주의적인** 그리스도인과 비교될 때처럼 형용사의 게임을 해야 하는데, 우리는 그 게임을 알고 있다. 우리가 형용사나 이름표가 없는 세상에서 살기 위해 노력할 수 있지만, 궁극적으로 우리는 우리의 마음이 기본적으로 분류한다는 것을 깨닫는다. 형용사는 계속 존재할 것이고 우리는 형용사를 가급적 정확하게 그리고 필요한 대로 존중하면서 사용하도록 도전을 받는다. 형용사에 관한 같은 문제가 아담에게도 적용되는데, 나는 종종 소홀히 취급되는 그의 짝 하와를 두 번 이상 말할 것이고 결코 그녀를 간접적으로 말하지 않을 것이다. 내가 "아담"이라고 말할 때 그 말은 거의 언제나 "아담과 하와"를 의미한다."

아담(과 하와)에 관한 논의에서 가장 보편적인 형용사는 "역사적"이라는 단어다. 나는 과학과 신앙 사이의 관계에 관한 논의가 제기될 때 자주 "당신은 **역사적** 아담을 믿습니까?"라는 질문을 받는다. 어떤 질문자는 그 형용사가 올바른 단어라고 생각하고 그 질문에 대한 답변을 토대로 답변자가 안전한지, 신실한지, 정통인지, 복음주의적인지 등을 결정할 것이다. 우리는 그 형용사를 피할 수 없다. 아담 앞에 붙는 "역사적"이라는 말이 중요하지 않다고 생각하는 사람이 있는가 하면 그 단어만 중요하다고 생각하는 사람도 있는데, 두 견해 모두 뭔가를 피하는 처사다. 그 단어가 중요함을 보여주는 예를 살펴보자. 존더반 출판사는 최근에 매튜 배럿과 아델 케인데이가 편집한 『아담의 역사성 논쟁』(*Four Views on the Historical Adam*)이라는 책을 발간했다(『아담의 역사성 논쟁』, 새물결플러스 역간). 그 책의 장들의 제목은 다음과 같다.

> 역사적 아담은 없다: 진화적 창조론
> 역사적 아담은 있다: 원형적 창조론
> 역사적 아담은 있다: 오래된 지구 창조론
> 역사적 아담은 있다: 젊은 지구 창조론

형용사의 중요성을 주목하라! (이 경우 하와에 대한 필요가 없음도 주목하라). 논쟁 전체가 기고자가 **역사적** 아담을 믿는지 여부에 따라 분류되었다. 아담과 하와 문제에 있어서는 형용사들이 확실히 중요하다.

"역사적"이라는 말은 다루기 어렵고 탄력성이 있으며 많은 사람에게 있어서 그것에 관한 결정을 토대로 다른 것들이 결정되는 기준이 되었다. 그러나 아담과 하와에게 사용된 "역사적"이라는 형용사는 편견이다. "편견"이라는 단어를 통해서 나는 정확히 러셀 커크가 그 단어가 의미한다고 말했던 것을 의미한다. "편견"의 중요성을 인정한 것으로 유명한 영국의 위대한 정치가이자 정치 이론가인 에드먼드 버크를 묘사하면서 커크는 편견을 다음과 같이 정의했다. "편견은 미리 판단하는 것으로서 사람이 순수한 이성에 입각한 결정에 도달할 시간이나 지식이 없을 때 직관과 조상들의 의견 일치가 편견이 있는 답변을 제공한다."[34]

"역사적"이라는 유력한 형용사는 확실히 많은 사람의 직관이자 조상

34 Russell Kirk, *The Conservative Mind: From Burke to Eliot*, 7th ed. (Washington, DC: Regnery, 1985), 38.

의 의견 일치다. 우리가 의사결정에 직면할 때마다 그런 편견이 우리의 마음에 들어오지만, 때때로 그것은 생각이 없는 편견에 지나지 않는다. 커크는 우리가 증거를 토대로 결정할 시간이나 지식이 없을 때 편견이 작동한다는 것을 안다. 아래에서 나는 새로운 종류의 편견, 즉 지배적인 의견 일치에만 근거하지 않고 증거 자체에도 근거하는 새로운 종류의 직관이 개발될 필요가 있다고 주장할 것이다.

따라서 나는 이 형용사의 적절성이 중요한 문제라고 주장하기를 원한다. 하지만 먼저 이 **역사적** 아담과 하와와 누구인지 명확히 해보도록 하자. "역사적"이라는 형용사가 아담과 하와에게 부가될 때에는 다음을 의미한다.

1. 하나님의 창조의 결과로 갑자기 존재하게 된 두 명(그리고 때때로 오직 두 명)의 **실제** 인물,
2. 오늘날 살아 있는 모든 인간과 **생물학적** 관계가 있는 두 사람(생물학적 아담과 하와),
3. 그들의 **DNA**가 우리의 DNA다(유전적 아담과 하와). 그리고 종종 다음을 의미한다.
4. **죄를 지어 죽었고 세상에 죽음을 가져온** 두 사람(타락한 아담과 하와),
5. (많은 사람에 따르면) 모든 인류에게 **그들의 죄악된 본성을 물려준** 두 사람(죄성의 아담과 하와). 이는 다음을 의미한다.
6. 그들의 죄와 죄성을 모든 인류에게 물려주지 않았더라면 **모든 인간이 구원을 필요로 하지는 않았을** 것이고,
7. 따라서 **역사적** 아담을 부인하는 사람은 구원의 복음을 부인하는 셈

이다.[35]

"역사적"이라는 형용사가 아담과 하와와 더불어 사용될 때에는 그 단어에 이렇게 많은, 그리고 아마도 더 많은 의미가 존재한다. 따라서 소위 역사적 아담은 생물학적, 유전적, 죄성의 아담을 포함한다. 그러므로 **역사적** 아담의 몇 가지 용법에는 너무도 많은 것들이 걸려 있다.

나는 창세기 1-2장이 쓰일 때 위의 **어느** 용법 또는 대다수의 용법이 "아담과 하와"라는 말로 의미한 내용인지를 의심한다. 이 점을 내가 위에서 언급한 원칙의 관점에서 말하자면 우리가 성경이 말하지 않는 것—생물학, 죄의 전달, 유전학 등—에 관해 말한다고 해석할 때 성경을 존중하거나 성경에 정직하게 접근하고 있는지 자신이 없다(따라서 성경 원칙도 작동한다). 나는 그 형용사가 우리의 신학에서 중요한 역할을 해왔다는 점을 논박하지 않지만, "**역사적** 아담"이라는 말로 의미하는 것의 대부분이 창세기가 그것의 세계에서 의미했던 것이라는 의견에는 반대한다. "역사적"이라는 말을 정확하게 사용하기 원한다면 우리는 "역사적"이라는 형용사를 아담과 하와에 대해 사용할 때 창세기의 저자가 위의 일곱 가지 의미 중 **모두나 대부분 또는 적어도 1번과 2번을 의도했다**는 것이 확실한 경우에만 우리가 아담과 하와에 대해 "역사적"이라는 형용사를 사용해야 한다.

"역사적"이라는 형용사가 텍스트가 말하는 내용을 뛰어넘을 때는 이 텍스트들의 세계에 좀 더 자연적이고 유기적인 용어를 발견하는 것이 그

35 이것은 Karl Giberson에게 열정적인 관심사였다. Karl W. Giberson, *Saving the Original Sinner: How Christians Have Used the Bible's First Man to Oppress, Inspire, and Make Sense of the World* (Boston: Beacon, 2015), 27-43을 보라.

단어를 사용하는 것에 대한 대안이다. 이 책의 뒤에서—특히 7장과 8장에서—나는 다른 형용사들과 명칭들을 사용할 것이다. 이런 용어 중 몇 가지는 역사적 아담과 하와의 반열에 위치하는 누군가를 가리키겠지만, 이런 다른 형용사들은 좀 더 유기적이고 성경이나 성경 외 유대교 텍스트들이 실제로 말하는 내용으로 좀 더 제한된다. 따라서 나는 "원형적"[36]이나 "계보상의" 또는 "문학의"[37] 같은 형용사를 사용할 것이다. "원형적 아담과 하와"는 그들이 모든 인간을 대표한다는 것을 가리킨다. 즉 아담은 모든 남성을 대표하고 하와는 모든 여성을 대표한다. "계보상의 아담"(과 하와)은 계보 목록에 등장하는 아담(과 하와)을 가리키며, (적어도) 그 계보의 작성자가 그들을 실제 인물(위의 #1)로 보았다는 힌트를 제공한다. "문학의 아담(과 하와)"은 그들이 이스라엘의 성경에 속하는 텍스트에서 발견되기 때문에 그들 자체의 생명력을 지니는 창세기의 아담과 하와를 가리킨다. 우리가 조사하는 각각의 텍스트에서 우리는 그 텍스트에 등장하는 아담과 하와가 역사적, 사실적, 실제의 아담과 하와라고 가정하기보다는 이 텍스트에서 어

---

36 "원형적" 아담(과 하와)에 대한 뛰어난 옹호는 Walton, "Historical Adam," 89-118을 보라. Walton은 창세기의 원형적 아담과 하와가 두 명의 실제적·역사적 인물이기도 했다고 믿지만, 성경은 "실제" 아담과 하와보다는 원형적 아담과 하와에 훨씬 더 초점을 맞춘다고 생각한다. Walton은 이 논의에서 하와에 대해 신경을 쓰는 소수의 학자 중 한 명이다.

37 나는 "문학의"라는 단어를 사용할 때 "허구의"나 "신화적인"을 의미하지 않으며, 반대로 "역사적", "사실적", "실제의"를 의미하지도 않는다. 나는 창세기의 아담과 하와가 문학 작품—창세기—에 등장하는 사람들로서 저자가 다양한 고대 근동의 아이디어들과 텍스트들 안으로 그리고 그것들에 비추어 말하기 위해 고안한 인물들임을 의미한다. 이 의미에서 "문학의"라는 단어가 선택된 이유는 그 단어가 중립적이고 오늘날의 논의에서 문제가 된 소위 "역사적" 아담을 피하기 때문이다. "신화"는 문학의 역사—문학의 세계—에서 가장 위대한 단어들 중 하나이지만 그 단어는 역사성에 좀 더 관심이 있는 사람들에게 의심의 대상이 되어왔다. 신화들이 하는 일을 인식한다는 것은 실제로 발생한 사건보다 더 참되고 역사적인 것보다 더 심원한 삶의 측면들과 접촉한다는 것이다. 그러나 다시 말하거니와 나는 "문학의"라는 말로 "신화적인"을 의미하지 않는다.

떤 아담과 하와를 염두에 두고 있는지 질문해야 할 것이다.

그러므로 바울이 로마서 5:12-21 같은 텍스트에서 "아담"에 관해 말할 때 그가 "창세기에 등장하는 아담"에 관해 말한 것이지 반드시 "역사적" 아담을 말한 것은 아니라고 해석될 수 있다(이 책의 8장을 보라). 또는 고린도전서 15:45에 수록된 "첫 번째" 아담과 "마지막" 아담의 사용에 관해 존 월튼이 주장한 바와 같이 바울의 아담은 원형적 아담이다(그리고 생물학적 아담이 아니다).

> 이 대목에서 아담이 "첫 번째" 사람으로 불리지만 "마지막" 아담으로서의 그리스도와 대조되는 문맥에서 그 텍스트가 아담이 최초의 생물학적 표본이었다는 주장으로 여겨질 수 없다. 그리스도가 마지막 표본이 아니었기 때문에 우리는 이 텍스트가 최초의 원형과 마지막 원형에 관해 말하고 있다고 결론지어야 한다. 아담이 최초의 원형이었는데 궁극적인 원형으로 대체되었다고 할 수도 있을 것이다. 그리스도가 생물학적으로 아담의 후손이었다는 이유만으로 생물학을 들여오는 것은 충분치 않다.[38]

다시 말하지만, 텍스트가 어느 아담을 염두에 두고 있는지를 발견하기 위해서는 우리가 맥락에 민감할 필요가 있다. 나는 모종의 유기적인 생물학적 아이디어가 작동하고 있을 때만 "역사적 아담"이라는 말을 사용할 것이다. 우리가 앞으로 보게 되겠지만 많은 사람이 로마서 5:12-21을 이런 식으로 읽었고, 로마서에 대한 그런 해석에 신학적으로 큰 중요성이 부여되었다.

---

38 Walton, "Historical Adam," 107.

6장

맥락에 비춰서 본 창세기의 아담과 하와: 열두 가지 주제

adam and the genome - adam and the genome --
adam and the genome -- adam and the genome --
adam and the genome -- adam and the genome -
---adam and the genome adam and the genome
adam and the genome adam and the genome adam
- and the genome --- adam and the genome adam
-and the genome adam and the genome - adam -
and the genome ■ adam and the genome - adam
and the genome -- adam and the genome adam ---
and the genome adam and the genome adam - and
the -genome - adam - and the genome adam and
the genome adam and the genome adam--and the
genome adam and -- the genome ■■ adam and the
genome adam and -- the genome adam and- ■ ---
the genome adam and the genome adam -and the
genome - adam and the genome ---■adam and
the genome - adam and the genome - adam and
the genome -- adam and the genome -- adam and
the genome -- adam and the genome -- adam and
the genome - ---adam and the genome adam and
the genome adam and the genome adam and the
genome adam - and the genome --- adam and
the genome adam -and the genome adam and the
genome - adam - and the genome ■ adam and the
genome - adam and the genome -- adam and the
genome adam ---and the genome adam and the
genome adam - and the -genome - adam -- and
the genome adam and the genome adam and -
--the genome adam--and the genome adam and --
the genome - adam and the genome adam and -the
genome adam and- --- the genome adam and the
-genome adam -and the genome - adam and the
genome --- adam and the genome ■ adam and ■
-the genome adam and the genome -- adam and
the genome -- adam and the genome - ---adam

adam and the genome

이곳이 과학과 신앙 사이의 해묵은 전쟁에서 벌어진 모든 전투를 해결할 곳은 아니지만, 오늘날 성경과 우리 문화의 과학 사이의 상호작용적 역학은 이스라엘의 신앙과 그들의 문화의 과학 사이의 상호작용적 역학과 유사한 면이 있다는 점을 알 가치가 있다. 성경, 특히 창세기 1-11장은 현대 과학이 탄생하기 이전의 문화에서 나왔지만, 성경 자체가 이미 모종의 과학 원칙을 형성하지 않았다고 생각하는 것은 무지한 처사다. 성경은 확실히 과학 원칙을 형성했다. 고대 근동인들은 이미 실재를 관찰하고, 시험하고, 그것에 관해 생각하고, 결론을 내리고 있었다.[1] 그들의 결론들은 우리의 결론들과 다르고 그들의 몇 가지 이론들은 재미있지만, 우리는 그들이 누구였고 어디에 있었고 언제 있었는지를 존중해야 할 필요가 있다. 그리고 우리는 그들이 초기 형태의 과학을 제공하고 있다는 것도 존중할 필요가 있다. 그들이 우주에 존재하는 다양한 원소들과 그것이 작동하는 방법에 관해 말하는 것은 그들의 인식이었고 "DNA"가 우리에게 "사실들"을 드러내는 것만큼이나 그들에게 "사실들"이었다. 시간이 경과함에 따라 성장하고 변하고 축적된다는 것은 모든 과학의 특징이다.[2] 따라서 성경의 첫 장들이 고대 근동의 과학의 형태라는 점을 우리가 처음부터 염두에 둘 필요가 있다.

커튼이 올라가기 전에 갑자기 어둠 속에서 무대 위로 등장하는 배우들처럼 성경은—소개나 정의 또는 등장인물을 알려줌이 없이—"태초에 하

---

1 John Walton은 이 주제에 관한 뛰어난 연구인 Marc van de Mieroop, *Philosophy before the Greeks: The Pursuit of Truth in Ancient Babylonia*(Princeton: Princeton University Press, 2016)를 내게 소개해줬다.

2 과학을 정의하는 개론적 요약은 Gerald Rau, *Mapping the Origins Debate: Six Models of the Beginning of Everything* (Downers Grove, IL: IVP Academic, 2013), 23-27을 보라. 『한눈에 보는 기원 논쟁』, 새물결플러스 역간.

나님이 천지를 창조하시니라"(NIV) 또는 "하나님이 천지를 창조하신 태초에"(NRSV)(창 1:1)로 시작한다. 맥락도 없고 창세기에 대한 서론을 필요로 하는 사람에게 서론도 제공되지 않은 채 위와 같은 첫 줄이 등장한다. 모든 텍스트는 맥락 안에서 표현되기 때문에 우리는 최선을 다해 그 맥락을 찾아내야 한다. 그렇게 하지 않으면 우리는 모르는 사이에 텍스트를 무시하게 될 것이다. 실제로 빌 아놀드가 말한 바와 같이 맥락의 부재로 말미암아 많은 사람이 자신의 세계관을 성경에 부과하게 되었다.

> 바로 앞의 문학적 맥락의 결여로 말미암아 많은 사람이 현대의 감수성을 창세기 1장 안으로 들여와 읽는데, 우리의 맥락은 매우 기술적이고 과학적이기 때문에 그렇게 함으로써 과학과 종교 사이의 유감스럽고 불필요한 이분법이 만들어졌다. 창세기 1장에 대해 고대 근동의 배경을 명심하면 이 함정을 피하는 데 도움이 된다.[3]

나는 앞 장에서 언급한 바와 같이 진리에 대한 **성경 우선** 접근법을 고백하지만, 성경이 맥락을 가지고 있다는 것과 성경에서 계시와 문화 사이의 대화가 작동하고 있다는 것이 성경 읽기의 일부라는 것도 고백한다. 우리는 성경을 다시 읽고, 성경을 성경이 되게 하며, 성경을 **고대 근동의 문화와 상호작용하는 관계에 있는 성경이 되게 하도록** 도전을 받는다. 그것이 성경을 가장 존중하고, 가장 정직하며, 가장 **성경을 우선시하는** 접근법이다.

---

3 Bill T. Arnold, *Genesis*, New Cambridge Bible Commentary (Cambridge: Cambridge University Press, 2009), 29 각주 3을 보라.

창세기에 처음 등장해서 신약성경에서도 등장하는 아담과 하와를 살펴볼 때 신앙과 문화 사이의 대화에 관한 월터 브루그만의 다음과 같은 조언은 우리가 길을 잃지 않도록 도움을 줄 것이다.

> 한편으로 그들[그가 창세기 1-11장을 썼다고 생각하는 신학자들]은 모든 참된 행동은 신들과 관련이 있고 창조세계 자체는 중요한 가치가 없다고 가정하는, 실재에 대한 "신화적인" 인식과 절연한다. 다른 한편으로 그들은 세상이 자체의 신비들을 포함하고 있고 초월적인 지시 대상이 없이 자체로 이해될 수 있다고 가정하는, 창조세계에 대한 "과학적" 관점에 저항한다. 창세기 1-11장에서 이스라엘에 독특한 방식으로 작업한 신학자들은 동시에 다음 사항들을 긍정하기를 원한다. (a) 창조세계의 궁극적인 의미는 창조주의 마음과 목적 안에서 발견된다(참조. 창 6:5-7; 8:21), (b) 세상은 그것 자체로서 하나님께 긍정적으로 평가되었다. 섭리적으로 창조세계를 맡은 창조물들도 세상을 그렇게 평가해야 한다(창 1:31).[4]

브루그만은 창세기를 맥락 안에서 읽는다는 것은 맥락을 잘 알고 창세기가 고대 근동의 맥락에 민감한 방식으로 말하고 있다는 것과 그 맥락에서 출발하여 하나님이 창조주이시고 창조세계가 선하다는 강력한 메시지를 제공한다는 것을 아는 것임을 우리에게 상기시켜 준다. 그것이 우리 앞에 놓여 있는 내용의 개요다.

우리는 먼저 고대 근동의 창조 이야기 네 개를 요약할 텐데 그중 세 개

4 Walter Brueggemann, *Genesis*, Interpretation (Louisville: Westminster John Knox, 2010), 12.

는 아담과 하와(또는 인간의 기원과 목적)를 직접 언급한다. 아래의 논의에서 나는 창세기 1-3장의 저자가 이 텍스트들을 알았다거나 그것들에 관해 알았다거나 그것들을 읽었다거나 의식적으로 그 텍스트들과 상호작용한다고 가정하지 않는다. 나는 단지 **창세기 1장과 2장이 쓰이고 있을 때 이 텍스트들이 이런 종류의 아이디어들을 표현했다**[5]는, 일반적으로 인정된 결론을 가정할 뿐이다.

고대 근동의 창조 이야기: 「에누마 엘리시」[6]

첫 번째 이야기는 메소포타미아에서 나왔는데, 그곳은 비옥한 초승달의 동쪽 지역을 가리키며 수 세기에 걸쳐 살았던 고대 아카드, 바빌로니아, 수메르 사람들을 포함한다. 이 지역은 이집트와 더불어 매혹적인 몇 가지 창조 이야기, 전설, 신화, 무용담들을 만들어냈다. 이 이야기들은 대대로 전해져 왔기 때문에 연대를 파악하기가 쉽지 않다. 그 텍스트들은 동시에 만들어지거나 전해지지 않았다. 비록 고대 근동의 창조 이야기들에 관한 정보를 모을 때 우리가 그것들 각각을 살펴보고 그 세계로부터 무엇을 얻을 수 있을지 판단하는 것이 합리적이지만 말이다. 이 점이 가장 중요한데, 고대의

5 창세기와 고대 근동 이야기들 사이의 병행에 관한 광범위한 목록은 다음 문헌들을 보라. Peter Enns, *The Evolution of Adam: What the Bible Does and Doesn't Say about Human Origins* (Grand Rapids: Brazos, 2012), 54-569. 『아담의 진화: 성경은 인류 기원에 대해서 무엇을 말하는가』, 기독교문서선교회 역간; Daniel C. Harlow, "After Adam: Reading Genesis in an Age of Evolutionary Science," *Perspectives on Science and Christian Faith 62*, no. 3 (2010): 179-95.

6 창세기와 이 텍스트의 읽을만한 비교는 Enns, *Evolution of Adam*, 38-43을 보라.

이 이야기들은 당시의 "과학" 또는 "우주론"을 표현한다. 그것들은 고대 히브리인들이 들어갔던 세계였고 이는 성경의 창조 기록(예컨대 창 1-2장; 욥 38-41장; 시 19편; 시 74:13-16; 시 136편; 잠 8장; 사 40-45장; 렘 10:12-16; 27:5)이 이런 종류의 창조 전승들에서 나온 유사한 아이디어들과 범주들을 반영한다는 것을 의미한다.

바빌론은 함무라비의 손과 칼 아래 메소포타미아에서 가장 강력한 도시가 되었는데, 함무라비는 마르두크를 신으로 세웠다. 오늘날 우리가 「에누마 엘리시」로 부르는 이야기(그것은 "높은 곳에서 ~했을 때"로 시작한다)는 고대 세계에서 나온 가장 중요한 창조 내러티브들 중 하나로 남아 있다. 그 이야기는 매혹적이지만 인간의 창조가 우리의 관심사이기 때문에 우리는 가급적 빨리 그것을 살펴볼 필요가 있다.

단물의 신(아프수)이 짠물의 신(티아마트)과 섞였을 때 물의 혼돈에서 시끄러운 한 무리의 신들이 창조되었다.[7] 그들이 너무 시끄러워서 아프수가 그들을 죽이기를 원했지만 그의 아들 에아가 아프수를 먼저 죽였다. 그 후에 에아와 담키나의 아들인 마르두크를 포함한 좀 더 많은 신들이 존재하게 되었다(마르두크는 함무라비가 가장 좋아했던 신이다). 아프수는 죽었고 티아마트는 킨구와 결혼하는데, 킨구는 신들에 진저리가 나서 신들을 멸망시키기를 원한다. 티아마트는 신들을 패배시키기 위해 몇몇 괴물들을 창조한다. 뱀들과 용들이 티아마트와 킨구 편에 가담하고 다른 신들은 두려워하

7 창 1:2은 "흑암이 깊음 위에 있었고"라는 어구에서 "깊다"라는 단어를 사용한다. "깊다"로 번역되는 히브리어는 **테홈**(*tehom*)인데, 많은 학자가 그 단어가 「에누마 엘리시」에 나타난 티아마트에 대한 믿음을 반향 및 비판한다고 생각한다. 나의 동료인 Claude Mariottini가 내게 이 관계를 상기시켜 주었다.

며 마르두크에게 티아마트를 물리쳐 달라고 요청한다. 마르두크는 한 가지 의무를 부여하는 조건하에 그 요청을 받아들인다. 만일 마르두크가 이긴다면 그가 만물을 다스릴 것이고 그의 명령은 영원할 것이다. 그 이야기는 명확하다. 마르두크가 티아마트를 패배시키고 정복자로서 그녀의 시신을 밟고 신전을 세우는데 거기서 티아마트의 괴물들은 그 신전에 들어가는 모든 이에게 마르두크에게 저항하는 것이 무엇을 의미하는지를 상기시키는 조각상들이 된다. 마르두크는 티아마트의 시신으로 천지를 창조하고 그녀의 신들을 (행성들로서) 하늘에 둔다. 이 때가 에아와 마르두크가 인간들을 창조하기로 결심한 때다. 다음은 인간의 창조를 묘사하는 「에누마 엘리시」의 여섯 번째 서판에서 취한 발췌문이다.[8]

> 나는 피를 모으고 뼈를 형성할 것이다.
> 나는 룰루를 생기게 할 것이고, 그의 이름은 "인간"이 될 것이다.
> 나는 룰루-인간을 창조할 것이다.
> 신들이 쉴 수 있도록 그에게 신들의 고역이 부과될 것이다(6.5-8).

당신은 누구의 피인지 질문할 수도 있을 것이다. 그 질문에 대한 답은 다음과 같다.

---

8 나는 W. G. Lambert, *Babylonian Creation Myths*(Winona Lake, IN: Eisenbrauns, 2013)의 번역을 사용한다. Victor Harold Matthews, *Old Testament Parallels: Laws and Stories from the Ancient Near East*, 3rd ed. (New York: Paulist Press, 2007), 11-20에서도 번역과 요약을 발견할 수 있다.

> 그들은 그[킨구]를 결박해서 에아 앞에 데려왔다.
>
> 그들은 그에게 형벌을 집행하고 그의 혈관들을 절단했다.
>
> 그의 피로 그[에아]가 인류를 창조했다.
>
> 그는 인간에게 신들을 섬기는 일을 부과했고 신들을 자유롭게 해주었다.
>
> 현명한 에아가 인간을 창조하고
>
> 그들에게 신들을 섬기는 일을 부과한 후—
>
> 그 과업은 이해를 뛰어넘는 것인데
>
> 이는 누딤무드(창조주)가 마르두크의 솜씨로 창조를 수행했기 때문이다—
>
> 마르두크 왕은 신들을 나누고
>
> 모든 아눈나키(신들의 집단)를 상급 집단과 하급 집단으로 나눴다(6.31-40).

이 모든 것이 지구라트인 에테메난키의 건설로 이어지는데, 그곳에서 마르두크가 연례적으로 예배되고 「에누마 엘리시」가 다시 말해졌다.

성경과 연결 관계가 있는가? 약간 있다. 차이들이 존재하는가? 많이 존재한다. 그러나 성경이 「에누마 엘리시」의 문화에 대해 어떻게 말하는지 우리가 논의하기 전에, 훨씬 더 포괄적인 역사 이론을 지니고 있는 또 다른 유명한 기사인 「길가메시 서사시」를 살펴볼 필요가 있다. 비록 아담과 하와에 대해서는 이 이야기가 창세기에서 발견되는 유사한 주제를 드러내 주는 것만큼 중요하지 않지만 말이다.

「길가메시 서사시」: 고대 근동의 또 다른 이야기

「길가메시 서사시」의 신화적인 내러티브에서 우리는 신들과 인간들의 관계, 대홍수, 성교, 불멸의 추구, 죽음의 불가피성 같은 주제들을 발견한다.

우르크의 왕인 길가메시의 1/3은 인간인 반면에 2/3는 신인 점이 주목할 만하다.[9] 우르크를 지배하는 폭군으로서 그는 필적할 존재가 없었다. 그래서 신의 총회에서 엔키두를 창조해서 그의 동료가 되게 했지만 엔키두는 광야에서 짐승들과 함께 살았다. 그는 매춘부 샴하트와 오랜 시간 성교를 함으로써 길들여진다. 엔키두가 광야로 돌아간 뒤 세 가지 일이 일어났다. 이제 짐승들이 그를 불편해했고, 그가 육체적으로 약해졌고, 그가 "이성"을 획득했다. 그때 그 여인이 말한다. "엔키두여, 당신은 잘 생겼어요. 당신은 신과 같아요!" 그녀는 그에게 빵을 먹고 맥주를 마시는 법을 가르쳐 줌으로써 인간이 되는 방법을 가르친다. 그는 길가메시의 친구가 된다. 그 모험 이야기를 요약하자면 다음과 같다. 엔키두는 신의 총회에 의해 죽임을 당한다. 그래서 길가메시는 불멸을 찾아 여행을 떠나는데, 여성 맥주 제조자인 시두리로부터 특별한 조언을 듣는다. 그녀는 길가메시에게 오직 신들만 불멸을 소유하고 그는 죽을 테니 집에 돌아가 마시고 즐거워하라고 말한다. 그가 계속 고집을 부리자 그녀는 그에게 죽음의 바다를 건너는 방법을 말해주고, 그는 그곳에서 신들이 어떻게 거대한 홍수를 보내 사람들을 모두 익사하게 함으로써 인간을 멸망시키려고 하는지에 관한 이야기를 듣는다.

우리는 다시금 홍수 후 비둘기를 날려 보내 땅이 충분히 말랐는지 알아보는 것을 포함하여 창세기에 수록된 이야기와 비슷하기도 하고, 특히 하나님은 한 분뿐이시고 이 하나님은 다른 신들과 경쟁하시지(소위 "신들의

---

9 개요와 번역은 Andrew George, ed., *The Epic of Gilgamesh* (New York: Penguin, 2003)를 보라.

싸움") 않는다는 창세기의 획기적인 아이디어 면에서 다르기도 한 고대 근동의 아이디어와 모티프들이 존재한다는 것을 볼 수 있다.

세 번째 이야기: 「아트라하시스」[10]

창조와 인간에 관한 성경 외의 기사 중 내가 가장 좋아하는 이야기는 「아트라하시스」(그 이야기의 주인공의 이름을 땄다)로 불리는데, 그 이야기는 원래 수메르에서 나왔지만 다른 문화들에 퍼졌다.[11] 창세기와 「아트라하시스」 사이의 연관성은 훨씬 많은데, 몇몇 학자는 (조심스럽게) 창세기 2-8장이 이스라엘의 아트라하시스라고 주장하기까지 한다. 나는 「아트라하시스」의 세계관에 대한 인상을 제공하기 위해 그 텍스트의 서두를 인용하는 것으로 시작하려고 한다. 세상에는 신들, 신적 전사들, 신적 장로들만 거주했는데 전사들이 허드렛일이 너무 지겹다고 생각했다.

> 신들이 인간들처럼
> 그들의 일에 지루해하고 고역으로 고생했을 때—
> 신들의 고역이 컸고,
> 일이 무거웠으며, 고통이 매우 컸다—

---

10 「아트라하시스」와 창세기 사이의 훌륭한 개론적 비교를 Enns, *Evolution of Adam*, 53-56에서 찾아볼 수 있다.

11 이 책에 수록된 「아트라하시스」 인용문은 W. G. Lambert, A. R. Millard, and Miguel Civil, eds., *Atra-Hasis: The Babylonian Story of the Flood*(Winona Lake, IN: Eisenbrauns, 1999)에서 따왔다.

위대한 일곱 아눈나키가
이기기로 하여금 고생하게 했다…
40일 동안[…]과도한
[…]그들은 밤낮 극심한 고생을 했다.
그들은 동굴에서 [불평하고], 험담하고,
투덜거렸다.…
"신들의 상담자이자 영웅[엔릴]이 있다.
오라, 우리가 자기의 거처에 있는 그를 무기력하게 만들자!"(I.i.1-6, 37-40, 45-56)

엔릴은 그들의 고통으로 마음이 아파졌는데 새로운 존재들의 질서가 그 문제에 대한 해법이었다. 에아-엔키가 신적 전사들이 이제 원하지 않는 일을 할 노동자들(인간들)을 창조함으로써 그들을 안정시킨다. 고대 근동의 유사한 이야기들에서와 마찬가지로 신들은 소란한 인간들에게 짜증이 나서 홍수를 보내 인간을 멸망시킨다. 이 텍스트에서도 이 모든 내용은 창세기 1-11장에 나오는 내용과 비슷한 주제들로 들리는데, 이곳에서는 매혹적인 유사성과 심오하게 다른 신학적 아이디어들이 나타난다. 특히 인간의 창조에 관해 말하는 내용이 우리의 목적상 가장 관련이 있는 부분이다.

그들은 여신을 소환해 질문했다.
신들의 산파인 현명한 마미…
그가 멍에를 멜 수 있도록 **룰루**[*Lullu*, 노동자]를 창조하라,
그로 하여금 엔릴에 의해 부여된 멍에를 메게 하라,

그들로 하여금 신들의 고역을 지게 하라(I.ii.192-93, 195-97).

이처럼 인간은 게으른 신들로 하여금 그들의 여가를 즐기게 하려고 창조된다. 이 텍스트에서 인간의 임무는 신들을 위해 일하는 것이다. 우리는 남성이 땅을 경작하는 창세기 3장의 기사가 고대 근동의 일부 사람들에게는 다른 창조 내러티브들의 메아리로 들렸으리라고 생각해야 한다.

「아트라하시스」에서 인간의 창조는 세 가지 다른 방식으로 이야기되지만 다음 구절에서 진흙이 존재하는 점을 주목하라.[12]

닌투가 입을 열어
위대한 신들에게 말했다.
"사물들을 만드는 것이 내게는 가능하지 않다.
기술은 엔키에게 있다.
그는 모든 것을 깨끗이 할 수 있으므로
내가 그것을 만들 수 있도록 그로 하여금 내게 진흙을 주게 하라."
엔키가 입을 열어 위대한 신들에게 말했다.
"그달 첫째, 일곱 째, 열다섯 째 날에
내가 정화하는 목욕을 할 것이다."…
그의 살과 피로부터
닌투가 진흙을 섞었다.….

12 John Walton은 수메르의 「괭이의 노래」에서는 신이 지면에 파종함으로써 인간이 흙/지면에서 나왔다고 지적한다. John H. Walton, *Genesis 1 as Ancient Cosmology* (Winona Lake, IN: Eisenbrauns, 2011), 74을 보라.

그것은 그것의 표지로서 살아 있음(사람)을 선포했다(I.198-207, 225-26, 229).

두 번째 기사는 신적 전사와 신적 장로의 침을 혼합하는 반면 세 번째 기사는 인간의 규범에 가깝다. 즉 성교가 일곱 명의 남성과 일곱 명의 여성을 낳는다. 그러자 이 "노동자들"이 신들을 그들의 노동에서 해방시킨다. 하지만 노동자들—인간들—이 너무 시끄러워서 엔릴 신이 그들을 멸망시키려고 한다. 먼저 그는 땅에 역병을 보낸다. 아트라하시스가 에아-엔키를 통해 역병을 멈추는 법을 배우자 엔릴은 (기근과 같은) 다른 수단들을 시도하지만, 노동자들은 엔릴의 파괴적인 고안을 무력화하는 방법을 파악한다. 마침내 그는 홍수를 보내 노동자들을 징계한다. 에아-엔키는 아트라하시스에게 "거룻배"(방주)를 짓는 방법을 알려 주고, 아트라하시스는 그것을 동물들과 자신의 가족으로 채운다. 7일 밤낮 동안 홍수가 땅을 덮어 멸망시키자 신들은 그것을 보고 운다. 그들의 최종적인 해결책은 생식력이 없는 여성들을 창조해서 인구를 적절하게 유지하는 것이었다!

네 번째 이야기: 아수르의 이중 언어 창조 이야기

수메르의 이 창조 이야기는 「아트라하시스」와 약간 다른데 놀라운 장면을 배경으로 시작한다. 그것은 창세기 1장의 용어 및 신념들과 비슷한 점과 다른 점을 갖고 있다.[13]

13 인용문은 Richard J. Clifford, ed., *Creation Accounts in the Ancient Near East and in the Bible*

하늘이 땅에서 분리되었을 때
—지금까지는 천지가 견고하게 붙어 있었다—
땅의 어머니들이 출현한 뒤,
땅이 기초가 세워지고 자리를 잡았을 때,
신들이 우주의 계획을 수립하고
관개 시스템을 준비하고
티그리스강과 유프라테스강의 경로를 결정한 뒤,
최고 신들인 안, 엔릴, 닌마흐(수정)와 엔키가
다른 위대한 신들인 아눈나와 함께
높은 단에 그들의 자리를 잡고
총회를 열었다.…

〈엔릴이 그들에게 물었다.〉 "이제 우리가 무엇을 할까?
우리가 이제 무엇을 만들까?
오, 위대한 신들인 아눈나여, 이제 우리가 무엇을 할까?
우리가 무엇을 창조할까?"

신들은 그 질문에 대한 답변으로 인간을 창조하자고 제안한다.

운명들을 배정하는 아눈나와 함께
그 회의에 참석했던 위대한 신들은

(Washington, DC: Catholic Biblical Association of America, 1994), 49-51에서 취한 것이다.

엔릴에게 합창으로 답변했다.
"두란키의 '살이 자라는 장소'(니푸르)에서
우리는 신적인 두 **알라**(*Alla*)를 살해할 것이다.…
그리고 그들의 피로 인간을 낳을 것이다!"

삶의 목적과 땅의 중요성 및 무보수 노동의 수익성에 관심이 있는 이런 신들에 의해 인간이 만들어진다. 인간들에게 부여된 일은 땅을 다스리고 경작해서 땅이 산물을 내게 하도록 아담과 하와에게 부여된 일과 다르지 않다.

그들은 들의 경계를 단번에 정할 것이다.
그리고 그들의 손에 괭이와 바구니를 들고
위대한 신들의 집을 이롭게 할 것이다.
그 신들은 높은 단에 자리를 잡을 가치가 있다!…
그들은 관개 시스템을 만들 것이다.…
그래서 모든 종류의 식물이 자라게 할 것이다.

그들은 창세기 1-2장에서와 마찬가지로 이름이 지어진다.

그들은 울렐가라와 안네가라로 불릴 것이다.
그리고 그들은 땅의 번영을 위해
소, 양, (다른) 동물, 물고기, 새들을 번식시킬 것이다.

창세기 1-3장을 맥락에서 읽기

우리는 이제 창세기를 그것의 맥락에서 읽기를 원한다. 우리는 이 읽기는 창세기가 고대 근동 텍스트들의 맥락과 경쟁하는 신학과 인류학을 형성할 때 이 텍스트들과 관련한 유사성과 차이점을 모두 다룬다는 점을 알게 될 것이다. 나는 창세기 1-3장에 관해 그 세계에서의 아담과 하와의 신학, 달리 말하자면 신앙과 문화 사이의 상호작용의 주형으로서 고대 근동에서의 아담과 하와의 신학을 명확하게 하는 주제 열두 개를 제안한다.[14]

창세기 1-3장에 대한 맥락적 접근은 즉각적으로 성경의 아담과 하와가 **문학의 아담과 하와**임을 확고하게 한다. 즉 아담과 하와는 유사성과 차이점이 있는 내러티브들을 지닌 세상에 말하기 위해 고안된 내러티브의 일부다. 이 맥락을 사용한다고 해서 아담과 하와가 "허구의" 인물이라는 의미는 아니고, 그것이 그들이 "역사적"이라는 의미도 아니다. 맥락 안에서의 텍스트에 대해 가급적 정직하기 위해서는 우리가 부인할 수 없는 사실에서 시작할 필요가 있다. 아담과 하와는 문학의 인물로서 하나님께서 자신의 백성이 인간은 누구이며 하나님의 창조세계에서 무엇을 하라고 부름을 받았는지를 어떻게 이해하기를 원하시는지를 계시하기 위해 고안된 내러티브의 일부다.

14 보완적인 목록은 John Walton, "A Historical Adam: Archetypal Creation View," in *Four Views on the Historical Adam*, ed. Matthew Barrett and Ardel Caneday (Grand Rapids: Zondervan, 2013), 102-4을 보라.

주제 1

> 하나님은 한 분이시고, 한 분이신 이 하나님은 고대 근동의 신들처럼 우주 안에 계시는 것이 아니라 우주 바깥에 계신다. 아담과 하와의 하나님은 상급의 존재로서 독특하다. 신약성경이 명시적으로 진술하듯이 한 분이신 이스라엘의 참된 이 하나님은 하나님의 지혜이신 하나님의 아들을 통해 우주를 창조하신다.

아마도 성경의 제시에서 가장 주목할 만한 점은 창세기의 하나님이 메소포타미아 기사들의 신들과 같지 않다는 점일 것이다. 사실 성경의 하나님은 훗날 유대인의 신조인 쉐마가 되는 신명기 6:4-9에서 진술된 바와 같이 유일하시고 한 분이시다. 메소포타미아의 이야기들에는 마르두크, 티아마트, 엔릴 등 많은 신이 존재한다. 성경 자체에서 가장 중요한 병행 텍스트는 이사야 40-48장인데, 창세기에서는 암묵적으로 표현된 내용이 이사야서에서는 명시적으로 표현된다. 이스라엘의 하나님은 전능하신 반면에 이방인들, 특히 바빌로니아인들의 신들은 무력하며, 그 점이 너무 많이 강조되지는 않지만, 실존하지 않는다.[15] 그렇다면 창세기 1장은 "우리 하나님은 한 분이시고 유일하신 참된 하나님이시다"라는 주장이다.

하나님에 관해서뿐만 아니라 창조세계 자체에 관해서도 주목할 만한 차이가 있다. 고대 근동의 신들은 땅에서 일하는 동안 오락가락하고 서로

15 Nathan MacDonald, *Deuteronomy and the Meaning of "Monotheism,"* Forschungen zur Religion und Literatur des Alten und Neuen Testaments 2.1(Tübingen: Mohr Siebeck, 2012)은 나의 동료인 Jason Gile이 이 주제에 관해 추천한 중요한 책이다.

얽혀든다. 그 신들은 성미가 급하고 도움을 필요로 한다. 그들은 상급 신들로부터 승인을 받지 않고서는 자신의 문제를 해결하지 못하는데 상급 신들은 자기들끼리 다투는 것처럼 보인다. 아무도 전적으로 통제하는 것으로 보이지 않는다. 창세기 1-2장의 하나님은 다르다. 이 하나님은 전능하시고 창의력이 있는 손가락을 지닌 미켈란젤로의 창조주 하나님처럼 모든 것을 통제하신다. 하나님은 자신의 주권적 선택에서 나온 말씀으로 창조하신다. 창세기 1장의 근본적인 사건은 하나님이 "~이 있으라"라고 말씀하시면 그것이 생겨나는 것이다. 물들은 원시의 혼돈일 수도 있지만, 하나님의 명령을 통해 쉽고 간단하게 정복된다. "형태가 없고 빈"으로 번역되는 **토후 와 보후**(*tohu va-bohu*)는 얽힌 것이 풀어져 조율된 질서, 기능, 목적을 지니게 된다. 이 하나님은 초월적이시고 매우 강력하시며 창조세계 위에 높임을 받으시고 창조세계의 만물을 존재하게 하신다. 따라서 이 하나님은 창조된 질서의 일부가 아니라 그것 밖과 위에 존재하신다. 창세기 1장의 신학에서 고대 근동의 모든 신은 제거되며, 한 분이신 최고 신 야웨(YHWH)만 존재한다.

창세기 1장의 "쾌활하고 은혜로운 리듬"은 창조세계에 대해 하나님이 전능하시고 은혜롭게 질서를 부여하셨다는 인상을 주기 위해 고안된다.[16] 따라서 빌 아놀드의 요약은 창세기 1-3장을 맥락에서 읽기 위한 논조를 설정한다. "한마디로 말해서 고대 종교는 다신교적이고 신화적이며 신인동형론적인 언어로 신들을 인간의 형태와 기능 관점에서 묘사하는 반면에, 창세기 1장은 일신론적이고 신화를 경멸하며 신인동형론은 언어의 형태로

16 Arnold, *Genesis*, 29.

만 사용한다."[17]

창세기의 하나님과 고대 근동의 신들 사이에 이런 근본적인 차이들이 있다고 해서 아이디어들과 용어들의 차용이 없는 것은 아니다. 예컨대 "**우리**의 형상을 따라 사람을 만들자"라고 말하는 창세기 1:26에 고대 근동의 "천상의 어전회의"의 흔적—하나님이 초자연적인 존재들의 형태로 "조언자들"에게 둘러싸여 있다는 믿음—이 있는 것처럼 보인다. 이 절에 등장하는 "우리"라는 단어는 끝없는 추측을 낳았다. 거기에 다른 누가 있었는가? 이 존재는 삼위일체인가?[18] 이것은 단순히 최고의 존재가 복수의 언어로 독백하는 권위 있는 또는 신중한 복수인가?[19] 아니면 이것이 다른 고대 근동 신학들과 텍스트들에서 나온 잔존물로서 천상의 어전회의를 암시하고 이웃 민족들 및 그들이 믿은 것과 연관되었을 수도 있는가? 아니면 이것은 다른 "신들"을 가리키는 것이 아니라, 하늘에 예배하고 섬기는 다수의 천사들이 거주한다는 성경의 우주론을 가리키는 것인가?(그럴 가능성이 좀 더 높은 것으로 보인다)[20]

---

17 Ibid., 46.

18 이것은 교회에서 매우 전형적인 해석이다. 예컨대 John L. Thompson, ed., *Genesis 1-11*, Reformation Commentary on Scripture 1 (Downers Grove, IL: IVP Academic, 2012), 41에서 Johannes Brenz, John Calvin 등이 이 입장을 취한다.

19 예컨대 다음 문헌들을 보라. Arnold, *Genesis*, 44; C. John Collins, *Genesis 1-4: A Linguistic, Literary, and Theological Commentary* (Phillipsburg, NJ: P&R, 2005), 59-61.

20 J. Richard Middleton, *The Liberating Image: The Imago Dei in Genesis 1* (Grand Rapids: Brazos, 2005), 55-60. 『해방의 형상』, SFC 출판부 역간. 다음 문헌들도 보라. Donald Gowan, *From Eden to Babel: A Commentary on the Book of Genesis 1-11*, International Theological Commentary (Grand Rapids: Eerdmans, 1988), 27-28; Nahum M. Sarna, *Genesis*, JPS Torah Commentary (Philadelphia: The Jewish Publication Society, 2001), 12; Gordon John Wenham, *Genesis 1-15*, Word Biblical Commentary 1 (Grand Rapids: Zondervan, 2014), 28. 이 견해는 랍비 전통에서도 널리 퍼져 있다. Rabbi Nosson Scherman, *The Chumash: The Torah, Haftaros, and Five Megillos*, The Stone Edition (Brooklyn,

그러나 한 분이시고 유일하신 이 창조주 하나님에 관해 고려할 점이 더 있는데, 그것은 성경을 처음부터 좀 더 명확한 끝을 향해 나아가는 이야기로 보는 것과 관련이 있다. 잠언은 지혜에 관한 가장 흥미로운 숙고를 제공하는데, 지혜는 의인화되고 자신이 창조 자체보다 먼저 시작되었다고 알려준다. 그 말이 무슨 뜻인지 알려면 우리가 잠언 8:22-31을 모두 읽어야 한다.

> 여호와께서 그 조화의 시작 곧 태초에 일하시기 전에 나를 가지셨으며
> 만세 전부터, 태초부터, 땅이 생기기 전부터 내가 세움을 받았나니
> 아직 바다가 생기지 아니하였고 큰 샘들이 있기 전에 내가 이미 났으며
> 산이 세워지기 전에, 언덕이 생기기 전에 내가 이미 났으니
> 하나님이 아직 땅도, 들도, 세상 진토의 근원도 짓지 아니하셨을 때에라.
> 그가 하늘을 지으시며 궁창을 해면에 두르실 때에 내가 거기 있었고
> 그가 위로 구름 하늘을 견고하게 하시며 바다의 샘들을 힘 있게 하시며
> 바다의 한계를 정하여 물이 명령을 거스르지 못하게 하시며 또 땅의 기초를 정하실 때에
> 내가 그 곁에 있어서 창조자가 되어 날마다 그의 기뻐하신 바가 되었으며 항상 그 앞에서 즐거워하였으며
> 사람이 거처할 땅에서 즐거워하며 인자들을 기뻐하였느니라.

의인화된 지혜는 별도의 창조물이지만, 이 지혜 숙고는 예수를 그 의인화

NY: Mesorah Publications, 2000), 8을 보라.

된 지혜로 보아서 현자 예수가 창조주 예수가 되시는 신약성경의 사상을 낳았다. 정경 내러티브로서의 성경 읽기는 우리로 하여금 창세기 1장의 질서 잡기를 하나님의 아들이 성취하신 일로 보도록 자극한다. 지혜를 기독론 안으로 흡수한 신약성경의 텍스트들은 다음과 같다.

> 오직 부르심을 받은 자들에게는 유대인이나 헬라인이나 그리스도는 하나님의 능력이요 하나님의 지혜니라(고전 1:24).

> 그는 보이지 아니하는 하나님의 형상이시요 모든 피조물보다 먼저 나신 이시니, 만물이 그에게서 창조되되 하늘과 땅에서 보이는 것들과 보이지 않는 것들과 혹은 왕권들이나 주권들이나 통치자들이나 권세들이나 만물이 다 그로 말미암고 그를 위하여 창조되었고 또한 그가 만물보다 먼저 계시고 만물이 그 안에 함께 섰느니라. 그는 몸인 교회의 머리시라. 그가 근본이시요 죽은 자들 가운데서 먼저 나신 이시니, 이는 친히 만물의 으뜸이 되려 하심이요 아버지께서는 모든 충만으로 예수 안에 거하게 하시고 그의 십자가의 피로 화평을 이루사 만물 곧 땅에 있는 것들이나 하늘에 있는 것들이 그로 말미암아 자기와 화목하게 되기를 기뻐하심이라(골 1:15-20).

> 옛적에 선지자들을 통하여 여러 부분과 여러 모양으로 우리 조상들에게 말씀하신 하나님이 이 모든 날 마지막에는 아들을 통하여 우리에게 말씀하셨으니, 이 아들을 만유의 상속자로 세우시고 또 그로 말미암아 모든 세계를 지으셨느니라. 이는 하나님의 영광의 광채시요 그 본체의 형상이시라. 그의 능력의 말씀으로 만물을 붙드시며 죄를 정결하게 하는 일을 하시고 높은 곳에 계신

> 지극히 크신 이의 우편에 앉으셨느니라. 그가 천사보다 훨씬 뛰어남은 그들보다 더욱 아름다운 이름을 기업으로 얻으심이니(히 1:1-4).

> 태초에 말씀이 계시니라. 이 말씀이 하나님과 함께 계셨으니 이 말씀은 곧 하나님이시니라. 그가 태초에 하나님과 함께 계셨고 만물이 그로 말미암아 지은 바 되었으니 지은 것이 하나도 그가 없이는 된 것이 없느니라. 그 안에 생명이 있었으니 이 생명은 사람들의 빛이라(요 1:1-4).

이처럼 창조주 하나님, 한 분이신 이스라엘의 참된 하나님은 하나님의 아들을 통해 창조하신다.

주제 2

> 성경은 일상적으로 신들의 싸움을 최소화하고 아마도 신들의 싸움 개념을 해체하기까지 하지만, 성경에는 신들의 싸움 요소들이 간헐적으로 존재한다. 아담과 하와는 우주적인 전투의 결과가 아니라 우주를 위한 하나님의 선한 설계의 산물이다.

역사가들은 "신들 사이의 갈등"을 묘사하는데, "신들의 싸움"(theomachy)이라는 용어로 표현되는 그것은 메소포타미아의 창조 이야기들의 주요 특징이다. 존 월튼은 그것을 다음과 같이 정의한다.

> 고대 근동의 인지 환경에서는 신들이 다양한 환경과 다양한 수준에서 갈등에

연루된다. (1) 그들은 개인 또는 집단 수준에서 자기들끼리 싸운다, (2) 그들은 모종의 위협을 대표하는 실체나 비실체들과 싸운다, (3) 그들은 인간과 갈등을 빚는다.[21]

나는 위에서 「에누마 엘리시」에 수록된 텍스트를 인용했는데, 신들 사이의 전투를 명확히 하기 위해 그 텍스트를 다시 인용할 가치가 있다.

그들은 그[킨구]를 결박해서 에아 앞에 데려왔다.
그들은 그에게 형벌을 집행하고 그의 혈관들을 절단했다.
그의 피로 그[에아]가 인류를 창조했다.
그는 인간에게 신들을 섬기는 일을 부과했고 신들을 자유롭게 해주었다.
현명한 에아가 인간을 창조하고
그들에게 신들을 섬기는 일을 부과한 후—
그 과업은 이해를 뛰어넘는 것인데
이는 누딤무드(창조주)가 마르두크의 솜씨로 창조를 수행했기 때문이다—
마르두크 왕은 신들을 나누고
모든 아눈나키(신들의 집단)를 상급 집단과 하급 집단으로 나눴다(6.31-40).

두 번째 예는 역시 위에서 인용된 「아트라하시스」에서 나오는데, 그것은 신들 사이에 같은 종류의 갈등이 일어나자 신들이 인간을 창조하여 신들의 일을 하게 함으로써 노동의 갈등을 해소했다고 말한다.

---

21 Walton, *Genesis 1 as Ancient Cosmology*, 68-69.

위대한 일곱 아눈나키가
이기기로 하여금 고생하게 했다.…
40일 동안[…]과도한
[…]그들은 밤낮 극심한 고생을 했다.
그들은 동굴에서 [불평하고], 험담하고,
투덜거렸다.…
"신들의 상담자이자 영웅[엔릴]이 있다.
오라, 우리가 자기의 거처에 있는 그를 무기력하게 만들자!"(I.i.5-6, 37-40, 45-56)

성경에 이에 관한 암시가 있다. 시편 74:13-16에서 리워야단이라 불리는 일종의 티아마트와 벌인 전투를 쉽게 알아볼 수 있다.[22]

주께서 주의 능력으로 바다를 나누시고
물 가운데 용들의 머리를 깨뜨리셨으며
리워야단의 머리를 부수시고
그것을 사막에 사는 자에게 음식물로 주셨으며
주께서 바위를 쪼개어 큰 물을 내시며
주께서 늘 흐르는 강들을 마르게 하셨나이다.

22 다른 전투 텍스트들은 다음 구절들을 보라. 욥 26:7-14; 시 89:5-14. 이에 관한 논의는 다음 문헌들을 보라. Joseph Blenkinsopp, *Creation, Un-Creation, Re-Creation: A Discursive Commentary on Genesis 1-11* (New York: Bloomsbury T&T Clark, 2011), 35-39; Enns, *Evolution of Adam*, 62-65.

낮도 주의 것이요 밤도 주의 것이라. 주께서 빛과 해를 마련하셨으며

이 대목에서 존중과 정직의 원칙이 작동한다. 혹자는 그 시편의 저자가 고대의 언어를 사용해서 자기가 좀 더 잘 아는 뭔가를 표현했다고 생각하거나, 그 저자가 그런 아이디어들을 공유했다고 생각할 수도 있을 것이다. 어느 쪽이든 간에 성경은 고대 근동 문헌과 놀라운 평행관계를 형성하는 한편 중대하게 다른 신학을 제공한다. **그 "신들"은 참되신 한 분 하나님께 저항할 수 없었기 때문에 이스라엘의 하나님이 창조 시에 악의 세력들을 정복하셨다**. 혹자는 하나님이 **어떻게** 정복하셨는지 질문할 수 있고 우리가 뒤에서 그 문제를 다루겠지만, 하나님이 악을 정복하신다는 **사실** 자체는 의문의 여지가 없다.

고대 근동에서 신들의 싸움의 또 다른 요소는 우주 자체였는데, 존 월튼은 이것을 "대우주적 무질서"(macrocosmic disorder)로 부른다.[23] 고대 근동 사람들은 신들이 질서를 확립했지만, 창조세계 안의 반역적인 요소들이 때때로 출현했고 전쟁을 통해 그것들을 패배시킬 필요가 있었다고 믿었다. 위에 언급된 「에누마 엘리시」에서 우리는 우주에 질서를 가져오기 위해 바다(또는 짠물)의 신 티아마트가 마르두크에게 패배한 것을 보았다. 몇몇 학자는 창세기 1:2의 "혼돈하고 공허하며"와 "하나님의 영은 수면 위에 운행하시니라"에서 바로 그 주제—바다의 신인 바다 괴물 리워야단을 정복함—를 탐지해왔다. 즉 물들은 반역적인 세력들의 통제하에 있었고, 순화되고 창조세계를 위한 하나님의 설계 안에 있는 선으로 질서가 잡힐 필요

23 Walton, *Genesis 1 as Ancient Cosmology*, 69, 70-72; Middleton, *Liberating Image*, 263-69.

가 있었다. 우리가 고대 히브리인들이 리워야단을 언급했을 때 티아마트와 같은 부류를 완전히 수용했다고 가정할 필요는 없지만, 적어도 성경의 창조 기사에서 그 신화의 주제들과 언어가 어느 정도 역할을 했다는 점을 인정해야 한다.

따라서 성경에서 고대 근동의 전투 신화에 등장하는 신들의 싸움이라는 주제가 간헐적으로 암시되지만, 고대 근동 신화에서와 비교할 때 그 주제는 별로 언급되지 않는다. 창조세계나 창조세계의 배열 어느 것도 신들 사이의 전투나 하나님이 가만히 계시지 않고 반역적인 바다 괴물을 정복하시는 것으로 여겨지지 않는다. 대신 하나님이 다소 차분하게 명령을 발하시면 질서가 잡힌다. 좀 더 대담하게 말하자면 하나님이 싸우셔야 할 전투가 존재했던 적이 없기 때문에 하나님은 전투에서 승리하시지 않는다! 하나님은 언제나 주권적인 하나님이셨다. 하지만 때때로 고대 근동의 신들의 싸움에서 출현하는 주제들에 호소함으로써 하나님의 주권이나 평온이 강조된다.

사실 성경이 소위 전투 신화를 사용한 것은 두 가지 이상의 방법으로 설명될 수 있다. 리처드 미들턴은 그것이 폭력의 색조를 지닐 필요가 없고 전사로서가 아니라 숙련공으로서의 하나님 신학을 통해서 이해될 필요가 있다는 중요한 제안을 제공했다.[24] 우리가 창세기 1장을 자세히 읽어보면 "하나님이 이런 원시적인 요소들을 어떻게 정복하셨는가?"라고 묻게 된다. 야웨가 제우스처럼 칼을 빼서 전투에 참여하여 자기의 칼을 이리저리 휘둘렀는가? 미들턴은 우리로 하여금 다른 형태의 정복을 고려하도록 자극한

---

24 Middleton, *Liberating Image*, 74-77.

다. 하나님은 **대항적 폭력을 통해서가 아니라 그의 솜씨 좋은 작업과 말씀을 통해 창조세계의 질서를 잡으심으로써** 정복하신다. 미들턴의 제안은 영리하며 약간의 전투 신화의 존재와 그것이 창세기에서 어떻게 개념화되는지를 내가 본 어떤 설명보다 훌륭하게 설명한다. 신적인 숙련공의 질서 창조가 하나님의 방법이다.

주제 3

> 하나님은 창조세계를 성전으로 정돈하신다. 아담과 하와는 하나님에 의해 예배하고 모든 창조세계가 자신의 하나님을 보게끔 인도하도록 설계되었다.

최근 학계는 우리가 창세기 1장을 어떻게 읽어야 하는지에 관한 중요한 방향의 재정립을 제안했다.[25] 우리는 대략적인 아이디어만 살펴보기를 원하기 때문에 이 대목에서 깊은 논의로 들어갈 필요는 없다. 창세기 1장은 하나님이 우주를 우주 성전으로 형성하시는 것으로 읽혀야 한다. 이제 약간의 세부사항을 살펴보자.

월튼은 창세기 1장은 다른 고대의 우주론들과 마찬가지로 물질성(materiality)보다는 기능에 훨씬 더 관심이 있다고 결론지었다. 그는 그것을

---

25 Ibid., 77-88; Walton, *Genesis 1 as Ancient Cosmology*; Walton, *The Lost World of Genesis One: Ancient Cosmology and the Origins Debate* (Downers Grove, IL: InterVarsity, 2009); Walton, *The Lost World of Adam and Eve: Genesis 2-3 and the Human Origins Debate* (Downers Grove, IL: IVP Academic, 2015). 다음 문헌들도 보라. Jon D. Levenson, *Creation and the Persistence of Evil* (Princeton: Princeton University Press, 1994), 53-127; Enns, *Evolution of Adam*, 70-73.

"물질적 존재론"이 아닌 "기능적 존재론"으로 부른다.[26] 이는 창세기 1장에 수록된 성경의 창조 내러티브가 창조된 것의 **물리적 기원**이 아니라 **목적**에 관한 것임을 의미한다. 유대인 학자인 존 레벤슨은 이를 표현하는 또 다른 방법을 제안했는데, 그는 성경에 수록된 창조에 대한 자신의 요약을 다음과 같이 결론짓는다.

> 그 이야기들에서 출현하는 대상은 물리적인 우주가 아니라 혼돈과 무질서의 맹공격에 맞서 인간의 평화로운 거주와 안전을 위해 질서가 잡힌 환경이다. 창조 신학의 관심사는 무로부터의 창조가 아니라 모든 경쟁자에 대해 승리하는 하나님의 입증된 권위에 토대를 둔, 자애롭고 생명을 지탱하는 질서의 확립이다.[27]

즉 창세기는 하나님이 무로부터 세상을 창조하셨음을 보여주려고 하기보다는 하나님이 특정한 **목적을 위해 모든 창조세계에 질서를 부여하셨음**을 보여주려고 한다.[28]

따라서 하나님이 빛을 창조하실 때 그 주제는 빛의 **물질적 기원**이 아니라 빛의 **기능**, 즉 시간 또는 삶을 낮과 밤으로 정돈하는 것이다. 둘째 날의 관심은 위의 궁창(둥근 천장)과 아래의 물의 물질적인 실체의 창조가 아니라 삶을 영위하고 날씨를 경험하기 위한 공간, 식물들이 자라고 인간이

---

26 John Walton의 저서 *Genesis 1 as Ancient Cosmology, The Lost World of Genesis One,* 그리고 *The Lost World of Adam and Eve* 모두에서 이루어지는 구분이다.

27 Levenson, *Creation*, 47.

28 Edwin M. Good, *Genesis 1-11: Tales of the Earliest World* (Stanford, CA: Stanford University Press, 2011), 11-12도 보라.

마시기 위한 비의 필요에 놓여 있다. 셋째 날은 음식, 즉 채소와 나무들에 관한 것이다. 넷째 날은 (물질의 기원 주제가 아니라) 기능 주제를 계속 다루면서 시간을 계절들로 채운다. 다섯째 날은 우주적 공간을 채운다. 마지막으로 여섯째 날은 인간을 하나님의 선한 세상에 둔다. 이 대목에서 요점은 무엇인가? 인간의 물질적 기원을 확립하기 위함인가? 월튼은 하나님의 창조를 통한 인간의 물질적 기원을 긍정하지만, 동물들과 인간의 기능이 창세기 1장의 초점이라고 말한다. 동물들의 기능은 땅을 채우고 번식하는 것인 반면, 인간은 창조세계의 질서를 잡고 하나님의 인도하에 창조세계를 다스리고 식물들과 동물들로부터 영양을 취하게 되어 있었다.

기능

첫째 날: 시간

둘째 날: 날씨를 위한 공간

셋째 날: 음식

수행되는 기능

넷째 날: 낮과 밤과 계절들

다섯째 날: 미화 및 날씨를 위한 공간을 채움

여섯째 날: 번식할 동물들과 번식하고 다스릴 인간들

그렇다면 기능과 수행되는 기능이라는 보완적인 모티프들에서 볼 수 있는 바와 같이 창세기 1장의 창조 내러티브는 아름답게 질서가 잡힌 우주에 관한 것이다. 아마도 우리의 인식이 너무 현대적이어서 하나님이 **그 요소들**

의 질서를 형성하심으로써 그것들을 통제하신다는 점이 이 텍스트의 밑바닥에 놓여 있다는 점을 우리가 알아차리지 못할 수도 있다. 그렇다면 하나님이 그것들 모두에 질서를 부여하시고, 그것들 모두를 억제하시며, 그것들 모두에 방향을 주심으로써 창조하시는 것처럼 보인다. 하나님은 우주적 숙련공이 되심으로써 정복하신다.

창조를 이런 식으로 신적 질서 부여로 보면 우리는 우리의 주제인 "고대의 과학"을 상기하게 된다. 우리가 그것을 과학이라고 생각하든 그렇게 생각하지 않든 간에 창세기 1장은 과학이 항상 해왔던 일, 즉 관찰을 통해 형성된다. 창세기 1장의 저자는 관찰과 이론화를 통해 둘째 날에 창조된 하늘이 둥근 천장 또는 "궁창"이라는 결론에 도달했지만, 이런 종류의 관찰은 그것의 목적과 질서 부여에 초점을 맞춘다. 즉 "궁창"은 고대 근동의 우주 이해의 관점에서 하나님의 창조 작업의 영광을 표현하기 위해 고안되었다. 이 대목에서 중요한 점은 하나님이 그 모든 것을 고안하셨고, 아담과 하와에게 그 모든 것을 맡기셨다는 것 등이다.

그러고 나서 하나님은 창조가 무엇에 관한 것인지를 명확히 한다. 우리의 두 번째 관찰 사항은 내가 생각하기에는 가장 중요한 발견 중 하나다. 하나님은 인간을 이 땅에 두셔서 인간으로 하여금 하나님을 예배하고 창조세계의 나머지를 하나님께 이끌도록 하셨다. 세상은 하나님에 의해 하나님의 우주 성전이 되도록 고안되었다. 존 월튼은 최근에 이 점을 명확히 밝혔다. 우리는 아담과 하와—인간—의 창조가 창조의 절정이라고 생각할지도 모르지만, 이것은 인간이 인간 중심적인 세상을 만드는 또 하나의 예에 지나지 않을 것이다. 창조의 절정은 여섯째 날이 아니라, 마치 세상은 하나님을 위해 고안된 성전인 것처럼 하나님이 그 안에서 안식하시는 날인 일곱째 날이다. 창조의 목적은 안식인데 그것은 휴가나 여가를 의미하는 것이 아니라 자유, 평화, 하나님의 선한 세상에서의 정의로운 삶이다. **모든 창조세계의 질서가 잡혀서 우리가 하나님의 질서 잡힌 우주에서 하나님 아래 질서 잡힌 삶을 살 수 있다.** 월튼은 이것을 다음과 같이 요약한다.

> 하나님이 일곱 째 날 안식하신 것은 그분이 자신이 이전의 6일 동안 만드신 질서 잡힌 시스템에 자신의 거처를 정하신 것이다. 그것은 그분이 일곱째 날에만 하시는 일이 아니라 그 후 날마다 하시는 일이다. 더욱이 그분의 안식은 그분이 거주하실 장소를 가지는 것의 문제이기만 한 것이 아니다. 그분은 인간을 위해 기능하도록 만드신 시스템 안에 사람들을 두시고서 그들과 관련을 맺기를 원하시며, 그 시스템에 대한 통제를 행사하고 계신다. 그곳은 그분의 거처이고 관계를 위한 장소이지만 그런 기능 외에 그분의 통치의 장소이기도 하다. 성전이 하나님의 거처이자 안식처로 파악되는 시편 132:7-8을 주목하라. 시편 132:14은 더 나아가 이 안식처를 그분이 "왕위에 앉으시는" 장소로 파악한다. 에스겔 40-48장의 성전 기사 역시 이 요소를 명확히 파악한다. "인자야, 이는 내 보좌의 처소, 내 발을 두는 처소, 내가 이스라엘 족속 가운데에 영원히 있을 곳이라"(겔 43:7).[29]

이것을 고대 근동의 맥락 안에 두기 위해서는 우리가 고대의 신들이 자기들의 신전에서 "쉬었다"는 것을 알 필요가 있다. 그 세계에서 "쉰다"는 것은 신전에 들어간다는 것이고, 신전에 들어간다는 것은 쉰다는 것이다. 빌

29 Walton, *Lost World of Adam and Eve*, 48.

아놀드는 그 맥락을 잘 요약한다.

> 고대 근동의 창조 기사들과의 비교가 또다시 도움이 된다. 「에누마 엘리시」와 우가리트의 「바알 사이클」 모두 그것들의 창조 기사를 제의적인 드라마로 마무리하는데, 그것은 커다란 신전들을 짓는 것으로 나타나며 「에누마 엘리시」의 경우 신전은 "안식"의 장소다. 마찬가지로 고대 이집트의 멤피스 신학에서도 프타는 만물을 창조한 후 안식했다. 이 신화들 각각의 결론부에서 그 제의적 드라마는 특정한 신이나 신전 또는 삶이나 예배의 특정한 제의적 특성이 탁월한 것에 대한 이유를 제공한다.[30]

고대 근동의 다른 텍스트들과 마찬가지로 창세기 1장은 창조의 끝에 제의적 사건을 지니고 있다. 하지만 그런 텍스트들과 달리 안식일이 완성을 형성한다(창 2:1-3). 하지만 유사성들과 차이점들은 창세기 1장에서 창조가 하나님의 우주 성전으로서의 고대 근동의 관점에서 묘사된다는 결론으로 이어진다. 솔로몬이 7년 동안 성전을 건축한 뒤 **비로소 하나님이 쉬기 위해 그 성전에서 들어가신** 것처럼, 하나님은 인간들 가운데 거처를 삼으시기 전에 7일 동안 우주를 창조하셨다.

그렇다면 땅은 갈등의 현장이 아니라 예배의 현장으로 설계되었다. 하나님이 통제하고 계시기 때문에 신들이 통제권을 차지하기 위해 싸우지 않는다. 모든 창조세계가 인간을 위해 창조된 것이 아니라 하나님을 위해 창조되었고, 땅 위의 만물은 참되신 이 한 분 하나님을 예배하도록 요구된다.

---

30 Arnold, *Genesis*, 48.

참되신 한 분 하나님에 대한 예배에서 모든 창조세계가 정복된다. 창조세계는 하나님의 공간이다. 따라서 "물질주의" 또는 "자연주의"로 불리는 급진적인 과학 이론—그 이론에서는 우리가 보고 맛보고 느끼고 검증할 수 있는 것만 존재한다—은 다음과 같은 메시지를 지닌 우리의 창조 기사를 통해 도전을 받는다. "보고 깨달으라! 하나님이 이 공간을 창조하셨다. 그리고 예배 및 하나님과 다른 사람들과 창조세계의 나머지를 섬기는 데서 우리는 창조세계의 모든 것을 향한 하나님의 목적 안으로 들어간다."

주제 4

> 모든 인간—남성과 여성—은 하나님의 형상대로 만들어졌다. 아담과 하와는 독특하고 특별하며, 두 사람 모두 큰 자유와 땅에 대한 큰 책임을 지닌다.

하나님이 두 사람—남성과 여성—을 "자신의 형상대로" 만드셨다는 숨이 멎을 만큼 놀라운 성경의 제시(창 1:26-27)가 인간에 대한 세상의 인식에 영향을 주었다.[31] 확실히 "하나님의 형상"대로 만들어진 인간의 중요성이 극단적으로 해석되어서 많은 사람이 세상이 자신을 중심으로 돌아간다거나 자기가 동물들이나 환경을 착취할 수 있다고 생각하게 되었다.

"하나님의 형상"이 무엇을 의미하는가? 좀 더 낫게 말하자면 **"하나님의 형상"이 고대 근동에서 무엇을 의미했는가?** 우리가 그 질문에 답변하기

---

31 Leslie Stevenson, David L. Haberman, and Peter Matthews Wright, *Twelve Theories of Human Nature*, 6th ed. (New York: Oxford University Press, 2012).

전에 나는 존 월튼이 메소포타미아의 창조 내러티브들에서 인간의 목적을 어떻게 요약하는지를 제시하려고 한다.

> 메소포타미아에서 종교의 토대는 신들이 우주를 경영하는 일을 할 수 있도록 인간이 이 신들의 음식(제사), 거처(신전), 의복의 필요를 충족시키고 일반적으로 그들에게 예배와 프라이버시를 바침으로써 신들을 섬기도록 창조되었다는 것이다. 그 공생관계의 다른 측면은 신들이 자기들을 예배하는 자들을 보호하고 그들을 위해 공급함으로써 그들의 투자를 보호할 것이라는 점이다. 따라서 인간은 (그들의 제의를 통해) 신들의 우주 경영을 돕는 이 공생관계에서 자기들이 지니는 역할에서 위엄을 발견한다.[32]

인간은 신들에게 과도하게 멸시받지는 않지만—비록 고대 근동에서 인간은 때때로 무의미하고 성가신 작은 흙덩어리로 묘사되지만 말이다—일반적으로 신들의 일을 하고 신들의 삶을 좀 더 쉽게 만들기 위해 창조되는 경향이 있다. 이것은 성경에 나타난 인간의 영광에 미치지 못한다. 창세기 1:26-28에서 성경은 이렇게 말한다.

> 하나님이 이르시되 "**우리의 형상을 따라 우리의 모양대로** 우리가 사람을 만들고 그들로 바다의 물고기와 하늘의 새와 가축과 온 땅과 땅에 기는 모든 것을 **다스리게** 하자" 하시고,

---

32 Walton, *Genesis 1 as Ancient Cosmology*, 78.

하나님이 **자기 형상**

곧 **하나님의 형상대로** 사람을 창조하시되

남자와 여자를 창조하시고,

하나님이 그들에게 복을 주시며 하나님이 그들에게 이르시되 "**생육하고 번성하여** 땅에 **충만하라**, 땅을 **정복하라**, 바다의 물고기와 하늘의 새와 땅에 움직이는 모든 생물을 **다스리라**" 하시니라.

나는 고대 근동 텍스트들과 연결점을 제공하기도 하고 "하나님의 형상"을 해석하기도 하는 중요한 단어들을 강조했다. 나는 아래에서 J. 리처드 미들턴의 『해방의 형상』(*The Liberating Image*)이라는 제목의 뛰어난 연구를 (어느 정도 가감하여) 사용할 것이다. 이 연구의 결론은 현재 성서학자들과 신학자들 사이에서 널리 인정받고 있다. "하나님의 형상"이라는 용어는 히브리어로 **첼렘 엘로힘**(*tselem elohim*)이고, "모양"은 **데무트**(*demut*)다. 하나님의 **첼렘**과 **데무트**는 구약성경에서 세 번만 등장하는데 모두 창세기(1-11장)의 새로운 단락을 시작하는 부분인 1:26-28과 5:1 그리고 9:6에 나온다. 창세기 1장 외의 다른 두 텍스트는 다음과 같다.

하나님이 사람을 창조하실 때에 하나님의 **모양**대로 지으시되(5:1).

다른 사람의 피를 흘리면

그 사람의 피도 흘릴 것이니

이는 하나님이 자기 **형상**대로

사람을 지으셨음이니라(9:6).

따라서 우리는 또다시 "하나님의 형상"이 무엇을 의미하는지 질문한다. 너무도 많은 사람이 창세기 1장의 저자가 글을 썼던 환경이자 수신인들의 맥락인 고대 근동에 조금도 관심을 기울이지 않은 채 "하나님의 형상"이 무엇을 의미하는지에 관한 이론을 세웠기 때문에 기독교의 신학 전통에서 너무도 많은 사람이 존중의 원칙에 주의를 기울이지 않았다. "하나님의 형상"의 의미에 관한 최근의 연구에서 라이언 피터슨은 교회사에서 등장한 이 표현의 다양한 의미를 요약하는데, 그중에서 고대 근동의 맥락에 민감한 것은 별로 없다.

> 학자들 사이에 창세기 1장이 인간의 실존은 어느 정도 하나님을 모델 삼아 만들어졌다고 암시한다는 데 합의가 이루어져 있다. 그러나 이 모델 삼기는 다양하게 해석되어왔다. 형상은 **인간의 영혼**(하나님은 영적인 존재이시므로), **인간의 정신**(하나님은 이성적 존재이시므로), **인간의 몸**(고대 근동인들은 신들이 물리적 형태를 지녔다고 생각했으므로), **인간의 지배**(하나님이 만물을 다스리므로), **인간관계**(삼위일체이신 하나님은 영원히 관계적이시므로), **인간의 미덕**(하나님은 선하시므로) 그리고 **인간의 실존**(하나님은 존재하시므로)을 가리키는 것으로 여겨져 왔다. 유비적으로 신적 속성에 필적하는 특정한 인간의 속성을 찾는 것이 일반적인 전략이었다.[33]

---

33 Ryan S. Peterson, *Imago Dei as Human Identity*, Journal of Theological Interpretation Supplement 14 (Winona Lake, IN: Eisenbrauns, 2016), 1-2(강조는 덧붙인 것임). 종교개혁 시대의 신학자들이 "형상"을 어떻게 이해했는지에 관한 선집은 Thompson, *Genesis*

이런 견해들이 경쟁하는 와중에서 특히 미들턴에 의해 대표되는 오늘날의 견해는 그 텍스트를 맥락상에서 조사함으로써 선택지들을 잘라낼 수 있다고 제안한다. 따라서 우리는 이 견해를 **맥락상**의 견해로 부를 수 있다. 이 견해에서는 인간이 이 세상에서 하나님의 힘과 권위를 매개하도록 부름을 받았다는 의미에서 하나님의 형상으로 지음을 받았다.[34] **첼렘**(*tselem*, 형상)이라는 단어는 종종 인간이 만든 신상을 가리키는 데 사용된다. 즉 고대 근동에서 "형상"은 "공간화되고 가시적인 집합적인 신의 표상"이었다.[35] 따라서 아담과 하와는 창조세계를 다스리고 창조세계에 대해 하나님을 대표하도록 그 땅에 배치되었다. 미들턴은 다음과 같이 정의한다. "이 해석에서 '하나님의 형상'은 지구상의 자원들과 피조물들에 대한 하나님의 통치 또는 관리에 동참할 권위 있는 힘이 부여된, 이 세상에서의 하나님의 대표와 대리인으로서 인간의 왕적 직무 또는 소명을 나타낸다."[36]

좀 더 구체적으로 살펴보자. 고대 세계에서 왕들은 종종 자신의 통치와 현존을 나타내기 위해 특정한 도시의 신전에 자신의 형상을 두곤 했다. 고대 근동에서 이에 대한 많은 예가 발견되었는데 나는 미들턴의 『해방의 형상』(*The Liberating Image*)에 등장하는 세 가지 예만 언급할 것이다.

아멘호테프 2세(기원전 1427-1400년)는 "레의 형상", "호루스의 형상", "아툼의

1-11, 43-55을 보라.

34 다음 문헌들도 보라. Sarna, *Genesis*, 12; Wenham, *Genesis 1-15*, 31-32; Arnold, *Genesis*, 44-45. C. John Collins는 고대 근동을 무시함으로써 이와 유사하지만 상당히 피상적인 결론에 도달한다(*Genesis 1-4*, 61-67).

35 Middleton, *Liberating Image*, 25.

36 Ibid., 27.

형상", "신들의 주의 거룩한 형상", "레의 탁월한 형상", "레의 거룩한 형상", "아몬의 거룩한 형상, 레 같은 아몬의 형상" 등으로 다양하게 묘사된다. 아멘호테프 3세(기원전 1390-1352년)는 아몬에 의해 "나의 살아 있는 형상, 무트가 내게 낳아 준 나의 신체들의 창조물"로 불린다. 아멘호테프 3세는 아몬-레에 의해 다음과 같이 불리기도 한다. "너는 내 아들로서 나의 신체들에서 나온 내 형상이다. 나는 너를 이 땅에 두고 네게 이 땅을 평화롭게 다스릴 권한을 주었다."[37]

창세기 1장은 아담과 하와가 "하나님의 형상"대로 만들어졌다는 주장에서 메소포타미아의 왕들에 관한 언어를 **차용**할 뿐만 아니라 다른 왕권(하나님)과 다른 아이디어로써 그 왕권에 **도전**하기도 한다. 왕들만이 아니라 남성과 여성을 포함한 모든 인간이 하나님의 형상들이다! 메소포타미아의 왕권 이데올로기에서 사람들은 왕들의 봉신들이다. 창세기의 신적인 왕권 이데올로기에서는 하나님이 통치하시고 인간은 신적으로 의도된 설계에 따라 창조세계를 정복함으로써 신적 통치에 동참한다. 메소포타미아의 신화들이 가치를 폄하한 존재—인간 일반—를 성경은 가치 있게 여긴다. 남성과 여성 모두를 말이다.

미들턴의 접근법은 여러 면에서 주목할 만한데 나는 그중에서 네 가지를 말하려고 한다.

1. 아담과 하와 또는 인간 일반은 보이지 않는 하나님의 물리적이고

37 Ibid., 109.

육체를 입은 형상이다.

2. 인간의 왕적 통치는 신적 통치에 의해 도전받는다.
3. 모든 인간에게 왕과 제사장의 지위가 부여된다.
4. 모든 인간은 창조세계를 지배하라는 부름을 받지만 다른 인간을 지배하도록 만들어지지 않았다.

이 결론들은 무정부 상태를 고착시키는 것이 아니라 모든 인간이 인간의 통치 대신 하나님의 통치에 복종할 것을 요구한다. 시편 8편에서 저자가 인간(인자, 사람의 아들)을 묘사할 때 이 주제들이 넘쳐난다. 인간은 "천사보다 조금 못하게" 만들어졌고 하나님이 "영광으로 그들에게 관을 씌우셨으며" 특히 "그들에게 [하나님의] 손으로 만드신 것을 다스리게 하셨다"(8:5-6a). 그 시편 저자는 창세기 1장을 염두에 두고 있다.

만물을 그의 발 아래 두셨으니
곧 모든 소와 양과 들짐승이며
공중의 새와
바다의 물고기와
바닷길에 다니는 것이니이다(시 8:6b-8).

아담과 하와가 "하나님의 형상"으로 불릴 때 바로 이것이 그 표현의 배경과 그 말을 듣는 사람들의 맥락이다.

따라서 인간이 하나님의 형상대로 만들어졌다는 것은 인간이 하나님의 창조세계를 다스리고 번성하게 할 사명을 띤, 물리적이고 육체를 입은 하나님의 대행자라는 뜻이다. 이는 피터슨이 주장한 바와 같이 정체성을 완전하게 구성하고 재형성한다.

> 나는 모든 인간의 정체성이 창세기 1:26-28에 묘사된 실재에 의해 결정된다고 주장한다. 인간은 자신이 하나님의 형상을 따라 만들어진 존재임을 인식할 때 자기가 누구인지와 창조세계 안에서 자신의 위치가 무엇인지를 알게 된다. 물론 각 사람에게는 그 사람의 독특성을 형성하고 그 사람의 삶을 다른 사람의 삶과 구분하는, 정체성의 제 2, 제 3의 여러 측면이 있다. 그러나 모든 사람의 "근본적인 지향"은 그들이 세상에서 하나님을 대표하기 위해 하나님에 의해 만들어졌다는 사실에서 확립된다.[38]

따라서 "하나님의 형상"에 관한 이 이해는 창조세계를 다스림에 있어서 하나님을 대표할 우리의 정체성과 우리의 사명을 형성한다.

지금까지는 암시되기만 했던 내용 두 가지가 좀 더 명시적으로 언급된다. 첫 번째는 **인간이 신의 형상이기 때문에 인간/이스라엘인들은 우상 제작이 금지된다**는 것이다.[39]

> 너를 위하여 새긴 우상을 만들지 말고 또 위로 하늘에 있는 것이나 아래로 땅에 있는 것이나 땅 아래 물속에 있는 것의 어떤 형상도 만들지 말라(출 20:4; 참조. 신 5:8).

---

38 Peterson, *Imago Dei as Human Identity*, 3.

39 우상숭배에 반대하는 이 논박은 사 40-48장에서 완성된다. Blenkinsopp, *Creation, Un-Creation, Re-Creation*, 28에 수록된 간략한 언급을 보라.

이러한 우상 제작 금지에는 인간의 중요성을 강력하게 강조하는 모종의 요소가 있다. 모든 창조물 중에서 **인간만이 하나님을 반영한다**. 이는 우리가 창조세계를 통해 하나님에 관해 뭔가를 이해할 수 없다는 뜻이 아니라(시 19편; 롬 1장) **인간만이** 하나님을 반영하도록 고안되었다는 뜻이다. 이것이 바로 성육신한 하나님이신 예수가 진정한 하나님의 형상이신 이유다(고후 4:4; 골 1:15).

이 논의에서 두 번째 고려사항은 자주 언급되지 않는데 그것은 그때도 중요했고 지금은 아마도 훨씬 중요할 것이다. **인간에게는 다른 인간을 지배할 책임이 부여되지 않았고 창조세계를 지배할 책임만 주어졌다**. 인간들은 **하나님의 형상들**인데 이는 그들이 왕으로서 자신의 형상과 세상 신들의 형상을 만들지 않아야 함을 의미한다. 창세기 3장의 유혹은 인간이 신의 아래에 있는 존재가 아니라 신과 여신이 되기를 원했음을 드러낸다.

사무엘상 8장에 기록된 사무엘과 하나님 사이의 놀랄 만한 대화에서 유명해진 이스라엘의 유혹은 그들이 다른 나라들의 왕들과 같은 왕을 세우기를 원했다는 것이었다. 하나님은 인간을 **자신을 대신하여** 통치할 자신의 형상으로 만드셨지만, 이 통치는 다른 사람에 대한 것이 아니라 **창조세계에 대한** 것이어야 했다. 이 측면에서 인간의 역사에는 슬픈 이야기가 존재한다. 우리는 하위 통치자로서의 우리의 역할을 받아들이는 대신 거듭해서 다른 사람들을 노예화할 정도로까지 통치하면서 스스로 신과 여신이 되려고 했다. 그렇다면 **가장 강력한 형태의 우상숭배는 폭정이다**. 폭군은 자기가 신이 되었다고 생각한다. 제국의 황제들도 마찬가지다.

주제 5

인간은 창조세계의 나머지와 구분된다. 아담과 하와는 다른 창조물들과 같지 않았고 따라서 그들에 대한 책임이 있다.

모든 생명—가장 작은 미생물부터 가장 큰 포유동물과 인간에 이르기까지—은 하나님의 설계에 의한 것이며 하나님 자신의 창조 능력이 드러난 결과 존재하게 된다. 창조적 진화(하나님의 간섭의 결과로서든, 좀 더 가능성이 있기로는, 하나님이 가장 작은 유기체의 DNA를 우리의 방향으로 전개되도록 구성하심으로써 일어난 결과든 간에)의 관점에서 보았을 때 진화 이론의 역사는 인간을 특정한 스펙트럼 또는 과정의 "끝"에 보여주는 역사다. 이 관점에서 우리는 자신을 순전히 창조물로 보고 다른 모든 창조물과 동일한 존재로 본다. 이 점은 부인될 수 없는 바, 성경과 기독교 전통을 믿는 사람들에게도 마찬가지다.

하지만 창세기 1장은 인간이 하나님에 의해 하나님을 대신하여 통치하도록 설계되었을 뿐만 아니라 창조세계의 나머지에 비해 심오하게 독특하고 그것들과 구분된다고 말한다. 세 가지를 언급할 가치가 있다. 첫째, 우리가 창세기 1장을 쾌활하게 읽으면 첫째, 둘째, 셋째 날 하나님은 그것이 "좋다"고 평가하시고 넷째, 다섯째, 여섯째 날 그것이 "좋다"고 생각하신다. 인간을 만드신 후 하나님이 자기가 만드신 모든 것이 "**매우** 좋다"고 생각하신다(창 1:31). 아담과 하와에게 딱 맞도록 모든 요소가 갖춰진 뒤, 그리고 그것들을 자신이 새로 만든 세상에 두신 뒤에야 하나님은 모든 것이 좋다고 평가하신다. 하나님의 마음속에서는 아담과 하와에 의해 운영되는 세상이 매우 좋다. 창세기 1장에 나타난 이 내러티브의 흐름은 인간을 모든 창조세계로부터 구분한다. 둘째, 하나님은 창조세계의 나머지를 만드신 뒤 인간을 만드셨으며, 다스리고 돌보고 정복하고 양육할 일을 하는 존재는 인간뿐이다. 이 점이 인간을 구별되게 만든다. 셋째, 우리는 이미 인간이 "하나님의 형상"이라는 것과 그 표현을 아담과 하와에게 적용한 것은 왕들과 여왕들에게 유보된 단어를 모든 인간에게 적용한 것이라는 점을 살펴보았다. 이 점 역시 인간을 다른 모든 창조세계와 다르게 만든다.

어떤 의미에서 이 점은 인간을 다른 창조물보다 우수하게 만들지만, 다른 의미에서 그것은 인간이 생명에 대해 책임을 져야 할 지위에 있다는 사실을 상기시켜 준다. 인간은 하나님의 모든 창조물 가운데서 특별한 임무를 지니고 있지만 다른 창조물들과 마찬가지로 창조물로 남는다. 그들의 과제는 창조세계를 착취하거나 죽이고 왜곡하는 것이 아니라 창조주의 일을 확장하는 것, 즉 창조세계를 신적 질서 안으로 정복하여 그것들이 하나님이 그것들을 고안하신 대로 기능하게 만드는 것이다.[40] **창조세계에 대한 인간의 임무는 창조세계의 번영에 참여하는 것이다.** 인간은 그들이 하나님처럼 모든 창조세계를 번성하게 하는 숙련공일 때 하나님의 경제에서 가장 인간답다. 즉 씨앗을 뿌리고 물주고 새싹을 돌보고 식물들에 거름을 주고 땅과 땅의 작동 방식을 존중하면서 그 산물을 먹을 때, 생물 분해성이 아닌 무모한 생산을 통해서가 아니라 창조세계가 소비할 수 있는 것을 존중하면

---

40 혹자는 이 점은 창조세계가 원래 그것 자체로는 완벽하지 않았고 잠재적으로만 완벽했으며, 죽음이 이미 존재했고 창세기와 과학이 좀 더 일치할지도 모른다는 것을 암시한다고 추론할 수도 있을 것이다. Ronald E. Osborn, *Death before the Fall: Biblical Literalism and the Problem of Animal Suffering* (Downers Grove, IL: IVP Academic, 2014), 31(과 다른 곳)도 그렇게 생각한다.

서 창조세계를 유지함으로써 환경을 돌볼 때,[41] 그리고 그들이 자기들의 집과 정원을 아름답게 가꾸고 "가정"이라는 공간으로 변화시키는 집들을 위한 적절한 색상과 적합한 양상을 발견할 때 가장 인간답다.

피터 싱어, 새뮤얼 해리스, 스티븐 핑커 같은 저자들이 인간의 영광—하나님이 "천사들보다 조금 못하게" 만드신 존재—을 (다양한 방식으로) 감소시키는 것은 창세기 1장에 수록된 강력한 두 가지 표현에 의해 도전받아야 한다. 우리는 하나님의 "형상"과 "모양"이자, 그 창조 과업에 참여하도록 부름을 받은 모든 창조세계의 숙련공인 창조주다. 이 점은 동서고금의 모든 사람 각자에게 명예를 안겨주는데, 그러면서도 경외감을 고취하는, 서로 존중할 책임을 수반한다.

주제 6

> 인간은 생식(한 몸)과 상호성을 위해 성별이 구분되었다. 아담과 하와는 자손을 낳아 땅을 지배하고 다스리고 양육할 "하나님의 형상들"이 땅에 점점 더 많아지게 해야 했다.

창세기 1-2장에서는 인간과 관련하여 극적인 순간이 등장하는데. 이는 고대 근동에서는 유례가 없는 것으로 보이는 측면이다. 이 이야기 자체가 우리로 하여금 다른 문화들에 도전하는 뭔가 구별되는 요소를 생각하도록 요

41 나의 입장은 Roger Scruton, *How to Be a Conservative* (London: Continuum, 2014), 93-103과 가장 가깝다.

구한다. 나는 창세기 1:26-27에서 시작한다.

> 하나님이 이르시되 "우리의 형상을 따라 우리의 모양대로 우리가 사람을 만들고 그들로 바다의 물고기와 하늘의 새와 가축과 온 땅과 땅에 기는 모든 것을 다스리게 하자" 하시고,
>
> 하나님이 자기 형상
> 곧 하나님의 형상대로 사람을 창조하시되
> 남자와 여자를 창조하시고.

우리는 "하나님의 형상"이 무엇을 의미하는지 안다. 따라서 우리는 논의를 "하나님이 남자와 여자를 창조하셨다"라는 한 가지 요소로 좁힐 수 있다. 아담과 하와는 따로 그리고 함께 하나님의 형상이다. 초기 교회에서 일부 신학자들이 그릇되게 그리고 비극적으로 남성만이 하나님의 형상이라고 생각했지만, 오늘날 모든 신학자가 하나님의 형상이 아담과 하와 모두에게 적용된다는 것을 안다. 더욱이 그들 각자가 하나님을 반영한다. 아담이 하나님을 반영하고 하와가 하나님을 반영한다. 그들이 함께할 때뿐만이 아니라 따로 떨어져 있을 때도 말이다. 그들이 하나님을 어떻게 반영하는가? **그들이 따로 또는 함께 창조세계의 어느 요소를 다스리거나 정복하거나 그것이 자신을 향한 하나님의 설계대로 번성하도록 만들 때마다 하나님을 반영한다**. 이 대목에서 하나님이 창조하신 인간의 개별성과 그들에게 기대되는 팀워크(이에 관해서는 아래의 논의를 보라)가 모두 확립된다. 몇몇 집단적인 정치 환경에서 나타나는 개별성의 감소와 자유 민주주의에서 나타나는 개별

성의 과장—마오쩌둥과 이오시프 스탈린 또는 장자크 루소와 토머스 페인을 생각해보라—은 각 사람이 하나님을 반영하며 **우리가 창조세계의 번성에 참여할 때마다** 함께 하나님을 반영한다는 창세기 기사의 이중적인 기대를 통해 도전받는다.

창세기 2장의 또 다른 구절—2:18, 20-25—은 성별의 구분이 있는 우리의 관계에서 상호성에 대한 강조를 전면에 부각시킨다.

> 여호와 하나님이 이르시되 "사람이 혼자 사는 것이 좋지 아니하니 내가 그를 위하여 돕는 배필을 지으리라" 하시니라.…
>
> 아담이 모든 가축과 공중의 새와 들의 모든 짐승에게 이름을 주니라. 아담이 돕는 배필이 없으므로 여호와 하나님이 아담을 깊이 잠들게 하시니 잠들매 그가 그 갈빗대 하나를 취하고 살로 대신 채우시고 여호와 하나님이 아담에게서 취하신 그 갈빗대로 여자를 만드시고 그를 아담에게로 이끌어 오시니(창 2:18, 20-22).

조셉 블렌킨숍은 "남자의 즐거워하는 반응을 통해 판단하건대 [아담에 대한] 그 수술은 특별히 성공적이었다"라는 점이 성서학자들에게 가장 과소평가되는 사안 중 하나라고 주장한다.[42]

> 아담이 이르되
> "이는 내 뼈 중의 뼈요

42 Blenkinsopp, *Creation, Un-Creation, Re-Creation*, 70.

살 중의 살이라.
이것을 남자에게서 취하였은즉
여자라 부르리라" 하니라.

이러므로 남자가 부모를 떠나 그의 아내와 합하여 둘이 한 몸을 이룰지로다. 아담과 그의 아내 두 사람이 벌거벗었으나 부끄러워하지 아니하니라(창 2:23-25).

그 이야기에서 이름을 짓는 행위가 아담에게 자기가 혼자이며 사랑하고 세상에 하나님을 반영하도록 도와줄 사람이 필요하다는 것을 깨닫는 기회를 준다. 따라서 첫 번째 단락(창 2:18, 20-22)은 아담이 혼자라는 사실과 하나님이 "그에게 적합한 조력자", 히브리어로 **에제르 케네게도**(*ezer kenegdo*)를 고안하셨다는 사실을 강조한다. 아담은 동물들을 하나씩 만나서 그것들의 이름을 지어주는데 이 활동—각각의 동물을 관찰하고, 정의하고, 이름을 짓고, 그 동물의 생활 방식을 배우는 것—은 이 세상에 하나님을 반영하는 지극히 중요한 요소다. (조류 관찰자인 나는 아담이 새들의 다양성을 이해했을지 궁금하다. 아마도 그는 그것들을 모두 "새들"로 보는 것 이상을 넘어서지 못했을 것이다.) 하지만 그는 **에제르 케네게도**를 발견하지 못한다. 남자는 이제 자기와 같은 존재를 발견하지 못했기 때문에 완전히 혼자다. 그래서 하나님이 그를 잠들게 하시거나 그에게 깊은 환상을 보내신다. 확실히 이 대목에서 우리는 인간의 기원에 대해서뿐만 아니라 남성과 여성 사이의 깊고 영속적인

관계에 대해서도 말하는 위대한 이야기를 다루고 있다.[43]

아담은 하와에게서 "내 뼈 중의 뼈"를 발견하고 그들이 "한 몸"이 될 것을 아는데, 이 말은 고대 히브리어에서 성관계에 관해서뿐만 아니라 남성과 여성이 "결혼"이라는 사랑의 관계를 형성할 때 발견되는 연합에 관해서도 말하는 미묘한 방식이다. 창세기 2장의 저자가 "두 사람이 벌거벗었지만 부끄러워하지 않았다"라고 한 표현에 천진난만에 대한 논평이 존재한다(그것은 창 3장에서 무슨 일이 일어나는가에 관한 암시이기도 하다).

성경은 그들의 벌거벗음과 성교가 하나님의 형상으로서 인간 번성의 한 가지 추가적인 특성임을 암시한다. 인간은 재생산하고 하나님의 선한 창조세계에 거주하도록 부름을 받는다. **생식은 하나님의 형상이 되는 것에 관한 하나님의 계획에서 중요한 위치를 차지한다**.

하나님은 인간을 남성과 여성이라는 다른 성으로 만드셔서 그들이 서로 관련을 맺고 재생산할 수 있게 하셨다. 상호성은 하나님의 형상이라는 사실에서 나오며 하나님의 형상이 가장 깊은 핵심에서 의미하는 바를 표현한다. 그렇다고 해서 결혼한 사람들만 하나님을 반영한다는 뜻은 아니다. 오히려 서로 관계를 맺고 있는 사람들은 하나님을 반영한다.[44] 창세기 1-2장의 상호성은 한 남성과 한 여성의 두 성격, 두 종류의 재능, 구분되는 두 성이 관계를 맺는 것에 관한 이야기다. 성경에서 이 관계는 "사랑"으로 불리는데, 우리의 세상에서는 사랑에 대한 다소의 설명이 필요하다. 길게 논

---

43 바울이 고전 11:1-16에서 이 점에 관해 어떻게 앞뒤를 오가는지를 주목하라. 남자는 여자에게서 났고 여자는 남자에게서 났다. 바울은 자신의 성경을 알고 인간의 생식이 어떻게 작동하는지를 안다.

44 이 대목에서 내가 동성 결혼을 지지하는 것이 아니라 사람들 사이의 보편적인 상호 관계에 대해 말하고 있음을 밝혀둘 필요가 있다.

의할 수는 없지만 성경에서 사랑은 다음과 같은 네 가지 요소를 갖는다. (1) 엄격한 서약 또는 언약, (2) 물리적이고 개인적인 현존으로서 함께 있는 것, (3) 하나님이 우리 각자에게 및 함께하는 우리에게 의도한 것에 대한 옹호자로서 서로를 위하는 것, (4) 이 모든 것이 그리스도와 같아지도록 자라기 위해 고안됨.[45]

주제 7

> 인간은 땅의 번성을 위해 땅을 경작하도록 부름을 받는다. 아담과 하와는 여가를 원하는 고대 근동의 신들과 같지 않으며, 고대 근동의 신들이 노예로서 원하는 인간들과도 같지 않다. 대신 그들은 이 땅을 향한 하나님의 설계의 일부로서 공동으로 창조하고 공동으로 양육하도록 부름을 받는다.

우리는 생식을 통해 하나님처럼 새 생명을 만들어낼 때 하나님을 반영하며, 숙련공으로서 땅을 번성하게 만드는 일을 할 때도 하나님을 반영한다. 이 점은 창세기 2장의 두 절에 조용히 나타나는 배경처럼 성경의 나머지와 인간의 역사를 지배한다.[46]

> 여호와 하나님이 땅에 비를 내리지 아니하셨고 **땅을 갈 사람도 없었으므로**

---

45 나는 Scot McKnight, *A Fellowship of Differents: Showing the World God's Design for Life Together* (Grand Rapids: Zondervan, 2015), 51-63에서 사랑에 대한 이 이해를 논의한다.

46 Göran Agrell, *Work, Toil and Sustenance*(Lund: Håkan Ohlssons, 1976)는 일에 관한 뛰어난 책이다.

들에는 초목이 아직 없었고 밭에는 채소가 나지 아니하였으며(창 2:5).

여호와 하나님이 그 사람을 이끌어 에덴동산에 두어 그것을 **경작하며 지키게** 하시고(창 2:15).

우리는 일과 노동을 타락 후의 활동으로 생각하고 따라서 새 하늘과 새 땅에서는 말할 것도 없고 삶에서 그것들의 가치를 축소할지도 모른다. 당신이 그 힌트를 알아차리지 못했을지도 모르니 내가 그것을 말하려고 한다. 메소포타미아의 창조 이야기들에서와 마찬가지로 창세기에서 인간은 일을 하도록 창조된다. 이 대목에서도 창세기는 고대 근동의 언어로 말하지만, 우리가 언급할 가치가 있는 몇 가지 차이가 존재한다. 인간은 여가를 가지기를 원하는, 지쳐버린 신들을 대체하는 노동자들이 아니다. 대신 그들은 세상을 정복하고 번성하게 만들기 위한 하나님의 일에 있어서 공동 창조자, 공동 노동자, 공동 통치자다. 그들은 하나님의 노예들이 아니라 하나님과의 공동 노동자들이다. 하나님과 함께 그렇게 일하는 가운데 그들은 하나님처럼 된다. 즉 그들은 신적인 숙련공의 설계 안으로 들어가는 방법으로서 설계하는 숙련공이다.

"땅을 갈다"(work the ground, 창 2:5)라는 표현에서 "일하다"를 의미하는 히브리어 단어(*'abad*, **아바드**)는 구약성경에서 포도원 노동, 천을 짜는 노동, 도시 노동, 군 복무 등 여러 종류의 노동에 사용된다. 창세기 2장에서의 맥락은 농업이지만 그 단어는 성경과 역사에서 모든 종류의 일로 확대되었고 따라서 우리 자신의 일을 포함할 것이다. 나는 교사이자 저자이고 집사이며 (때때로) 설교자이고 강사다. 내 아내 크리스는 심리학자인데 내 강연의 세부사항들을 놀랍도록 효과적으로 잘 이해하고, 세부사항에 주의를 기울이며, 우리의 정원과 집을 가꾸고, 손주들을 돌보며 다른 많은 일을 그녀의 마음속에서 말끔하게 균형을 이루는 가운데 처리한다(나는 그런 일들을 너무 자주 잊어버린다). 우리 두 사람은 우리 일의 일부로서 "정원을 가꾸고", 우리의 집과 정원을 아름답게 꾸미며, 두 사람 다 요리한다. 우리는 재생산의 과제를 마쳤고 현재 악셀과 핀리라는 손주를 두고 있다. 나는 **인간**은 **인간으로서** 생식하라는 부름을 받았지만 그렇다고 해서 우리 각 사람이 결혼해서 자녀를 두도록 부름을 받는 것은 아니라고 덧붙인다. 독신으로 살도록 부름을 받는 사람도 있고 어떤 부부들은 자녀를 낳을 수 없으며 자녀를 낳지 않기로 선택하는 부부도 있다.

우리의 일에 대해 또 다른 단어인 "돌보다"(*shamar*, **샤마르**, 창 2:15)가 사용된다. 이는 하나님의 선한 창조세계를 지키고, 감시하고, 조사하고, 평가하고, 보호하는 것을 가리킨다. 하나님의 창조세계를 똑바로 지켜보고 그것이 착취당하거나 망쳐지거나 왜곡되지 않도록 확실히 해두는 것이 우리가 할 일이다. 창세기 1-2장은 우리에게 하나님 자신의 창조세계와 우리의 소명에 대한 반영으로서 하나님의 창조세계를 돌보도록 요구한다.

이 책의 이 부분에서 다룬 중요한 주제로 돌아가 보자. 지금까지 우리는 역사적이거나 생물학적 또는 유전적 아담과 하와에 대한 어떤 조짐도 보지 못했다. 오히려 이런 형용사들은 중요하기는 하지만 후대의 해석사에서 나온 범주들로서 인간에 대한 이해에 유용하다. 창세기는 우리에게 **문학의** 아담과 하와, 즉 계통상의 아담과 하와를 제시하지만 가장 중요하게는 [하나님을] **반영하는** 아담과 하와를 제시한다. 창세기 1-2장은 아담과 하와의 문학적이고 하나님을 반영하는 특성에 초점을 맞춘다.

> 인간은 창조물이 번성할 수 있도록 적합성과 기능을 이해하기 위해 창조물의 이름을 짓도록 부름을 받는다. 아담과 하와는 창조물을 하나님이 정하신 그들의 기능 안으로 양육하기 위해 그들을 관찰하고 알게 된 결과 하나님의 방식을 따라서 그들의 이름을 지어야 한다.

우리는 이 부분의 초점으로서 먼저 창세기 2:10-14을 인용한다.

> 강이 에덴에서 흘러나와 동산을 적시고 거기서부터 갈라져 네 근원이 되었으니 첫째의 이름은 비손이라. 금이 있는 하윌라 온 땅을 둘렀으며 그 땅의 금은 순금이요 그곳에는 베델리엄과 호마노도 있으며 둘째 강의 이름은 기혼이라. 구스 온 땅을 둘렀고 셋째 강의 이름은 힛데겔이라. 앗수르 동쪽으로 흘렀으며 넷째 강은 유브라데더라.

창세기 1장과 2장 모두 하나님이 창조하시는 것을 보여주며 (따라서 내가 생각하기에) 하나님이 창조된 것의 이름을 지으신다는 것을 암시한다. 이름짓기는 「에누마 엘리시」 같은 다른 고대 근동의 창조 내러티브들에서도 발견된다. 따라서 이스라엘의 하나님이 이름을 지으시는 것은 일리가 있다.[47]

---

47 *Enuma Elish* 1:1-2: "높은 곳에서 하늘의 이름이 지어지지 않았을 때/ 땅이 불리지 않았을 때/ 장로들이 없었을 때…/ 아무것도 없었을 때…/… 외에 아무것도/ 신적 아버지 아프수와 모든 산 자의 신적 어머니 뭄무-티아마트/ 물의 두 본체가 하나가 되었다/ 갈대 오두막이 지어지지 않았을 때/ 습지의 땅에 물이 빠지지 않았을 때/ 신적 전사들이 없었을 때/ 아무 이름도 불리지 않았을 때/ 아무 일도 할당되지 않았을 때…"(Matthews, *Old Testament*

이름을 짓는다는 것은 관찰을 통해 알고 이해하며, 이름이 지어진 것에 대해 스스로 관계와 책임을 부여하는 것이다. 사실 이름의 부재는 고대 근동에서 사실상 부존재를 의미했으며, 따라서 이름짓기는 어떤 의미에서 알 수 있고 알려진 세상에서 어떤 것에게 존재를 부여한다. 이름짓기는 이름이 지어지는 것에 대한 권위의 행동이라고 주장하는 학자들도 있지만, 하갈이 하나님의 "이름을 짓기" 때문에(창 16:13) 항상 그렇다고는 할 수 없다. 창조의 각각의 날에 보이게 된 요소들은 이제 일정한 수준의 이름—빛, 어둠, 해, 동물들, "남자와 여자"—을 지닌다.

창세기 2장에서 하나님은 남자(또는 인간[earthling])를 창조하시고,[48] 그를 에덴에 두시고,[49] 동산의 중앙에 선과 악의 지식의 나무를 두신다.[50] 그리고 네 개의 강들과 그것들의 위치가 나온다. "이름"에 대한 히브리어 단어(*shem*, **쉠**)는 창세기 2:10-14에서 특히 두드러진다("…의 이름"). 그러고 나서 하나님이 에덴동산에 있는 모든 동물을 남자 앞으로 데려와 그에게 제시하시고 이름을 짓게 하신다. 나는 이 대목에서 그 사람이 하나님이 하시는 일을 하라는 요구를 받는다고 생각한다. 창조물들의 이름짓기는 그것들

Parallels, 12).

48 "흙"을 뜻하는 히브리어 단어는 **아다마**(*adamah*)인데 최초의 인간, 남성에게 쓰인 단어는 **아담**(*adam*)이다. 이 시점(창 2:7)에서 아담은 이름이 아니라 일반적인 분류인 사람, 남성, 남자다. 창 4장에서야 "아담"이 그의 개인적인 이름이 된다. 따라서 아담은 때때로 "사람(인류)"(창 1:26-27; 2:5; 3:22-24; 5:1-2; 6:1-7), 남성 (2:7-4:1) 또는 최초의 남성의 고유 명사(4:25-5:5)다.

49 교회사는 에덴동산의 원래 위치를 발견하려는 시도들로 가득 차 있다. Alessandro Scafi, *Maps of Paradise*(Chicago: University of Chicago Press, 2013)는 풍부한 삽화와 함께 이 이야기를 전해준다.

50 「길가메시 서사시」의 다섯 번째 석판에 묘사된 나무와 미미하기는 하지만 평행관계가 있다.

에게 알려진 존재를 부여할 것이고 인간은 창조물들의 이름을 지음으로써 이 창조물들에 대한 통치자(또는 하나님 휘하의 하위 통치자)로서의 지위를 부여받게 될 것이다. 이름짓기는 관찰, 분별, 명칭 붙이기와 관련되며 따라서 관계 맺기와 관련된다.

우리가 창세기 2장의 두 가지 요소를 더 살펴볼 필요가 있다. 우선 2:19에서 하나님이 그 남자 앞에 "하나님이 흙으로 지으신" 것을 데려가시는 것을 주목하라. 즉 하나님이 사람을 흙으로 지으신 것처럼 동물들도 그렇게 지으셨다. 이는 들짐승과 가축과 새들이 사람과 마찬가지로 창조된 존재들임을 의미한다. 더욱이 하나님은 자신이 그 남자에게 이 창조물들이 선하지만 그 남자와 같지는 않다는 점을 드러내고 계신다는 것을 독자들이 인식할 수 있는 방식으로 이 모든 동물을 그 사람에게 데려오신다. 따라서 그 남자는 창조물을 평가하고, 알고, 이름을 지음으로써 자기가 혼자라는 것을 배운다. 그 내러티브는 우리에게 그 남자가 "이것이 전부인가요? 저와 같은 존재가 더 있나요?"라고 물어보지 않았을지 궁금해하도록 남겨둔다.

서술자는 우리에게 이름짓기의 이유를 다음과 같이 말해준다. "그러나 아담(또는 그 남자, 인간)에게 적합한 조력자(*ezer kenegdo*, **에제르 케네게도**)가 발견되지 않았다"(창 2:20). 그렇다면 이름짓기는 적합성과 기능을 결정하기 위해 관찰하고 평가하기에 관한 것이다. "적합한 조력자가 없음"은 그 사람이 모든 동물의 이름을 지은 결과로 발견되었으며, 이로 미루어 볼 때 이름짓기는 그 남자에게 적합한 누군가를 찾기 위해 의도되었다는 것이 일리가 있다. 하나님은 남자의 갈빗대 또는 옆구리—즉 그 남자의 반쪽 또는 그의 흉곽 전체의 절반—로 여자를 창조하신다.[51] 그러자 그 남자는 기쁨과 안도감이 폭발하고 "이것을 남자(*ish*, **이쉬**)에게서 취하였은즉 여자(*ishah*, **이샤**)라 부르리라"라고 말함으로써 어떤 면에서는 그녀의 이름을 짓는다(창 2:23). 남자는 자기에 대한 그녀의 관계에 이렇게 즐겁게 이름을 붙이는데, 이 관계는 같음과 다름 모두에 관해 말한다.

하나님이 그녀를 **에제르 케네게도**(*ezer kenegdo*)로 부르시는 것이 훨씬 중요한데, **에제르**(*ezer*)는 "조력자"를 의미하고 **케네게도**(*kenegdo*)는 "~에 상응하는"을 의미한다. 남자는 자기와 함께 있을 사람, 자기와 함께 일할 사람, 상호성을 형성할 수 있는 사람을 필요로 한다.[52]

에제르라는 단어가 구약성경에서 하나님에 대해 사용되고 신적 도움, 힘, 성취를 환기한다는 점이 주목할 만하다.[53] 그 단어는 종종 좀 더 강한 존재가 좀 더 약한 존재를 돕는 데 사용된다. 따라서 그것은 상호성의 지표이면서 "강한 조력자"의 의미도 환기한다.[54] 이 대목에서의 아이디어는 남자에게 "동맹"이 필요했다는 것이다.[55] 창세기 1-2장을 창세기 3장과 그 이

---

51 Walton, *Lost World of Adam and Eve*, 77-81. Walton은 잠들게 되었다는 것은 아담이 꿈에서 본 환상을 가리키는 것이며 따라서 이것은 신적 수술이 아니라 환상 속의 실재라고 주장한다.

52 나라면 "보완"이라는 단어를 사용하겠지만 그 단어는 현대의 보수적인 복음주의 논의에서 가부장적 위계를 의미하는 것으로 사용되어왔다. 랍비 전통에서 **케네게도**라는 단어를 여성이 지원과, 남성이 조화되거나 반대될 필요가 있을 때 저항 모두를 제공하는 존재로 보는 견해가 있다. Scherman, *Chumash*, 13을 보라.

53 예컨대 시 121:1-2.

54 Victor P. Hamilton, *The Book of Genesis: Chapters 1-17*, New International Commentary on the Old Testament (Grand Rapids: Eerdmans, 1990), 175-76.

55 Tremper Longman III, *Genesis*, Story of God Bible Commentary (Grand Rapids: Zonder van, 2016), 50. **에제르**(*ezer*)의 의미에 관해서는 Carolyn Custis James의 여러 연구가 중요한데 나는 이 대목에서 *Half the Church: Recapturing God's Global Vision for Women* (Grand Rapids: Zondervan, 2015) 하나만 언급한다.

후의 맥락에서 읽으면 **에제르**의 의미가 명확해진다. 그녀는 정원 일을 하고, 함께 지배하고, 함께 다스리고, 함께 자양분을 공급하고, 땅에 하나님의 형상을 지닌 존재의 숫자를 늘릴 자녀를 남자와 함께 창조한다.[56] 이는 그녀와 남자가 함께 자녀를 낳고 그들에게 하나님이 설계한 세상을 다스리는 방법을 공동으로 가르치리라는 것을 의미한다.

이 "적합성과 기능" 주제는 결혼(창 2:24), 성관계, 성별의 구분의 주제로 발전한다. "아담(또는 남자)과 그의 아내 두 사람이 벌거벗었으나 부끄러워하지 아니하니라"(창2:25). 그러나 그 단어는 하나님을 반영할 공동의 과제에서 여성의 유익에 대한 종합적인 묘사이기 때문에 성관계로 좁혀질 수 없다. 다시 말하거니와 우리가 창세기 1-3장에서 발견하는 아담과 하와는 **문학의 그리고 하나님을 반영하는 아담과 하와**다.

주제 9

인간들은 자신의 실제 모습 이상의 존재가 되고 자신의 영향이 미치는 범위를 확대하기를 원한다. 하나님에 의해 창조물을 하나님께 인도함에 있어서 하

56 대체로 여성을 폄하하는 아우구스티누스는 **에제르**를 아이를 낳는 것으로 축소해서 보았다. 예컨대 Andrew Louth, ed., *Genesis 1-11*, Ancient Christian Commentary on Scripture 1 (Downers Grove, IL: IVP Academic, 2001), 68-69을 보라. Wolfgang Musculus(16세기)는 **에제르**로서의 여성을 성적으로 해석한다. Thompson, *Genesis 1-11*, 105을 보라. 그러나 Musculus는 107쪽에서 여성에 관해 (다른 사람들에게서 유래했고 자주 인용되는) 훨씬 중요한 진술을 한다. "그녀는 자신의 기원 때문에 교만해지지 않도록 아담의 머리에서…취해지지 않았다. 가치 없고 하찮은 노예로 전락하지 않도록 아담의 발에서 취해지지도 않았다. 대신 아담이 그녀가 자기의 파트너이자 그의 생애의 분리될 수 없는 동반자가 되도록 만들어졌다는 것을 알도록, 그래서 그녀가 자기가 취해진 곳인 그의 옆에 정당하게 붙어 있을 수 있도록 아담의 옆구리에서 취해졌다."

> 나님의 휘하에서 다스리고 양육하도록 고안된 아담과 하와는 하나님께 반항할 자유와 그들이 하나님과 "같아질" 수 있다고 생각할 교만을 지닌다.

우리는 하나님이 아담과 하와를 창조하시고 창조세계에 대한 신적 책임을 그들과 공유하시는 것을 거듭 살펴보았다. 이것의 심오함은 우리를 계속 자극할 것이다. 이러한 책임의 공유는 자유를 함축한다. 인간은 하나님처럼 선택할 힘을 갖고 있다. 다음 텍스트는 우리의 자유의 힘을 보여준다. "여호와 하나님이 그 사람에게 명하여 이르시되 '동산 각종 나무의 열매는 네가 임의로 먹되 선악을 알게 하는 나무의 열매는 먹지 말라. 네가 먹는 날에는 반드시 죽으리라' 하시니라"(창 2:16-17).

이 텍스트에서 허용과 금지가 모두 작동한다. 성경의 독자로서 그리고 아마도 그 텍스트 자체에 너무 익숙해서 우리는 이 이야기가 창세기 3장에서 어떻게 귀결될지를 안다. 우리가 "타락"이라고 부르는 창세기 3장의 이야기는 훗날의 기독교 용어를 차용한 것인데, 후대에 나온 범주를 차용함으로써 우리는 그 텍스트를 고대 근동에서 그것이 무엇을 의미했을지를 놓치는 방식으로 읽게 된다. 즉 창세기 3장을 이해하기 위해 훨씬 후대에 나왔고 훨씬 신학적인 "타락"이라는 범주를 사용하는 것은 이 텍스트를 읽을 때 존중의 원칙과 아마도 정직의 원칙까지 위반하는 처사다. 사실 창세기 1-3장에 등장하는 내용은 구약성경 전체에서 또다시 등장하는 경우가 거의 없다. 따라서 많은 사람이 창세기 1-11장이 성경 전체를 읽기 위한 토대라고 말하겠지만, 그것은 심각한 오류는 아니라 할지라도 적어도 과장임이 확실하다.[57] 구약성경이나 로마서 5장 어느 것도 다른 사람들의 죄에 대해 아담을 비난하거나 우리 자신의 죽음에 대해 아담을 비난하지 않는다. 우리는 선택을 통해 죄를 짓고 스스로 죄를 짓기 때문에 죽는다.[58] 우리의 텍스트는 죄를 자존심, 교만, 하나님의 자애로운 말씀을 믿지 않은 것의 관점에서 말한다. 우리는 창세기 1-3장이 말하는 것과 그것이 침묵하는 것을 존중할 필요가 있다. 그 텍스트는 아담과 하와의 죄가 그들과 그들의 자녀에게 재앙적이었음을 명확히 한다.

뱀—고대 근동에서 혼동, 신비, 속임수의 보편적인 이미지다—은 아담과 하와에 대한 하나님의 지시에 의문을 제기하고 그 과정에서 하와의 마음속에 의문을 집어넣는다(창 3:1). 그리고 뱀은 하나님이 아담과 하와에게 그들이 그 나무 열매를 만지거나 먹으면 죽을 것이라고 위협하신 것을 부정한다(창 3:4).[59] 아니면 몇몇 학자가 주장한 바와 같이 뱀이 하나님의 방식을 알고 하나님이 자비로우시고 은혜로우시다는 것을 아는가?[60] 뱀은 하와에게 그녀가 하나님과 "같아질"것이라고 약속함으로써 하와(와 그녀의 침묵하는 남

---

57 예컨대 Brueggemann, *Genesis*, 41을 보라. 확실히 고전 15장과 롬 5장에서 바울은 아담부터 시작해서 성경에 등장하는 적어도 몇 가지 주제들을 읽는 문을 열지만, 그것이 다른 모든 사람(또는 어떤 사람)이 똑같은 일을 한다는 것을 의미하지는 않는다.

58 이 견해에 대한 간략한 옹호는 Longman, *Genesis*, 70-73을 보라. 우리는 이 점에 대해 8장에서 논의할 것이다.

59 이 대목에서 "죽음"이라는 단어는 의문을 제기한다. 이 말은 그들이 그 나무의 열매를 먹기로 작정할 때까지는 불멸의 존재였는데 먹고 나서 죽게 되었음을 의미하는가? 그것이 사형의 처벌을 의미하는가? 그것이 좀 더 널리 퍼져 있는 의미에서의 죽음—죽음의 먼지가 인간의 존재에 스며듦—을 의미하는가? 독자는 하나님이 왜 그들을 죽음에 처하지 않고 살려두고 그들을 에덴동산 밖에 두었는지 묻는다. 이런 질문들은 창세기에서 답변되지 않는다. 그리고 어떤 답변도 내게는 설득력이 없다.

60 이 견해를 옹호하는 문헌은 Claude F. Mariottini, *Rereading the Biblical Text: Searching for Meaning and Understanding* (Eugene, OR: Wipf & Stock, 2013), 7-10을 보라.

편)을 유혹한다(창 3:5). 그리고 이 대목에서 창세기의 처음 세 장을 함께 읽을 때 근본적인 긴장이 드러난다. 즉 아담과 하와는 하나님의 형상인데 그것은 그들이 하나님을 대신해서 땅을 다스리는 신적 임무를 수행해야 한다는 것을 의미한다. 그들은 그렇게 함으로써 경건해질 수도 있지만, 신과 **같아지도록** 고안되지 않았다. 하와는 여신이 되라는 유혹을 받았다. 아담은 신이 되라는 유혹을 받았다. 그들 모두 신이 되려는 잘못된 충동에 굴복한다. 테렌스 프레트하임은 그 비극적인 순간을 다음과 같이 묘사한다.

> 여자가 열매를 따 먹고 그것을 자기 남편에게도 준다(창 3:6). 이 대목에서 "그녀와 함께한" 침묵하는 짝으로서의 남자는 아무런 저항을 하지 않고, 의문을 제기하지도 않고, 신학적인 문제를 고려하지도 않는다. 그는 단순히 그리고 조용히 자기의 몫을 받아먹는다. 여자는 이 장면에서 유혹하는 여자로 행동하지 않는다. 두 사람 모두 똑같은 유혹의 원천에 굴복했다. 그들은 이 지점에서도 "한 몸"으로 존재한다.[61]

그들은 **경건해지기**(godly)를 선택한 것이 아니라 **신과 같아지기**(godlike)를 선택하고 두 가지 측면 모두에서 실패한다. 혹자는 이 대목에서 "플레전트빌"(Pleasantville, 아카데미상 후보에 오른 1998년작 미국 영화)을 거꾸로 생각한다. 세상이 갑자기 흑백에서 천연색으로 바뀌는 것이 아니라, 그들의 세상이 광채를 잃고 흐릿한 회색으로 변한다. 그들은 자기들이 벌거벗었음을 깨닫

61 Terence E. Fretheim, "The Book of Genesis: Introduction, Commentary, and Reflections," in *The New Interpreter's Bible*, ed. Leander E. Keck et al. (Nashville: Abingdon, 1994), 1:361.

는다. 그들의 내재된 성적 측면이 이제 수치의 원천이 된다(창 3:7).

서로에게 기쁨이 되고 양육하며 하나님을 경배하는 장소가 되도록 하나님에 의해 고안된 장소인 에덴동산에서 아담이 숨어있는 것을 하나님이 발견하셨을 때 그가 하나님께 답변한 방식이 좀 더 중요하다. 첫째, 아담은 하나님을 피해 숨는다. 둘째, 아담은 하나님에 대한 두려움(성경에서 발견되는 좋은 종류의 "하나님을 경외함"이 아니다)을 표현한다. 셋째, 그는 하와가 신이 되라는 뱀의 유혹에 굴복한 것을 비난한다(창 3:8-12). 또는 가경자 비드가 시적으로 말한 바와 같이 아담은 "당황함이라는 부담을 느꼈지만 고백할 겸손함은 없었다."[62] 넷째, 하와는 뱀을 비난한다(창 3:13). 그들의 선택을 통해 생각할 수 있는 모든 관계가 영향을 받았고, 이 감염이 확산하기 시작해서 급기야 창세기 8:21에서 하나님이 "사람의 마음이 계획하는 것이 어릴 때부터 악하다"고 선언하시기에 이른다.

이에 대한 결과가 따르는데(창 3:14-15) 그것은 종종 무리하게 잡아 늘여지고 잘못 해석된다. 뱀은 땅바닥에 기어 다니는 창조물로서 경멸을 받을 것이다. 뱀은 아담 및 하와와 싸우게 되는데 이 대목에서 우리는 아담과 하와에 대한 뱀의 영향이 성경에서 인간들 사이에서 악마의 힘에 대한 은유가 되며,[63] 인간이 궁극적으로 승리하게 될 전투가 있으리라는 것을 보게 된다(그리고 바울은 그 승리자가 두 번째 아담일 것이라고 말한다). 확실히 이 전투

---

62 Severian of Gabala and Venerable Bede, *Commentaries on Genesis 1-3*, ed. Michael Glerup, trans. Robert C. Hill and Carmen S. Hardin (Downers Grove, IL: IVP Academic, 2010), 154.

63 우리가 이 대목에서 재미있는 함의들을 모두 알아볼 수는 없지만, 에덴동산에서의 뱀에 대한 좋은 병행이 겔 28:11-19에서 발견될 수 있다. 거기서 우리는 뱀 대신 오만하고 몰락한 두로의 왕을 발견한다.

는 공동으로 통치함으로써 하나님을 반영하라는 신적 지시의 일부다. 통치는 투쟁을 포함할 것이다. 여자는 임신 때 고통을 경험할 것이고(창 3:16a), 아마도 이 점이 가장 주목할 만할 텐데, 때때로 남편과 다툴 것이다(3:16b). 창세기 3:16b의 언어는 일어날 수도 있거나 일어날 일에 대한 **묘사**이거나 하나님에 의해 일어나도록 정해진 것에 대한 **규정**일 것이다. 나는 전자의 해석을 선호하지만 텍스트 자체는 다음과 같다.

> 너는 남편을 원하고[64]
>
> 남편은 너를 다스릴 것이니라.

이 텍스트는 위계주의자(보완주의자)와 상호주의자(평등주의자) 사이에 전쟁터가 되어 왔는데, 전자 중 적어도 일부는 그 텍스트가 신적 규정(여성이 죄를 지었으므로 이제 남편에게 복종해야 한다)이라고 생각하는 반면,[65] 후자는 이 텍스트가 묘사라고 생각한다(때때로 남녀 관계에서 의지의 전쟁이 있을 것이다).[66]

---

64 창 3:16에 나타난 "욕구"는 랍비 전통에서 종종 성적 욕구로 이해되며 그것은 여성에게 임신하는 고통을 돌려준다고 이해된다. Sarna, *Genesis*, 28을 보라.

65 교회에서 이 견해가 흔하다. John Chrysostom in Louth, *Genesis 1-11*, 92-93을 보라. 이 점이 중요한데, 크리소스토모스는 남성과 여성이 원래 평등하게 창조되었지만, 이 평등성은 하와의 죄로 말미암아 폐기되었고 따라서 예속이 삶에서 여성의 지위가 되었다고 생각했다. 다른 학자들 가운데서는 Luther in Thompson, *Genesis 1-11*, 162을 보라. 칼뱅은 불행하게도 여성의 지위를 이제 "예속"으로 부른다(ibid., 163).

66 묘사라는 견해는 Arnold, *Genesis*, 70을 보라. Nahum Sarna는 남성의 지배가 타락에서 유래한 것으로 본다. 그가 그 텍스트가 단순히 묘사적이라고 생각하는지는 명확하지 않지만 말이다(*Genesis*, 28). 의지의 전쟁에 관해서는 다음 문헌들을 보라. Susan T. Foh, "What Is the Woman's Desire?," *Westminster Theological Journal* 37 (1975): 376-83; Collins, *Genesis 1-4*, 159-60; Longman, *Genesis*, 67. Phyllis Trible, "Depatriarchalizing in Biblical Interpretation," *Journal for the American Academy of Religion* 41 (1973): 30-48도 보라. 규정 견해에 대한 진술은 Good, *Genesis 1-11*, 41을 보라. 비록 그 저자가 성경이 말하는 내용에 대해 확실히 비

나는 이 텍스트가 묘사적이라는 데 동의한다. 월터 브루그만은 이 점을 가장 시적으로 표현한 사람이다. 그는 원래의 동산을 그들이 죄를 지은 후의 동산과 비교한다. "하나님의 동산에 하나님이 원하시는 바대로 **상호성과 평등**이 있었다. 이제 하나님의 동산에 불신이 스며들어서 **통제와 왜곡**이 있다. 그러나 그 왜곡은 한 순간도 정원사의 뜻대로 받아들여진 것이 아니다."[67]

혹자는 하나님이 아담과 하와가 죄악성과 의지들의 전쟁에 영원히 감금되지 않도록 보호하시기 위해 그들에게 옷을 입히셨고, 그들이 생명 나무의 열매를 먹고 죄악된 상태를 유지한 채 불멸의 존재가 되지 않도록 에덴동산에서 그들을 쫓아내셨다고 생각한다(창 3:21-24을 보라). 이것은 텍스트를 존중하지 않고 그 텍스트에서 말하고 있는 내용 안으로 타락을 끌어들이는 하나의 예가 될 수 있을 것이다. 따라서 그 텍스트는 하나님이 아담과 하와가 불멸의 존재가 되기를 원치 않으신다고 말할 뿐일 것이다. 그 텍스트는 다음과 같다. "그가 그의 손을 들어 생명 나무 열매도 따 먹고 영생할까 하노라"(창 3:22). 이것은 아마도 아담과 하와가 이제 죽을 것이라고 말할 뿐일 것이다. 그것은 불멸의 죄악된 존재와는 아무 관계가 없을지도 모른다. 나는 이것이 아담과 하와를 구속으로 이끄는 여정에서 그들을 보호하시는 하나님의 은혜의 행동이라고 생각한다. 아담과 하와는 잘못되는 이야기에 등장하는 문학의 인물로 묘사된다. 우리는 그들을 하나님의 **형상을 반영하지만 실패하는** 아담과 하와로 본다.

판적이지만 말이다.

67 Brueggemann, *Genesis*, 51(강조는 원저자의 것임).

> 인간은 하나님으로부터 고통을 완화하고 저주를 무력화하고 이제 혼돈으로 돌아가려는 유혹을 받는 창조세계에서 노동하라는 부름을 받는다. 아담과 하와는 이 세상에서 하나님의 형상으로서의 역할—공동 창조, 서로와 창조 질서에 대한 공동의 지배와 공동의 양육—을 계속하라는 부름을 받는다.

신들이 하급 신들이 지겨워하는 일을 하게 하려고 인간을—때때로 진흙으로— 창조하는 것으로 묘사하는 고대 근동의 텍스트들과는 달리, 창세기에서 하나님은 인간을 노예 상태에서 공동 창조자, 공동 숙련공, 공동 통치자, 공동 양육자의 지위로 **높이신다**. 인간은 확실히 하나님 아래 있지만 노예는 아니다. 창세기의 가장 놀라운 요소 중 하나가 하나님이 남자와 여자를 신의 형상으로 창조하신 후(창 1:26-28) 창세기 3장의 반역 행위와 창세기 5:1-2을 통해 촉진된, 끊김이 없으면서도 긴장감 넘치는 전개에서 발견된다. "하나님이 사람(또는 아담)을 창조하실 때에[68] 하나님의 모양대로 지으시되 남자와 여자를 창조하셨고 그들이 창조되던 날에 하나님이 그들에게 복을 주시고 그들의 이름을 사람이라 일컬으셨더라."

이 대목에서 "그들이 죄를 지은 뒤 하나님의 형상으로 남아 있었는

---

68 그들이 **모두** 아담으로 불림으로써 창 1:26-27에 등장하는 아담이 단지 남성만이 아니라 남성과 여성 모두임을 보여준다는 것을 주목하라. 따라서 "아담"은 평등의 용어다. 그리고 내 동료인 Claude Mariottini가 내게 지적해준 바와 같이 창 5:2의 킹 제임스 번역본은 문자적이기는 하지만 주목할 만한 가치가 있는 번역을 제공한다: "그가 **그들** 남자와 여자를 창조하셨고…**그들의** 이름을 아담이라고 부르셨다"(강조는 덧붙인 것임). ESV 번역본은 "아담" 대신 대문자 "Man"(사람)을 사용하여 "인류"를 나타낸다.

가?"라는 질문이 제기된다. 주의를 기울이는 독자가 질문하는(그리고 답변에 대해 궁금해하는) 그 질문에 대한 답변이 네 장 뒤에 창세기 9:1-7에서 발췌한 몇 줄에서 발견된다. 이 대목에서 독자는 몇몇 번역본에서 그 텍스트의 언어가 1:26-28에서와 마찬가지로 시적이라는 것을 알아차릴 것이다.

다른 사람의 피를 흘리면
그 사람의 피도 흘릴 것이니
이는 하나님이 자기 형상대로
사람을 지으셨음이니라.

너희는 생육하고 번성하며 땅에 가득하여 그중에서 번성하라(9:6-7).

이제 긴장은 끝난다. **모든 인간, 남성과 여성이 하나님의 형상을 유지하며** 창세기 1장에서 아담과 하와에게 주어진 동일한 지시가 창세기 9장에서 노아와 그의 후손에게 주어진다. 사명은 동일하게 유지된다. 인간은 하나님으로부터 메소포타미아의 텍스트들에서처럼 관개 수로에서 일하는 노예가 되는 것이 아니라 하나님의 창조세계의 공동 창조자, 공동 통치자, 공동 양육자가 되라는 부름을 받는다. 그들은 여전히 하나님으로부터 땅을 하나님의 우주 성전으로 보고 그 지식을 모든 창조세계에 매개하라는 부름을 받는다. 그들은 이 우주적 성전에서 더 많은 하나님의 형상을 형성하기 위해 자손을 낳으라는 부름을 받는다. 다시 말하거니와 우리가 어떤 종류의 아담과 하와를 발견하는가? **언제나 하나님의 형상으로서의 아담과 하와일 문학의 아담과 하와다**.

주제 11

> 성경을 맥락에서 읽는 것은 아담과 하와 이야기가 앞으로 어떻게 전개될지를 아는 것을 의미한다. 성경 전체를 읽는 사람에게는 아담과 하와가 두 명의 개인일 뿐만 아니라, 이스라엘과 모든 사람의 대표이기도 하다는 점이 명백해질 것이다. 따라서 아담과 하와의 죄는 이스라엘의 원형적인 죄이고 그들의 "추방"은 이스라엘의 추방이며, 따라서 그들은 모든 사람의 죄와 징계를 대표한다.

구약성경이 이스라엘의 이야기를 말할 때 등장하는 주제들에 귀를 기울이는 독자에게는 창세기 1-3장에서 한 가지 모험이 제안된다.[69] 피터 엔스는 아담(과 하와)이 어떻게 성경의 나머지에서 민족으로서의 이스라엘에 대해 말하게 될 내용에 해당하는지를 설명한다.

> 아담 이야기는 출애굽부터 유배까지의 이스라엘의 이야기를 반사한다. 하나님은 특별한 사람인 아담을 창조하시고, 그를 특별한 땅에 두시고, 그에게 하나님과 계속 교제하기 위한 규정으로서의 (선과 악을 알게 하는 나무의 열매를 먹지

---

69 이 점은 다양한 방식으로 설명되어 왔다. 우리는 Enns, *Evolution of Adam*, 65-70부터 시작할 수 있다. 그러고 나서 John H. Sailhamer, *The Pentateuch as Narrative: A Biblical-Theological Commentary*(Grand Rapids: Zondervan, 1995)의 미드라시 접근법을 살펴본다. 그의 제자인 Seth Postell은 그의 미드라시 이론을 좀 더 자세하게 발전시켰다. Postell, *Adam as Israel: Genesis 1-3 as the Introduction to the Torah and Tanakh*(Eugene, OR: Wipf & Stock, 2011)를 보라. 창 1-3장을 고대 근동의 맥락에서 읽지 않기로 한 그들의 선택이 그들의 연구를 심각하게 방해한다. 이 점에 관해서 나는 Peter Enns의 연구 방법과 John Walton의 연구 방법이 더 현명한 경로라고 생각한다.

말라는) 법을 주신다. 아담과 하와는 그 명령에 불순종하고 그 결과 다양한 저주를 받지만, 그들의 처벌은 주로 죽음과 낙원으로부터의 추방이다. 이스라엘도 출애굽에서 "창조되었다."…그리고 양호하고 넓은 가나안 땅, "젖과 꿀이 흐르는 땅"—낙원의 이미지를 환기시키는 고대 근동의 색조가 강한, 매우 풍부함에 대한 묘사다—으로 인도되었다(예컨대 출 3:8, 17; 13:5). 이스라엘 역시 지켜야 할 법을 갖고 있었는데 이 경우 그 법은 시내산에서 모세에게 주어진 율법이다. 그러나 이스라엘은 계속 그 법에 불순종했고 그 결과 그들은 궁극적으로 하나님이 그들에게 주신 땅에서 추방되었다.[70]

이 내용 각각을 확증하는 세부사항들은 복잡할 수 있지만, 다음 사항들을 주목하라.

창세기 1:1은 "하늘과 **땅**"의 창조에 대해 말하는데 여기서 사용된 "땅"(earth)은 대개 이스라엘이 소유한 "땅"(land)에 대해 사용되는 히브리어 단어(*haarets*, **하아레츠**)다.

창세기 1:2은 "혼돈하고 공허함"에 대해 말하는데, 이것은 예레미야서에서 유배 후 이스라엘 땅의 상태에 사용된 단어들이다(렘 4:23).

창세기 1:28은 땅의 **정복**에 대해 말하는데, 이 단어는 민수기 32:22, 29에서 그 땅의 정복에 대해 사용된 단어(*kabash*, **카바쉬**)다.

창세기 2:17은 그 나무의 열매를 먹은 사람에게 사형을 선고하며, 에스겔 37장에서 유배는 죽은 뼈들이 가득한 골짜기로 묘사된다.

---

70 Enns, *Evolution of Adam*, 66.

이런 세부사항들이 축적되어서 창세기 1-3장은 이스라엘이 그 땅에 들어가는 것을 예시한다는 신학이 등장한다. 우리는 이런 내용에 대해 모든 학자가 동의하는 것은 아니라는 점을 인정해야 한다. 아담과 하와가 적어도 이스라엘 자신의 경험의 전형적인 예 또는 원형임을 확증하는 내용이 많이 언급되었다. 그 땅(earth/land)의 창조가 하나님이 그 땅을 이스라엘에게 선물로 주신 것의 전형적인 예이듯이 말이다. 아담과 하와 안에서 이스라엘이 **묘사**되듯이 아담과 하와는 이스라엘이다. 우리의 요점은 창세기 1-3장에 관한 이 견해가 유일한 해석이라고 주장하는 것이 아니다. 그것은 너무 지나친 주장일 것이다. 오히려 그것은 아담과 하와에 대한 이 설명은 그 텍스트를 읽을 때 무시되지 않아야 할 암시적인 신학적 색조를 지니고 있음을 보여주려는 것이다. 텍스트를 존중하면서 정직하게 그리고 성경 자체의 맥락에서 읽는다는 것은 우리가 그 텍스트가 청중에게 말하는 내용을 듣기 위해 배워야 한다는 것을 의미한다. 그것을 이 책의 맥락에서 좀 더 무뚝뚝하게 말하자면 이 텍스트는 역사적, 생물학적, 유전적 아담과 하와에 관한 책이라기보다는 **이스라엘로서의 아담과 하와**에 관한 책인 측면이 훨씬 많다는 것이다.

창세기 12:3에 명확히 드러난 이스라엘의 소명에는 이스라엘이 "땅의 모든 민족"에게 복이 되는 것이 내재되어 있다. 창세기 1장과 창세기 12장을 연결하면 이스라엘의 소명은 (이스라엘만이 아니라) 세상의 구속을 위해 하나님의 현존, 하나님의 구속, 하나님의 뜻을 매개하도록 민족들 앞에서 하나님을 반영하는 것이다.[71] 아담과 하와는 이스라엘의 사명과 그들이 하

71 다음 문헌들을 보라. Christopher J. H. Wright, *The Mission of God: Unlocking the Bible's*

나님의 언약하에서 신실하게 살지 않음으로써 그 사명을 이행하지 못했다는 측면에서 이스라엘을 대표한다.

아담과 하와에 대한 이 이해의 함의는 유대교가 구약성경 밖에서 아담(과 간헐적으로 하와)을 제시하는 주된 초점을 형성한다. 우리는 이 점을 다음 장에서 살펴보겠지만 이 대목에서 다음 내용은 말해두기로 하자. 신실하지 않고 추방당한 이스라엘로서의 아담과 하와 개념은 유대교 문헌에서 아담에 관한 유일한 근본적인 주제는 아니라 할지라도 하나의 근본적인 주제를 형성한다. 아담은 원형적인 이스라엘과 원형적인 죄인 및 원형적인 추방자가 된다. 따라서 유대교 문헌은 토라를 순종하도록 도전을 받았지만 실패했고 따라서 원형적인 죄인으로서의 아담에 초점을 맞출 것이다. (하와는 동일한 문헌에서 대부분 침묵하는 아내의 역할을 하고, 사도 바울에게 있어서도 마찬가지다.) 별로 관심을 받지 못하는 또 다른 해석은 에덴동산 장면과 잠언에 등장하는 지혜를 유익하게 비교하는데, 이 점도 다음 장에서 다룰 유대교 전통에서 발전하게 된다.[72]

따라서 창세기 1-3장에서 아담과 하와에게 일어나는 일은 그들로 하여금 이스라엘뿐만 아니라 보편적인 인류에 대해 **원형적인 아담과 하와**가 되게 만든다. 그들은 나아가—창세기 1-3장에서는 다소 암묵적으로, 유대교 문헌과 로마서 5장에서는 명시적으로—"모든 사람으로서의 아담과 하와"가 된다. 창세기 3장에서 아담과 하와에 관해 말해진 내용보다 인간에

Grand Narrative (Downers Grove, IL: IVP Academic, 2006); N. T. Wright, *The New Testament and the People of God,* Christian Origins and the Question of God 1 (Minneapolis: Fortress, 1992). N. T. Wright의 가장 최근의 진술은 Walton, *Lost World of Adam and Eve*, 170-80에 수록된 그의 보론(excursus)을 보라.

72 간략한 논의는 Enns, *Evolution of Adam*, 88-92을 보라.

관해 더 진실한 것은 없다. 즉 인간은 그들에게 세상 전부가 주어지더라도 좀 더 많은 것을 원한다. 원시의 부부는 높은 지위를 부여받았지만, 자존심과 명예에 대한 욕구로 가득 차서 더 많은 것을 원한다. 즉 창세기 1-3장의 아담과 하와 내러티브는 그들을 자유롭고 선택을 할 수 있는 존재로 묘사하지만, 그 자유와 선택은 스테로이드를 섭취한 것처럼 자라서 자유 이상의 것과 선택 이상의 것이 될 수 있다. 이 자유는 자아도취가 된다.

주제 12

> 아담과 하와에 대한 문학적이고 원형적인 하나님의 형상 해석을 아무리 많이 강조한다고 해도 창세기 1-2장이 아담과 하와를 **계보상의** 아담과 하와로 부를 수 있는 것으로 제시한다는 사실은 변함이 없다.

나는 단순한 이유로 창세기 1-3장에서 많은 논란이 되는 **역사적** 아담에 관해 별로 말하지 않았다. "역사적 아담"이라는 범주는 우리의 텍스트와 관련해서 다음과 같은 이유로 시대착오다. (1) 그것은 현대 과학, 역사, 인류학, 생물학, 유전학의 세계에서 나오며, 성경이 과거에 관해 말하는 것이 사실로 증명될 수 있는지(따라서 사실로 믿을 수 있는지) 알아보려는 추구가 수반된다, (2) "역사적 아담"에 관한 논의는 창세기 3장에 존재하지 않는 원죄에 관한 논의에 빠져든다, (3) 역사적, 생물학적, 유전적 아담과 하와는 엄격히 말하자면 창세기 1-3장의 저자들이 초점을 맞추는 내용이 아니다. 창세기 1-3장의 저자들은 이 세상에서 하나님을 반영하는 것에 관한 위의 주제들에 초점을 맞췄다. 아담과 하와는, 존 월튼이 선호하는 형용사를 사용하자면, "원형적" 인간들이었다.[73] 즉 그 원시의 부부는 하나님의 우주 성전에서 인간들 일반에게 무슨 임무가 부여되었는지를 드러내기 위해 창조되었다. 창세기 1-3장의 유일한 초점은 아담과 하와가 하나님의 형상이라는 점과 그것이 수반하는 모든 것이다. 따라서 그들은 하나님의 형상을 반영하는 아담과 하와로 제시되고 (내가 앞 장에서 정의한) 역사적 아담과 하와로 제시되지 않는다.

하지만 다음 장에서 우리는 사도 바울 전에 유대교에서 발전한 역사적 아담 개념에 나타난 몇 가지 요소들을 살펴보고 사도 바울이 아담(과 그의 침묵하는 아내 하와)에 관해 어떻게 말하는지를 살펴볼 것이다. 그러나 이 대목에서 인간 게놈 프로젝트가 우리의 세계관에 조금이라도 중요하다면, 우리의 DNA가 아담과 하와라는 두 사람에게서 나왔다고 주장하는 것은 과학이 현재 상당한 증거를 통해 가르치는 내용에 고의로 반대하는 처사라는 점을 지적할 필요가 있다. 아마도 혹자는 N. T. 라이트[74] 같은 사람처럼 아담과 하와가 다른 10,000명의 호미닌들 가운데 선택되었고, 하나님의 형상으로서 대표권이 부여되었으며 형상을 반영할 책임을 이행하지 못했다고 주장할 것이다. 혹자가 그렇게 주장할 수도 있겠지만, 창세기 1-2장의 모든 독자에게는 **그들 가운데서 아담과 하와가 선택될 수 있는 다른 인간들이 존재하지 않는다는 것이 명백하다**. 확실히 갑자기 불쑥 튀어나온 것으로 보이는 가인의 묘한 아내는 그런 해석이 추구하는 약간의 증거일 수도

73 Walton, *Lost World of Adam and Eve*, 82-91.

74 N. T. Wright, "Do We Need a Historical Adam?," in *Surprised by Scripture: Engaging Contemporary Issues* (New York: HarperOne, 2014), 26-40. 이 장은 맨해튼에서 열린 바이오로고스(BioLogos) 행사에서 유신 진화론에 관한 논문들을 들은 후 Tom Wright가 답변한 것이다.

있겠지만 그 해석조차도 궁극적으로 노아 홍수의 외로운 생존자 여덟 명이라는 암초에 부딪히며, 우리는 동일한 문제로 되돌아간다. 즉 인간 게놈 프로젝트는 우리의 DNA가 적어도 10,000명의 호미닌들에게서 왔다고 결론짓는데 성경은 인간의 기원을 두 명 또는 여덟 명으로 제한한다.[75] "역사적 아담(과 하와)"에 대한 일치주의 접근법[76]과 싸우는 대신, 나는 창세기를 맥락에서 읽어서 그것이 인간과 인간의 역사에 어떤 빛을 비추는지를 보는 것을 선호한다. 우리는 이 대목에서 역사적이거나 생물학적이거나 유전적인 아담과 하와를 발견하는 것이 아니라, 문학적이고 하나님의 형상인 아담과 하와를 발견한다.

우리는 지금까지 "역사적" 아담에 관한 모든 논의는 고대 근동과 초기 유대교의 세계보다는 현대 과학과 역사에서 나온다는 점을 살펴보았다. 나는 정직한 성경 읽기는 적어도 "계보상의" 아담이라고 부를 수 있는 것으로도 인도된다는 점을 덧붙이려고 한다. 하지만 나는 먼저 계보상의 아담은 고대 근동의 맥락에 반하는 아담과 하와의 문학의 묘사에 뿌리를 두고 있다고 주장한다. 즉 문학의 아담과 하와는 계보상의 아담과 하와에게 들어가는 "현관"이다. 창세기에 등장하는 아담과 하와에 대한 이 문학의 제시부터 초기 유대교에 이르기까지 최초의 남성은 아담이고 최초의 여성은

75 확실히 그들 가운데서 하나님께 아담과 하와로 선택될 수 있는 약 10,000명의 호미닌들이 있었고, 아담과 하와는 모든 호미닌을 대표하도록 선택되었으며, 홍수 자체는 외관처럼 전 세계적인 것이 아니었다고 말하는 사람이 있을 것이다. 그리고 이런 식의 설명은 창세기에 대한 일치주의 해석을 허용한다. 나는 이것이 가능한 해석임을 논쟁하지 않는다. 하지만 나는 그런 해석은 창세기를 역사적 맥락에서 읽은 데 따른 것이라기보다는 일치주의에 의해 결정된 것이라고 생각한다.

76 일치주의는 창세기를 현재 우리가 알고 있는 과학과 일치하도록 읽거나 해석하고, 그럼으로써 성경에 그것의 역사적 맥락을 뛰어넘는 과학 지식을 부여하는 해석 방법을 가리킨다.

하와다. 우리를 기원으로 데려가는 **유대교의 모든 계보**—계보들이 나타날 경우(그리고 계보들은 자주 나타나지 않는다)—는 우리를 아담과 하와에게 데려갈 것이다. 따라서 창세기 5:3-5은 다음과 같이 말한다.

> 아담은 백삼십 세에 자기의 모양 곧 자기의 형상과 같은 아들을 낳아 이름을 셋이라 하였고, 아담은 셋을 낳은 후 팔백 년을 지내며 자녀들을 낳았으며, 그는 구백삼십 세를 살고 죽었더라.

그리고 역대상 1:1-3은 다음과 같이 말하는데 누가복음 3:38이 그 내용을 따른다.

> 아담, 셋, 에노스, 게난, 마할랄렐, 야렛, 에녹, 므두셀라, 라멕, 노아(역대상 1:1-3, 개역개정에서 노아는 4절에 등장함).

> …그 위는 셋이요 그 위는 아담이요 그 위는 하나님이시니라(눅 3:38).

이 텍스트는 그것이 의도한 대로 읽힐 필요가 있다. 창세기 1-2장의 문학의 아담과 하와는 창세기 5:1-5의 계보상의 아담과 하와를 낳는다. 최초의 인간에 관한 모든 의견은 창세기 1-2장과 5:1-5에서 나오는데, 창세기 1-2장은 고대 또는 현대의 역사 기술의 예가 아니다. 따라서 이 두 사람이 최초로 무대에 등장하는 문학 텍스트—고대 근동의 맥락에서 본 창세기—는 아담 이후로 이어지는 계보를 낳는다. 창세기의 문학의 아담이 성경의 이야기에서 계보상의 아담이 되었다. 우리의 텍스트는 특정한 맥락을 위한 메시지를 지니고 그 맥락을 위해 고안되었다. 다음 두 장에서 우리는 계보상의 아담과 역사적 아담을 혼동하지 않도록 주의를 기울일 필요가 있음을 살펴볼 것이다. 문학적-계보상의 아담은 그를 모델로 다양한 아담(과 하와)으로 형성될 수 있는 밀랍처럼 유연한 몸을 지닌 사람이다.

7장

유대교 세계에서 아담과 하와의 다양성

adam and the genome

모든 길은 로마로 통한다는 옛 속담은 모든 신학은 궁극적으로 아담(과 소홀히 취급된 그의 배우자인 하와)으로 이어진다는 성경적, 신학적 병행구를 갖고 있다. 너무 자세히 말하지 않더라도, 카파도키아 신학자들이나 아우구스티누스의 신학부터 토마스 아퀴나스의 복잡한 신학 그리고 종교개혁자 루터와 칼뱅의 근본적인 주제들과 웨슬리 운동 및 유명한 미국의 신학자인 조너선 에드워즈를 통해 확립된 미국에서의 종합에 이르기까지, 그리고 가장 주목할 만하게는 복음주의의 복음 선포에 이르기까지 모든 신학은 아담을 최초의 인간이자 최초의 죄인, 그리고 그로부터 모든 사람에게 죄가 전해져 내려온 사람으로 규정하는 신학에 뿌리를 내리고 있다고 말해도 과언이 아닐 것이다. 인간의 연대와 인간의 죄악성은 기독교 구원 신학들의 토대들이다. 혹자는 인간은 아담과 같은데 아담과 같다는 것은 타락했고, 죄악되고, (몇몇 설명에서는 따라서) 저주를 받았다는 것을 의미하기 때문에 인간이 구원을 받을 필요가 있다고 말할 수 있을 것이다.[1] 이런 식으로 생각하는 것은 내가 이미 "역사적" 아담으로 묘사한 내용도 믿는 것이다. 역사적 아담이 없다면 복음, 그리스도, 구원사의 필요가 없다고 생각하는 사람이 많다. 어떤 사람에게는 역사적 아담에 의문을 제기하는 것은 심각한 신학적 오류를

1 Alan Jacobs, *Original Sin: A Cultural History*(New York: HarperOne, 2008)에서 이 긴장이 작동하고 있음을 주목하라. 우리가 기독교의 이해를 다른 종교나 철학의 인간의 본성 개념과 비교하면 기독교의 독특성을 알 수 있다. 다음 문헌들에서처럼 말이다. Leslie Stevenson, David L. Haberman, and Peter Matthews Wright, *Twelve Theories of Human Nature*, 6th ed. (New York: Oxford University Press, 2012); Leslie Stevenson, ed., *The Study of Human Nature: A Reader*, 2nd ed. (New York: Oxford University Press, 2000).

이 책의 뒷부분에 언급되는 텍스트들은 Loeb Classical Library, the Old Testament Apocrypha from the New Revised Standard Bible, and from J. H. Charlesworth, ed., *The Old Testament Pseudepigrapha*, 2 vols.(Garden City, NY: Doubleday, 1985)를 참조하고 거기서 인용한 것이다.

범하는 것에 해당한다.

보편적인 가정에 의문을 제기하기

그렇다면 복음주의 신학의 많은 부분에서 모든 길은 아담으로 이어진다. 하지만 증거와 주의 깊은 사고의 토대에서 혹자가 지구가 과학자들이 생각하듯이 약 45억 년 전에 만들어졌고 오늘날 지구상의 인간들의 DNA는 두 명의 고독한 호미닌인 에덴동산의 아담과 하와에게서 온 것이 아니라는 결론을 지으면 어떻게 되는가?[2] 누군가가 그런 결론을 긍정하자마자 다른 사람은 성경을 펴서 로마서 5:12-21을 가리키면서 뭔가 다른 것을 말하는 성경 구절들을 읊어대기 시작할 것이다.

> 그러므로 한 사람[아담과 하와. 이 점을 잊지 말라]으로 말미암아 죄가 세상에 들어오고 죄로 말미암아 사망이 들어왔나니 이와 같이 모든 사람이 죄를 지었으므로 사망이 모든 사람에게 이르렀느니라(롬 5:12).

> 그러나 이 은사는 그 범죄와 같지 아니하니 곧 한 사람의 범죄를 인하여 많은 사람이 죽었은즉 더욱 하나님의 은혜와 또한 한 사람 예수 그리스도의 은혜

---

2 나는 그 책에 만족하지 못하지만 Matthew Barrett and Ardel Caneday, eds., *Four Views on the Historical Adam*(Grand Rapids: Zondervan, 2013)은 시작하기 좋은 지점이다. Daniel C. Harlow, "After Adam: Reading Genesis in an Age of Evolutionary Science," *Perspectives on Science and Christian Faith* 62, no. 3 (2010): 179-95의 논란이 되고 있고, 두려움이 없으며 정보를 잘 갖춘 내용도 보라.

로 말미암은 선물은 많은 사람에게 넘쳤느니라(롬 5:15).

바로 이렇게 나와 있다. 한 사람이 (그의 아내 하와와 함께) 창조되었고 사망을 가져왔으며, 한 사람이 생명을 가져왔다. 아담과 예수가 말이다. 이 대목에 나타난 사상은 아담의 죄(그리고 하와의 죄)가 아담의 본성을 부패시켰고 그 본성—때때로 "죄성"으로 불리고 종종 "원죄"로 논의된다—이 한 사람(그리고 하와)으로부터 다른 모든 사람에게 전해졌다는 것이다. 그리고 이 일이 일어나기 위해서는 그것이 모종의 방식으로 **물리적으로 또는 영혼 차원에서**(soul-fully) **일어나야 했다**고 가정된다. 따라서 그런 사고에서는 실제로는 두 명 이상의 사람(또는 호미닌)이 있었다고 주장하거나 창조는 실제로 진화였고 따라서 "하나님의 형상"은 혹자가 생각하는 것처럼 간단하지 않다고 주장함으로써 그 물리적 실재를 저해하면, 죄악된 실재 또는 각 사람의 죄성을 저해하는 것이고 그것은 구원의 메시지 전체가 사라지는 것을 의미한다. 이는 오래되었고 그렇게 가정되는, 다소 피곤하고 급진전되는 견해인데 그 견해에 대해서는 반대 의견도 찬성 의견만큼이나 많다.

그 견해의 보편적인 가정들인 **창세기라는 문학에 등장하는 하나님의 형상으로서의 아담과 하와는 역사적, 생물학적, 유전적 아담과 하와였고 더욱이 예수와 바울 당시의 유대교는 동일한 그 역사적, 생물학적, 유전적 아담과 하와를 믿었다**는 데 대해 의문이 제기되고 있다. 다음과 같은 질문이 제기된다. 구약성경과 신약성경 사이의 유대인들은 아담과 하와에 관해 무엇을 믿었는가? 그들은 창세기의 문학적-계보상의 하나님의 형상인 아담과 하와를 어떻게 이해했는가? 그들은 창세기의 예를 따랐고 아담과 하와에 대한 그들 자신의 문학의 이해를 만들어서 그것들을 저자의 맥락의 일부가 되게 하기도 하고 동시에 그 맥락에 도전하기도 했는가? 이 마지막 질문에 대한 답변은 확실히 "그렇다"인데, 나는 뒤에서 우리가 유대교에서 만나는 다양한 아담과 하와를 요약할 것이다. 이어서 바울에 관한 마지막 장에서는 바울 서신을 정직하고 존중하는 자세로 읽는다는 것은 바울의 아담(과 하와)이 **다른 문학의 아담들 및 하와들과 관여하고 바울 자신의 문학의 아담과 하와를 명확히 표현한 결과**였음을 인정하는 것임을 보여줄 것이다.

유대교 전통에 등장하는 많은 아담들(하와는 별로 많이 등장하지 않는다)[3]

창세기부터 기원후 1세기까지의 아담의 해석사는 대담하고 놀라운 역사인데, 저자들이 자신이 필요로 하는 아담을 만들었다고 말해도 과언이 아닐 것이다. 또는 그렇게 말하기를 선호한다면 문학의 아담은 밀랍 아담이었고, 예수와 바울의 견해는 그것에 반대한 것이 아니라 해석의 다양성의 한

---

3 이 주제에 관해 가장 뛰어난 책은 John R. Levison, *Portraits of Adam in Early Judaism: From Sirach to 2 Baruch*, Journal for the Study of the Pseudepigrapha Supplement Series 1(Sheffield: JSOT Press, 1988)이다. Levison의 세심한 작업이 없었더라면 이 대목에 수록된 나의 요약이 불가능했을 것이다. Levison, "Adam and Eve," in *The Eerdmans Dictionary of Early Judaism*, ed. J. J. Collins and Daniel C. Harlow (Grand Rapids: Eerdmans, 2010), 300-2도 보라. W. D. Davies, *Paul and Rabbinic Judaism: Some Rabbinic Elements in Pauline Theology*, 4th ed. (Philadelphia: Fortress, 1980), 36-57은 좀 더 오래되었지만 유용한 연구다. Felipe de Jesus Legarreta-Castillo, *The Figure of Adam in Romans 5 and 1 Corinthians 15: The New Creation and Its Ethical and Social Reconfiguration*, Emerging Scholars (Minneapolis: Fortress, 2014)에서 가장 최근의 설명을 찾아볼 수 있다. 좀 더 광범위한 연구는 Gary A. Anderson, *The Genesis of Perfection: Adam and Eve in Jewish and Christian Imagination* (Louisville: Westminster John Knox, 2001)을 보라. 간략한 요약은 Peter Enns, *The Evolution of Adam: What the Bible Does and Doesn't Say about Human Origins* (Grand Rapids: Brazos, 2012), 99-103에서 찾아볼 수 있다.

예였다고 말할 수도 있을 것이다. 유대교 문헌에 등장하는 아담에 관한 철저한 연구에서 펠리페 데 헤수스 레가레타 카스티요는 유대교의 해석 전통에 나타난 아담(과 하와)의 세 가지 재구성을 다음과 같이 요약한다. (1) 그리스식 해석,[4] (2) "재진술된" 성경 해석들,[5] (3) 묵시적 해석들.[6] 이 문헌들 각각은 아담과 하와에 대한 특정한 이해를 명료하게 표현하는데 나는 중요한 요약 표현에 강조 표시를 덧붙인다.

> **그리스**의 저자들은 "아담의 창조와 타락 이야기가 유대교를 보존하거나 유대교를 그들의 좀 더 넓은 역사적·문화적 환경에 적응시키기 위해 그리스의 전통과 사상을 통합한 것으로 본다. 그들은 아담을 **자유와 자유의 함의라는 난관에 직면하는 인류의 전형적인 예이자 이스라엘의 조상**으로 본다."[7]
>
> **"재진술된"** 성경 텍스트들은 "세상에서 이스라엘의 위치와 기능을 발견하기 위해 성경의 내러티브를 자유롭게 따른다. 이 해석들은 사람이 율법에 포함된 하나님의 명령들을 지킨다는 조건하에 미래의 보상에 대한 소망을 표현하는 묵시 문학 및 지혜 문학의 특징들을 포함한다. 이 해석들에서 아담의 죄는 하나님의 명령에 대한 불순종으로 특징지어지며, **인간에게 모든 종류의 재앙을** 가져오고 특히 궁극적으로 죽음을 **가져온 이스라엘과 민족들의 역사적 범법에 대한 원형**으로 기능한다. 이 맥락에서 의인들은 종말에 약속된 회

4 집회서, 솔로몬의 지혜, 알렉산드리아의 필론의 저술들.

5 「희년서」, 요세푸스의 저술들, 위필론의 「성서 고대사」, 「시빌라의 신탁」, 그리스어 「아담과 하와의 생애」(「모세의 묵시」로도 불린다).

6 「에스라4서」, 「바룩2서」

7 Legarreta-Castillo, *Figure of Adam*, 38.

복을 얻기 위해 율법을 준수하라는 권고를 받는다."[8]

묵시적 텍스트들은 "고난과 예루살렘 및 예루살렘 성전의 파괴를 설명하기 위해 창조 이야기보다 타락 이야기를 강조한다. 그것은 **이스라엘이 언약에 신실하지 않았던 것뿐만 아니라 원형들이 하나님의 명령을 순종하지 않은 것이 그들의 후손에게 미친 영향의 예와 효과**로 해석된다. 이 해석들에서 하늘의 존재들은 대개 종말에 사악한 자들—이스라엘의 적들이나 죄인들—의 멸망과 의인들의 구원을 계시한다. 이 세상의 멸망은 새 창조의 도래를 예견한다."[9]

이것은 세 종류의 유대교 문헌에 나타난 주요 주제들에 대한 간략한 요약일 뿐이지만 신약성경을 존중하면서 정직하게 읽는 독자는 고려할 필요가 있는 신약성경의 텍스트들에서 우리가 어떤 아담에 관해 말하고 있는지 질문해야 할 것이다. 사도 바울이 말하는 내용을 우리가 어떻게 이해해야 할지를 파악하기 위해 나는 신약성경이 쓰이기 전의 유대교 문헌에서 발견될 수 있는 일곱 가지 종류의 아담과 하와를 요약하려고 한다. 아래의 논의에서 나는 각각의 텍스트에 대해 명확성을 위해 단순화한 기본적인 명칭을 사용할 것이다. 하지만 독자들은 각각의 텍스트를 주의 깊게 읽어서 각각의 명칭의 뉘앙스를 파악해야 할 것이다.

8 Ibid., 65-66.
9 Ibid., 96.

집회서: 원형적, 도덕적 아담(과 하와)

이 지혜서의 저자의 이름은 "예루살렘의 시락의 아들인 엘르아자르의 아들 예수"(집회서 50:27)[10]—히브리어로는 예슈아 벤 엘르아자르 벤 시라다—이며, 그가 대략 기원전 200년 경에 쓴 그 책은 종종 종종 시락서 또는 점더 전통적으로는 에클레시아스티쿠스("교회 책") 혹은 시락의 아들 예수의 지혜로 불린다. 그 책은 구약성경 위서를 포함하는 성경들에서 구약성경과 신약성경의 사이에 위치한다. 집회서는 유대인들이—삶에 관한 관찰, 하나님에 대한 예배, 하나님의 백성으로서 이스라엘이라는 맥락에서의 토라 읽기를 토대로—하나님의 세상에서 하나님의 방식대로 어떻게 최고의 삶을 영위할 수 있는지를 표현한 전통인 "지혜 전통"이라는 범주에 속한다. 집회서에서는 토라 자체가 지혜이며 따라서 지혜는 토라를 통해 사는 것이다(예컨대 집회서 1:26; 6:32-37; 15:1; 19:20; 23:27; 24:23-29). 그 책에는 아담에 관한 주목할 만한 관찰과 용법이 등장하는데(하와는 등장하지 않는다), 그 내용은 유대교 문헌에 나타난 아담의 다양성에 관한 우리의 논의를 시작하는 역할을 할 것이다. 집회서가 아담에 관해 말하는 내용은 다음과 같은 네 가지 주제로 분류될 수 있다. (1) 아담은 이스라엘의 영광스러운 조상이다(49:16), (2) 아담은 죽을 운명인 인간으로서 지혜가 결여되었다 (24:28), (3) 창세기 1-3장에 수록된 아담과 하와의 기사는 보편화되어 모든 인간을 묘사할 수 있는 텍스트가 된다. 벤 시라는 세상이 죄의 혼란 속에 빠진 데 대해 아담을 비난하는데 아담은 이스라엘이기도 하고 모든 인간이기도 하다,

10 이 책의 [영어] 원서의 집회서 인용은 NRSV 번역본에서 취한 것이다.

(4) 인간들에게는 선택할 능력이 주어졌는데, 벤 시라에게 있어서는 그 대목에 아담의 중요성이 놓여 있다. 아담은 하나님의 뜻을 실행하거나 하지 않을 힘을 가지고 있는 인물이다.

집회서의 아담은 **자유 의지를 지닌**(volitional) 아담이다. 하나님이 "인간"을 만드셨는데(집회서 15:14), 하나님은 선하시기 때문에 인간이 자기들의 죄에 대해 하나님을 탓하지 말아야 한다(15:11-13). 대신 하나님은 "그들에게 자유롭게 선택할 힘을 주셨다"(15:14). 이 선택 능력으로 말미암아 아담은 자유 의지가 있는 아담이 되는데, 이 점이 창세기 3장에 기록된 아담과 하와의 죄를 설명한다.[11] 아담은 원형적이다. 벤 시라는 그의 청중에게 다음과 같이 말한다. "네가 마음만 먹으면 계명을 지킬 수 있으며, 주님께 충실하고 않고는 너에게 달려 있다"(15:15). 하나님은 세상의 각 사람에게 선택권을 주셨고 각 사람은 그 선택권을 가지고 자기가 원하는 대로 할 수 있으며, 그것은 그 사람의 선택에 달려 있다. 신명기의 핵심에 이 개념이 놓여 있으며(신 30:15-20), 집회서는 그 개념을 아담에게서 이스라엘로 그리고 모든 사람에게로 확장했다.[12] 집회서는 지혜를 토라에 연계하기 때문에 토라로서의 지혜는 모든 사람에게 선물이 된다. 따라서 벤 시라는 하

---

11 이 대목에서 "자유로운 선택"으로 번역된 그리스어 단어(*diaboulia*)는 하와와 이어서 아담의 내적 숙고와 선택을 가리킨다(좋은 그리스어 사전을 보라). 이 점이 중요한데, Levison은 이것을 **예체르**(*yetser*) 신학, 즉 인간의 의지(선한 의지 대 악한 의지)의 힘에 연결한다. Levison, *Portraits of Adam*, 34을 보라.

12 집회서 15:14은 "처음에(in the beginning) 인간을 창조한 이는 그분이었다"고 말한다. 그러나 이 대목에서 그리스어 텍스트에 쓰인 전치사는 **엔**(*en*, ~안에)이 아니라 **에크**(*ek*, ~부터)이고 히브리어는 **베**(*be*, ~안에)가 아니라 **민**(*min*, ~부터)이다. 따라서 벤 시라는 하나님의 창조 사역을 계속적인 것으로 보는데, 이 점은 각 사람에게 하나님의 창조물로서 하나님께 응답할 부담을 지운다. Levison, *Portraits of Adam*, 35을 보라.

나님이 "인간에게 악인이 되라고 명령하신 적이 없고 또 죄를 범하라고 허락하신 적도 없다"고 말할 수 있다(집회서 15:20). 왜 그런가? 각 사람이 하나님이 무엇을 원하시는지 어느 정도 알고 있고 자신의 선택에 관해 책임이 있기 때문이다. 벤 시라에게 있어서 하나님은 온 세상의 각 사람을 볼 수 있으시기 때문에(집회서 16:17-23) 하나님의 최종 심판은 사람이 어떻게 선택했는지와 관련이 있다. "모든 사람은 그 행실에 따라 보응을 받는다"(16:14).[13]

벤 시라의 자유로운 선택 신학은 모든 창조 질서에 구현된다(16:26-17:14). 천체들은 우주에서 제 자리를 지키고 있으며 인간들과 달리 하나님이 명령하시는 것을 한다(16:26-28). 이 대목에서 벤 시라는 다시 한번 아담(과 하와)에 대한 해석을 "만든다."

주님께서 사람을 흙으로 만드시고
흙으로 다시 돌아가게 하셨다.
주님께서는 사람들에게 일정한 수명을 주시고
땅 위에 있는 모든 것을 다스릴 권한을 주셨다.
또한 그들을 당신 자신처럼 여겨서 힘을 주시고
그들을 당신의 모양대로 만드셨다.
모든 생물에게 사람을 무서워하는 본능을 넣어주셔서

13 아우구스티누스부터 종교개혁자들에 이르기까지 그리고 그들의 충실한 모든 해설자들은 관습적으로 이 텍스트가 하나님의 언약에 대한 적절한 반응, 즉 행위가 아닌 믿음의 반응에서 단절된다고 생각한다. 하지만 이 대목에 사용된 언어는 예수의 언어(마 16:27)나 바울의 언어(고후 5:10) 또는 다른 신약성경 저자들의 언어와 다르지 않다.

사람으로 하여금 짐승이나 새들을 지배하게 하셨다.…
사람에게 입과 혀와 눈과 귀를 주셨고
마음을 주시어 생각하게 하셨다.
또한 주님께서는 사람들에게 지식과 분별력을 풍성하게 주시고
선과 악을 분간할 수 있게 해주셨다.
그리고 당신의 위대한 업적을 보여주시기 위해서
그들의 마음속에 눈[NRSV에서는 "자신에 대한 두려움"]을 주셨다.
주님께서는 당신의 놀라운 업적을
영원토록 찬미하게 하셨다.
사람들은 거룩하신 분의 이름을 찬양하고
주님의 위대한 업적을 전하리라.[14]
주님께서는 사람들에게 지식을 주시고
생명의 율법을 유산으로 주셨다.
그리고 그들과 영원한 계약을 맺으시고
그들에게 당신의 계명을 알려주셨다.
그들은 눈으로 그분의 엄위하신 영광을 보았으며
귀로 그분의 영광스러운 음성을 들었다.
주님께서는 그들에게 "모든 악을 경계하라"고 말씀하셨으며
각 사람에게 이웃에 대한 의무를 가르쳐주셨다(17:1-14).

---

14 절들의 순서는 텍스트에 따라 달라지는데, 이 텍스트에서는 9절이 10절 뒤에 나타난다. 이 점에 관해서는 Patrick W. Skehan and Alexander A. Di Lella, *The Wisdom of Ben Sira*, Anchor Bible 39 (New York: Doubleday, 1987), 279을 보라.

다음 사항을 주목하라. “사람” 또는 “사람들”은 흙으로 만들어졌고 동일한 흙으로 돌아간다(17:1; 참조. 33:10), 그들의 날들은 기한이 정해졌다(17:2a). 이 점이 더 중요한데, 저자는 창세기 1장과 마찬가지로 **문학의** 아담과 하와가 하나님으로부터 사명을 받았다고 해석한다. 하나님은 “그들에게 땅 위에 있는 모든 것을 다스릴 권한을 주셨다”(17: 2b). 하나님의 형상을 담지한 아담과 하와는 하나님의 휘하에서 다른 창조물을 다스리도록 고안되었다. 창세기 1:26-27에 기록되어 매우 유명한 하나님의 “형상”은 하나님이 창조한 “힘”으로 이해되고(집회서 17:3), 따라서 창조세계의 나머지는 인간을 두려워한다. 아마도 그것들이 인간 때문에 하나님을 두려워한다는 것이 좀 더 가능성이 큰 해석일 것이다(17:4). 그러나 하나님의 “형상”으로 만들졌다는 아담과 하와에 대한 문학으로서의 창세기 1장의 묘사는 “입과 혀와 눈과 귀를 주셨고 마음을 주시어 생각하게 하셨다”라는 표현에서 한층 더 밝혀진다(17:6). 이 모든 것이 인간에게 주어진 이유는 도덕적이고 자유로운 선택을 위함이다(이것이 집회서 저자의 초점이다). 하나님이 “그들에게 선과 악을 분간할 수 있게 해주셨다”(17:7). 하나님의 형상으로서 인간들은 하나님을 찬양하고 “주님의 위대한 업적을 전해야” 한다(17:9). 따라서 하나님은 그들에게 지식과 도덕적 분별력을 주셨고 자신의 언약과 계명을 계시하셨으며(17:11-12), 그들은 하나님의 “엄위하신 영광”을 보았다(17:13). 그리고 이 대목에서 초점은 다시금 “주님께서는 그들에게 ‘모든 악을 경계하라’고 말씀하셨으며 각 사람에게 이웃에 대한 의무를 가르쳐주셨다”는 것이다(17:14).[15] 이 텍스트는 엄격한 순환 고리에 넣어져 있다. 하나님이 인

15 이 구절은 레 19:18을 참조하는 것으로 여겨질 수 있는데, 훗날 예수가 막 12:28-34에서

간을 창조하셨고, 그의 뜻을 계시하셨고, 순종의 문제를 그들의 손에 맡겨 두셨다. 이 대목에서 아담(과 하와)이 일반화된다는 것이 독자들에게 놀라운 점이다. 이 텍스트의 어느 곳에선가 아담은 단순히 문학의 아담이 아니라 **원형적**인 아담이 된다. 아담은 다른 사람들의 죄에 책임이 없다. 모든 사람이 아담이고, 모든 사람이 아담이 경험한 것을 경험하며, 따라서 모든 사람이 자신의 선택에 대해 하나님께 책임을 진다. 벤 시라는 아담을 윤리적 목적으로 사용한다. 즉 이 지혜서에서 문학적이고 원형적인 아담은 **도덕적 또는 윤리적 아담(과 하와)**으로 좀 더 협소하게 초점이 맞춰진다.

더욱이 우리가 앞 장의 주제 11에서 살펴본 것처럼 집회서의 아담은 **원형적** 이스라엘이고 이스라엘은 아담이다(17:15-32). 어떻게 그런가? 벤 시라는 아담의 삶의 낭송으로서의 이스라엘 이야기를 자세히 말한다. 그들은 하나님에 의해 창조되었고, 선택되었고, 하나님의 계시를 통해 교육되었고, 생명의 길에 놓인 상태에서 생명이나 죽음을 선택할 수 있었다. 이스라엘이 죄를 지으면 회개하고 회복될 수 있다(17:24-26, 29). 다시 말하거니와 집회서는 렌즈를 약간 이동해서 이스라엘을 확장하여 모든 사람을 포함시킨다. 인간에게는 한계가 있다. "인간은 모든 것을 다 이룰 수 없다"(17:30a). 왜 그런가? "인간은 죽기 때문"이고 은혜를 필요로 하기 때문이다(17:30b, 32; 18:1-10에서 이 점에 관해 좀 더 언급한다). 하나님은 인간보다 자비로우시고 동정심을 가지고 계시고 친절하시다. 따라서 하나님은 이스라엘의 죄를 용서하실 수 있다. 특히 집회서 18:1-14에서 은혜에 대한 언급이 벤 시라의 신학의 많은 부분을 구성하는데 그 단락에서 인간의 잘못

이 주제를 전면에 부각시키실 것이다.

은 하나님의 용서하시는 은혜에 삼켜진다(18:11-14).

따라서 집회서에서 자유로운 선택은 선한 것을 선택할 수 있는 인간의 능력의 한계에 의해 제약된다. 하지만 이 텍스트에 아담(또는 하와)이 그들의 원죄를 다른 사람에게 물려주었다는 아이디어의 흔적은 없다. 집회서의 뒷부분에서 인간의 이 한계가 하나님이 인간을 만드신 방식과 연결될 수도 있지만(33:13), 집회서의 범위는 인간의 선택에 훨씬 더 초점이 맞춰진다(32:14-24). 집회서 32:24("율법을 신뢰하는 사람은 그 계명을 지키고 주님을 신뢰하는 사람은 어떤 해도 입지 않는다")이나 33:1("주님을 두려워하는 사람은 재난을 당하는 일이 없고 시련을 당할 때에는 언제나 주님의 도움을 받는다")이 진술하듯이 말이다. 따라서 순종은 "현명함"(33:2)과 "지혜 있음"(33:3)의 문제다. 벤 시라에게 있어서 하나님의 창조세계에는 선한 사람도 있고 악한 사람도 있다(33:7-15). 그는 "모든 것은 서로 반대되는 것끼리 짝을 이루고 있다"라는 말로 그 단락을 끝낸다(33:15). 나는 이것이 엄격한 선택이나 예정 교리가 아니라 자유로운 선택을 통해 형성되는 언약적 선택이라고 생각한다. 벤 시라는 세상에서 반대되는 짝들을 바라보는데, 선한 사람들은 순종을 선택하는, 현명하고 지각이 있는 하나님의 백성이다.[16]

벤 시라는 집회서 40:1-11에서 가장 가혹한 텍스트인 창세기 3:14-19의 소위 저주 텍스트를 다루는데, 이 대목에서 그의 성찰은 그가 **문학의** 아담을 어떻게 사용하는지를 드러내기 때문에 우리가 그것을 고려할 가치가 있다. 아담의 죄는 하나님이 약속하신 대로 인간이 힘든 노동을 하게 만들었지만, 벤 시라는 땅과 노동에 대한 하나님의 저주를 여러 방향으로 확

16 Skehan and Di Lella, *Wisdom of Ben Sira*, 399-401.

장하는데 그 각각은 텍스트로부터 추론될 수 있다. 하지만 대부분은 창세기 3장에서 명시적으로 언급되지 않는다. 집회서 40:1-11은 다음과 같다. 여기서 저주에 해당하는 말은 강조 표시가 덧붙여졌다.

> 인간이면 누구나 **고생**하기 마련이고 여자의 뱃속에서 태어나는 날부터 만물의 어머니에게로 돌아가는 날까지 아담의 자손들이 지는 **멍에는 무겁다**.
> 그들이 생각하는 것이나 그들이 **마음속으로 두려워하는 것**은 마지막 날, **죽음 앞에서의 불안**이다.
> 영광의 왕좌에 앉은 자로부터 땅바닥이나 잿더미에 **쭈그리고 앉은** 자에 이르기까지, 왕의 옷을 입고 왕관을 쓴 자로부터 **누더기를 걸친** 사람에 이르기까지, 인생은 **분노**와 **시기**, **고난**과 **불안**, **죽음의 공포**와 **원한**, 그리고 **싸움**일 뿐이다.
> 밤에 자리에 누워서 쉴 때에도 **잠은 새로운 근심을 더해 줄 뿐이다**.
> **잠들고서도 잔 것 같지 않게, 대낮에 감시받는 것같이 악몽에 시달리면서 싸움터에서 도망치는 사람과 같이, 환상에 쫓겨 다니다가**
> 구조를 받을 순간에 깨어나서, 그 공포가 한낱 꿈이었음을 알고 놀란다.
> **사람으로부터 짐승에 이르기까지 뭇 생명에게 벌이 있지만 죄인들은 일곱 배의 벌을 받는 것이니,**
> **죽음과 피와 투쟁과 칼과 재앙과 기아와 파괴와 횡액이 그들을 기다리고 있다**.
> 이 모든 것은 악인들에게 내릴 벌로 만드셨고 대홍수도 악인들 때문에 일어난 것이다.
> 흙에서 온 것은 흙으로 돌아가고, 물에서 온 것은 바다로 돌아간다[NRSV 번역본은 "위에서 온 것은 위로 돌아간다"로 번역했음].

우리의 관찰은 제한되어야 한다. 첫째, 아담의 저주에 초점을 맞추기 위해 하와는 생략되는데, 그 저주는 실제로는 아담의 저주가 아니라 땅의 저주다. 땅이 저주를 받았기 때문에 아담의 삶은 죽을 때까지 "수고"와 "이마의 땀"으로 가득하다(창 3:17-19). 둘째, 벤 시라는 "수고"와 "이마의 땀"을 심리적인 방향, 특히 죽음의 공포로 확장한다. 셋째, 가난한 자들뿐만 아니라 모든 사람이 이 여러 종류의 고통을 경험할 것이다. 넷째, 그것은 사회적 투쟁과 긴장으로 귀결될 것이다. 마지막으로, 위의 텍스트에서 고딕체로 표기된 바와 같이, 아담으로부터의 고통의 확장은 특히 "죄인들"에게 심할 것이다(일곱 배). 그들은 이스라엘 또는 적어도 순종하는 이스라엘의 대적임이 분명하다.

이 대목에서 우리는 아담(다시 말하거니와 하와는 무시되었다)의 죄의 함의가 인간들 사이에 계속 영향을 주고 있고 모든 방향으로 퍼진다고 결론지어야 한다. **하지만 아담이 비난받지 않는다. 인간들은 자신의 선택에 대해 비난받는다**. 벤 시라에게 있어서 아담은 **선택의 토대에서 하나님 앞에 선 원형적, 도덕적 인간**이다. 사실 집회서 49:16에서 아담은 다른 모든 인간보다 약간 우수하다고 묘사된다. "셈과 셋과 에노스도 존경을 받았지만 아담은 다른 모든 창조물보다 나았다"(공동번역을 사용하지 아니함). 여기서 벤 시라는 그의 독자들이 노아의 아들 중 한 명인 셋이 셈족, 따라서 아브라함의 조상이었다는 사실(창 6:10; 11:10-26)을 안다고 가정한다. 셋은 그의 순종으로 원형적인 의인으로 간주되었다. 그리고 에녹은 하나님과 함께 있기 위해 위로 올려졌다(창 5:24; 집회서 49:14). 그들은 존경을 받았지만 "아담은 다른 모든 창조물보다 나았다[17]"(집회서 49:16). 어떻게 그런가? 알렉산더 디 렐라가 이 구절에 대한 주석에서 주장한 바와 같이 아담은 "하나님으로부터 직접 창조되었고(창 2:7), 하나님의 형상과 모양으로 만들어졌으며(창 1:26-27), [따라서] 누가복음 3:38이 말하는 것처럼 '하나님의 아들'로 간주될 수 있었다."[18] 아담을 이스라엘의 이야기에 등장하는 다른 사람들과 연결할 때 벤 시라는 명백히 아담에게 **이스라엘의 최초의 조상**으로서의 영예를 돌린다. 아담의 영광은 사실상 하나님이 선택하신 백성과 아담 사이의 관계에서 나온다.[19] 이로써 아담이 이상화되지만 벤 시라의 "지혜"는 아담이 그의 능력과 한계를 넘어서도록 허용하지 않을 것이다. "최초의 사람은 지혜를 완전히 알지 못했고, 최후의 사람도 지혜를 헤아리지 못할 것이다"(집회서 24:28, 공동번역을 사용하지 아니함).

하지만 집회서 25장에서는 하와가 무시되지 않는데, 그곳에서 저자는 악녀의 구성개념으로 시작하지만, 세상에 죄가 들어오도록 허용한 사람은 여성—즉 하와—이라는 그의 믿음을 표현하는 것으로 끝맺는다(집회서 25:24, 아래 텍스트에서 강조 표시가 덧붙여졌다).

> 독사의 독보다 더 지독한 독은 없으며 원수의 미움보다 더 지독한 미움은 없다.
> 고약한 아내와 함께 살기보다는 사자나 용과 함께 사는 편이 차라리 낫다.
> 고약한 아내의 얼굴은 곰의 모습처럼 사납게 보인다.

---

17 그리스어로는 *hyper pan zōon en tē ktisei*(창조세계에서 모든 살아 있는 것 위에)다.

18 Skehan and Di Lella, *Wisdom of Ben Sira*, 545.

19 Levison, *Portraits of Adam*, 46-47. 따라서 우리는 이 대목에서 시 8:6-7이 저자에게 영광이라는 아이디어를 주었다는 점을 고려할 필요가 있다.

이런 여자의 남편은 이웃 잔칫집에 가서도 나오느니 한숨뿐이다.
세상에 악처보다 더 고약한 것이 있으랴? 죄인들이 받을 보상은 이런 여자를 아내로 맞는 것이다.
조용한 남자가 수다스런 여자와 함께 사는 것은 노인이 모래 언덕을 걸어 올라가는 것과 같다.
여자의 아름다움에 정신을 팔지 말며, 여자가 아름답다고 하여 탐내지 말아라.
여자가 주장하는 집안에는 불화와 모멸과 망신이 있을 뿐이다.
고약한 여자의 집안에는 비굴한 마음과 풀이 죽은 얼굴과 마음의 상처뿐이며 이런 여자의 남편이 행복할 리가 없으니 그의 손은 축 늘어지고 무릎에는 힘이 없다.
죄는 여자[하와]로부터 시작하였고, 우리의 죽음도 본시 여자 때문이다.
저수지의 뚝을 터주지 말 것이며, 고약한 여자에게 자유를 주지 말 일이다.
시키는 대로 하지 않는 여자는 인연을 끊고 보내 버려라(집회서 25:15-26).

여기서 하와는 그녀의 죄악성이 모든 사람에게 전해진 **원형적 죄인**으로서 벤 시라가 말하는 남자가 함께 살아야 하는 원형적인 악녀가 된다.[20]

그렇다면 집회서에 등장하는 아담(과 하와)은 하나님 앞에서 잘 살아야 할 인간의 의무와 책임에 대한 원형적 인물로 불릴 수 있다. 집회서의 아담은 순종이나 불순종의 토대에서 하나님 앞에 소환되는 **원형적, 도덕적** 아

20 집회서 25:24("죄는 여자로부터 시작하였고 우리의 죽음도 본시 여자 때문이다")가 하와를 가리키는지 악처를 가리키는지에 관해 논쟁이 벌어지고 있다. 전자를 가리킨다는 견해는 Legarreta-Castillo, *Figure of Adam*, 45-46을 보라. 후자를 가리킨다는 견해는 John R. Levison, "Is Eve to Blame? A Contextual Analysis of Sirach 25:24," *Catholic Biblical Quarterly* 47 (1985): 617-23을 보라.

담이다. 계보상의 아담의 흔적이 있기는 하지만 집회서의 아담은 기독교 신학에서 매우 중요한 역할을 하는 역사적 아담이 아니다.

솔로몬의 지혜: 불멸의 존재이고 정의로운 지혜의 아담

또 다른 구약성경 위서로서 기원후 30년에서 40년 사이에 이집트에서 쓰인 솔로몬의 지혜의 저자는 지혜를 그의 전략으로 사용해서 헬레니즘으로 옮겨 간 유대인들을 되찾기 위해 노력한다. 그러나 아이러니하게도 그 저자는 자신의 사상을 유창한 그리스어와 그리스의 수사학 형태로 표현한다. 이스라엘의 고전적인 텍스트들에서 들을 수 있는 것보다 좀 더 그리스적인 종말론이 솔로몬의 지혜에 등장하는 아담의 이미지를 형성한다. 우리는 다음과 같은 주제들을 관찰한다. (1) 아담은 지혜에 의해 형성되었다, (2) 이 점은 토라를 준수하는 정의 또는 의의 실천을 통한 것임을 의미하며, 이 준수는 다음을 암시한다. (3) 영혼이 아담 안에 살아 있고 그 안에서 작용하며 (4) 불멸을 낳을 것이다. 이제 텍스트 자체를 살펴보자.

악인과 의인의 운명에 관한 솔로몬의 지혜의 서두 진술에서 우리는 그리스적이고 플라톤적인 옷을 입었지만 인간을 평가절하하고 하나님을 멀리하는 당대의 에피쿠로스학파와 논쟁하는 아담을 발견한다(하와는 등장하지 않는다).

> 그러나 하느님은 인간을 불멸한 것으로 만드셨고
> 당신의 본성을 본떠서 인간을 만드셨다.

죽음이 이 세상에 들어온 것은 악마의 시기 때문이니
악마에게 편드는 자들이 죽음을 맛볼 것이다(2:23-24).[21]

저자는 "불멸"[22]과 "영원"에 관심이 있는데 그것들은 각각 몸 대 영혼의 이원론적인 틀 속에 감춰져 있으며(1:4; 8:19-20; 9:15; 15:8, 11), 모두 "죽음"을 피하는 것에 관련된다. 즉 하나님은 아담을 불멸의 영혼을 지닌 존재로 창조하셨지만—저자는 15:11에서 그것을 "산 영혼"과 "살게 하는 영"으로 부른다[23]—인간은 본성상 죽을 존재다(7:1; 15:8). 하나님의 "형상"은 하나님 "자신의 영원성"—즉 불멸성—이다(2:23). 이 점은 창세기에 나타난 형상과 하나님의 부섭정으로서의 지배 사이의 관계에 비교된다.[24] 불멸과 영생 그리고 그것들의 사촌인 하늘이라는 이 주제들은 구약성경의 후대의 전통에서만 발견되며, 오늘날 학자들 대다수는 페르시아와 그리스의 영향으로 그 주제들이 발전했다고 주장할 것이다.[25] 창세기 1-2장에는 확실히 그 주제들이 존재하지 않는데, 이는 문학의 아담이 유연하며 다른 맥락에서

---

21 달리 표시되지 않는 한 이 책의 [영어] 원서에서 솔로몬의 지혜를 인용한 텍스트는 NRSV 번역본에서 취한 것이다.

22 David Winston, *The Wisdom of Solomon: A New Translation with Introduction and Commentary*, Anchor Bible 43 (Garden City, NY: Doubleday, 1979), 121.

23 그리스어는 *kai ton empneusanta autō psychēn energousan kai emphysēsanta pneuma zōtikon*이다.

24 그리스어는 *eikona tēs idias aidiotētos*다. 다음 문헌들을 보라. Levison, *Portraits of Adam*, 49-62; J. Richard Middleton, *The Liberating Image: The Imago Dei in Genesis 1* (Grand Rapids: Brazos, 2005).

25 J. Edward Wright, *The Early History of Heaven* (New York: Oxford University Press, 2000); Colleen McDannell and Bernhard Lang, *Heaven: A History* (New Haven: Yale University Press, 1988); Jeffrey Burton Russell, *A History of Heaven* (Princeton: Princeton University Press, 1997); N. T. Wright, *The Resurrection of the Son of God*, The New Testament and the Question of God 3 (Minneapolis: Fortress, 2003). 『하나님의 아들의 부활』, CH북스 역간.

유용하다는 것에 대한 또 다른 표지다.

그러나 솔로몬의 지혜에 있어서 [하나님의] "형상"은 윤리적 측면도 포함한다. 지혜를 사랑한다는 것은 토라를 따르는 것을 의미하는데, 그것은 "불멸에 대한 보증"을 얻게 하고 "하나님 곁에서" 살게 한다(6:17-19). 의는 하나님의 형상으로 지어진 아담과 솔로몬의 뛰어난 특징이다(7:1-6). 지혜는 아담과 하와 및 모든 인간을 죽음에 이르는 타락으로부터 보호하고(15:8-13을 보라) 그들을 불멸의 상태로 보존할 수 있다.

> 맨 먼저 조성된 인류의 아버지가 홀로 창조되었을 때에 그를 보호해 준 것이 지혜였으며
>
> 그가 죄를 지었을 때에 그를 구해 준 것이 또한 지혜였다.
>
> 지혜는 그에게 만물을 지배할 힘을 주었다(10:1-2).

잭 레비슨은 "[하나님의] 형상은 모든 사람이 소유한 형이상학적인 특질이 아니다. 그것은 불멸을 낳는, 거룩한 삶을 살 수 있는 능력이다"라고 결론짓는다.[26] 아담과 하와의 불순종이나 가인의 살인(10:3)의 형태로 불순종을 선택하는 사람은 영원한 죽음을 경험할 것이다.

또한 솔로몬의 지혜의 저자에게 "형상"은 (창 1장에서와 마찬가지로) 지배를 의미한다.

> 당신의 지혜로 인간을 내시어

---

26 Levison, *Portraits of Adam*, 51.

당신 손에서 생명을 받은 모든 피조물을 지배하게 하셨습니다.

또 인간으로 하여금 세상을 거룩하고 의롭게 다스리게 하시고

정직한 마음으로 통치하게 하셨습니다(9:2-3).

따라서 "형상"의 윤리적 측면은 이 지배/재판의 일을 포함한다. 저자가 토라를 준수하여 의와 거룩과 "정직한 영혼"으로 재판하기를 추구해야 할 자기 시대의 왕들과 통치자들 및 그들의 소명을 지적할 때 우리는 또다시 아담과 하와가 그들의 소명에 실패한 것에 대한 창세기의 강조를 듣기 시작한다. 레비슨이 주장하듯이 그 "현인은 그리스의 범주에서의 인간의 통치를 신적 통치의 모방으로 제시한다."[27]

우리는 아담과 하와에 관한 유대교의 모든 사상이 **문학의** 아담과 하와로 시작한다고 믿기 때문에 이 대목에서 솔로몬의 지혜 7:1이 각 사람은 "흙으로 빚어진 첫 사람의 후손"[28]이라고 진술하는 것을 주목할 필요가 있다. 이는 저자가 우리가 **계보상** 및 (아마도 어느 정도 과학적인) **생물학적** 아담이라고 부른 것을 믿었음을 암시하는 것처럼 보인다. 이는 **역사적** 아담을 믿기 위한 표지 목록에 미치지 못하지만, 창세기 5:1이 계보상의 아담을 가리키는 것처럼 그것은 역사적 아담 쪽으로 한 걸음 나아간 것이다. 솔로몬의 지혜 10:1 역시 마찬가지일지도 모른다. 그 구절은 이렇게 말한다. "맨 먼저 조성된 인류의 아버지가 홀로 창조되었을 때에 그를 보호해 준 것이 지혜였다." 우리는 저자가 그것을 어떻게 알았는지 질문할지도 모른다. 그는 그것

27 Ibid., 56.

28 그리스어로는 *gēgenous apogonos prōtoplastou*다. Winston, *Wisdom of Solomon*, 163에 수록된 병행 구절의 간략한 목록을 보라.

을 자신의 유대교 전통에서 이해된 성경을 통해 알았다. 즉 솔로몬의 지혜의 저자는 **문학의** 아담을 **계보상**의 아담으로 인정하며, 따라서 그 문학의 전통으로부터 모든 인간에게 한 명의 공통 조상이 있다는 것을 안다. 그는 과학적, 생물학적, 유전적으로나 심지어 역사적으로 생각하는 것이 아니라 자신의 전통을 인정하고 그것에 비추어 신학 이론을 세우고 있다.

알렉산드리아의 필론: 로고스 아담

알렉산드리아의 필론(기원전 30년 경-기원후 50년)은 유대교의 저자마다 아담에게서 자기가 믿은 것을 보았고 아담을 사용해서 신학이나 철학을 뒷받침했다는 우리의 논지에 대한 전형적인 예다. 필론에게 있어서 아담은 인간이 몸과 영혼으로 이루어졌다는 그리스 이론의 전형적인 사례다. 이집트의 알렉산드리아에서 글을 썼고 당대의 그리스 철학의 범주들(플라톤 철학과 스토아 철학)에 정통했던 필론은 유대교를 비유대인의 구미에 맞게 제시하기 위한 전략으로 성경 주해, 철학, 변증학을 결합했다. 필론은 하나님의 계시가 지혜, 로고스를 통해 매개되며 올바로 해석되면 모세의 토라와 유대교 전통 전체가 그 우주적인 로고스-지혜의 현시라고 주장하려고 했다고 해도 무방할 것이다.[29] 필론은 모세의 토라 연구 중 하나를 다음과 같이 시작한다.

---

29 중요한 참고 문헌과 개요는 Everett Ferguson, *Backgrounds of Early Christianity*, 3rd ed. (Grand Rapids: Eerdmans, 2003), 478-85을 보라.

[토라는] 세상의 창조 기사로 구성되는데, 이는 [토라가 출애굽기-신명기에 수록된 율법을 포함하기 때문에] 세상이 율법과 조화를 이루고 율법은 세상과 조화를 이룬다는 것과 율법을 지키는 사람은 그것을 통해 세상의 충성스러운 시민이 되고 세상 자체가 그것을 따라 관리되는 자연의 목적과 의지를 통해 그의 행위를 규제한다는 것을 암시한다(*Creation* 3).[30]

필론의 사상에서 "자연", "율법", "세상"이 토라와 어떻게 연결되어 있는지 주목하라. 필론은 아담("사람")을 윤리적인 의제를 위해 사용한다는 점도 주목하라.

우리는 운이 좋게도 필론의 글들을 갖고 있다. 그는 기원후 1세기의 인물일 뿐만 아니라 창세기를 다양한 배경에서 논의한다. 그리고 각각의 논의가 필론 자신의 신학을 드러내지만, 그가 창세기를 다루는 방식이 아담이 여러 방식으로 해석될 수 있었음을 명백히 밝혀준다. 그러나 우리는 사도 바울과 필론 사이의 실제적 유사성에 관한 한 운이 없다. 두 사람이 같은 종류의 주제에 관해 쓰는 경우가 좀처럼 없기 때문이다.[31] 필론의 중요한 텍스트들의 (영어) 제목은 다음과 같다. "모세를 통해 주어진 세상의 창조 기사에 관하여"(*On the Account of the World's Creation Given by Moses*, 이후 "*Creation*"으로 표시한다), "미덕에 관하여"(*On the Virtues*), "모세의 생애에 관하여"(*On the Life of Moses*), "창세기 2장과 3장의 알레고리적 해석"(*Allegorical Interpretation of Genesis 2 and 3*), 마지막으로 "창세기에 관한 질문들과 답변

30 필론의 글의 영어 번역은 Loeb Classical Library에 수록된 F. H. Colson와 Ralph Marcus의 것이다.

31 Legarreta-Castillo, *Figure of Adam*은 그렇게 생각하지 않는다.

들"(*Questions and Answers on Genesis*). 나는 길을 닦는 레비슨의 연구와 레가레타 카스티요의 중요한 최근 연구에 의존하고 그것들과 상호작용하면서 위에 적힌 순서대로 그 작품들을 짧게 언급할 것이다.[32]

첫째, 창조세계는 "신적 형상의 복사본"이기 때문에 플라톤 철학과 같은 방식으로 전체 우주가 로고스-지혜의 사본 또는 복제품이다(*Creation* 25).[33] 창조세계는 로고스의 형상, "그의 본성의 형상, 볼 수 없는 존재의 볼 수 있는 것, 영원하신 자에 의해 창조된 것"이라는 점이 강조되어야 한다(*Life of Moses* 2.65). 창조된 질서의 로고스-지혜-정신 주제가 "창조(*Creation*) 64-88에서 심화되는데, 그곳에서 인간(필론은 줄곧 *anthrōpos*를 사용해서 남성으로서의 아담만이 아니라 인간을 가리킨다)은 정신을 지닌 존재로서 창조의 절정이다. 하나님은 "그에게 **빼어난** 정신(*nous*), 즉 생명 원칙(*psychē*)을 수여했다"(66). "하나님의 형상"은 따라서 정신을 의미하는데, 이 점은 필론이 인간의 "몸"을 적극적으로 하나님과 "형상"으로부터 거리를 두는 데서 한층 더 명백해진다(69). 뒷부분에서 필론은 창세기 1장의 아담과 창세기 2장의 아담을 구분하는데, 전자는 "아이디어나 형태 또는 인장이고, (오직) 생각의 대상이고 물질적 존재가 아니며 남성도 여성도 아니고 본질상 부패할 수 없다"(134). 그러나 창세기 2장의 아담은 흙으로 만들어졌고 몸과 "지각"으로 특징지어진다(134). 다시 말하거니와 따라서 인간은 불멸의 존재이기도 하고 필멸의 존재이기도 하며 불멸의 부분은 정신이다(135). 이러한 두

---

32 Levison, *Portraits of Adam*, 63-88. 필론은 Legarreta-Castillo, *Figure of Adam*, 51-65에서 좀 더 강조된다. 이 연구는 고린도전서와 로마서에 나타난 바울에 관한 그의 견해와 좀 더 부합한다.

33 그리스어로는 *mimēma theias eikonos*다.

유형의 인간 개념은 그의 "알레고리적 해석"(*Allegorical Interpretation*, 1.31-42; 2.4)에서 다시 표현된다.

> 두 종류의 사람이 있다. 하나는 하늘의 사람이고 다른 하나는 땅의 사람이다. 하나님의 형상을 따라 만들어진 하늘의 사람은 부패할 수 있는 지상의 물질이 전혀 없다. 그러나 땅의 사람은 여기저기 흩어져 있는 물질, 즉 모세가 "흙"으로 부른 물질로 만들어졌다(1.31).

창세기 1장의 아담과 창세기 2장의 아담을 구분하면서 저자는 윤리에 관심을 기울인다. 한 종류의 인간은 정신의 사람으로서 합리적이고 현명하며 로고스에 기반한 행동을 하는 반면에 다른 종류의 사람은 열정에서 나오는 일을 한다. 전자는 불멸의 존재이고 후자는 필멸의 존재다.[34]

정신은 "하나님의 형상"의 핵심을 형성하며, 스토아학파에서처럼, 이 점이 인간을 모든 창조물보다 우수하게 만든다. "신성한 거처 또는 성지"로서의 몸에 저장되도록 하나님으로부터 보내진 정신(*Creation* 137)은 몸을 지닌 인간을 다스리도록 하나님에 의해 고안된다. 이 모든 것은 우주적 지도 위에 전개된다. 하나님은 미덕과 악덕 및 이성의 스펙트럼을 창조하신다. 식물들과 동물들에게는 이성이 없다. 하늘의 존재들에게는 정신이 있지만 미덕이 없다. 하지만 인간은 "혼합된 본성"을 지니고 "지혜와 어리석음이라는 모순을 저지를 수 있는" 존재다(73-74). 필론의 글에서는 일종의 이원론이 작동하고 있는데, 이 점은 그가 플라톤 철학에 얼마나 큰 영향

34 이 주제는 Philo, *Questions and Answers on Genesis* 1.4, 8, 51; 2.56에서도 발견된다.

을 받았는지를 보여준다.[35] 이원론은 후대의 영지주의에서 철저하게 전개되었다. 예컨대 필론에 의하면 창세기 1:26의 "우리가 만들자"의 "우리"는 "[하나님께] 반대되는 종류의 사고와 행위"를 창조할 수 있는 하나님의 부하들을 가리킨다(76).

필론은 아담의 타락에 대해 그의 배우자 하와를 비난한다. 아담은 그녀가 등장하기 전에는 매우 행복하고 덕이 있는 사람이었다.[36] 그는 하와가 "아담에게 비난받을 만한 생활의 시작이 된다"고 말한다(151). 그녀의 몸의 아름다움이 그들 모두에게 "사람이 쾌락(*hēdonē*)을 추구하다 자기들에게 불멸과 축복의 삶 대신 필멸과 비참함의 삶을 가져오는" 원천이 된다(152). 성이 모든 악의 뿌리다. 자기가 알고 있는 전통적인 해석을 되풀이하는 것으로 보이는 필론은 하와에 대해 이렇게 말한다. "그녀는 그 제안을 살펴보지도 않고, 확고부동함과 견고한 토대가 없는 마음에 자극되어 동의하고 그 열매를 먹었으며, 그것의 일부를 자기 남편에게 주었다"(156). 그러나 "미덕에 관하여"(*On the Virtues*) 203-5에서는 하와에게 비난을 돌리지 않는다. 거기서 아담—"하나님의 손에 의해" 창조되었고 하나님으로부터 영혼을 직접 받았기 때문에 다른 인간들의 "추종을 불허하는" 최초의 사람이자 땅에서 태어난 사람—은 "재빨리 잘못을 선택했고" 죄를 지었다.

필론은 창세기 텍스트의 역사적 타당성도 숙고하는데 그 환상적인 텍스트를 "신화적 허구"라기보다는 알레고리적 상징 또는 "아이디어들을 가

---

35 Plato, *Timaeus* 41-42을 보라.

36 필론은 플라톤의 글(*Symposium* 189C-193D)에서 인간의 기원과 성의 기원에 관한 아리스토파네스의 환상적인 이론을 읽었는데, 아담과 하와가 "하나의 생물의 나눠진 반쪽"이라는 아리스토파네스의 말은 플라톤에게 연결된다. Levison의 말마따나 *On the Contemplative Life* 63에서 필론은 아리스토파네스의 이 견해를 부인한다.

시적으로 만드는 방법"으로 읽기를 선호한다(*Creation* 157). 따라서 에덴동산은 "영혼의 다스리는 힘"에 관한 이야기이고(154), 생명 나무는 하나님에 대한 공경을 상징하며, 선악을 알게 하는 나무는 "도덕적 분별"을 가리킨다(154). 아담과 하와의 죄의 행동으로 말미암아 **영혼**은 동산에서 쫓겨난다. 뱀 자체는 필론으로 하여금 플라톤의 고전적인 몸의 쾌락 비판으로 들어갈 수 있게 해준다 (157-69).

남자는 "인류의 최초의 아버지"(79)이며, "최초의 남자"이자 "전 인류의 조상"—사실은 "세상의 시민들만의 조상"—으로서의 이 아담 개념이 "창조"(*Creation*) 136-44에서 종종 등장한다. 필론은 당대의 다른 유대인 저자들처럼 **문학의** 아담이 **계보상**의 아담이라고 믿었기 때문에 그가 아담이 참으로 최초의 인간이었다고 믿었을 가능성이 있다. "창세기에 관한 질문들과 답변들"(*Questions and Answers on Genesis*)에 따르면 그는 최초의 남자가 빼어난 감각을 지녔다고 믿었고 그가 거인이었다고 추측했다(1.32). 같은 선상에서 그는 특히 가인에게서 나온 후손들의 몸들과 영혼들이 아담의 그것들과 상당히 달랐다고 추측했다(1.81). 그러나 우리는 필론이 이런 것들을 어떻게 알았는지 질문할 수 있는데 우리는 그가 창세기에서 **문학적**, **계보상**의 아담을 발견했기 때문이라는 오직 한 가지 결론에 이르게 된다. 따라서 필론에게 있어서 아담은 "확실히 인류 전체의 꽃"이다(*Creation* 140). 하지만 그는, 진정한 플라톤 철학 식으로, "사본은 원본보다 열등하다"는 것도 안다(141). 아담의 후손들은 "그들이 최초의 조상과 친척 관계에 있다는 표지들을 보존한다. 비록 그것들이 희미하기는 하지만 말이다"(145). 모든 인간은 확실히 "신적 이성"의 흔적을 보유한다(146). 그런데 무엇이 조상과 후손 사이의 차이를 야기하는가? 기독교 사상으로 훈련받은 사람들에게는 주목할 만하게도 필론은 아담이나 타락을 비난하지 않는다. 대신 그의 믿음은 플라톤 철학의 퇴보 이론을 표현한다.[37]

그렇다면 아담은 로고스-지혜-정신의 형상이고 따라서 창조세계의 정점, "하늘의 축소판"(82), 천상의 존재들 아래에 있는 모든 짐승의 지배자가 된다. 이 대목에서 필론은—혹자는 "마침내"라고 제안할 것이다—창세기의 저자가 시작하는 곳에 도달한다(그리고 그곳에 머문다).

> 창조주는 모든 것을 만든 후 땅에 있는 것들을 운전하고 조종하도록 일종의 운전사와 키잡이로서 사람을 만들고 [이 대목에서 그는 뒤에서 동물들을 조종하는 농부들과 키잡이들을 언급하고 있다. 아담이 가장 나중에 만들어졌기 때문에 말이다] 그에게 동물들과 식물들을 돌보게 했다. 총독이 최고의 그리고 위대한 왕에게 종속하듯이 말이다(*Creation* 88).

아담은 하나님 아래에서 통치했기 때문에 동물들의 이름을 지었다. "그는 더욱이 왕이었고 통치자가 그의 여러 신하에게 직책을 부여하는 것은 적절하다"(148). 필론은 모든 인간이 아담에게서 이 통치 기능, "최초의 인간에게서 전해 내려온 주권과 지배의 횃불을 안전하게 지키는 것"을 보유한다고 추론한다(148; *Life of Moses* 2.65도 보라).

반복하자면 필론의 아담은 로고스가 형성하고 지혜가 형성한 정신이자 하나님의 정신의 표현이다. 그는 정신에 의해 형성된 삶을 살지 아니면 몸에 의해 형성된 삶을 살지를 선택해서 불멸이나 필멸을 선택하는, 몸이

37 Levison, *Portraits of Adam*, 71.

있는 사람이기도 하다. 필론의 아담은 유대인이 되는 아담이고 플라톤적인 아담이며, 고대의 다른 많은 창세기 해석들에서와 마찬가지로 하와는 대체로 무시된다.

희년서: 토라 준수의 아담

그리스의 영향과 힘이 점점 커지자 몇몇 유대인들은 특히 안식일, 희년의 상기물들, 성전 뜰에서 준수되었던 정결법 같은 유대교의 특징적인 표지들의 관점에서 율법을 더 엄격하게 지키는 것으로 대응했다. 성경이 다시 쓰인 예의 하나인 「희년서」에서 아담에 대한 또 다른 제시가 나타나는데, 그 책은 하와를 거의 완전히 무시한다.[38] 일반적으로 「희년서」의 아담은 창세기에 등장하는 문학의 아담이며 아담과 지배를 특히 강조하지만, 「희년서」의 저자는 아담—의심할 나위 없이 문학의 아담이다—을 사용해서 안식일 실천 같은 토라 준수에 대한 자신의 관심을 강조한다. 따라서 아담은 **토라 준수의 원형적 아담**이 된다.[39]

일정에 대한 자세한 지식을 통해 아담 내러티브가 확대된다. 창조 주간 후 두 번째 주 동안 아담은 계속 동물들의 이름을 짓는다(3:1-4). 하나님은 두 번째 주에 아담에게 하와를 보여주신다(3:8). 40일 뒤에 아담은 에덴동산에 들어간다(3:9). 하나님이 여덟째 날 그에게 하와를 보여주시지만

38 Ibid., 89-97.

39 「희년서」의 텍스트는 Charlesworth, *Old Testament Pseudepigrapha*, 2:35-142에서 찾아볼 수 있다.

(3:9), 그녀는 정결을 위해 80일 동안 동산에 들어가지 않는다(3:12). 그들은 뱀의 유혹을 받기 전에 7년 동안 경작했다(3:15). 그들은 죄를 지은 후 부끄러움을 느꼈고 무화과나무 잎으로 자기 몸을 가렸다(3:17-25). 저자는 이 이야기를 다시 말하면서 노출과 나체에 관한 유대 율법을 지지하는데, 이것은 확실히 마카비 봉기의 여파로 이방인들의 행동과 영향에 관해 관심을 표명한 것이었다.

(창 1:28; 2:14-17; 3:8-13, 22, 24 같은) 창세기의 몇 구절들은 생략되는데, 이 생략들은 저자 자신의 신학에 기초한 것으로 보인다. 즉 「희년서」의 원래 형태는 첫째 주간의 아담의 창조만을 기록했을 수도 있다. 아마도 「희년서」 3:8-14, 27-32에 삽입된 내용이 더 중요할 수도 있다. 3:8-14에서 하와는 에덴동산 밖에서 태어나며, 인간의 핵심적인 반응으로서 토라 준수를 반영하기 위해 그녀에게 더 긴 정결 기간이 필요했다(레 12장의 법규를 통합한다). 3:27-32에서 아담은 제사장과 같은 방식으로 분향하는데 이는 후대의 족장들이 하게 되는 일을 예견한다. 이 버전의 토라는 아담 이후로 계속 알려졌기 때문에 역사적 발전이나 이후의 계시를 필요로 하지 않는다. 레비슨의 말마따나 이 텍스트의 저자가 "아담을 최초의 범법자에서 이스라엘의 최초의 족장으로 변화시킨" 데 대한 책임이 있다.[40]

그것은 성경을 재진술한 다른 텍스트인 위필론의 「성서 고대사」에서는 나타나지 않는다.[41] 나는 이 텍스트에 대해서는 간략하게만 언급할 것이다. 13:8에서 아담은 부정적으로 제시된다. "그러나 그 사람은 나의 길

---

40 Levison, *Portraits of Adam*, 96.

41 Legarreta-Castillo, *Figure of Adam*, 77-83. 텍스트는 Charlesworth, *Old Testament Pseudepigrapha*, 2:297-377을 보라. 이 대목은 322쪽에 수록되어 있다.

을 어겼고 그의 아내에게 설득되었다. 그리고 그녀는 뱀에게 속았다. 그래서 사람은 대대로 죽을 운명이 되었다." 이 텍스트의 저자는 계속해서 아담 후의 인간들이 아담의 길로 전락했음을 보여준다. 하나님은 하나님의 길로 행하기로 선택해서 자기의 영혼을 구원하거나 혹은 죄의 길로 행하기로 선택해서 복을 받지 못하는 것은 이스라엘에게 달렸다고 말씀하신다. 이 대목에서 우리는 또다시 **원형적, 도덕적 아담**의 또 다른 판본을 만난다.

이 단락에서 우리의 주된 텍스트인 「희년서」로 돌아오자. 이 텍스트는 창세기를 보수적인 입장에서 다시 읽는다. 그러나 저자의 토라 준수 신학이 그 다시 읽기를 형성하는데, 그것은 제2성전기 유대교가 그리스주의자들의 방식에 빠지려는 유혹에서 출현한 관심사다. 창세기의 **문학의** 아담이 한층 더 **원형적, 도덕적 아담**이 됨에 따라 아담은 다시 한번 윤리적 목적을 지향하게 된다.

요세푸스: 로마의 아담

기원후 1세기의 유명한 유대인 역사가이자 예수 및 바울과 거의 같은 시대 사람인 플라비우스 요세푸스는 유대인의 이야기를 로마의 구미에 좀 더 맞게 만든 유쾌한 내러티브 안으로 성경의 역사를 다시 썼다.[42] 아담에

42 요세푸스의 저작에 나타난 아담에 관해서는 Levison, *Portraits of Adam*, 99-111을 보라. 미국의 가장 뛰어난 요세푸스 학자 중 한 명이 쓴 탁월한 개요는 L. H. Feldman, "Josephus," in *Dictionary of New Testament Background*, ed. C. A. Evans and S. E. Porter (Downers Grove, IL: InterVarsity, 2000), 590-96을 보라. 또 다른 견해는 S. Mason, "Josephus," in Collins and Harlow, *Eerdmans Dictionary of Early Judaism*, 828-32을 보라.

관한 창세기 내러티브에 대한 그의 압축, 재배열, 추가(「유대 고대사」[*Jewish Antiquities*] 1.46-47에서 하나님이 아담에게 한 말 등) 및 미묘한 수정 접근법은 그의 방법론과 철학/신학을 잘 보여준다. 주목할 만한 점 몇 가지를 살펴보자.

첫째, 요세푸스는 아담 내러티브를 다음과 같이 시작한다. "그리고 이 대목에서…모세는 사람을 지은 것에 관해 쓰면서 자연을 해석하기 시작한다"(*Jewish Antiquities* 1.34).[43] 그의 아담은 다소 플라톤적이다. "하나님이 땅에서 먼지를 취해서 사람을 만들고 그에게 영과 혼을 주입(삽입)했다"(1.34). 창조된 이 플라톤적 아담—즉 영과 혼을 모두 가진 존재—에게는 "여성 동료"가 없었다(1.35).[44] 하와는 창세기 내러티브에서처럼 아담의 "갈비뼈"로 만들어지지만(1.35), 결코 아담과 동등한 존재로 이해되지 않는다.

둘째, 요세푸스는 유대교 전통과 자신의 믿음을 토대로 다음 사항을 포함하는 에덴 내러티브의 세부적인 내용을 보충한다. "온 땅을 둘러싼" "개울"이 있고(1.38), 나무는 "지혜의 나무"이며(1.40), 모든 창조물이 "공통의 언어"를 갖고 있었고(1.41), 뱀은 "샘이 나서"(1.41) 하와를 유혹했고, 하와는 아담을 유혹했으며, 두 사람 모두 죄를 짓고 "무화과나무 잎"으로 자신을 가렸다(1.44). 여기서 선한 삶을 살기 위해 미덕을 갖추라는 윤리적 요구가 그 내러티브가 다시 이야기되는 방식을 형성한다. 아담은 덕이 높은 사람이어서 세상이 한 번은 불로 그리고 한 번은 물로 멸망할 것을 예언할 수 있었다(1.70). 뱀은 언어와 다리를 박탈당했고 그의 혀 밑에 독이 놓였다

43 그 단어들은 그리스어를 읽는 로마 청중의 구미에 맞는다: *kai physiologein Mōysē…peri tēs tou anthrōpou kataskeuēs*. **피시올로게인**(*physiologein*)이라는 동사는 자연적 원인과 기원을 조사하는 것에 대해 말한다. 요세푸스의 「유대 고대사」 번역은 H. St. J. Thackeray in the Loeb Classical Library의 것이다.

44 그리스어: *ouk echonta koinōnian pros to thēly kai syndiaitēsin*.

(1.50-51). 가인을 통한 아담의 후손은 타락한 무리가 된 반면에(1.66), 셋의 후손은 덕이 있었다(1.68-71; 참조. 1.72).

요세푸스의 아담은 "최초의 인간"(1.67), 즉 약간 수정된 창세기의 **계보상**의 아담이다. 요세푸스의 글에서는 "하나님의 형상"이나 하나님이 아담(과 하와)에게 하나님을 대신해서 정복하라는 임무를 부여하시는 내용이 없다. 혹자는 요세푸스가 창세기 기사를 극적으로 압축하면서 왜 "형상" 같이 매우 중요한 요소들을 생략하는지 당혹스러워한다. 비록 그것은 요세푸스가 우상 금지를 매우 존중했기 때문이라고 주장한 사람들이 있기는 하지만 말이다(참조. *Against Apion* 2.190-92). 이 점이 가장 주목할 만한데, 요세푸스는 아담을 **원형적인, 덕이 있는 인물이자 모범**으로 만드는데 이는 아담을 로마인들의 구미에 맞게 만들기 위함이었다. 아담은 토라를 준수하는 인물이라기보다는 "덕이 있는" 인물이다. 이는 그리스-로마의 범주이지만, 그것은 토라 준수 같은 동일한 실재에 대해 말하고 그것을 설명할 수 있는 범주다.

「에스라4서」: 타락한 아담

원래는 라틴어로 쓰인 것으로 보이는, 기원후 1세기 말의 대화체 묵시록인 「에스라4서」[45]는 사도 바울의 서신과 다르지 않은 아담 신학을 제시한다. 그 텍스트에서 에스라는 하나님께 이스라엘을 포함하여 인간의 구원을 간청한다. 「에스라4서」에 등장하는 비관적인 두 인물인 에스라와 우리엘은

45 Levison, *Portraits of Adam*, 113-27을 보라.

아담을 어떻게 봐야 하는지에 대해 의견을 달리한다. 때로는 그들의 의견들 사이에 별 차이가 없지만 말이다. 에스라는 아담과 인간의 타락성을 좀 더 비난하기를 원하는 반면에 우리엘은 인간의 의지와 선택을 강조한다.

「에스라4서」에 기록된 아담의 묘사는 우리엘의 다음과 같은 말로 요약되는데, 이 대목에서 우리는 또다시 **토라를 준수하는 아담**을 발견한다.

> 이것이 이 땅에 태어나는 모든 사람이 관여하게 될 싸움의 의미다. 만일 그가 [하나님 앞에서 토라를 따라 순종적으로 살라는 요구에서] 패배한다면 그는 당신이 말한 것[영원한 고통]을 당할 것이다. 그러나 그가 승리한다면 그는 내가 말한 바를 받을 것이다(7:127-28).[46]

하지만 「에스라4서」의 독특한 기여는 그 책이 아담의 죄가 모든 인간, 특히 이스라엘로 하여금 구원의 희망이 거의 없이 신적인 최후의 심판대에 서게 만든다는 등의 함의를 지닌다고 강조한다는 점이다. 이 모든 것은 그 책의 맥락과 배경에 의해 형성된다. 즉 그것은 이스라엘이 로마(와 하나님)의 손에서 고통당하는 것을 설명하기 위한 신정론이다.

이 책이 강조하는 내용은 다음과 같다. 첫째, 「에스라4서」에서 창세기의 일반적인 특성이 제시된다. 하나님이 아담을 흙으로 만드시고 그에게 불멸의 생명을 불어 넣으신다(3:4-5). 다른 유대교 텍스트들에서 아담을 좀 더 그리스-로마식으로 사용하는 것과 달리 「에스라4서」는 "영"이나

46 「에스라4서」의 영어 번역은 Charlesworth, *Old Testament Pseudepigrapha*, 1:517-60에서 따온 것이다. 이 대목에 인용된 텍스트는 541쪽에 등장한다.

혼"에 대해 아무 말도 하지 않는다는 점을 주목할 만하다. 생명은 하나님이 아담 안에 불어 넣으신 어떤 것이다. 이것은 창세기에서 직접 취했는데, 아담은 "주[하나님]께서 만드신 모든 작품의 통치자"다(6:54).

둘째, 에스라는 즉시 순종에 대한 신적 시험으로서의 생명이라는 주제로 향한다. "그리고 주께서 그에게 한 가지 계명을 부과하셨나이다"(3:7). 그—하와의 부재가 주목할 만하다—는 실패했고 하나님은 "그에게 죽음을 지정하셨다." 이 내용은 창세기에서 직접 나왔지만, 이 대목에서 새로운 요소인 타락이 들어온다. 그 텍스트는 하나님이 아담에 대해서뿐만 아니라 "그의 자손들에 대해서도" 죽음을 지정하셨다고 말한다(3:7). 확실히 모든 사람이 죄성을 물려받는다는, 원죄와 원죄책(original guilt)에 대한 후대 기독교의 믿음은 전면에 등장하지 않는다. 왜 그런가? 강조점이 모든 사람의 의지와 행동에 놓이기 때문이다. "모든 민족이 자기의 뜻을 따라 행했다"(3:8). 저자는 노아의 죄를 아담의 죄와 연계하고 아담의 죽음을 노아의 홍수와 연결한다(3:10). 에스라는 "타락"이 "당신[아담]의 것만이 아니라 당신의 후손인 우리의 것이기도 하다"라고 말한다(7:118).

셋째, 「에스라4서」의 저자는 토라 준수를 방해하는 "악한 마음"이 죄의 원천이라고 생각한다. 에스라는 "그러나 주께서 율법이 인간을 위해 열매를 맺을 수 있도록 인간으로부터 그들의 악한 마음을 없애셨나이다"라고 말한다(3:20). 사실 아담은 죄를 짓기 전에 명백히 악한 마음을 갖고 있었다. "악한 마음을 가진 최초의 아담이 죄를 범하고 패배했으며"(3:21), 그의 모든 후손도 마찬가지였다. 이 대목에서 아담에 관한 사고에 주목할 만한 발전이 등장한다. "따라서 그 질병이 영속적인 것이 되었다"(3:22).[47] 그 싸움은 계속된다. "악한 뿌리와 더불어 율법이 사람들의 마음에 있었지만, 선한 것이 떠났고 악한 것이 남았다"(3:22). 그들은 모두 "악한 마음을 지녔다"(3:26). 우리엘은 이것을 4:30에서 "악한 씨앗의 낟알"이라고 설명할 것이다. 그러나 「에스라4서」의 텍스트는 아담에게 비난을 가하는 것만큼이나 사람들의 선택을 비난한다.

넷째, 「에스라4서」에서 불순종, 토라 준수의 결여, 죄의 결과는 다소 단순하게 묘사된다. 우리엘은 죄를 짓는 사람은 영원히 고통을 당할 것이고 순종하는 사람은 영원한 생명을 물려받을 것이라고 말한다(7:11). 이 주제는 「에스라4서」 7:62-74, 116-26(에스라의 말)과 127-31(우리엘의 말)에서 일련의 수사적 질문들로 변한다. 사람들은 불순종을 선택했고 처벌을 받을 것이다. 그러나 이 결론에서 에스라는 인간에게 좀 더 많은 책임을 부여하고 우리엘은 개인의 의지에 책임을 좀 더 많이 부여한다. 오늘날 많은 사람이 알고 있는 신학 논쟁이 이미 「에스라4서」에서 작동하고 있으며, 에스라 자신이 궁극적으로 인간이 순종을 선택할 필요를 지지한다. 책임은 인간에게 있다.

수사적인 맥락 안으로 종합된 에스라의 음성은 이스라엘의 죄악성에 대한 책임을 이스라엘이 악한 마음이 제멋대로 굴도록 허용하기로 작정한 데 둔다. 그는 아담보다는 사람들을 더 비난하지만, 이스라엘에게 자비를 베풀어 달라고 하나님께 간청한다. 우리엘 자신의 답변도 같은 취지로 말

---

47 Levison은 물려받은 죄악성이나 타락을 전통적인 의미로 보는 경향이 덜하다. *Portraits of Adam*, 123을 보라.

한다. 아담이 아니라 이스라엘이 문제다. 이스라엘은 죄를 짓기로 선택했다. 「에스라4서」에서 아담은 그가 **계보상**의 아담이기도 하기 때문에 **도덕적이고 타락한** 아담이 된 **문학의** 아담이다. 아담에 대한 이 묘사는 사도 바울의 묘사와 똑같지는 않지만 그리스풍과 로마풍으로 들리는 아담보다는 이 묘사가 사도 바울의 묘사와 훨씬 가깝다.

「바룩2서」: 모든 사람으로서의 아담

묵시 문학인 「에스라4서」와 마찬가지로 「바룩2서」로 불리는 묵시 문학도 예수와 바울 후, 아마도 기원후 100년보다는 130년에 가까운 시기에 쓰였다.[48] 두 텍스트 모두 로마가 기원후 70년에 예루살렘을 약탈한 여파에 대한 반응이며, 현실은 이스라엘이 하나님의 선민임을 부인하는 것처럼 보일 때 하나님의 선민이라는 사실이 무엇을 의미하는지에 관해 신학적으로 이해하고자 노력한다. 「에스라4서」는 좀 더 어두운 주제를 다루는 반면에 「바룩2서」는 의지의 자유와 각 사람이 순종해야 할 책임과 가능성을 다룬다. 이런 종류의 긴급성이 아담에 관해 생각하는 방식을 낳았고, 따라서 두 묵시 문학이 아담을 자유 의지, 선택, 순종과 축복 사이의 상관관계라는 각도에서 생각하는 것이 우연이 아니다.

「바룩2서」에서 아담에 관해 가장 기억할 만한 내용은 54:19에 등장한다.

---

48 Ibid., 129-44.

그러므로 아담이, 자신에 대해서는 제외하고, 원인이 아니라 우리 각 사람이 우리 자신의 아담이 된다.[49]

아마도 타락이 원인이겠지만 그렇다고 해서 각 사람, 특히 유대인이 토라를 준수하기로 선택할 책임이 결코 감소되지 않는다. 「바룩2서」에 여러 주제가 등장하는데, 저자에게 있어서 아담은 전형적인 예인 인간이다. 즉 그는 **도덕적, 원형적** 아담으로 사용된 **문학의** 아담이다.

첫째, 예루살렘은 특히 로마가 그 도시를 멸망시킨 후 유대교 신학에서 매우 중요하기 때문에, 그리고 "예루살렘의 운명이 이스라엘의 운명"이기 때문에 아담이 죄를 짓기로 선택하기 전에 하나님이 그에게 "새 예루살렘"을 계시하셨고 아브라함과 모세에게도 같은 계시를 하셨다는 내용이 수록된 것도 놀랄 일이 아니다(4:1-7). 아담은 이 대목에서, 묵시 문헌 전체에서와 마찬가지로, 죄인으로 묘사된다.

둘째, 아담에 관한 전통적인 요소들이 나타난다. 새로 추가되는 요소는 거의 없지만 말이다. 아담은 "하나님의 작품들의 보호자"였고, 그가 세상을 위해 만들어진 것이 아니라 세상이 그를 위해 만들어졌으며(14:18), 아담은 오래 살았어도(정확히는 930년) 의에 이르지 못했지만 모세는 오래 살지 않았어도(120년) 의에 이르렀다(17:1-18:2). 아담은 죽음을 가져왔지만 모세는 생명의 빛을 가져왔다. 여기서 우리는 기독교의 아담-그리스도 예표론의 대안을 발견한다. 이 저자에게 있어서 그 예표론은 아담-모세다.

---

49 「바룩2서」의 영문 번역은 Charlesworth, *Old Testament Pseudepigrapha*, 1:615-52에서 취한 것이다. 이 텍스트는 640쪽에 수록되어 있다.

죽음은 아담과 하와에게 선고된다(19:8).

셋째, 저자는 타락과 물려받은 죄악성을 언급하지만 그가 생각하는 것이 무엇인지 명확해지기 전에 물러선다. "아담이 죄를 짓고 **태어날 사람**에게 죽음이 선고되었을 때…"(23:4, 강조는 덧붙인 것임). 그는 아담의 죄가 모든 사람에게 부패를 가져왔기 때문에 물러서는 것으로 보인다. 저자는 이렇게 묻는다. "아담이여, 당신은 당신 뒤에 태어날 모든 사람에게 무슨 짓을 한 것입니까?"(48:42; 참조. 56:6) 사실 「바룩2서는」 아담의 죄의 결과들을 다음과 같이 나열한다(56:6-10). 궁극적인 죽음, 애도, 고통, 질병, 노동, 자존심, 사망(스올), 아이들의 잉태(좀 더 낫게 말하자면 죽음), 부모들의 수난, 고상함과 선함이 사라짐.[50] 이 목록은 집회서 40:1-11에 기록된 목록과 유사하다(이 책의 앞부분을 보라).

그러나 「바룩2서」의 텍스트는 원래 주제로 돌아온다. 확실히 아담이 죄를 지었고 그의 죄가 모든 사람에게 영향을 준다. 그러나 각 사람이 자신에 관해 책임이 있다. "그리고 주의 율법을 사랑하지 않는 자는 멸망해도 마땅하나이다"(54:14). 그 텍스트는 이렇게 계속된다.

> 아담이 최초로 죄를 지었고 그의 당대에 존재하지 않았던 모든 사람에게 사망을 가져왔지만, 그에게서 태어난 각 사람이 자신에게 다가오는 고통을 준비했기 때문이다. 그리고 각 사람이 다가오는 영광을 선택했다(54:15).

요약하자면 「바룩2서」에서는 각 사람이 우리 자신의 아담인데 그것

---

50 간략한 주석은 Levison, *Portraits of Adam*, 139-42을 보라.

은 우리의 운명과 이 세상의 운명이 우리 손에 달려 있음을 의미한다. 우리는 하나님께 순종하거나 불순종하기로 선택할 수 있지만, 그 문제는 우리 자신의 손에 달려 있다. 이 텍스트에서 우리는 모든 인간의 **원형**인 **문학적**, **계보상**의 아담을 발견한다. 이 텍스트에서의 아담은 **모든 사람으로서의** 아담이다.

결론

우리는 타협할 수 없지만 대체로 무시된 요소부터 시작한다. 즉 이 문헌들 각각의 아담은 의식적으로 그리고 계속적으로 창세기에 등장하는 **문학의** 아담이다. 집회서부터 「바룩2서」까지 이 저자들의 해석의 모든 예는 창세기 텍스트의 주해다. 각각의 저자에게서 취한 증거를 반복할 필요는 없지만, 나는 이 저자들의 아담이 창세기의 아담으로서 문학의 아담이라는 것을 증명하는 두 가지 예만 제시한다(첫 번째 예는 집회서에서 취했다).

> 주님께서 사람을 흙으로 만드시고
> 흙으로 다시 돌아가게 하셨다.
> 주님께서는 사람들에게 일정한 수명을 주시고
> 땅 위에 있는 모든 것을 다스릴 권한을 주셨다.
> 또한 그들을 당신 자신처럼 여겨서 힘을 주시고
> 그들을 당신의 모양대로 만드셨다.
> 모든 생물에게 사람을 무서워하는 본능을 넣어주셔서

사람으로 하여금 짐승이나 새들을 지배하게 하셨다(집회서 17:1-4).

벤 시라는 하나님이 "모든 생물에게" 아담과 하와를 "무서워하는 본능"을 넣어주셨고 이것은 "지배하라"는 그들의 소명에 본질적이라고 생각하기를 개의치 않지만, 벤 시라의 아담은 문학의 아담으로서 우리가 이 대목에서 읽은 내용은 창세기에서 매우 쉽게 발견된다. 두 번째 예는 요세푸스에게서 발견되는데 우리는 그의 글에서 창세기를 재해석하는 것과 더불어 그것을 재사용하는 똑같은 양상을 발견한다. 창세기에서 직접 취한 그 텍스트는 다음과 같다. "하나님이 땅의 먼지를 취해서 사람을 만드셨"고 아담은 "여성 동료가 없었다"(*Jewish Antiquities* 1.35). 창세기는 이 저자들에게 **문학의** 아담을 제시했고 그들은 그 아담을 받아들였지만 그(그리고 간헐적으로 그의 아내)를 가족으로 받아들여 새로운 가족의 일원으로 만들었다.

타협할 수 없는 두 번째 요소도 확고하다. 각각의 저자는 아담을 자신의 목적대로 사용했다. 즉 논쟁과 논의의 맥락에서 창세기 1-3장의 아담(그리고 훨씬 덜 빈번하게 사용되는 하와)을 특정한 이유와 목적에 따라 해석함에 따라 **아담은 해석사를 가지게 되었다**. 어떤 저자도 창세기의 아담을 그대로 놔두고 성경 텍스트를 단순하게 읽지 않았다. 어떤 저자도 아담을 "역사적으로" 읽는 데 관심을 기울이지 않았다. 각각의 저자는 창세기의 아담을 채택하고 적응시키고 조정했다. 때때로 창세기의 아담에 덧붙이거나 그 아담에서 빼낸 고대 해석자들을 간략히 검토한 결과 우리는 아담에 관해 얘기할 때 어느 아담인지 또는 누구의 아담인지를 물어야 훨씬 정확하게 논의할 수 있음을 알게 되었다. 우리가 논의하고 있는 아담이 좀 더 보편적인 인간을 가리키는 지혜 문헌의 아담인가 아니면 토라 준수에 관해 선택한 율법적 또는 묵시적 전통의 아담인가? 우리는 증거를 통해 유대교에 단 하나의 아담 예표론이 존재하는 것이 아니라 다양한 아담이 있다고 결론짓는다. 이 대목에서 진행을 잠시 멈추고 유대교 역사에서 아담을 적응시킨 몇 가지 예의 세부내용을 살펴볼 가치가 있다.

선택할 수 있는 사람으로서의 아담과 토라 준수와 불순종의 전형적인 예로서의 아담이라는 주제가 후대의 묵시 문헌인 「에스라4서」와 「바룩2서」를 지배한다. 모든 사람이 순종과 불순종의 경쟁 안으로 들어가기 때문에 아담의 죄에 연루된다. 이 점을 「에스라4서」 7:127-28에 기록된 우리엘의 말보다 더 잘 표현하는 것은 없다.

> 이것이 이 땅에 태어나는 모든 사람이 관여하게 될 싸움의 의미다. 만일 그가 [하나님 앞에서 토라를 따라 순종적으로 살라는 요구에서] 패배한다면 그는 당신이 말한 것[영원한 고통]을 당할 것이다. 그러나 그가 승리한다면 그는 내가 말한 바를 받을 것이다.

기원후 70년 후의 유대교 세계에서 쓰인 이 두 문헌(하나는 좀 더 비관적이고 다른 하나는 덜 비관적이다)의 독특한 기여는 아담의 죄가 인간에게 미친 급진적인 영향이다. 하지만 그 문헌들은 아직 아우구스티누스적이 아니다. 그 문헌들은 한편으로는 아담의 죄악성을 "악한 마음"(「에스라4서」 3:20)과 영원한 질병(3:22)에 떠넘기는 것과 다른 한편으로는 죄악성이 지배하는 세상을 확립하는 것(3:22) 사이를 오간다. 「바룩2서」가 제시하는 바와 같이 우리 각자가 우리 자신의 아담이다.

우리가 이 모든 해석을 "아담에 관한 유대교의 견해"로 종합하지 않는 것이 현명한 처사일 수도 있지만 내가 유대교 전통의 아담을 종합한다면, 나는 아담은 순종의 길과 불순종의 길, 토라 준수의 길과 계명 위반의 길, 지혜와 정신과 로고스의 길과 감각적 인식과 쾌락과 몸의 욕구의 길 사이에서 선택하는 **전형적인 예** 또는 **본보기** 또는 **원형**이라고 말할 것이다. 유대교 전통에서 아담은 흔히 **도덕적** 아담으로 묘사된다. 따라서 아직 언급되지 않은 텍스트인 쿰란 공동체에서 나온 텍스트에서 우리는 하나님의 형상으로 만들어졌지만(4Q504 frag. 8, line 4) "믿음을 저버린"(CD 10.8) 원형인 아담을 발견한다. 따라서 이스라엘은 "아담처럼 언약을 어겼다"(4Q167 frag. 7 9.1). 하지만 신실한 자들은 "아담의 영광"을 물려받을 것이다(1QS 4.23). 그러므로 사해 두루마리에서의 강조점은 불순종을 선택한 아담의 해석사에서 도출되고 따라서 순종 또는 불순종에 직면한 인간의 원형이 되는 두 영에 놓인다(1QS 3-4).

이 해석 전통들의 일부에서 아담은 다른 전통들에서보다 좀 더 긍정적으로 묘사되지만, 그 전통들 각각에서 아담은 단지 최초의 인간(**문학적-계보상의** 아담)만이 아니라 그의 죄가 그의 뒤를 따르는 사람들에게 영향을 주는 최초의 죄인이기도 하다. 아담은 단순히 역사상 최초의 인간이 아니다. 아담은 언제나 인간 일반 또는 특별히 이스라엘의 원형이다. 이 저자들은 어떻게 아담을 원형으로 읽는 것을 배웠고 이것들을 알게 되었는가? 그들은 역사적 조사나 과학적 탐구를 통해 알게 된 것이 아니라 단순히 **아담을 자기들의 성서인 토라, 특히 창세기에서 발견되는 문학의 아담으로 읽음으로써** 그것을 배웠다. 이런 유대교 자료들에 소위 역사적 아담—계보상의 아담, 타락한 아담—의 요소들이 존재하지만, **그리스도인들이 현재 믿는 역사적 아담은 아직 역사의 무대에 등장하지 않았다**. 우리가 역사적 아담을 바울에게서 만날 수도 있고 그러지 않을 수도 있지만, **그리스도인들이 역사적 아담에 관해 말할 때 사용하는 구성개념은 구약성경이나 다른 유대교 자료에서 발견되지 않는다**는 점이 강조되어야 한다. 이 말은 기독교 신학이 신약성경에서 발달한 것임에도 불구하고 참이 아니라는 뜻이 아니라, 단지 성경시대 이후의 산물이라는 뜻이다.

우리는 이제 사도 바울이 유대교의 이 다양한 이야기, 다양한 아담의 이야기, 남성 중심적이고 자유 의지 중심적이라는 사실이 드러난 이야기 안에 어떻게 들어맞는지를 질문할 준비가 되어 있다. 바울의 아담은 **원형적**, **도덕적** 아담이 되는 문학적-계보상의 아담인가? 아니면 바울의 아담은 기독교 신학의 **역사적** 아담인가?

8장

아담과 게놈 그리고 사도 바울

adam and the genome - adam and the genome --
adam and the genome -- adam and the genome --
adam and the genome -- adam and the genome -
---adam and the genome adam and the genome
adam and the genome adam and the genome adam
- and the genome --- adam and the genome adam
-and the genome adam and the genome - adam -
and the genome ■ adam and the genome - adam
and the genome -- adam and the genome adam ---
and the genome adam and the genome adam - and
the -genome - adam - and the genome adam and
the genome adam and the genome adam--and the
genome adam and -- the genome ■■ adam and the
genome adam and -- the genome adam and- ■ ---
the genome adam and the genome adam -and the
genome - adam and the genome ---■adam and
the genome - adam and the genome - adam and
the genome -- adam and the genome -- adam and
the genome -- adam and the genome -- adam and
the genome - ---adam and the genome adam and
the genome adam and the genome adam and the
genome adam - and the genome --- adam and
the genome adam -and the genome adam and the
genome - adam - and the genome ■ adam and the
genome - adam and the genome -- adam and the
genome adam ---and the genome adam and the
genome adam - and the -genome - adam -- and
the genome adam and the genome adam and -
--the genome adam--and the genome adam and --
the genome - adam and the genome adam and -the
genome adam and- --- the genome adam and the
-genome adam -and the genome - adam and the
genome --- adam and the genome ■ adam and ■
-the genome adam and the genome -- adam and
the genome -- adam and the genome - ---adam

adam and the genome

이제 나는 5장에서 개략적으로 설명한 성경 연구의 세 번째 원칙, 즉 성경을 과학을 공부하는 학생에 대한 민감성을 가지고 읽는다는 원칙을 좀 더 자세히 논의하려고 한다. 나는 그리스도인들이 신앙을 떠나는 첫 번째 이유이자 비그리스도인들이 기독교가 믿을 만하지 않다고 생각하는 첫 번째 이유가 성경과 과학 간의 문제라는 것도 상기시키려고 한다. 이 복잡한 문제의 중심에 성경이 인간의 기원에 관해, 즉 아담과 하와에 관해 말하는 방식이 놓여 있다. 나는 과학이 우리로 하여금 충분히 오래 멈춰서서 창세기 1-3장을 어떻게 읽을 것인가에 관한 우리의 가정에 질문을 제기하게 한다고 믿으며, 내가 지금까지 제공한 개요가 창세기 1-3장에 관한 이해뿐만 아니라 아담 및 종종 소홀히 취급되는 그의 짝 하와에 관한 이해에 대해서도 또 다른 접근법을 이끌어낸다고 믿는다.

그러나 다시 멈춰서서 과학 때문에 신앙을 떠나는 문제에 관해서도 살펴보자. 이론적으로 말하자면 모든 개종은 배교이고 따라서 모든 배교는 개종이다. 개종하는 모든 사람은 이전의 신앙을 떠난다. 비록 그 신앙이 잘 정의되지 않았을지라도 말이다. 개종을 연구하는 사람들은 종종 어떤 것**으로의** 개종은 다른 어떤 것**으로부터의** 개종을 의미한다는 것을 관찰하지만, 그 관찰은 좀처럼 개종 자체에 대한 연구의 구조 안으로 들어오지 않는다. 존 바버의 뛰어난 연구는 보기 드문 사례인데 그는 자서전 연구의 전문가다. 『신앙을 버리는 이유』(*Versions of Deconversion*)에서 바버는 자기가 신앙을 버린 이야기를 말하는 사람들은 다음과 같은 네 가지 렌즈를 통해서 자신의 과거를 성찰한다고 말한다.

- 그들은 이전의 신앙 체계가 진리임을 의심하거나 부인한다.

- 그들은 이전의 삶의 도덕성을 비판한다.
- 그들은 이전의 신앙을 떠난 것에 관한 감정의 동요를 표현한다.
- 그들은 이전의 공동체에 의해 거절당한 것에 관해 말한다.[1]

정통을 떠나는 사람들에 대한 역사적 개요나 정통을 포기함으로써 배교를 저지르는 사람에 대한 임상적·역사적 용어는 없다. 나는 내가 하우나 온드리와 함께 쓴 『개종과 배교』(*Finding Faith, Losing Faith*)라는 책에서 이런 이야기 몇 개를 요약했다. 우리가 연구한 사람들 가운데는 (저널리스트인 크리스틴 위커처럼) 독실한 기독교 가정에서 신앙으로 양육 받은 사람도 있고 (유명한 복음 전도자이자 빌리 그래함의 라이벌인 찰스 템플턴이나 귀에 거슬리는 반유신론 옹호자인 존 로프터스처럼) 극적인 개종을 경험한 사람도 있다. 그들은 각자 다양한 이유로 신앙을 뒤흔든 문제들과 사상들 및 경험들을 접했다. 신앙을 떠난 사람들은 본질적으로 기독교 신앙에 대해 심오하고 깊이 자리 잡고 있으며 존재론적으로 불안하게 만드는 **지적 모순**을 발견한다. 한때 그들의 삶을 지탱하고 삶에 의미를 부여하고 방향을 제공했던 신앙이 더 이상 이치에 맞지 않는다. 나보다 한 세대 전의 뛰어난 사상가인 메리 매카시는 유명한 "나의 고백"에서 신앙이 서서히 썰물처럼 빠져나가는 느리고 종종 지루한 과정을 보여주는 방식으로 자신의 신앙 상실에 관해 말했다. "이 멀어짐에는 결정적인 단계들이 없었다. 그것은 작은 선택들의 문제였다."[2]

---

1 Scot McKnight and Hauna Ondrey, *Finding Faith, Losing Faith: Stories of Conversion and Apostasy* (Waco: Baylor University Press, 2008), 7-8에서 논의된 것처럼 말이다.

2 Mary McCarthy, "My Confession," in *The Art of the Personal Essay: An Anthology from the Classical Era to the Present*, ed. Phillip Lopate (New York: Anchor Doubleday, 1994), 573.

나는 성경과 인간의 기원 이론에 관해 엄격한 견해를 취하다가 과학을 접한 다른 사람의 예를 하나 더 제시한다. 케네스 다니엘스는 과학자가 아니지만 생명의 기원과 창세기 기록에 관한 질문들에 관한 자신의 연구 결과 성경이 신화이거나 허위라고 확신하게 되었다. 그는 "내가 전형적인 창조론자들보다 그 문제를 판단할 자격을 더 갖췄다고 주장하려는 것이 아니다"라고 인정한다. "그러나 나는 여러 창조론자들이 지난 세기에 대다수 과학자들로 하여금 진화를 받아들이게 만든 끈기 있는 연구와 분석에 대해서 보이는 경박한 무시와 경멸에 진저리가 났다." 다니엘스를 설득한 한 가지 사실은 비타민 C를 만드는 유전자가 인간과 영장류에게 필요하지 않은데도 잠재적이고 비활동성으로 남아 있다는 점이었다. "이것은 진화 틀 안에서는 쉽게 설명될 수 있지만 창조론 관점에서는 당혹스러운 진기함이다." 많은 사람이 그가 질문할 질문을 했다. "애초에 하나님이 왜 진화에 관해 그토록 명백한 증거가 많이 존재하도록 허용하시겠는가?" "진화가 일어났다고 암시하는 양상이 존재하는데, 나는 진화가 일어나지 않았더라면 전능하시고 속이시지 않는 하나님이 그렇게 보이는 것을 손쉽게 차단하실 수 있었다고 생각한다."[3] 이 진술에 매우 중요한 요점이 놓여 있다. 진화에 대한 그의 깨달음에 의해 성경이 도전을 받았고, 그는 성경과 진화 중 어느 것이 세상에 대한 진실한 묘사와 이해인지에 관해 선택하도록 강요되었다. **그가 보기에 성경의 이해가 확실히 틀렸기 때문에 그는 과학을 선택했다**. 데니스와 나는 또 다른 대안을 제안한다. 그것은 진화 이론을 지지하는 유전학의 증거라는 현실 **및** 창세기의 역사적 맥락과 좀 더 조화되는 아담과

---

3 McKnight and Ondrey, *Finding Faith, Losing Faith*, 25에서 인용함.

하와에 대한 이해를 받아들이는 것이다.

혹자가 진화를 지지하는 경험적 증거를 직면하기 시작했을 때 그 사람의 신앙에 무슨 일이 일어났는지에 대한 추가적인 증언을 쉽게 제공할 수 있을 것이다. 나는 과학을 과학과 창세기 1-3장 모두를 이해하기 위해 진지하게 탐구할 이유로 보는 대신 **성경을 믿지 않을 핑계**로 생각하는 사람을 많이 만났다. 마릴린 로빈슨은 게으른 이론을 가장 심하게 비난하는 사람인데 그녀의 소설 『길리아드』(*Gilead*)의 주인공은 "내가 보기에 어떤 사람들은 자기들의 신앙이 흔들리는 것을 그저 바라보고만 있다"고 말한다.[4] 우리는 영향을 받지 않은 사람들이나 과학과 신앙 사이의 갈등에서 문제를 찾아내기만 하는 사람에게 관심이 있는 것이 아니라 진리를 추구하는 사람에게 관심이 있다. 그리고 진리 추구자는 궁극적으로 사도 바울이 특히 로마서에서 말하는 내용에서 아담을 어떻게 이해해야 할지 알기를 원하며, 거의 모든 사람이 즉각적으로 로마서 5:12-21을 살펴본다.

앞에서 말한 요점을 되풀이하자면 신학의 모든 길은 로마서 5장에 등장하는 아담으로 이어진다.

> 그러므로 한 사람[아담과 하와라는 점을 잊지 말라]으로 말미암아 죄가 세상에 들어오고 죄로 말미암아 사망이 들어왔나니 이와 같이 모든 사람이 죄를 지었으므로 사망이 모든 사람에게 이르렀느니라.…
>
> 한 사람의 범죄를 인하여 많은 사람이 죽었은즉 더욱 하나님의 은혜와 또한 한 사람 예수 그리스도의 은혜로 말미암은 선물은 많은 사람에게 넘쳤느

---

4 Marilynne Robinson, *Gilead* (New York: Farrar, Straus & Giroux, 2004), 24.

니라(롬 5:12, 15).

우리는 아담이—생식을 통해—신체적으로 죄성을 물려주었다는 널리 퍼진 믿음이 로마서 5;12-21에서 발견되는지 질문해야 한다(이 주제에 관한 많은 논의에서 하와의 부재는 이미 문제가 되어 있거나 우리가 올바로 생각하고 있지 않을지도 모른다는 힌트다). 나는 앞으로 이 점에 관해 좀 더 설명할 예정이지만, 우리는 이 장의 앞부분에서 적어도 그 질문을 제기해야 한다. 바울이 12절에서 "모든 사람이 죄를 지었다"라고 말하고 "모든 사람이 아담 안에서 죄를 지었다"라고 말하지 않는 것을 주목하라. 초기 교부 히에로니무스는 그 텍스트를 다루면서 별로 좋지 않은 그리스어 실력으로 "모두 죄를 지었기 때문에(*eph' hō*)"를 "그의 안에서(*in quo*) 모두 죄를 지었다"로 번역했다. 이어서 아우구스티누스가 원죄와 원죄책 이론을 방대하게 다듬었고[5] 그 이후 우리는 그들과 그 이론을 충실하게 따랐다. 우리는 (7장에서) 아담에 관한 신구약 중간기의 유대교 텍스트를 살펴보았기 때문에 유대교의 아담에 관해 알게 되었다. 그 텍스트들은 좀처럼 아담과 하와를 비난하지 않고 대신 아담을 역사상 각 사람의 도덕적 선택을 구현하는 **원형적, 도덕적** 아담으로 바꾼다. 이 해석으로 비록 미미하게라도 게임이 변하지만, 아담의 중요성은 변하지 않는다.

우리가 7장에서 다뤘던 대다수 텍스트와 마찬가지로, 바울은 우리가 앞으로 살펴볼 아담에 관한 주요 구절들에서 하와를 언급하지 않는다.[6] 그

---

5 Augustine, *Against Two Epistles of the Pelagians* 4.4.7을 보라.

6 다시 집회서 25:15-26을 보라.

는 고린도후서 11:3에서 하와를 뱀에게 속은 것으로 언급하면서 그녀를 속은 사람의 원형으로 보며 디모데전서 2:13에서는 "이는 아담이 먼저 지음을 받고 하와가 그 후"라고 말한다. 최초의 인물이라는 이 언급은 신학적 이유로 **문학의** 아담과 하와가 사용되는 또 다른 예다. 그리고 바울은 최초로 속은 사람은 아담이 아니라 하와라고 덧붙인다. 여성들이 성, 예배, 리더십에 관한 로마와 유대의 관습들에 도전하고 있었고, 일부 로마 여성들이 모든 것을 뒤집고 있었고, 바울이 젊은 과부들에 대해 우려하고 있던 매우 도발적인 맥락에서 그는 여성은 공적으로 가르치기 전에 교육을 받을 필요가 있다(딤전 2:11-12)는 자신의 입장을 뒷받침하기 위해 창세기로 돌아온다. 하지만 혹자가 디모데전서의 이 어려운 구절—그리고 에베소에서 아르테미스를 숭배했다는 사실이 역사가들에게 점점 더 명백해지고 있는 특수한 상황[7]—을 어떻게 설명하든 간에 우리의 좀 더 큰 요점을 명확히 해둘 필요가 있다. 바울이 로마서와 고린도전서에서 하와를 소홀히 취급한 것은 전형적인 유대교 식의 묘사다. 관심의 초점은 여성인 하와가 아니라 남성인 아담에 맞춰진다. 따라서 바울은 하와에게서 비난을 걷어내고 비난을 모두 아담에게 돌린다.

바울에게서 중요한 텍스트는 고린도전서 15:21-22, 45-49과 로마서 5:12-21인데,[8] 우리가 논의를 계속하기 전에 그 구절들을 천천히 읽어볼

7 특히 에베소의 크세노폰의 소설 *The Story of Anthia and Habrocomes*(*Ephesiaca*로도 알려졌다)에 의존한 Gary G. Hoag, *Wealth in Ancient Ephesus and the First Letter to Timothy: Fresh Insights from "Ephesiaca" by Xenophon of Ephesus*, Bulletin for Biblical Research Supplements 11(Winona Lake, IN: Eisenbrauns, 2015)을 보라.

8 나는 고린도전서가 로마서보다 먼저 쓰였다고 생각한다. 하지만 롬 5:12-21이 이 책이 다루는 주제와 좀 더 광범위하게 관련이 있기 때문에 나는 로마서에 초점을 맞출 것이다.

가치가 있다.[9] 나는 고린도전서 15:21-22, 45-49부터 시작한다.

> 사망이 한 사람으로 말미암았으니 죽은 자의 부활도 한 사람으로 말미암는도다. 아담 안에서 모든 사람이 죽은 것 같이 그리스도 안에서 모든 사람이 삶을 얻으리라.…
>
> 기록된 바 "첫 사람 아담은 생령이 되었다" 함과 같이 마지막 아담은 살려 주는 영이 되었나니, 그러나 먼저는 신령한 사람이 아니요 육의 사람이요 그다음에 신령한 사람이니라. 첫 사람은 땅에서 났으니 흙에 속한 자이거니와 둘째 사람은 하늘에서 나셨느니라. 무릇 흙에 속한 자들은 저 흙에 속한 자와 같고 무릇 하늘에 속한 자들은 저 하늘에 속한 이와 같으니, 우리가 흙에 속한 자의 형상을 입은 것 같이 또한 하늘에 속한 이의 형상을 입으리라.

두 번째 구절인 로마서 5:12-21은 "아담의 생명이 그의 후손들의 미래를 정의한 것처럼 신자들의 미래의 운명을 정의한다."[10] 로마서의 이 구절은 복잡하기 때문에 나는 그것을 N. T. 라이트로부터 채택된 개요 안으로 정리했다. 그 텍스트를 읽을 때 이 개요를 사용하면 내용을 따라가기가 좀 더 수월해질 것이다.[11]

---

9 로마의 교회들에서 유대인과 이방인 그리스도인들 사이의 관계에 관심이 있는 로마서의 맥락에서 우리가 살펴볼 구절이 축을 형성해서 우리를 롬 1-5장으로부터 롬 6-8장의 좀 더 윤리적인 함의로 이동하게 만든다. 따라서 롬 5:12-21에 나타난 주제인 그리스도 안에서의 새 생명의 확립은 바울로 하여금 로마인들이 그리스도를 기쁘시게 하는 삶을 살라고 권고하게 한다.

10 Robert Jewett, *Romans: A Commentary*, Hermeneia (Minneapolis: Fortress, 2006), 370.

11 N. T. Wright, "The Letter to the Romans," in *The New Interpreter's Bible*, ed. Leander E. Keck et al. (Nashville: Abingdon, 2002), 10:523.

개시 진술

12그러므로 한 사람으로 말미암아 죄가 세상에 들어오고 죄로 말미암아 사망
이 들어왔나니 이와 같이 모든 사람이 죄를 지었으므로 사망이 모든 사람에
게 이르렀느니라.

첫 번째 설명 여담

13죄가 율법 있기 전에도 세상에 있었으나 율법이 없었을 때에는 죄를 죄로 여
기지 아니하였느니라. 14그러나 아담으로부터 모세까지 아담의 범죄와 같은
죄를 짓지 아니한 자들까지도 사망이 왕 노릇 하였나니 아담은 오실 자의 모
형이라.

두 번째 설명 여담

15그러나 이 은사는 그 범죄와 같지 아니하니 곧 한 사람의 범죄를 인하여 많
은 사람이 죽었은즉 더욱 하나님의 은혜와 또한 한 사람 예수 그리스도의 은
혜로 말미암은 선물은 많은 사람에게 넘쳤느니라. 16또 이 선물은 범죄한 한
사람으로 말미암은 것과 같지 아니하니 심판은 한 사람으로 말미암아 정죄에
이르렀으나 은사는 많은 범죄로 말미암아 의롭다 하심에 이름이니라. 17한 사
람의 범죄로 말미암아 사망이 그 한 사람을 통하여 왕 노릇 하였은즉 더욱 은
혜와 의의 선물을 넘치게 받는 자들은 한 분 예수 그리스도를 통하여 생명 안
에서 왕 노릇 하리로다.

12절에 수록된 개시 진술의 완결

[18]그런즉 한 범죄로 많은 사람이 정죄에 이른 것 같이 한 의로운 행위로 말미암아 많은 사람이 의롭다 하심을 받아 생명에 이르렀느니라.

18절에서 시작한 구절을 채움

[19]한 사람이 순종하지 아니함으로 많은 사람이 죄인 된 것 같이 한 사람이 순종하심으로 많은 사람이 의인이 되리라.

이 논의에서의 율법

[20]율법이 들어온 것은 범죄를 더하게 하려 함이라. 그러나 죄가 더한 곳에 은혜가 더욱 넘쳤나니

승리를 거두는 결론

[21]이는 죄가 사망 안에서 왕 노릇 한 것 같이 은혜도 또한 의로 말미암아 왕 노릇 하여 우리 주 예수 그리스도로 말미암아 영생에 이르게 하려 함이라.

긴 주석과 긴 여담 그리고 탈선 및 명확화 대신 쉬운 읽기를 촉진하기 위해서 나는 이 장을 몇 가지 주제로도 조직했다.

주제 1

> 바울의 아담은 창세기에서 발견되는 문학적, 계보상, 하나님의 형상으로서의 아담이다.

이는 우리가 아래의 좀 더 자세한 내용으로 이동할 수 있도록 명백한 내용을 진술한 것에 지나지 않는다. 바울이 문학적인 계보상의 아담을 사용하고 있다고 말한다고 해서 내가 이것이 허구라거나 바울이 아무튼 틀렸다고 가정하는 것은 아니다. 바울이 아담에 관해 알았던 내용은 우리가 현재 알고 있는 과학적 조사를 통해 입수한 지식이 아니었다. 바울은 우리가 7장에서 살펴보았던 텍스트들의 저자들과 마찬가지로 성경을 통해 아담과 하와에 관해 알았고, 그가 성경을 통해 알았던 아담과 하와는 표준적인 유대인의 족보의 일부였다(예컨대 창 5:1). 바울이 성경에서 알았던 아담과 하와는 하나님의 형상대로 만들어진 사람, 하나님이 명령하신 것을 지키지 못한 사람, 에덴에서 쫓겨난 사람 그리고 이스라엘의 역사에서 표준적인 역사의 일부를 차지한 사람으로 제시되었다. 바울은 자기가 부모, 교사, 민족으로부터 물려받은 이 문학적-계보상의 아담이라는 전통에 의문을 제기하지 않는다. 이것이 사실이라면 오늘날 많은 사람이 "역사적" 아담이라는 말을 통해 의미하는 바를 바울에게 부과하는 것은 그에게 공정하지 않은 처사다(아래의 주제 5를 보라). 요세푸스의 『유대 고대사』(*Jewish Antiquities*) 1권의 "생명의 시작"에 관한 기사는 요세푸스 역시 이스라엘의 역사를 말하기 시작하는 방식으로서 문학적-계보상의 아담을 가정했음을 보여준다. 많은 사람이 로마서 5장에 수록된 이 중요한 구절 외의 구절에서 바울의 인간—

아담과 하와—이해는 창세기 1-3장에 뿌리를 두고 있음을 발견했다. 가령 이방인들의 죄악성에 관한 유명한 구절인 로마서 1:18-32에 창세기의 메아리가 존재한다. 따라서 바울이 22절에서 "[그들이] 스스로 지혜 있다 하나 어리석게 되어"라고 말할 때 우리는 아담과 하와가 선택한 행동의 메아리를 듣는다(참조. 창 2:17; 3:5-6). "모든 사람이 죄를 범하였으매 **하나님의 영광에 이르지 못하더니**"(롬 3:23)라는 유명한 구절을 읽을 때 우리는 죄로 말미암아 타락한 아담과 하와의 영광스러운 지위를 쉽게 연결할 수 있으며, 인간은 모종의 방식으로 하나님이 인간에게 되라고 의도하신 것을 손상했음을 알 수 있다. 이 메아리들은 우리로 하여금 과거로 거슬러 올라가게 하는데 우리는 마침내 창세기 1-3에서 내가 "문학의 아담"이라고 부른 것을 만나게 된다. 그 문학의 아담과 하와가 그 토대 위에 이스라엘의 전체 역사가 세워진 **계보상**의 아담과 하와가 된다. 제임스 D. G. 던은 "로마서의 가장 현저한 특징 중 하나는 바울이 계속 창세기 1-3장에 의존해서 인간의 상태에 대해 자기가 이해한 내용을 설명한다는 점이다"라고 지적했다.[12]

주제 2

> 바울의 아담은 아담에 관한 유대교의 해석 전통—그것에 대한 찬성과 반대 모두—을 통해 걸러진 성경의 아담이다.

12 James D. G. Dunn, *The Theology of Paul the Apostle* (Grand Rapids: Eerdmans, 1998), 90-91.

이 점도 명백하다.[13] 바울 당시의 유대인들은 창세기 책을 자기들 이전에는 결코 읽힌 적이 없던 것처럼 대하지 않았다. 당신과 나처럼 그들은 성경을 읽을 때 그들에게 익숙해진 용어들과 범주들로 창세기의 텍스트를 직면했고, 그것이 그들이 본 내용을 형성했다. 그리고 그들은 자기들이 보고 들은 것이 실제로 그 텍스트에 들어있는 내용이고 모세를 통해 의도된 내용이라고 생각했다. 창세기에 관해 나는 "그리스도인들은 창세기를 읽고서 창세기가 자기들의 과학 이론을 확인한다고 생각하고, 하나님이 그들에게 우리 시대가 될 때까지 아무도 이해하지 못했던 것을 계시하셨다는 점에서 놀랍도록 초자연적이라고 결론을 내린다"는 말을 수없이 많이 들었다.

바울에게도 같은 말을 할 필요가 있다. 창세기의 문학적-계보상의 아담과 하와는 우리가 앞 장에서 읽었던 아담의 해석사를 통해 걸러졌다. 바울의 아담은 **문학적-계보상의 아담이자 유대교 전통의 유대교의 아담**이지만 여기에 덧붙일 점도 있다. **바울의 아담은 그런 전통의 다른 아담들과 똑같지는 않고 자체의 모습을 갖고 있다**. 그리고 바울은 플라톤의 『향연』(*Symposium*)에 나오는, 아리스토파네스의 다음과 같은 유명한 주장과 진지하게 상호작용하지 않고 심지어 그것을 알지도 못하는 것처럼 보인다는 점도 주목할 만하다. "원래 세 가지 성별이 있었고 인간은 팔 네 개와 다리 네 개 그리고 얼굴 두 개와 생식기 두 개를 지닌 공 모양의 존재였다. 제우스가 그들을 처벌하기 위해 둘로 나눴지만 그들의 근본적인 연합은 유지되었다. 따라서 남성은 이런 기원으로 돌아가기 위해 접합된 연합으로서의 여성을

13 바울과 유대교 전통 사이의 연결에 대한 간략한 묘사는 Felipe de Jesús Legarreta-Castillo, *The Figure of Adam in Romans 5 and 1 Corinthians 15: The New Creation and Its Ethical and Social Reconfiguration*, Emerging Scholars (Minneapolis: Fortress, 2014), 154-56을 보라.

사랑한다."[14]

나는 솔로몬의 지혜에 등장하는 예(13:1-19)를 통해 바울이 그 당시의 유대교의 아담(과 하와)에 대한 유사성을 보인다는 것을 보여줄 것이다. 우리가 이 텍스트를 찬찬히 읽어보면 로마서 1장이 그 텍스트를 얼마나 자주 반향하는지 알게 될 것이다. 나는 이 대목에서 사도 바울에 의해 로마서에서 반향되는 단어들과 어구들을 강조할 것이다. 하지만 그런 것들이 너무 많으니 시간을 들여 이 구절을 천천히 읽어보고 이 텍스트에 기록된 대부분의 내용이 창세기나 구약성경의 나머지에서 발견되지 않는다는 점을 생각해 보라.

> 하느님을 모르는 자들은 모두 태어날 때부터 어리석어서 눈에 보이는 좋은 것을 보고도 존재하시는 분을 알아보지 못하였고, 업적을 보고도 그것을 이룩하신 분을 알아보지 못하였다. 그래서 그들은 불이나 바람이나 빠른 공기 또는 별의 회전 혹은 도도하게 흐르는 물, 하늘에서 빛나는 것들을 세상을 지배하는 신들로 여겼다. 만일 이런 것들의 아름다움을 보고 그것을 신이라고 생각했다면 이런 것들의 주님이 얼마나 더 훌륭하신가를 알아야 했을 터이다. 왜냐하면 그것들을 창조하신 분이 바로 아름다움의 주인이시기 때문이다. 또 그들이 이런 것들의 능력과 힘에 놀랐다면 마땅히 이런 것들을 만드신 분의 힘이 얼마나 더 큰가를 깨달아야 했을 터이다. 피조물의 웅대함과 아름다움으로 미루어보아 우리는 그것들을 만드신 분을 알 수 있다. 그렇다고 해서 이 사

14 Plato, *Symposium*, trans. T. Griffith (Berkeley: University of California Press, n.d.), 189C-194E.

람들을 크게 비난할 수는 없다. 그들은 아마 하느님을 찾으려고 열렬히 노력하다가 빗나갔을지도 모른다. 그들은 하느님의 업적 가운데에서 살면서 열심히 모색하다가 눈에 보이는 것들이 하도 아름다워서 그 겉모양에 마음을 빼앗기고 마는 것이다. 그렇지만 그들은 용서받을 수 없다. 만일 그들이 세계를 탐지할 수 있는 지식을 쌓을 능력이 있다면 어찌하여 세계를 만드신 분을 일찍이 찾아내지 못했는가? 그러나 생명이 없는 것들에게 희망을 거는 그들은 참으로 가련하다. 그들은 인간의 손이 만든 것을 신이라고 부르며 혹은 정교하게 다듬은 금은이나 동물들의 상이나 혹은 옛날에 어떤 사람이 조각해 놓은 쓸모없는 돌멩이를 신이라고 숭배하였다. 목공을 생각해 보아라. 우선 일하기 쉬운 나무를 잘라 말끔히 껍질을 벗겨서 훌륭한 솜씨로 깎아낸 다음 유용한 일용품을 만들어낸다. 목수 일에서 남은 나무 부스러기는 밥을 짓는 데 사용한다. 그리고 배불리 먹는다. 그리고도 옹이와 마디 따위 아무 쓸모없는 것이 남는다. 목수는 이것을 주워 끌로 새기며 여가를 즐긴다. 그리고 그것을 여가를 이용하여 기묘하게 깎아서 사람과 비슷한 물건을 만들어내거나 또는 어떤 추한 동물과 비슷한 것을 만들어낸다. 그리고는 거기에 황토 칠을 하고 그 위에 붉은색을 칠하여 모든 흠을 말끔히 없애버린다. 그다음 그것을 넣어둘 집을 만들어서 벽 속에 넣고 쇠못으로 고정시킨다. 이렇게 그는 그것이 떨어지지 않게 세심한 주의를 기울인다. 그는 그 물건이 제힘으로 붙어 있을 수 없다는 것을 알기 때문이다. 그것은 목상에 불과하므로 사람의 도움이 필요한 것이다. 그럼에도 불구하고 재산이나 혼인이나 자기 자녀들을 위하여 그것에게 기도한다. 이렇게 생명도 없는 물건에 대고 중얼거리고도 부끄러워하지 않는다. 그는 이 약한 것에 대고 자기 건강을 빌거나 이 죽은 물건에다 대고 장수를 빌거나 이 무능한 것에다 대고 도움을 청하거나 한 발짝도 옮겨놓을 수 없는 이 물건에 대고 안전한 여행을 빈다. 손 재능이라고는 하나도 없는 것에게 혹은 이득을, 혹은 사업을, 혹은 생업의 성공을 위하여 힘이 되어주기를 빈다.

솔로몬의 지혜에 등장하는 이 장은 신약성경의 독자들에게는 로마서 1장의 또 다른 이형이며 바울이 솔로몬의 지혜를 읽었고 로마서 1장에서 그것을 반향하고 있다고 생각하는 사람이 많은 것도 놀랄 일이 아니다. 적어도 솔로몬의 지혜가 바울이 인간의 상태에 관해 배운 세계에 영향을 주었을 것이다.

아담의 영광이 떠났다는 이 아이디어는 「모세의 묵시」(*Apocalypse of Moses*, 그리스어로는 「아담과 하와의 생애」)라는 또 다른 유대교 텍스트에서도 발견된다. 그 텍스트의 몇 행은 인간의 영광이 죄로 말미암아 훼손되었음에 대한 바울의 강조가 유대교의 여러 곳에서 발견되는 창세기 내러티브의 해석임을 보여준다.

그리고 그때 내 눈이 뜨였고 나는 내가 입고 있던 의로움이 벗겨졌음을 알았다. 그래서 나는 울면서 말했다. "당신은 왜 내게 이렇게 해서 내가 입고 있던 나의 영광에서 멀어지게 했단 말이오?"(20:1-2)

그리고 그가 내게 말했다. "오, 악한 여인이여! 당신은 왜 우리 가운데서 파괴 행위를 했단 말이오? 당신은 나를 하나님의 영광에서 멀어지게 했소"(21:6).[15]

---

15 「모세의 묵시」/「아담과 하와의 생애」의 영어 번역은 *The Old Testament Pseudepigrapha*, ed. J. H. Charlesworth (Garden City, NY: Doubleday, 1985), 2:249-96에서 가져온 것이다. 이 대목은 281쪽에 수록되었다.

아담이 최초의 죄에서 그의 영광을 잃었다는 내용은 바울과 유대교 텍스트에서 발견되지만 창세기에서는 발견되지 않는다. 그것이 쉽게 추론되기는 하지만 말이다(창세기 전체에서 "영광"이라는 단어는 발견되지도 않는다).

예를 하나 더 들어보자.[16] 유대교 세계에서 모든 죄의 뿌리는 욕망(그리스어로는 종종 **에피티미아**[*epithymia*]로 불린다)이라고 생각하는 사람들이 있었다. 우리가 방금 인용한 텍스트인 「모세의 묵시」에 바로 그 아이디어가 등장한다. "탐냄(*epithymia*)이 모든 죄의 기원이기 때문이다"(19:3). 이 점은 신약성경에서 가장 유대교적인 텍스트인 야고보서에서도 가르쳐진다. "욕심이 잉태한즉 죄를 낳고 죄가 장성한즉 사망을 낳느니라"(약 1:15). 죄를 죽음과 연결하는 것은 창세기 2-3장과 매우 흡사하게 들린다. 마찬가지로 바울이 로마서 7:7-13에서 죄가 어떻게 작동하는지 설명할 때 그는 욕망이 모든 죄의 뿌리라는 점에 관한 이 해석 전통에 서 있는 것처럼 들린다.

> 그런즉 우리가 무슨 말을 하리오. 율법이 죄냐? 그럴 수 없느니라. 율법으로 말미암지 않고는 내가 죄를 알지 못하였으니 곧 율법이 "탐내지(*epithymēseis*) 말라" 하지 아니하였더라면 내가 탐심(*epithymia*)을 알지 못하였으리라. 그러나 죄가 기회를 타서 계명으로 말미암아 내 속에서 온갖 탐심(*epithymia*)을 이루었나니 이는 율법이 없으면 죄가 죽은 것임이라. 전에 율법을 깨닫지 못했을 때에는 내가 살았더니 계명이 이르매 죄는 살아나고 나는 죽었도다. 생명에 이르게 할 그 계명이 내게 대하여 도리어 사망에 이르게 하는 것이 되었도다. 죄가 기회를 타서 계명으로 말미암아 나를 속이고 그것으로 나를 죽였는

---

16 Dunn, *Theology*, 98-100을 보라.

지라. 이로 보건대 율법은 거룩하고 계명도 거룩하고 의로우며 선하도다.

그런즉 선한 것이 내게 사망이 되었느냐? 그럴 수 없느니라. 오직 죄가 죄로 드러나기 위하여 선한 그것으로 말미암아 나를 죽게 만들었으니 이는 계명으로 말미암아 죄로 심히 죄 되게 하려 함이라.

여기서 우리는 아담과 하와의 메아리, 곧 욕망이 죄를 불러오고 결국 사망으로 이어진다는 현실을 접하는데, 이것은 명백하게 유대교 해석 전통을 통해 창세기를 읽는 방식이다.[17]

우리는 이제 다음과 같이 요약할 수 있다. 바울의 아담은 유대교의 아담이다. 즉 그는 단순히 **문학적-계보상의, 하나님의 형상인 아담**이 아니라 유대교 전통에서 해석된 아담이다. 바울이 유대교의 아담을 얼마나 많이 선택하고 사용했는지에 관한 정확한 세부사항을 제외하고 첫째 주제와 둘째 주제가 불협화음을 일으키는 것은 아니다. 세부사항은 차치하고, 바울의 아담은 창세기에 등장하는 아담 이상이 되었다. 이 두 주제는 간단히 부정하기가 쉽지 않지만, 이후의 주제들은 논란의 영역으로 들어간다.

주제 3

바울의 아담은 이스라엘과 모든 인간에게 원형인 원형적, 도덕적 아담이다.

17　유대교에 다른 의견들도 있었지만 바울은 **에피티미아**(*epithymia*)를 선택했다. 다른 의견들은 Jewett, *Romans*, 374을 보라.

이 점은 **역사적** 아담에 관한 논의—즉 그가 실제 인물이었는지에 관한 논의—라기보다는 바울이 로마서 5:12-21과 고린도전서 15:21-22, 45-49에서 아담을 어떻게 제시하는지에 관한 논의다. 앞 장에서 논의된 유대교 문헌에서 사용된 아담의 많은 용례와 마찬가지로 **아담(하와는 아니다)은 여기서 하나님으로부터 순종하도록 요구되었지만 불순종하고 죽음과 멸망을 들여온 사람으로 제시된다**. 바울 사도에게 있어서 아담은 원형적이다.[18] (물론) 바울은 생물학이나 유전학에 관해서는 아무것도 말하지 않으며, 대신 아담을 그릇된 선택을 했고 그의 선택이 이스라엘과 그의 모든 인간 후손을 망친 인물로 제시한다.

로마서 5장과 고린도전서 15장에 수록된 바울의 아담 제시는 첫 번째 아담(비극적인 영웅)과 두 번째 또는 새 아담(구속자이신 영웅 그리스도)을 대조하는데,[19] 이 대목에서 바울의 아담은 우리가 유대교 전통에서 본 어떤 아담과도 같지 않다.[20] 바울의 아담과 그리스도 비교는 다음과 같이 도식화될 수 있다.

아담	그리스도(두 번째 아담)
죄	순종
사망	생명
정죄	의롭다 함
다른 사람들과의 연합	다른 사람들과의 연합

18 John H. Walton, *The Lost World of Adam and Eve: Genesis 2-3 and the Human Origins Debate* (Downers Grove, IL: IVP Academic, 2015), 92-95을 보라.

19 James D. G. Dunn, *Romans*, Word Biblical Commentary 38 (Grand Rapids: Zondervan, 2015), 1:288을 보라. 『로마서 (상)/(하)』, 솔로몬 역간.

20 바울이 아담에 관해 말하는 많은 내용이 구약성경에서 발견되지 않는다는 점이 Peter Enns, *The Evolution of Adam: What the Bible Does and Doesn't Say about Human Origins* (Grand Rapids: Brazos, 2012), 82-88에서 강조되었다.

바울이 **그리스도에서 시작하여** 아담에게서 그리스도와 반대되는 점을 발견했다고 주장하는 사람도 있고, 그가 **아담에서 시작하여** 그리스도에게서 아담과 반대되는 점을 발견했다고 주장하는 사람도 있을 것이다.[21] 우리의 맥락에서 중요한 점은 바울이 아담을 사용해서 자신의 기독론을 뒷받침한다는 것과 그리스도 안에서 성취된 바를 강조한다는 것뿐이다. 혹자는 우리의 구절을 신학적인 목적을 위해 창세기에 등장하는 문학의 아담을 재사용하는 또 다른 사례라고 설명할 수도 있을 것이다. 그것을 어떻게 설명하든 간에 바울 서신의 이 대목에서 강조점은 아담과 그리스도 사이의 비교다. 바울에게 있어서 그리스도는 참된 이스라엘이자 두 번째 아담이다. 즉 하나님은 아담과 하와를 창조하셨을 때 그들이 하나님의 영광을 반영하고 하나님의 창조세계를 다스리도록 계획하셨지만 그들은 그 사명을 거절했다. 그래서 하나님은 자신의 적절한 시간에 이스라엘을 그 아담이 되도록 창조하셨지만 이스라엘 역시 신적 소명에 부응하지 못했다. 따라서 하나님은 자신의 올바른 시간에 아담과 이스라엘이 되라고 자신의 아들 예수를 보내셨다. 그렇다면 바울에게 있어서 예수는 아담 및 이스라엘과 달리 신적 사명을 수행하는 참된 아담이자 참된 이스라엘이다.[22]

그 비교는 로마서 5:14에서 바울의 견해를 드러내는 명시적인 용어로 시작한다. "아담은 오실 자[그리스도]의 모형(*typos*)이라." 바울은 공통점을 끌어내는 대신 차이점을 끌어내려고 한다. 따라서 이 텍스트에서 모형으로

---

21 그리스도부터 시작할 것을 강조하는 주요 입장은 ibid., 131-35에서 볼 수 있다.

22 N. T. Wright는 이 주제를 거듭 강조해왔다. 그의 가장 최근의 진술 중 하나는 *Wright, Pauline Perspectives: Essays on Paul, 1978-2013* (Minneapolis: Fortress, 2013), 510-46, 특히 533-44을 보라.

서의 아담은 그리스도의 반대의, 즉 부정적인 형상이다. 따라서 15절은 다음과 같이 말한다. "그러나 [그리스도 안의] 이 은사는 그 범죄와 같지 아니하다." 왜 그런가? 그 범죄는 사망을 가져왔지만 그리스도 안의 은사는 "많은 사람에게 넘쳤다." 16절은 이어서 아담의 죄의 효과는 은사와 같지 않다고 말한다. 어떻게 그런가? 죄는 "심판"과 "정죄"를 가져온 반면에 그리스도 안의 은사는 "의롭다 함"을 가져온다. 이어서 17절에서 바울은 그가 선호하는 용어인 "지배"(왕 노릇)를 끄집어낸다. 한 사람의 범죄가 "사망"의 지배로 이어진 반면 그리스도 안의 은혜의 선물은 그의 백성이 "한 분 예수 그리스도를 통하여 생명 안에서 왕 노릇 하는" 것을 의미한다. 그리고 바울은 18절에서 그것을 쌓아 올린다. 아담의 죄는 모든 사람에게 죽음을 의미하지만, 그리스도의 십자가 위에서의 순종적인 죽음이나 하나님의 구원 계획에 대한 그리스도 자신의 신실하심을 가리키는[23] 그의 "의로운 행위"는 "모든 사람을 위한 의롭다 함과 생명으로 이끈다."[24] 그는 21절에서 좀 더 많은 "지배" 언어로 이 모든 논의를 마무리한다. "죄는 사망의 지배를 가져오지만 그리스도는 생명을 가져오는 은혜의 지배 안에서 사망의 지배를 끝낸다"(개역개정을 사용하지 아니함). 이 텍스트에서 거의 집착에 가까운 "다스림" 또는 "지배"는 하나님이 아담과 하와에게 창조세계를 다스리라고 주신 사명, 그들이 박탈당하고 이스라엘에게 넘겨준 사명, 그리

23 전자는 Dunn, *Romans*, 1:283을 보라. 두 번째 의미는 Wright, "Romans," 529을 보라.

24 혹자는 "모든"이라는 말에 걸려 넘어져 바울이 마치 자신의 모든 선교 사역의 방향을 뒤엎고 모든 사람이 구원되리라고 생각하는 것처럼 생각했다. 바울이 "모든"이라는 말로 의미하는 바는 갈 3:28과 골 3:1 같은 텍스트에서 발견된다. 즉 그리스도 안에서 구속이 이스라엘을 넘어 이방인을 포함하도록 확장된다는 것이다. "모든"은 "모든 사람 각각이 구원을 받을 것이다"라기보다는 "누구나 올 수 있다"를 의미한다. 예컨대 Dunn, *Romans*, 1:285을 보라.

고 최종적으로 예수의 부활에 이르러서야 확립된 사명을 반향한다. N. T. 라이트가 최근에 지적한 바와 같이 예수가 고린도전서 15:20-28에서 이제 구속된 창조세계의 모든 것을 정복하시고 다스리시고 아버지께 넘겨드리시는 것으로 묘사될 때 그는 아담과 하와에게 요구된 일을 하고 계시는 중이다.[25]

여기서 어떤 종류의 아담에 관해 언급되고 있는가? 제임스 던은 그의 로마서 주석에서 아담과 그리스도를 "획기적인" 인물이라고 지칭하며, 그 후에 쓴 『바울 사도의 신학』(*The Theology of Paul*)에서 아담과 관련하여 "획기적인"과 "원형적인"이라는 단어를 모두 사용한다. 던이 원형적 아담에서 바울이 아담을 역사적 아담으로 생각하는지 여부로 주의를 돌리는 점이 주목할 만하다.

> 바울도 아담을 역사적 인물로 생각했는지 그리고 아담의 행동을 역사적 불순종의 행동으로 생각했는지는 덜 명확하다. 필론은 우리에게 고대인들은 우리가 대체로 인정하는 것보다 문학 장르의 다양성을 좀 더 잘 알고 있었다는 점을 상기시켜 준다. 그리고 바울의 다음번 아담 이야기 사용(롬 7.7-11)은 아담을 "모든 사람"의 원형으로 사용한다는 점에서 「바룩2서」 54.19과 비슷하다. 바울이 창세기 1-3장을 사용한 것은 창세기를 사용해서 죄와 사망이라는 인간의 경험을 일리가 있게 만든다는 점에서 아담에 관한 유대교 신학 전통의 일부일 수도 있다.[26]

---

25 Walton, *Lost World of Adam and Eve*, 173-76에 수록된 Wright의 보론에서 논의되었다.

26 Dunn, *Theology*, 94.

더글라스 무는 그 이야기에서 원래의 죄인—하와—을 누락시키는 것에 비추어 볼 때 바울 서신에 나타난 그녀의 부재에 도식적인 구원사 이론이 작동하고 있다고 생각한다. 그에 따르면 "바울은 확실히 창세기를 통해 여자인 하와가 먼저 죄를 지었다는 것을 알았기 때문에 그가 아담에게 이 죄를 귀속시키는 것이 중요하다(참조. 고후 11:3; 딤전 2:14). 우리는 이미 구원사에서 아담에게 시간적 우선성에만 연계된 것이 아닌 지위가 주어지고 있음을 알고 있다."[27] 무는 던보다 더 많이 주장한다. 그는 바울에게서 모종의 "시간적" 묘사를 보는데 그것은 아담을 어떤 수준에서는 실제의 역사적 인물로 만들 테지만, 아무튼 무가 보여주는 바는 바울이 아담과 그리스도를 비교하기 위해 아담을 구원사적 도식으로 사용한다는 것이다. 던은 덜 자신하지만 두 사람 모두 아담이 이 대목에서 다소 원형적, 획기적, 구원사적으로 사용된다고 주장한다.

주제 4

> 아담과 그의 모든 후손이 연결되지만, 출생에 의한 모든 인간의 원죄책과 정죄로 이해된 원죄라는 개념은 바울에게서 발견되지 않는다. 바울은 유대교 식으로 그들 자신의 죄에 대해 인간을 비난한다. 바울은 아담과 그의 모든 후손 사이 및 죄와 죽음 사이에 어떻게 연속성이 존재하는지에 관해서는 말하지 않는다.

27 Douglas J. Moo, *The Epistle to the Romans*, New International Commentary on the New Testament (Grand Rapids: Eerdmans, 1996), 319.

우리는 이제 우리가 창세기 자체를 (고대 근동의 맥락에서) 읽은 것과 유대교의 해석사에 등장하는 창세기에 비추어 아담(하와는 먼저 죄를 지은 사람이었음에도[28] 롬 5장에서 완전히 무시된다)이 어떻게 이해되는지 평가하기 위한 가장 중요한 일련의 관찰 사항에 이르렀다. 기독교 신학에서 **역사적** 아담이 존재해야만 기독교의 구원 교리가 존재한다고 거듭 주장되어왔다. 그러나 문제는 구원론에 역사적 아담이 중요한가가 아니라 바울이 로마서 5:12-21에서 어떤 종류의 아담을 염두에 두고 있었는가다. 바울은 실제 인물, 생물학적으로 모든 인간에게 연결된 유전적 또는 DNA 아담을 드러내는가? 아니면 아담은 표준적인 유대교의 아담—즉 신학에서 다양한 제시와 아이디어에 대해 사용될 수 있는 조정 가능한 인물이 되는 **문학적-계보상**의 아담—인가?

로마서 5:12의 단어들이 결정적인 단어들이다. "그러므로 한 사람으로 말미암아 죄가 세상에 들어오고 죄로 말미암아 사망이 들어왔나니, 이와 같이 모든 사람이 죄를 지었으므로 사망이 모든 사람에게 이르렀느니라."[29] 이 논의를 여러 방향으로 확대할 수 있지만 나는 이 책의 목적상 주요 요소들을 재빨리 살펴보려고 한다. 12절의 시작 부분은 "한 사람으로 말미암아 죄가 세상에 **들어왔다**"고 말하는데, 강조 표시가 된 단어는 그리스어 **에이세르코마이**(*eiserchomai*)의 번역이다. "죄가 모든 사람에게 이르렀다(death spread to all people)에서 "이르렀다(spread, 퍼지다)로 번역된 그리스어는 **디에르코마이**(*dierchomai*)다. 따라서 그리스어의 두 동사는 각각 "들어오고"

---

28 고후 11:3과 딤전 2:14에 명확히 나타나 있듯이 바울은 이 점을 알고 있었다.

29 롬 5:12의 번역은 "퍼지다"를 제외하고 NIV의 번역인데, "퍼지다"는 *diēlthen*(*dierchomai*의 부정과거) NRSV의 번역이다.

이어서 "퍼지는" 것을 의미한다. 암세포나 나쁜 생각 또는 이 경우 인간을 불가피한 죽음으로 내모는 죄의 우주적인 힘처럼 말이다. 바울은 그 확산이 **어떻게** 일어나는지에 대해 말하지 않는다. 아담이 죄가 불가피해진 도덕적 및 사회적 상태를 만들었다는 아이디어에 끌리는 사람이 있지만, 로마서 5:12-21의 언어는 좀 더 우주적이고 영적인 관점에서 설명될 수 있을 뿐이다.[30] 모든 인간의 죄악성에는 인간의 환경 이상의 요소가 작용하고 있다.

바울은 **죄**, **죄성**, 생식과 출생 및 하나님 앞에서 살았던 삶을 통한 **죽음**의 유전을 긍정하지도 않고 부정하지도 않는다. 훗날 구원 이론에서 핵심적인 내용이 된 요소들—각 사람이 아담 "안에서" 죄를 지었다는 것과 각 사람이 정죄된 상태에서 태어나고 구원을 필요로 한다는 것—은 그것이 논리적으로 아무리 명확하다고 할지라도 **로마서 5:12에서 발견될 수 없다**.[31] 아담과 그의 모든 후손 사이의 연결은 명백한데 그 연결 방식은 모호하다. 달리 말하자면 우리는 명백하면서도 모호한 이 구절을 일리가 있게 만드는 여러 설명을 제시할 수 있다. 바울이 이 구절에서 생식과 출생이 선천적으로 각 사람을 정죄된 죄인으로서의 아담의 지위에 두었다고 믿었을 수도 있고, 각 사람이 **아담이 죄를 지은 방식으로 죄를 짓는다는 점에서 각 사람**

30 Robert Jewett은 다음과 같이 말한다. "바울은 아담의 행위가 결정적으로 그의 후손들의 행동을 결정하는 것으로 묘사한다." 그러나 그는 이것을 원죄로 설명하지 않고 사회의 관점에서 설명한다. "조상의 행동들이 그들의 후손의 행동들을 결정한다는 점에서 이 대목에 사회적 죄 이론이 암시되는 것처럼 보인다"(*Romans*, 375).

31 아우구스티누스 계열의 사상에 관한 광범위한 논의는 S. Lewis Johnson, "Romans 5:12—An Exercise in Exegesis and Theology," in *New Dimensions in New Testament Study*, ed. Richard N. Longenecker and Merrill C. Tenney (Grand Rapids: Zondervan, 1974), 298-316을 보라.

이 아담이라고 주장될 수도 있을 것이다(나는 곧 그렇게 주장할 것이다). 그렇다면 우리가 모든 사람이 죄인으로 태어난다고 주장할 수도 있고 각 사람이 죄인이 된다고 주장할 수도 있지만, **두 이론 모두 이 구절에서 진술되지 않은 것에 대한 설명**일 뿐이다. 이 구절이 **신약성경에서** 그 구절을 토대로 이런 종류의 이론이 구성될 수 있는 **유일한 구절**이라는 점을 우리가 주목해야 한다.

여기서 바울이 두 극단 사이에 서 있음을 우리가 알 필요가 있다. 아담이 실제로 죄를 풀어놓았지만 각 사람 역시 죄를 짓고, 아담이 사망을 풀어놓았듯이 각 사람이 고의로 죄를 짓고 자기의 죽음에 책임이 있다. 로마서 8:19-22에서 바울은 창조세계가 아담과 하와의 죄를 통해 발생한 "허무함"(무익함) 자체에 굴복하고 있고, 자신의 구속을 위해 인간의 구속을 기다리고 있다고 생각한다. 그렇다면 이 구절에서 "이중의 죽음", "신체적-영적 죽음" 또는 "총체적 죽음"이 작동하고 있다. 바울은 아담이 우주적 죽음을 풀어 놓은 데만 관심이 있는 것이 아니라, 아담 또는 하와로서의 우리 각자가 자기의 죽음을 발생시키는 데도 관심이 있다.[32] N. T. 라이트는 이 이중의 죽음을 출애굽과 우주적 전쟁의 관점에서 서술한다.

> 기초가 되는 그의 새로운 출애굽 이야기의 관점에서 죄와 사망은 파라오의 역할을 한다. 바울은 그것들을 아담의 행동을 통해 하나님의 세상에 대한 접근권이 주어진 외계의 힘들이라고 상상한다. 그것들은 들어와 머물고, 머물면서 왕의 권력을 장악한다. 원인과 결과로 연결된 그것들은 이제 자기들이 찬

32 Dunn, *Theology*, 96. "신체적-영적" 죽음과 "총체적" 죽음은 Moo, *Romans*, 320을 보라.

탈한 영역을 확보하면서 가는 곳마다 불행과 부패와 타락을 가한다. 아무도 그것들의 위풍당당한 권위에서 면제되지 않는다.[33]

이 이중의 죽음이 바울에게 균형을 잡아주는 요소이지만 그것은 원죄와 원죄책에 연결된 훗날의 전개와는 거리가 멀다.

그렇다면 우리가 어떻게 이 원죄, 원죄의 본질, 원죄책에 대한 믿음을 가지게 되었는가? 그것은 많은 초기 신학자들이 로마서 5:12의 "모든 사람이 죄를 지었으므로"에서 추론한 내용과 일부 초기 신학자들이 이 말을 라틴어로 번역한 내용(*in quo*, 즉 "~ 때문에"가 아니라 "그 사람 안에서") 그리고 아우구스티누스의 신학 사상의 힘—그는 모든 사람이 아담의 원죄 안에서 죄책이 있다는 신학적 인류학을 개발했다—의 조합에서 비롯되었을 가능성이 가장 크다. 물론 우리가 교회의 전통의 힘을 존중할 필요가 있지만, 나는 "성경 우선"(prima scriptura)을 믿는 개신교도이며 따라서—오늘날 유사한 의문을 품고 있는 다른 많은 사람과 마찬가지로—이 구절이 이 해석의 무게를 견딜 수 있는지 질문한다. 나는 그 대답이 "아니오"라고 생각한다. 암브로시아스터와 아우구스티누스가 "그 사람 안에서"라고 번역했고 NIV가 "~ 때문에"로 번역한 어구의 그리스어 표현은 **에프 호**(*eph' hō*)다. 바울 서신에서 이 표현은 고린도후서 5:4과 빌립보서 3:12 및 4:10에서 발견되는데 그 구절들은 다음과 같다. 각각의 구절에서 **에프 호**(*eph' hō*)는 강조되어 있다.

---

33 Wright, "Romans," 525.

고린도후서 5:4: "참으로 이 장막에 있는 우리가 짐 진 것 같이 탄식하는 것은 벗고자 함이 아니요 오히려 덧입고자 함이니[하기 **때문이니**] 죽을 것이 생명에 삼킨 바 되게 하려 함이라."

빌립보서 3:12: "내가 이미 얻었다 함도 아니요 온전히 이루었다 함도 아니라 오직 내가 그리스도 예수께 잡힌 바 된 그것을 잡으려고 달려가노라"(영어 성경 NRSV와 CEB 번역본에는 "~ **때문에**"가 들어있다).

빌립보서 4:10: "내가 주 안에서 크게 기뻐함은 너희가 나를 생각하던 것이 이제 다시 싹이 남이니 [**실로**] 너희가 또한 이를 위하여 생각은 하였으나 기회가 없었느니라"(영어 성경의 NRSV에는 "실로"로 표현되어 있지만 CEB에서는 "물론"으로 번역되어 있다).

위의 세 구절 어디에서도 **에프 호**(*eph' hō*)가 "그 사람 안에서"를 의미하지 않으며, 그중 두 구절에서는 그것이 "~ 때문에"를 의미한다. 오늘날 로마서를 연구하는 대다수 학자는 우리가 그 단어를 인과 관계를 나타내는 것으로 사용해야 하며 따라서 "모든 사람이 죄를 지었기 때문에"로 이해해야 한다는 데 동의한다.[34]

바울이 이 대목에서 모든 사람이 아담 안에서 죄를 지었고 따라서 죽는다고 말하고 있는 것이 아니라, **각 사람이 아담처럼 죄를 짓고 따라서 그**

34 **헤마르톤**(*hēmarton*)의 그리스어는 완료 시제("have sinned")가 아니라 부정과거 시제("sinned")다. 완료시제는 모든 사람이 아담 안에서 죄를 짓는 것을 뒷받침하는 반면 부정과거 시제는 책임이 각 사람에게 좀 더 많이 귀속되게 한다. Joseph Fitzmyer는 **에프 호**(*eph' hō*)가 "~의 결과를 지닌다"를 의미한다고 생각하지만, 그 해석은 죽음이 죄를 야기하는 행위가 되게 만든다. 이 구절에서 죄가 죽음을 야기하는데 말이다. Fitzmyer, *Romans*, Anchor Bible 33 (New Haven: Yale University Press, 1993), 413-17을 보라.

죄를 짓는 것 때문에 죽는다고 말하고 있음을 우리가 관찰하고 오랫동안 강조해서 반복할 필요가 있다. 인간은 아담에게서 뭔가를 물려받지만, 그 물려받은 것 때문에 죽는 것이 아니라 자기가 죄를 짓기 때문에 죽는다. 아마도 바울이 "죽음이 모든 사람에게 이르렀다[퍼졌다]"고 말할 때 의미하는 바는 모든 사람이 아담처럼 죄를 짓기 때문에 죽음이 퍼졌다는 뜻일 것이다. 확실히 로마서 5:18-19에는 집단적 성격이 존재하는데, 우리가 그 집단적 성격을 볼 수 있도록 그 구절을 여기서 다시 살펴볼 필요가 있다.

> 그런즉 한 범죄로 많은 사람이 정죄에 이른 것 같이 한 의로운 행위로 말미암아 많은 사람이 의롭다 하심을 받아 생명에 이르렀느니라. 한 사람이 순종하지 아니함으로 많은 사람이 죄인 된 것 같이 한 사람이 순종하심으로 많은 사람이 의인이 되리라.

한 사람의 순종 때문에 모든 사람이 생명을 얻듯이 한 사람의 범죄 때문에 모든 사람이 정죄된다. 따라서 로마서 5:12에서는 개인이 강조되는 반면에 로마서 5:18-19에서는 인간의 연대성이 강조된다. 개인과 연대성 중 어느 것이 이 대목을 지배하는가?[35] 많은 학자가 모든 사람이 아담 "안에서" 그리고 아담과 "함께" 죄를 짓는다고 생각하거나,[36] 아담은 우리의 대표자이

---

35 일부 학자들은 연대성을 강조하며, 연대성을 (아담 안에서) "모든 사람이 죄를 지었으므로"가 의미하는 바라고 생각한다. 그렇게 생각하는 두 학자의 문헌은 다음과 같다. Moo, *Romans*, 321-29; Henri Blocher, *Original Sin: Illuminating the Riddle*, 2nd ed. (Downers Grove, IL: IVP Academic, 2000), 63-81.

36 "안에서 그리고 함께"라는 언어는 Moo가 아우구스티누스와 다르게 생각하기보다는 아우구스티누스처럼 생각하려는 시도에서 비롯되었다. 비록 그의 견해가 아우구스티누스의 견해와 똑같은 것은 아니지만 말이다. Moo, *Romans*, 326을 보라.

고 그가 한 행위를 우리도 했다고 생각한다. 톰 홀랜드는 후자인 연대 이론(federal theory)을 가장 명확하게 진술한다.

> 아담은 인류를 대표한다. 그는 모두를 포함하는 우두머리로서 인류의 아버지다. 그가 죄를 짓고 자기와 하나님 사이의 관계를 깨뜨렸을 때 그는 자기의 모든 후손을 자기와 함께 어둠 속으로 끌어들였다. 아담이 하나님으로부터 차단되었을 뿐만 아니라 그의 모든 후손도 그렇게 되었다. 성경의 관점에서 표현하자면 원죄 교리는 물려받은, 내재적인 왜곡된 본성과는 아무 관계가 없다. 그것은 우리의 조상 아담의 죄 때문에 우리가 하나님과 적대적인 상태에 처해 있음에 관한 것이다. 죄 가운데 태어난다는 것은 반역적인 인류 안으로 태어나는 것이다. 그것은 아담이 하나님을 거절한 것이 확립한 어둠의 왕국의 일부가 됨에 관한 것이다. 아담의 자녀로서 모든 인간은 동일한 그 죄를 공유하고 그 과정에서 하나님을 거절하기를 선택했다(원문의 표현임). 모든 인간의 죄라는 바울의 교리는 아담의 불순종과 그가 사탄(죄)과 맺은 언약 관계에 뿌리를 두고 있다. 죄 안에 있다는 것은 아담 안에 있는 것이고, 아담을 통해 죄(사탄)와 언약 관계에 있는 것이다.[37]

홀랜드의 로마서 설명이 많은 사람으로 하여금 그의 의견에 동의하게 만들

---

37 Tom Holland, *Romans: The Divine Marriage; A Biblical Theological Commentary* (Eugene, OR: Wipf & Stock, 2011), 159. Blocher가 롬 5:12을 풀어 쓴 것은 연방적 대표 아래 바울의 문법을 숨긴다. "한 사람 아담을 통해 죄가 세상에 들어오고 죄-사망의 연결이 확립된 것처럼 그들의 죄에 대한 처벌로서 사망이 모든 사람에게 가해질 수 있었다"(*Original Sin*, 78). 롬 5;12은 그것보다 좀 더 명확하다. 즉 그들은 자기들이 죄를 짓기 때문에 죽는다. 각 사람의 책임을 약간 더 강조하는 견해는 Michael F. Bird, *Romans*, Story of God Bible Commentary (Grand Rapids: Zondervan, 2016), 178-80을 보라.

지만 나는 동의하지 않는다. 그는 아담 이후 모든 사람의 연대성을 강조하기를 원하지만, 나는 그것이 바울이 실제로 말하는 바에 근거할 수 있는지 자신이 없다. 우선 로마서 5:18-19에서 범죄는 아담의 것인 반면 순종은 그리스도의 것임을 주목하라. 각각은 그것들이 수여하는 것, 즉 사망 또는 생명을 물려준다. 그러나 혹자가 모종의 보편구원론자가 아닌 한, 이 물려줌에는 완전한 연대성을 만들어내려는 모든 시도를 무너뜨리는 심오한 장애가 존재한다. 나는 **우리가 영생을 물려받기 위해 그리스도의 순종의 행동에서 유익을 얻으려면 행동해야—믿어야—하는 것과 마찬가지로 우리에게 죽음을 가져오려면 행동할—죄를 짓거나 불순종할—필요가 있다**고 주장하고자 한다. 큰 그림은 아담이 사망을 가져오고 그리스도가 생명을 가져온다는 것이지만, 각각이 효력을 발생하게 되는 **기제**는 인간의 행동이다. 아담의 계보에 머무르는 사람들은 아담의 행동을 하는 반면(즉 그들은 죄를 짓는다) 그리스도의 계보로 들어가는 사람들은 그리스도의 행동을 한다(즉 그들은 그리스도를 신뢰한다). 이것이 바울이 로마서 5:12에서—모든 사람이 "아담의 족속들"이기 때문이 아니라 "모든 사람이 죄를 지었기 때문에"—모든 사람이 죽는다고 말할 때 실제로 말하는 내용이다. 그 차이의 함의는 매우 크다.

다른 학자들은 우주적 힘으로서의 죄를 실제로 풀어놓은 것과 하나님 앞에서 개인의 죄와 책임성을 비난하는 것을 결합하는, 좀 더 미묘하고 균형 잡힌 접근법을 선호한다. 즉 인류는 아담의 죄로 영향을 받았지만, 개인들은 자기가 직접 죄를 지을 때까지는 책임을 지지 않는다. 이 대목에서도 던은 그 텍스트에 빛을 비춰주는데 이번에는 영국의 식민지 권력을 전복시키기 위한 로데시아(오늘날의 짐바브웨)의 반란을 상기시킴으로써 그렇게 한다. 로데시아에서 태어난 아기는 성인이 되어 반란에 가담할지를 선택하기까지는 반란군이 아니었다.[38] 우리는 또다시 개체성과 아담 안에서의 연대성이라는 주제가 상호작용하는 것을 본다. 우리는 모두 아담이고 우리 각자가 한 명의 아담과 한 명의 하와가 된다. 우리가 바울 자신의 말을 공정하게 이해하려면 둘 다 필요하다. N. T. 라이트는 이 모든 것을 하나의 균형 잡힌 관점 안으로 통합한다. "바울이 의미하는 바는 아무튼 죄악성이 최초의 시작부터 인류에게 퍼졌다는 것과 각 사람이 그것에 자신의 몫을 기여했다는 것 모두를 포함해야 한다. 바울은 이것들이 처음에 실제로 어떻게 작동하는지 또는 그것들이 어떻게 서로 관련되는지에 관해 추가적인 실마리를 제공하지 않는다."[39]

그런 결론은 바울과 후대 기독교 신학 사이의 연결을 무력화하지 않는다. 그것은 바울을 우리가 앞 장에서 요약한 그의 유대교 선조들처럼 만든다. 유대교에서 아담은 죄를 세상에 풀어놓은 원형적인 죄인이다. 아담은 다른 사람들의 죄와 죽음에 책임이 있는 사람으로 묘사되기보다는 자신의 선택에 있어서 도덕적 원형이다. 그렇다면 우리는 로마서 5:12을 이처럼 전형적인 유대교 식으로 읽는다. 우리는 바울의 마음을 명확하게 보는 폴 악트마이어에게 동의한다. "인간의 죽음의 보편성은 바울이 경험을 통해 알게 된 인간의 죄의 보편성에 대한 증거다."[40] 즉 바울은 창세기를 통해 죄가 사망으로 이어진다는 것을 안다. 그리고 모든 사람이 죽기 때문에 그는 모든 사람이 죄를 짓는다는 것을 안다. 바울은 확실히 이것을 경험을 통

38 Dunn, *Theology*, 97 각주 82.

39 Wright, "Romans," 527.

40 Paul J. Achtemeier, *Romans*, Interpretation (Atlanta: John Knox, 1986), 97.

해서도 알았다.

> 인간의 역사의 주요 특징인 어리석음, 타락, 증오에는 설명이 필요하다. 사람들은 왜 그렇게 일관성 있게 선으로부터 모든 종류의 악으로 돌아서는가? 바울은 이 구절에서 아담 안에서 존재하는 인간의 연대성이 그것에 대한 설명이라고 단언한다. 그리고 우리가 이 연대성을 아담 안에서 아담과 함께 죄를 짓는 것의 관점에서 설명하든 아담으로부터 물려받은 부패한 본성 때문으로 설명하든 그것은 이 대목에서 문제가 되지 않는다. 어느 견해에서든 인간의 보편적인 죄악성에 관한 이 설명과 성경의 설명은 역사와 경험의 데이터를 경쟁하는 다른 어떤 이론만큼이나 잘 설명하고 그런 이론보다 더 잘 설명하는 것처럼 보인다.[41]

우리는 이제 이 책의 이 단락의 중요한 순간에 도달했다. 로마서 5장(그리고 고전 15장)에서 어떤 종류의 아담이 발견되는가? 그 질문에 대한 답변은 명확하다. 바울의 아담은 자신의 죄를 통해 세상에 죄를 풀어놓은 사람이면서 동시에 자신을 각 사람의 모델이 되는 **원형적, 도덕적, 전형적 아담**으로 해석하는 유대교 전통을 통해 걸러진, 창세기에 묘사된 **문학의** 아담이다. 각 사람이 아담(과 하와)처럼 죄를 지었기 때문에 죄인으로서 하나님 앞에 정죄된 존재로 서게 된다. 아담은 그리스도의 정반대다. 그리스도는 아담이 한 일을 무효로 만드셨다. 아담이 하지 않은 일을 그리스도는 해내셨다. 그러므로 바울은 아담을 비난할 수 없다. 그는 각 사람이 아담처럼 죄를 지

41 Moo, *Romans*, 329; Wright, "Romans," 531-2도 보라.

은 데 대해 그 사람을 비난한다. 따라서 "한 사람으로 말미암아 죄가 세상에 들어오고 죄로 말미암아 사망이 들어온" 데 대한 로마서 5:12의 기제가 "모든 사람이 죄를 지었으므로"를 통해 설명되는 것을 주목하라. 이는 로마서 3:23의 "모든 사람이 죄를 범하였으매 하나님의 영광에 이르지 못하더니"와 흡사한 병행 구절이다. 전에는 영광의 사람이었던 아담은 하나님의 요구에 따라 살지 못했고 따라서 전형적인 도덕적(비도덕적) 인간이 되어 "우리가 아담을 따를 것인가 아니면 그리스도를 따를 것인가?"라는, 성경 전체를 관통하는 질문을 남긴 전형적인 인간이다.

주제 5

바울의 아담은 역사적 아담이 아니었다.

내가 관여한 중요한 모든 과학과 신앙 사이의 논의는 궁극적으로 "당신은 역사적 아담을 믿습니까?"라는 질문으로 귀결된다. 이 책 2부의 배후에 잠복해 있는 이 질문은 본격적으로 논의되기를 기다리고 있었다. 이 질문이 답변될 수 있도록 우리는 지금까지 창세기를 고대 근동의 맥락에서 어떻게 읽어야 하는지와 바울이 양육된 유대교의 세계에서 아담이 어떻게 이해되었는지를 살펴보았다. 우리는 계속 아담이 창세기에 등장하는 문학적-계보상의 아담이지만 아담과 하와가 다양한 신학적·철학적 맥락에서 사용되었고 그것이 아담에 대한 다른 해석들을 낳았다는 것을 살펴보았다. 물론 창세기와 유대교 텍스트 모두에서 다소 다른 뉘앙스를 보는 사람도 있을 것이고, 유대인들이 참으로 "역사적" 아담과 하와를 믿었다는 힌트를 보기를 원하는 사람도 있을 것이다. 이 책에서 나는 아담과 하와에 관해 내가 어떻게 생각하는지를 제시했는데 아담과 하와에 관한 이 접근법은 내가 과학에서 배운 것과 내가 구약성경 연구에서 배운 것 사이의 변증법에서 직접 흘러나온다. 역사적 아담에 관한 논쟁이 조만간 사라질 것 같지는 않지만, 이 책은 "역사적"이라는 형용사가 아담과 하와에게 사용될 때 그것이 무슨 의미인지에 주의를 기울이게 했다.

우리가 성경에 등장하는 계보상의 아담에서 역사적 아담에 관한 모종의 힌트를 발견하고 때때로 유대교 문헌에서 훨씬 더 명시적인 진술을 발견하지만, 우리는 사람들이 역사적 아담에 관해 질문할 때 그들이 실제로 의미하는 것을 완전히 발견하지는 못했다. 따라서 나는 아담과 하와를 "역사적"이라고 부르는 것이 무엇을 의미하는지를 반복하려고 한다.

1. 아담과 하와라는 두 명의(그리고 때때로 오직 두 명의) **실제** 인물이 하나님의 창조의 결과 갑자기 존재하게 되었다,
2. 이 두 사람은 오늘날 살아 있는 모든 사람과 **생물학적**인 관계가 있다(생물학적 아담과 하와),
3. 그들의 DNA가 우리의 DNA다(유전적 아담과 하와). 그리고 이는 종종 다음을 의미한다.
4. **죄를 지었고, 죽었고, 세상에 죽음을 들여온** 두 사람(타락한 아담과 하와),
5. (여러 학자에 따르면) 모든 인간에게 그들의 **죄성을 물려준** 두 사람(죄

성의 아담과 하와).[42] 이는 다음을 의미한다.

6. 그들이 죄를 짓지 않았고 모든 인간에게 그 죄성을 물려주지 않았더라면 **모든 사람이 구원을 필요로 하지는 않았을 것이다**.
7. 그러므로 **역사적** 아담을 부인하는 것은 구원의 복음을 부정하는 것이다.

바울이 아담에 관해 말한 것에 대해 위의 내용 중 얼마나 많이 적용되는가? 바울은 확실히 생물학적으로나 유전적으로 생각하지 않는다. 보수적인 유형의 그리스도인들—젊은 지구 창조론자들—처럼 바울은 성경을 믿었다. 그리고 그는 성경을 믿었을 뿐만 아니라 성경이 모종의 방식으로 "과학적"이라고 믿었다. 그가 생각한 과학의 범주에서 말이다. 오늘날의 보수적인 그리스도인들과 달리 그는 더 잘 **알 수 없었고** 더 잘 **알지 못했다**. 위 목록을 살펴본 나는 바울이 위의 목록의 1번의 의미를 **믿었을지도 모른다**고 생각하지만, 그는 결코 명시적으로 그런 식으로 말하지 않았다.[43] 나는 바울이 당시의 유대인들처럼 **문학의** 아담과 하와가 **계보상**의 아담과 하와이기도 하고 따라서 그들이 이스라엘의 역사 속 인물들이었다고 생각했을 것이라고 주장하고자 한다. 그러나 2, 3, 5번 의미에 관해서는 바울의 명시적인 언급이 발견되지 않는다. 바울은 1번 의미를 긍정했을지도 모른다. 그리고

42 죄성의 전달 방법(현실주의, 생물학적 전달, 씨앗 상태로의 전달) 및 아담(과 하와)과 인류의 나머지 사이의 대표 또는 연대적 우두머리 이론에 관해 상당한 신학 논쟁이 일어났다. 그러나 역사적 아담에 대한 믿음에 대한 나의 인식은 대표 이론과 관련이 있는 만큼이나 생물학적 및 유전적 연결과도 관련이 있다.

43 혹자는 계보들이 모종의 생물학적 아담과 하와 및 궁극적으로 역사적 아담과 하와에 이르는 지표라고 주장할 수도 있을 것이다. 이 주장에 관해서는 Walton, *Lost World of Adam and Eve*, 96-103을 보라.

바울은 4번 의미를 명시적으로 긍정했다. 그러나 바울은 그의 구속의 복음의 토대를 **역사적** 아담에 두지 않는다. 적어도 "역사적"이라는 말이 아담과 하와에게 적용될 때 그 형용사가 무슨 뜻인지에 관해 내가 설명한 의미에서는 말이다. 오히려 바울은 창세기가 불순종이 죄로 이어지고 죄가 죽음으로 이어지는 범주와 궤적을 설정한다는 것을 믿었고, 모든 인간이 죄를 짓는다는 것을 관찰한 바울은 그의 동료 유대인들이 단언한 내용을 긍정한다. 즉 사람들은 자기가 죄를 짓기 때문에 죽는다. 바울의 복음은 "역사적 아담"에 관해 그런 정의를 요구하는 것이 아니라 다음을 요구한다.

- 하나님의 형상대로 지음을 받은 아담과 하와
- 하나님으로부터 선악을 알게 하는 나무의 열매를 먹지 말라는 명령을 받은 아담과 하와
- 불순종하기로 선택한 아담과 하와
- 따라서 죽음으로 향하게 된 아담과 하와
- 모든 인간에게 죽음을 물려 준 아담과 하와

그리고 바울의 복음은 모든 인간 각각의 상태—역사상 모든 인간이 하나님의 요구에 직면해서 불순종하기로 선택하고 따라서 죽는다—의 전형적인 예인 아담과 하와를 필요로 한다.

바울을 연구하는 학자들 가운데 바울이 두 명의 실제 인간을 믿었다고 주장하는 사람들이 있는 반면에 바울이 무엇을 믿었는지를 확실하게 알 수 없다고 생각하는 사람들도 있다. 나는 조지프 피츠마이어의 견해와 입장을 같이한다. "바울은 아담을 인류의 최초의 부모인 역사적 인물로 다루

며 그를 역사적 예수 그리스도와 대조한다. 그러나 창세기 자체에서 **아담**('*Adām*)은 인간을 가리키는 상징적 인물이다.…따라서 바울은 창세기의 상징적 아담을 역사화했다." 이 대목에서 피츠마이어의 말이 무슨 뜻인지 확실하지 않지만, 그는 훗날 1세기의 유대인 사도[바울]와 관련해서 **역사적** 아담과 하와에 관해 말하는 것이 무엇을 의미하는지에 관해 자신의 생각을 명확하게 밝힌다.

> 바울은 역사의 아담에 관해서는 아무것도 알지 못했다. 그가 아담에 관해 아는 내용은 창세기 및 창세기로부터 개발된 유대교 전통으로부터 자신이 도출해낸 것이다. 바울에게 있어서 "아담"은 창세기에 등장하는 아담이다. 그는 햄릿과 같은 문학적인 개인이지, [15세기 영국의 권선징악극 「에브리맨」(Everyman)에 등장하는] 에브리맨 같은 상징적인 인물이 아니다. 바울에게 있어 아담은 마태복음의 저자에게 있어 요나(마 12:40)나 히브리서 저자에게 있어 멜기세덱(히 7:3) 같은 존재다. 세 사람 모두 그리스도를 돋보이게 하는 인물로 사용되었다. 그러나 그들은 사안에 따라 역사화되었을 수도 있고 그렇지 않았을 수도 있는 문학의 인물들이다.[44]

던도 이 점을 다음과 같이 말한다.

> 특히 이 대목에서 바울의 신학적 요점이 아담이 "역사적" 개인이라거나 아담의 불순종이 역사적 사건이라는 데 의존한다는 말은 사실이 아닐 것이다. 그

44 Fitzmyer, *Romans*, 407-8, 410.

> 런 함의는 반드시 그리스도의 한 가지 행동과의 병행이 도출된다는 사실에서 나오는 것이 아니다. 신화적 역사에서 일어난 행동이 실제 역사에서 일어난 행동과 평행관계를 형성하더라도 비교의 요점이 상실되지 않는다. 인간 실패의 슬픈 이야기를 시작한 사람으로서 아담 이야기가 잘 알려진 이상—우리는 그렇게 가정할 수 있다(바울의 짧은 제시는 그런 지식을 전제한다)—그런 비교가 유의미했다.

우리가 앞 장에서 창세기에 관해 살펴본 데서 명확하게 드러났듯이 나는 창세기가 "신화적 역사"라는 던의 의견에 동의하지 않는다. 창세기의 아담과 하와 묘사가 역사와 정확히 어떻게 관련되는지를 창세기 자체의 텍스트를 통해 알기는 어려우며, 따라서 그 강력한 문학 텍스트에 신화라는 장르를 부여하는 것은 우리가 알고 있는 수준을 넘어가는 처사다. 그러나 우리가 "신화적 역사"를 "문학의 아담과 하와"로 대체하더라도 던의 요점은 동일하게 유지될 것이다.

그는 계속해서 다른 중요한 요점을 제시하는데, 그것은 고대 이스라엘 사람들이 불가능한 것을 믿을 정도로 쉽게 속아 넘어가기라도 했던 것처럼 그들이 다소 잘 속는 사람들이었다고 생각하는 사람들로부터 내가 너무도 자주 들었던 말을 반박한다.

> 현대의 해석이 원시적인 정신은 자연히 아담 이야기를 문자적인 역사로 이해했으리라는 일반화를 옹호하는 것을 조장하지 않아야 한다. 가령 이 시기에 오시리스 신화가 이해되는 방식에 관한 플루타르코스의 설명(*De Iside et Osiride* 32 이하)에 비춰볼 때, 역사의 여명에 관해 말한 그런 이야기들이 상당히 정교

하게 다뤄질 수 있었고 그렇게 다뤄졌으며 문자적 의미는 대체로 무시되었다는 것이 명확하다. 실로 우리는 아담과 그리스도라는 두 획기적인 인물들 사이의 비교는 개인 아담을 역사화하려는 것이라기보다 역사적 그리스도의 개인적 중요성을 끄집어내려는 것이라고 말해야 한다.[45]

우리가 성경을 맥락에서 읽고, 성경을 우선시하고, 과학을 공부하는 학생들에게 민감하게 성경을 읽으려면 유대교 세계가 알았던 다양한 종류의 아담과 하와에 대해 우리가 과거에 기울였던 관심보다 훨씬 많은 관심을 기울일 필요가 있을 것이다. 우리가 오늘날 **역사적** 아담과 하와로 알고 있는 내용은 바울 당시에는 아직 형성되지 않았기 때문에 그는 그것을 알지 못했다. 그는 계보상의 아담과 하와를 알았고 도덕적·모범적·원형적 아담과 하와를 알았다. 그러나 **역사적** 아담과 하와는 바울이 영원한 보상을 받으러 이 세상을 떠난 지 오래 뒤에야 나왔다. 바울은 이제 그가 있는 곳에서 아담과 하와가 실제로 어떤 인물들이었는지를 알게 되었을 것이다.

---

45 Dunn, *Romans*, 1:289-90.

후기

나는 30년 동안 교회 사역자로 일했는데 내가 그 직업을 택한 부분적인 이유는 내가 과학에 소질이 없었기 때문이었다. 하나님께서는 내 뇌를 물리학보다는 형이상학에 좀 더 적합하게 만드셨다. 그럼에도 보스턴에 있는 대학교 교회에서 여러 해 동안 섬기다 보니 우리 교회의 회중에 속하는 세계 최고 수준 학교 출신의 과학자들과 많은 시간을 보내게 되었다. 나는 과학을 잘 알지 못했지만 이 과학자들의 연구와 그것이 기독교 신앙과 실천에 주는 함의들에 매료되었다. 신학의 렌즈를 통해 과학을 보고서 나는 하나님의 손으로 만들어진 작품으로서의 자연의 힘과 쿼크에서 퀘이사까지 모든 것에 나타난 성령의 창의성에 감탄했다. 아쉽게도 우리 회중에 속한 과학자들이 언제나 같은 관점을 가지지는 않았다. 유전학자인 우리 교인 중 한 명은 유전자 전환이 개선할지도 모르는 특정한 질환에 연구를 집중했다. 나는 그녀에게 유전학자로서 자신의 연구의 좀 더 넓은 함의나 그 연구가 인간의 삶에 대해 어떤 영적 영향을 줄 수도 있을지 고려해보았는지 물어보았다. 그녀는 생각해보지 않았다며 자신의 연구 기금으로는 자기가 연구하고 있는 유전자 하나에만 초점을 맞출 수 있을 뿐이라고 말했다. 우리 교회의 과학자들과 과학을 전공하는 대학원 학생들은 자신들의 일에 관해 신학적으로 생각할 시간이 없었기 때문에(또는 시간을 내지 않았기 때문에) 나는 과학과 신학의 만남을 탐구하기 위해 소그룹을 시작했는데, 우리는 그 분야를 "신학적 생물학"으로 불렀다. 우리는 매주 유전학, 분자 생물학, 진화의 다양한 측면들을 고찰하고 기도했다. 또는 적어도 그렇게 하려고 노력했다. 우리 교회와 소그룹에 출석한 대다수 과학자는 뒤로 물러나 자신의 신앙을 구획화했는데 그것은 대체로 데니스와 스캇이 이 책에서 제기한 이슈들 때문이었다. 그들은 자신의 개인적 신앙과 연구를 어떻게 연결해야 할지 확신이 없었다. 성경 및 특정한 해석 전통에 대한 충성은 통합을 벅찬 일이 되게 했고 과학 자체의 실천도 마찬가지였다. 영은 계량화되거나 직접 관찰되거나 측정될 수 있는 것이 아니기 때문에 과학은 영적 사색의 여지를 거의 남기지 않는다. 우리는 몇 번 모이고 나서 어떻게 생산적인 대화를 할지 알지 못해 모임을 해체했다.

대다수 일요일에, 교회에 출석한 사람들은 신학 논쟁에 신경을 쓰는 것만큼 과학에 관심을 기울이지 않는다. 목회자들과 설교자들도 마찬가지다. 우리는 이미 많은 논쟁거리를 가지고 있는데 우리 스스로 또 다른 논쟁거리를 만들어낼 여력이 없다. 그러나 이따금 히스토리 채널이 성경의 신뢰성에 도전하거나 내셔널 지오그래픽 채널이나 디스커버리 채널이 고대의 호미닌들과 문명화에 관한 보고서들을 다루면 사람들은 과학과 성경이 공존할 수 있는지 질문할 것이다. 나는 교회 역사에서 여러 세기 동안 신학자들과 과학자들이 유의미하게 협력하여 성경과 자연 모두에 대한 이해를 발달시켜온 것을 알고 있다. 그래서 나는 부과된 경계와 내가 과학을 알지 못한다는 것을 떨쳐내고 몇 가지를 배우기로 결심했다. 나는 내 회중의 영혼들과 교회를 위해 그들이 격화되고 있는 신앙 대 과학 사이의 갈등을 좀 더 잘 헤쳐나가도록 도움을 주기를 원했다.

그리스도인들은 모든 진리는 하나님의 진리라는 입장을 유지하는데, 이는 신앙과 과학이 차이에도 불구하고 **"왜"**를 설명하는 문제에 있어서는

현상(what is)에 관해 동의해야 함을 암시한다. 과학은 우리가 우리의 세상과 상호 작용하는 방법을 알려준다. 그것은 질병과 싸우고, 유기체들과 성장을 이해하고, 환경을 보호하고, 미래를 위해 계획하기 위한 불가결한 수단이다. 과학은 우리가 그것을 좋아하거나 그것의 교의를 신봉하는지와 관계없이 중요하다. 과학이 중요하기 때문에 우리가 과학에 대해 신학적 숙고를 할 가치가 있다. 기독교는 자신의 신학적 성찰을 위한 원천으로서 성경의 내러티브에 충실하게 머물러야 한다. 하지만 기독교는 동시에 신학이 숙고하는 우주에 관한 정확한 묘사로서 과학적 발견을 알려야 한다. 좀 더 신뢰할 수 있는 자연의 증인으로서 우리는 하나님께 대한 좀 더 신뢰할 수 있는 증인이 될 수 있다. 과학이 논쟁이 되지 않는 회중에서는 과학적 발견이 미와 경이와 찬양의 원천으로 기쁘게 설교될 수 있다. 과학과 성경이 얽혀 있음을 관찰하는 것은 자신의 창조세계를 창조하시고 유지하시는 하나님께 대한 강력한 증언이다.

내가 배운 교훈 중 하나는 과학적 데이터 또는 (관찰, 실험, 과학적 과정의 증거가 되는 산출물을 통한) 발견사항들과 과학적 데이터에 대한 **해석** 사이의 구분을 강조할 필요가 있다는 것이다. 그리스도인들은 데이터의 해석과 오용을 공격하는 것이 아니라 데이터를 공격하는 잘못을 저질러왔다. 과학이 어떤 현상을 설명할 수 있다는 이유만으로 하나님의 관여가 부정되는 것은 아니다. 우리가 우주를 더 이해한다고 하더라도 우주는 좀처럼 덜 신비롭고 덜 영적으로 되지 않는다. 과학이 지구가 오래되었고 인간이 진화했음을 보여주었다고 해서 반드시 비인격적인 창조나 창조물이 우리의 행성 먼지 입자 위에 좌초했음이 상정되지는 않는다.

성경의 경우에서와 마찬가지로 해석학이 모든 것이다.

나는 TEDx 토크[1]에서 강연한 적이 있는데, 그 프로에서 과학적 데이터가 어떻게 신학적으로 이해될 수 있는지 그리고 어떻게 참으로 하나님에 대한 믿음을 격려할 수 있는지 보여주려고 노력했다. 과학의 해석자들은 관습적으로 "단순한", "우아한", "아름다운", "놀라운" 같은 형용사를 사용해서 인간의 의식, 양자 불확정성, 빅뱅 같은 과학적 발견을 묘사한다. 그러나 같은 사람들이 곧바로 이 동일한 "경이들"이 자기들이 "무작위적", "낭비적", "무목적적"으로 묘사하는 과정을 통해 출현했다고 묘사한다. 그러나 무작위적, 낭비적, 무목적적으로 해석된 동일한 과정들이 다른 관점에서 해석되면 어떻게 될 것인가? 가령 **무작위성**으로 보이는 것이 **자유**로 해석되면 어떻게 되는가? 자연에게 자기가 원하는 대로 스스로 조립할 자유와 능력이 창조적으로 주어졌다면 어떻게 되는가? 이는 자연이 마음을 가지고 있다고 주장하려는 것이 아니라, 자연의 자유로운 과정이 우리가 관찰하고 경험하는 한계 내에서 의지의 자유를 행사할 수 있는 생물을 만들어내는 방식으로 생명이 출현할 수 있게 한다는 뜻이다. 또는 낭비가 **희생**으로 이해되면 어떻게 되는가? 우주와 인간은 막대한 희생을 치르고 출현했으며, 그 희생이 그(것)들에게 막대한 가치를 부여한다(참조. 요 3:16). 또는 무목적성이 유익이나, 멋진 신학 용어를 빌리자면, **궁극의 목적**(telos, "궁극적 목표 또는 목적"을 뜻하는 그리스어에서 나왔음)으로 이해된다면 어떻게 되는가? 그것을 싫어하든 좋아하든 생명의 진화를 보는 것은 단순성에서 복잡성으로 그리고 궁극적으로 이성, 동정심, 협력, 경이, 예배라는 독특한 능

1 Daniel Harrell, "Nature's Witness: How Science Inspires Faith," TEDx Talks, December 28, 2015, https://www.youtube.com/watch?v=4txYvRf-r_I.

력을 지닌 인간으로의 진보를 보는 것이다.

과학은 때때로 성경을 무리하게 해석하게 만든다. 그럴 때 우리는 성경의 “살아 있고 활력이 있는” 성격(히 4:12)에 호소하여 유연성을 발휘한다. 우리가 알기로 바울은 로마서 5장에서 아담과 예수를 다섯 번 대조하는데 이것은 아담, 기원, 원죄, 타락, 물려받은 죄성에 관한 설교와 가르침에서 매우 중요한 자료다. 아담의 후손으로서 우리 인간은 타고난 죄인이며, 사악하고 악을 행하는 경향이 있는 존재로 지어졌다. 오직 두 번째 아담만이 인간의 본성을 다시 쓸 수 있다. 아담과 같은 모양으로 태어난 우리는 그리스도와 같은 모양으로 **다시 태어나야** 한다. 예수 안에서 우리는 새로운 본성을 물려받는다. 하지만 당신이 읽은 바와 같이 과학은 현재 우리가 인간의 기원, 생물학적 유전, 아담의 실재성, 아담과 예수라는 인물 사이의 계보상의 연결을 통해 우리가 의미하는 바에 도전한다.

교회사를 통틀어 기독교 교리를 형성한 인물들은 관찰할 수 있고 측정할 수 있는 실재와 만난 경험을 통해 자신의 믿음을 형성했다. 나는 최근에 **기원들**에 관해 설교했지만, 그 설교는 특히 초기의 영향력 있는 (그리고 어떤 사람에게는 이단적인) 신학자인 오리게네스에 관한 것이었다. 오리게네스는 복음의 경비견이었고 성경에 깊이 헌신했으며 교리의 열정적인 옹호자였다. 나는 동시대의 네안데르탈인들 및 **호모 사피엔스**와 함께 살았던 선사 시대의 데니소바인들에 관한 데니스의 강연을 들은 뒤 오리게네스에 관한 나의 설교를 했다. 화석들에서 수집된 DNA 증거는 데니소바인들이 우리의 고대 이웃이었을 뿐만 아니라 우리 중 일부의 조상이기도 하다는 것을 드러냈다. 당신 자신의 게놈 서열을 분석해보라(요즘에는 게놈 서열분석에 약 10만 원밖에 소요되지 않는다). 그러면 당신은 선사 시대의 혼혈 때문에 당신 자신의 몸에서 네안데르탈인이나 데니소바인의 DNA의 흔적을 발견할지도 모른다. 우리 회중에 속한 한 사람은 실제로 이 분석을 해서 자기 내부의 네안데르탈인을 발견했다(그의 아내에 따르면 그 사실이 그에 관해 많은 것을 설명했다).

다시 말하지만 이것이 의미하는 바는 과학적으로 및 역사적으로 말하자면 역사상 그들의 호미닌 사촌들과 완전히 구분되는 한 쌍의 **호모 사피엔스** 부부가 갑자기 나타난 시점은 없다는 것이다. 인간의 계통수를 최대로 뒤로 추적해보면 현재의 유전자 풀(pool)의 다양성에 비춰볼 때, 하나님이 초자연적으로 자신의 명백하고 우아한 디자인을 교란하고 한 쌍의 인간을 창조하셨을 가능성은 차치하고, 단 한 쌍의 인간이 존재했고 그들로부터 우리가 현재 알고 있는 전체 인류가 나왔을 가능성이 없는 것으로 보인다. 하나님이 과학이 관찰하는 자연 세상의 창조주로 여겨질 경우 이것은 몇 사람에게는 커다란 신학적 문제를 제기한다. 과학이 옳다면 바울의 아담-그리스도 예표론은 잘못된 가정에 근거했는가? 사람들은 결국 그렇게 나쁘지는 않은가? 아담과 하와, 에덴동산, 뱀, 선악을 알게 하는 나무가 역사적으로 실제로 존재하지 않았다면 예수와 십자가와 그의 부활은 어떻게 되는가? 이 책은 이런 문제들을 다뤘다.

아직도 많은 그리스도인이 찰스 다윈이 벌레들로 가득한 통조림 캔을 열었다며 그를 비난한다. 그들은 그가 갈라파고스 제도에 발을 들여놓지 않았고 그의 이론을 내놓지 않았더라면 우리의 신앙에 문제가 없었을 것이라고 생각한다. 하지만 흥미롭게도 아담과 하와에 관한 한 다윈은 그 논의에 늦게 참여한 사람이다. 창세기의 창조 기사들에 관한 의문은 약 1,650년 전에 제기되었다.

2세기에 글을 쓰면서 오리게네스는 다음과 같은 질문들을 제기했다.

> 이해력이 있는 사람이라면 누가 태양과 달과 별들이 없는데도 첫째 날, 둘째 날, 셋째 날 및 저녁과 아침이 존재했다고 생각하겠는가? 그리고 첫째 날에는 하늘도 없었는데 말이다. 그리고 누가 어리석게도 하나님이 농부가 하는 방식으로 에덴 동쪽에 낙원을 창설하시고 그곳에 생명의 나무, 즉 볼 수 있고 만질 수 있는 나무를 심어서 누구라도 신체의 치아로 이 나무의 열매를 먹으면 생명을 얻게 하셨다고 생각하겠는가? 그리고 누가 사람이 나무에서 딴 열매를 먹어서 선과 악을 아는 일에 동참한다고 생각하겠는가? 그리고 나는 하나님이 저녁에 낙원에 거니실 때 아담이 나무 뒤로 숨었다는 진술이 특정한 신비를 비유적으로 나타낸다는 것을, 즉 **문자적으로가 아니라 외관상** 일어난 역사를 나타낸다는 것을 아무도 의심하지 않으리라고 생각한다.[2]

오리게네스는 성경이 인간과 마찬가지로 여러 의미의 층들을 가지고 있다고 가르쳤다. 그는 성경이 (몸, 정신, 영에 상응하여) 문자적, 도덕적, 영적 수준에서 작동한다고 믿었다. 신자들이 삼위일체에 대한 관계에서 거룩함과 의로움의 수준이 높아짐에 따라 성경의 영적 또는 알레고리적 수준에 접근할 수 있게 된다. 하나님께 가까울수록 그분의 말씀을 더 깊이 이해한다. 도적적 해석은 누구라도 자신의 삶을 선한 방향으로 규율할 수 있도록 원리들과 윤리들을 드러내는 반면에 문자적 이해는 액면 그대로의 단어들, 즉 가

2 Origen, *De Principiis* 4.16, in *Ante-Nicene Fathers*, ed. Alexander Roberts, James Donaldson, and A. Cleveland Coxe, trans. Frederick Crombie (repr., Grand Rapids: Eerdmans, 1979), 4:365(강조는 덧붙인 것임).

장 쉽고 간단한 이해다. 창세기가 하나님이 "동산에서 거니셨다"고 문자적으로 묘사했을지라도(창 3:8), 우리는 오리게네스와 마찬가지로 이 대목에서 하나님이 몸을 지닌 존재라고 가정하기보다는 아담과 하와와 더불어 신실한 관계를 맺고 계신다고 생각한다. 도덕적으로 말하자면 "걷는 것"은 성경을 통틀어 신실함을 나타내는데, 그것은 모든 사람이 열망해야 할 미덕이다. 알레고리적으로 말하자면 하나님의 거니심은 아담과 하와의 불순종에도 불구하고 하나님의 신실하심을 강조한다. 그들은 걷지 않고 달아나 숨었는데, 이는 우리의 죄가 우리가 벌거벗었음을 드러낼 때마다 수치가 보이는 보편적인 반응이다.

오리게네스의 접근법은 내가 젊은 그리스도인이었을 때 단념한, 인기 있는 귀납적 성경 연구 방법을 상기시킨다. 그 방법은 내가 어느 구절을 만나든 "그것은 뭐라고 **말하는가?** 그것은 무슨 **의미인가?** 그것은 **내게** 무슨 의미가 있는가?"라고 묻게 했다. 오리게네스는 이 방법이 자기의 세 수준 접근법—눈에 보이거나 귀에 들리는 말들(문자적 수준), 마음을 통해 이해된 그 말들의 의미(도덕적 수준), 그 말들이 영혼에 영향을 줄 때 "하나님의 말씀"으로서의 그 말들의 힘(영적 수준)—과 비슷하다는 것을 알아봤을 것이다.

성경을 해석하기란 쉽지 않다. 스캇이 보여주는 바와 같이 수 세기 전의 언어, 맥락, 가정된 의도들을 고려하는 것은 고생물학과 매우 흡사하다. 다시 말하거니와 과학이 기독교 신앙에 제기하는 도전들을 설명할 때 나는 과학적 발견사항들(예컨대 시베리아의 동굴에서 발견한 DNA)과 이 발견사항들에 대한 철학적 또는 신학적 해석들(예컨대 **호모 사피엔스**는 순전히 게놈들의 우연한 배열에 의해 출현했거나 하나님이 약속된 땅에 도달하기 위한 광야에서의 배회와 비슷한 우회로에서 작동했다) 사이의 구분이 중요하다고 강조한다.

과학자들은 고대의 뼈나 치아의 유전적 구성에 관해서는 동의하지만, 그것의 의미에 관해서는 의견을 달리할 수 있다. 특히 현생 인류에 대한 좀 더 광범위한 적용이나 그것의 의미와 목적에 관해서는 말이다. 신학자들과 성경학자들도 마찬가지다. 성경은 히브리어, 아람어, 그리스어로 쓰인 고대의 가장 신뢰할 수 있는 텍스트들을 포함하고 있다. 우리는 우리가 사본으로 가지고 있는 텍스트들이 고고학자들이 마가복음이나 바울 서신의 원본을 발견할 경우 우리가 가지게 될 텍스트들과 거의 같다는 것을 확신한다. 그러나 파피루스, 질그릇 조각, 양피지 위에 쓰인 말들의 일관성 있는 신뢰성에도 불구하고, 많은 신학과 교파들의 존재가 증명하듯이 그것들의 의미에 관해서는 종종 비일관성과 의견의 불일치가 존재한다. 신학자들 및 설교자들은 과학 철학자들 및 의사들과 마찬가지로 수 세기 동안 해석과 적용 문제를 두고 씨름해왔다. 데이터는 데이터이고 발견사항은 발견사항이며 텍스트는 텍스트이지만, 이런 데이터와 텍스트들이 무엇을 **의미하는지**가 논쟁이 폭발하는 지점이다. 인간은 의미에 신경을 쓴다.

오리게네스는 다음과 같이 썼다. "눈이 빛과 시각을 추구하는 것이 자연스럽고 우리의 몸이 음식과 음료를 추구하는 것이 자연스럽듯이 우리의 마음은 자연스럽게 하나님의 진리와 사물들의 원인을 잘 알게 되기를 바라는 자연스러운 욕구에 사로잡혀 있다."[3] 아담과 하와와 관련된 "원인들"과 "진리"에 관해서는 오리게네스도 자기보다 앞선 시기의 인물인 사도 바울과 마찬가지로 최초의 부모들이 실제 인물들이었다고 생각했을 가능성이

---

3 Origen, *De Principiis* 2.11.4, in *Ante-Nicene Fathers*, 4:298.

있다. 그가 창세기의 다른 측면들에 대해서는 유보했음에도 불구하고 말이다. 기원후 1세기에는 DNA, 생물학, 화석 증거, 인간 진화의 이론에 접근할 수 없어서 그런 확신에 의문이 제기될 여지가 없었다. 오리게네스보다 한 세기 전의 다른 모든 사람의 이해와 마찬가지로 아담을 모든 인간의 죄에 대한 개인적인 원인으로 보았을 가능성이 있는 바울의 이해도 그가 속한 1세기의 문화적 가정들을 반영했다. 좋은 소식—정직하게 말하자면 나쁜 소식—은 아담이라는 구체적인 실제 인간이 제거된다고 하더라도 죄와 죽음이 제거되지 않는다는 것이다. 모든 사람이 여전히 잘못을 저지르고 모든 사람이 확실히 죽는다. 우리 모두 실패하며 자신과 남들에게 피해를 주고 때로는 끔찍한 파괴와 부차적인 피해를 끼친다. 선사 시대의 아담이 바울이 그렇게 취급했던 것처럼 최초의 인간이자 최초의 죄와 사망의 원인이 아니었다고 하더라도 바울의 신학은 약해지지 않는다. 죄와 사망은 여전히 자명하며 인간 존재의 반박할 수 없는 사실들이다.

그러나 구원 공식의 다른 쪽은 어떻게 되는가? 최초의 **호모 사피엔스** 부부가 살아 숨 쉬었을 가능성이 낮다는 유전학자, 인류학자, 고생물학자, 화학자, 생물학자들의 견해가 옳다면 실제 인물로서의 예수 그리스도는 어떻게 되는가? 이 대목에서 미끄러운 경사, 쓰러지는 도미노, 내려가는 계단에 관한 우려들이 출현한다. 나는 언제나 아담과 예수가 바울의 구원 공식의 두 측면이기는 하지만 그들이 역사적으로 동등하지는 않다는 것을 인정해왔다. 아담은 수백 년에 걸친 종교적·문화적 전달을 통해 바울에게 유대교 신학의 인물이자 원형적 중요성을 지닌 인물로 알려졌을 뿐이다. 그러나 예수와 그의 부활은 최근의 실재였고 바울에게 개인적 경험이었으며, 예수의 처형과 부활은 바울이 로마서를 쓰기 약 25년 전에 예루살렘에서 일어난 일이었다. 바울의 아담에게 역사적 및 과학적 문제가 있음을 인정하더라도 복음 메시지가 훼손되지 않는다. 스캇이 솜씨 있게 보여준 바와 같이 특별히 선택된 대표자 아담이면 무방할 것이다. 혹자는 문학의 아담도 무방하다고 생각한다. 그러나 예수에 관해서는 걱정할 필요가 없다. 비판자들은 그가 물 위를 걸은 것과 죽은 자들 가운데서 살아난 것을 문제 삼을지도 모르지만 진지한 역사가나 과학자 중 예수가 살과 피를 지닌 인간으로 살았다는 점을 부인하는 사람은 아무도 없다.

데니스가 데니소바인에 관한 발표를 한 학술회의에서 그 방에 있던 많은 사람이 그리스도인들이 과학적 격자를 통해 성경을 읽으려고 노력하기를 멈추고 성경에게 성경이 가장 잘하는 것을 하도록 허용한다면 현재의 신학적 논쟁이 줄어들 것이라고 인정했다. 우리는 우리 시대의 오리게네스를 좀 더 많이 두고 말씀을 좀 더 넓고 좀 더 깊은 층들로 읽어서 우리의 영혼을 양육할 필요가 있다. 오리게네스에게는 그 말씀이 예수가 직접 말하는 것이었다. 더욱이 예수 자신의 말씀을 읽어본 사람은 누구나 알듯이 그가 말씀하시는 모든 것을 우리가 문자적으로 받아들일 수는 없다. "다시 태어나라", "내 살을 먹고 내 피를 마셔라", "네 손이 너로 범죄케 하거든 그 손을 잘라내라." 우리는 이 구절들 및 그런 유의 구절들이 강력한 진리를 비유적으로 말한다는 것을 안다. 그것들을 상식을 벗어난 산과학, 식인, 흡혈, 신체 절단으로 이해한다면 요점을 완전히 놓칠 것이다.

동시에 그리스도인들 사이에 신학적 동의가 이루어지는 분야—가령 죄의 (원인에 대해서는 아니더라도) 편재성과 하나님의 자애로운 은혜 등—가 많다. 하지만 신학 또는 교리상의 합의가 이루어지는 경우에도 환경과 상황이 교리가 적용되는 방식에 영향을 줄 수도 있다. 나는 예수를 믿는 사람은 누구나 영생을 얻는다고 믿지만(요 3:16), 예수를 거절했고 교회 문에 발을 들여놓은 적이 없다고 알려진 사람이 사망해서 그 사람의 장례 설교를 부탁받는다면, 그 사람의 마음을 아는 체하지 않을 것이다. 나는 그렇게 가정하는 대신 모든 것을 아시는 하나님의 자비와 사랑을 강조할 것이다. 우리 사역자들은 텍스트와 해석 사이의 여백뿐만 아니라 해석과 적용 사이의 여백 및 신학과 목회 사이의 여백도 인식한다. 창세기는 창조 기사에서 아담과 하와를 실제 인물로 부른다. 고생물학, 유전학, 창세기의 비판적 주해가 주장하듯이 아담과 하와가 최초의 인간(또는 심지어 실제 인간)이 아니라고 하더라도 내가 죄와 불순종에 관해 설교할 때 그들에게 호소하지 않는 것은 아니다. 그것은 내가 예수의 비유를 통해 설교할 때와 마찬가지일 것이다. 탕자와 선한 사마리아인이 실제 인물들이어야 그 비유들이 힘을 가지는 것은 아니다.

홍미롭게도 텍스트, 해석, 그리스도인들에 대한 적용 사이에 존재하는 여백이 과학 분야의 이론, 실험, 실천 사이에서도 발견될 수 있다. 연구 데이터와 의사들에 의한 그 데이터 적용은 모호한 점이 많다. 환경, 상황, 개인들에 큰 편차가 있으며 한 사례에 적용되는 것이 자동으로 다른 사례에 적용되는 것은 아니다. 나는 어느 날 아침에 잠에서 깨었을 때 얼굴과 손가락들이 쑤시고 난생 처음으로 기절했다. 즉시 의식이 돌아왔지만, 동네 의원에 갔더니 의사가 내게 즉시 큰 병원에 가서 MRI를 찍어 보라고 했다(MRI를 찍는 데 6,000달러나 소요되었다). 의료계에서는 쑤시는 것을 뇌졸중과 같다고 본다. 비록 내가 의사에게 내 몸의 한쪽만이 아니라 양쪽 모두의 감각을 느낀다고 말했지만 말이다. MRI 결과는 멀쩡했다. 심장 정밀 검사 결과도 마찬가지였다(추가로 3,000달러가 소요되었다). 후에 45달러를 지불한 혈

액 검사가 원인을 발견했는데 그것은 비타민 B-12 결핍 때문이었고 약국에서 약 5달러짜리 건강보조식품을 사 먹었더니 치료되었다. 나는 경제적으로는 가난해졌지만 신체적으로는 나아졌다고 생각한다. 그것은 별일 아닌 것을 두고 벌인 소동이었다.

다시 우리의 신앙으로 돌아와서 말하자면 우리의 신앙의 경우, 건강의 경우에서와 마찬가지로, 사소해 보이는 것이 모든 것을 의미할 수 있다. 그래서 우리는 의사에게 가고 목사에게 간다. 몇 년 전 내가 과학과 신앙에 관한 주제로 강연을 한 뒤 한 젊은이가 내게 와서 자기는 생물학을 만나고 나서 신앙을 잃었다고 말했다. 그의 신학과 양육은 그에게 반대되는 과학적 증거의 맹공격으로부터 들은 내용을 포용할 준비를 시켜주지 못했다. 압력이 가해지자 그는 과학을 선택할 수밖에 없었다. 대학교 교회의 목사로서 나는 학생들이 생물학에 얻어맞고 상처를 입고 비틀거리면서 하나님이 여전히 존재하신다는 확신을 필요로 하는 것에 익숙해졌다. 나는 이런 일을 하도 많이 보았기에 이제 우리의 젊은이들에게 매년 과학과 신앙에 관한 강연을 하고 있다. 사람들에게 하나님이 여전히 존재하신다고 확신시키는 것도 중요하지만 그들로 하여금 하나님을 다르게 이해할 것인지, 그럴 경우 어떻게 이해할 것인지를 고려하도록 돕는 것은 더 중요하다. 하지만 시내산 위의 모세부터 예수 자신의 제자들과 다메섹으로 가던 바울 및 밧모섬에서 계시를 받은 요한에 이르기까지 성경을 통틀어 사람들은 항상 자기들의 예상과 다른 하나님을 만난다. 하나님은 규칙적으로 가장 신실한 사람들마저 믿기 어렵다고 생각하는 방식으로 자신을 계시하셨는데 하나님이 그렇게 하신 것은 정당했다. 기독교는 공상의 허구나 요정 이야기가 아니다. 창조주이자 구속자이신 하나님을 믿는 우리의 신앙은 우리가 원하는 사물들의 모습에 바탕을 두고 있는 것이 아니라 사물들의 실제 모습에 바탕을 두고 있다.

다니엘 하렐

미네소타주 에디나 소재 콜로니얼 교회 수석 사역자

아담과 게놈

유전과학 시대의 성경 읽기

1쇄 발행 2024년 4월 25일

지은이 데니스 R. 베네마, 스캇 맥나이트
옮긴이 노동래
감수자 김영웅
펴낸이 김요한
펴낸곳 새물결플러스

편 집 왕희광 정인철 노재현 이형일 나유영 노동래
디자인 황진주 김은경
마케팅 박성민
총 무 김명화 이성순
영 상 최정호 곽상원
아카데미 차상희

홈페이지 www.holywaveplus.com
이메일 hwpbooks@hwpbooks.com
출판등록 2008년 8월 21일 제2008-24호
주 소 (우) 04114 서울시 마포구 신촌로28가길 29
전 화 02) 2652-3161
팩 스 02) 2652-3191

ISBN 979-11-6129-276-2 03230

책값은 뒤표지에 있습니다.